JN445346

경영 · 경제수학 입문

“본서는 2014학년도 동의대학교 교내연구비에 의해 연구되었음(2014AA496)”

경영 · 경제수학 입문

Introduction to Mathematics for Management & Economics

양정식 지음

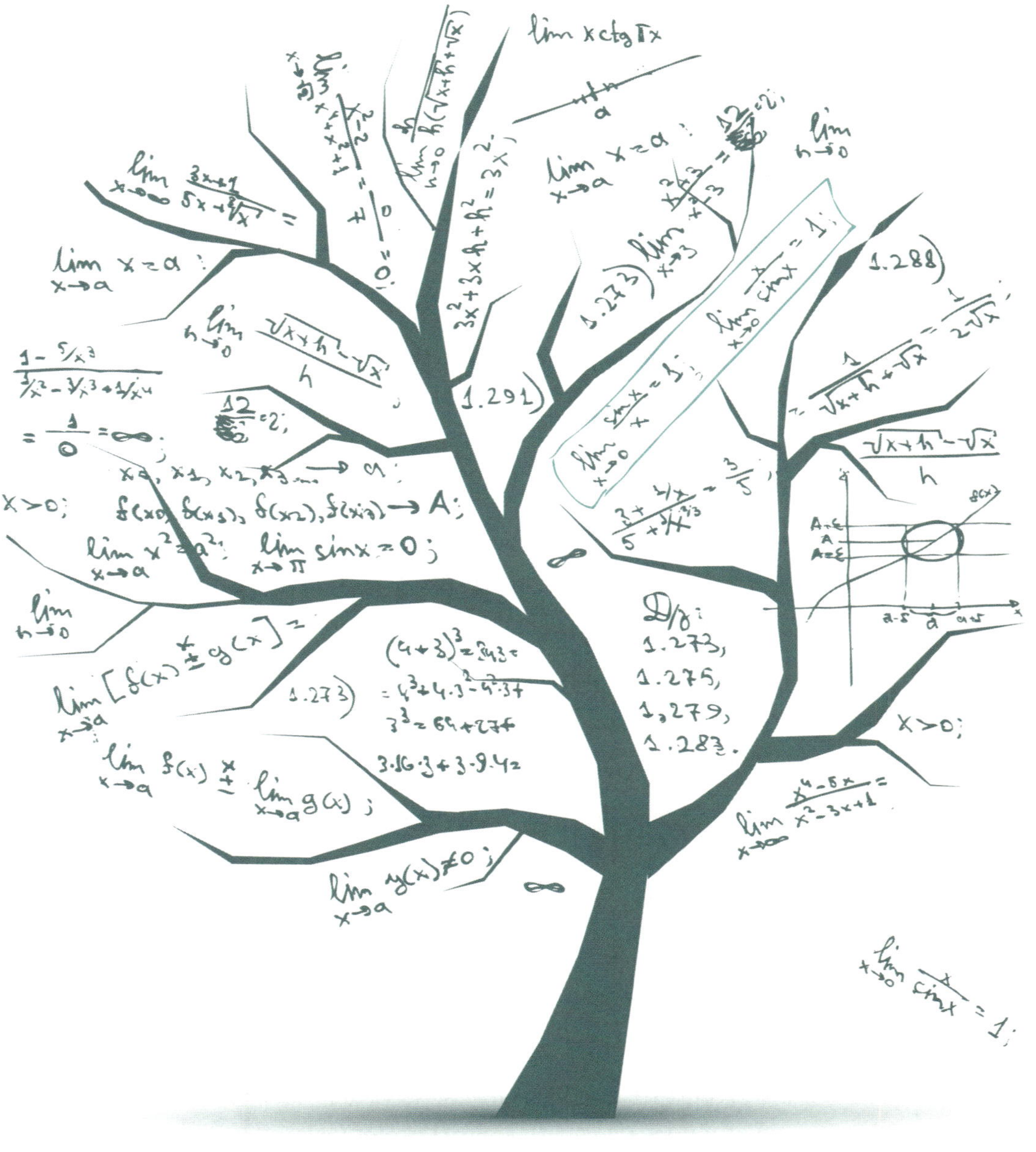

율곡출판사

들어가는 글

Introduction to Mathematics
for Management & Economics
first edition **Preface**

『경영 · 경제수학의 이해』를 첫 출간한 지 벌써 16년이란 세월이 흘렀다. 수학은 경영학과 경제학은 물론이고 이공계 대부분의 학문영역에서 공통적인 언어로 채택되고 있으며, 대학 4년 동안 내내 전공과 응용학문을 위한 필수 도구로 그 영역이 점차 확대되고 있다. 최근 수학은 우리를 둘러싸고 있는 삶의 많은 영역에서 응용되고 있으며, 지식기반 사회의 핵심경쟁력을 창출하는 원리로 수학교육의 필요성은 더욱 증가하고 있다. 경영과 경제 계열의 전공학과에서 1학년 기초과목으로 수학과목을 개설하고 있고 점차 고학년으로 갈수록 고급 수학이론과 원리들을 다양한 전공 교과목 안에서 활용하여 기업과 경제 현상을 설명하고 분석하고 있다.

수학은 경영과 경제뿐만 아니라 우리 삶 전체를 둘러싸고 있는 모든 영역에서 원리와 현상을 설명하는 가장 과학적이면서 객관적인 도구로 알려져 있다. 최근에는 많은 수학자들이 과학과 사회과학 분야에서 수학을 이용하여 첨예한 문제들을 해결하고 미래의 방향을 제시하고 있다. 특히 오늘날 인터넷을 포함한 네트워크의 복잡성 문제는 수학을 기반으로 하는 모델의 개발로 더욱 고도화되어 가고 있다. 따라서 수학의 중요성에 대한 인식과 함께 수학 교과목의 학습은 미래사회에 대한 준비된 사용자로서 갖추어야 할 필수 조건이 되고 있다.

그런데 최근 일부 대학에서 수학을 어려워하여 수학강좌를 기피하는 학생들로 인해 수학 관련 교과목을 폐강하는 사례가 있어 안타까운 심정이다. 그래서 수학의 필요성을 일깨우는 것과 함께 수학을 다른 과목처럼 쉽고 편안하게 접할 수 있는 계기를 마련해 주는 것이 필요하다. 수학교과서를 접하는 학생들 입장에서 읽기 쉽고 편안하게 사용할 수 있는 교과서의 구성과 가능하면 많은 이론과 원리들보다는 실제 가장 필요한 것들만 모아 체계적으로 전달되어야 한다.

최근에 소개되는 경영과 경제 계열 전공학생들을 위하여 개발된 많은 수학 교과서들은 이해하기 쉽고 스스로 문제해결을 할 수 있도록 다양한 예제들을 개발하고 풀이과정을 제시하고 있어 어느 때보다 수학학습에 큰 도움을 주고 있다. 이러한 가운데 본서 또한 원리에 대한 이해가 없으면 응용과 활용의 수준에 도달하기가 어렵다는 개념 속에서 기초 수학의 원리와 응용에 대한 충분한 이해와 학습을 뒷받침하고 아울러 학생들의 흥미와 즐거움을 유발할 수 있는 내용과 체계로 교과서를 서술하였다.

본서는 처음으로 교과서를 만들던 그때의 기본 체계를 수정 · 보완하여 새롭게 작성하였다. 가급적으로 장의 선후가 자연적으로 연계될 수 있도록 교과서를 크게 대수학과 미적분 영역으로 나누었고 각 영역에 필요한 기본 개념을 먼저 설명하고, 다음에 이를 바탕으로 고급 수준의 원리와 방법을 제시하고 설명하였다. 특히 최근 복잡하고 불확실한 상황 속에서 신속한 의사결정과 집행의 중요성이 대두됨에 따라 이에 필요한 기초 개념을 정리하여 새로 보충하였으며, 학생들의 이해를 도울 수 있도록 장별로 예제를 보강하였다. 그리고 수학에 대한 흥미를 가질 수 있도록 수학에 관련한 역사적 사실과 기사들을 각 장의 첫 페이지에 실어 놓았다.

『경영 · 경제수학의 이해』의 첫 출간 당시 함께 참여하였던 공동저자들의 노력과 생각이 아직 본서의 구석구석에 남아 있다. 그들의 노력을 가급적 훼손하지 않으면서 교과서 전체를 수정하려고 하였다. 그분들의 많은 노력에 깊이 감사드린다. 이번 『경영 · 경제수학 입문』을 출간하면서 홀로 작업을 하다 보니 많은 부분에서 미흡한 부분이 있는 것 같다. 이러한 점은 점차 개선하여 더욱 쉽고 활용하기 좋은 책이 되도록 노력할 것을 약속드린다.

끝으로 본서가 나오도록 자극을 주고 많은 격려를 해준 율곡출판사 관계자 모든 분들에게 감사드린다.

2014년 8월

엄광산 자락 연구실에서 저 자 씀

차 례

Introduction to Mathematics
for Management & Economics
first edition **Contents**

제4장 선형계획법

제5장 의사결정 이론(Decision Theory)

제6장 관계(Relation)와 함수(Function)

제7장 미분(Differentiation)

제8장 적분(Integral)

제9장 편미분과 전미분(Partial Differentiation & Total Differentiation)

제10장 최적화(Optimization)

제11장 도함수 및 극대 · 극소화의 경제학적 응용

제1장 집합과 순서쌍

수학이야기

집합은 오늘날 현대수학의 기초영역으로 모든 수학 관련 책들의 첫 페이지를 장식하고 있다. 그것으로 보아 집합의 중요함을 알 수 있는데 그러면 집합은 누가 왜 만들었을까?

집합론은 독일의 수학자인 데데킨트(J. Dedekind, 1831～1916)와 칸토어(G. Cantor, 1845～1918)가 창시하였는데 특히 칸토어에 의해 체계화되었다고 볼 수 있다. 칸토어는 무한의 성질을 규명하기 위하여 의식적으로 집합론 구성을 시도하였는데 1872년 「점집합론」이라는 논문에서 집합을 "확정되어 있고 또 서로 명확히 구별되는 것들의 모임"으로 정의하였다. 또한 그는 "두 집합 사이에 일대일의 대응관계가 성립할 때 두 집합의 농도(＝원소의 개수)가 같다"라고 하였는데, 이것은 집합이 원소의 수가 같다는 것을 각각의 원소를 하나씩 짝지을 수 있다는 것으로 해석한 것이다. 이러한 개념을 이용하여 칸토어는 여러 무한집합 사이의 대응관계를 조사하였는데 첫째, 자연수 전체와 유리수 전체는 일대일로 빠짐없이 대응시킬 수 있으며 둘째, 자연수 전체와 실수 전체를 일대일로 대응시킬 수 없음을 설명하였다. 이를 통해 그는 자연수와 유리수의 개수가 같고 자연수와 실수의 개수는 같지 않음을 밝혀냈다.

칸토어의 이러한 연구는 그 당시의 통념이었던 아리스토텔레스의 사상인 "전체는 부분보다 크다"와 갈릴레오 이후의 "무한은 모두 같은 것으로 간주한다"라는 상식을 깨는 일대 사건이었는데, 이를 바탕으로 그는 무한을 셈하는 무한에 관한 연산과 그 밖의 많은 성질들을 규명하였다.

1.1 집합(Set Theory)

우리는 종종 일상생활에서 사물들의 "집합(sets)"이라는 말을 사용한다. 예를 들어 테니스 게임에서 첫 세트와 둘째 세트라는 표현들, 주방에서의 접시들의 세트들, 일상적인 거래활동에 있어서 합의서의 세트들과 같은 표현을 자주 접하게 된다. 그리고 이 세트의 개념은 수학적인 견지에서도 아주 유용할 수 있다.

본 절에서는 집합의 본질을 시험하고 아울러 집합의 대수이론과 집합의 응용을 다루고자 한다.

1) 집합의 정의

집합이란 명확하게 구분되는 관계 있는 실체들의 모임으로 정의된다. 집합에 속하는 개체를 보통 원소(element)라고 부르며, 수(number)나 혹은 어떤 사물이 대상이 될 수 있다. 집합에서 구성원소에 포함되는 이유는 분명한데, 때에 따라서는 구성원소들 사이에서의 공통성이 다소 덜 분명할지도 모른다. 단지 동일한 집합 내에 있다는 사실이 유일한 구성원이 되는 요건일 수도 있다. 수리적인 집합들과 같이 잘 정의된 집합에서 무엇이 그 집합의 구성원소인가를 결정하기란 아주 쉽다. 예를 들어 0에서 9까지의 정수들의 모임을 어떤 집합으로 정의했을 때 그 집합의 구성원소가 무엇인가를 묻는다면 그 해답은 명백할 것이다. 아래에 제시된 집합들은 집합의 유형에 대한 좋은 예가 될 수 있다.

- 경영수학을 수강하는 1학년 학생들의 집합
- 자동차의 부품들의 집합
- 실수들의 집합
- 음의 정수들의 집합
- 기업에서 판매하는 제품들의 집합
- 어떤 도시에 거주하는 21세 이상의 남자들의 집합

- 프로야구에서 타율이 3할 이상인 선수들의 집합
- 서울에 거주하는 20세 이상의 여성 유권자

집합의 정의

- 집합은 명확하게 구분되는 관계 있는 실체들의 모임으로 집합에 속하는 개체를 원소라고 한다.
- 집합의 원소는 수(number)나 혹은 어떤 사물이 될 수 있다.

2) 집합의 표기방법

일반적으로 집합은 중괄호인 { }로 표기한다. 만약 집합 A가 1, 2, 3인 세 가지 수로 구성되어 있다면 $A=\{1, 2, 3\}$으로 표시된다. 그런데 만약 집합을 구성하는 원소의 수가 많다면 앞의 예와 같이 표기하기에는 다소 무리가 있다. 이러한 경우에는 원소를 모두 나열하는 방법보다 집합을 구성하는 원소들의 특성을 서술하는 방법을 이용하여 집합을 표기한다.

(1) 나열법(enumeration method)

나열법은 집합을 구성하는 원소를 모두 나열하여 표기하는 방법으로 집합을 구성하는 원소의 수가 적은 경우 또는 집합의 구성원소를 정의하는 특성을 분명하게 설명하기 어려울 때 유용한 방법이라고 할 수 있다. 예를 들어보면 집합 A가 1에서 9까지의 정수로 이루어져 있을 때 나열법으로 집합을 나타내면 $A=\{1, 2, 3, 4, 5, 6, 7, 8, 9\}$이다.

이러한 방법은 집합을 구성하는 원소의 수가 많을 때 실용적이지 못하다. 그러나 집합을 구성하는 원소의 수가 적을 때는 집합의 특성을 일목요연하게 나타내 주므로 그 집합을 이해하는 데 도움을 준다.

(2) 특성서술법(descriptive property method)

특성서술법은 집합을 구성하는 원소들의 특성을 서술해 집합을 표기하는 방법으로 집합을 구성하는 원소의 수가 많을 때 유용하게 집합을 표기하는 방법이라고 할 수 있다. 즉, 집합 B가 1에서 1,000까지의 양의 정수들 중에서 짝수들의 모임이라면 이를 특성서술법을 이용하여 표기하면 다음과 같다.

$B=\{x|\ 1\leq x\leq 1{,}000$, x는 정수이면서 짝수$\}$

그리고 위의 집합은 "B는 1보다 크거나 같으면서 1,000보다 작거나 같은 값을 갖는 정수이면서 짝수인 x라는 모든 원소들로 구성되는 집합"으로 읽는다.

집합의 표기법

- **나열법** : 집합을 구성하는 원소를 모두 나열하여 표기하는 방법
- **특성서술법** : 집합을 구성하는 원소들의 특성을 서술하여 집합을 표기하는 방법

〈예제 1-1〉

다음에 주어진 집합들을 특성서술법을 이용하여 재정의하라.

① $A=\{0, 2, 4, 6, 8, 10, 12, 14, 16, 18, 20\}$
② $S=\{$아, 야, 어, 여, 오, 요, 우, 유, 으, 이$\}$
③ $C=\{0, 1, 4, 9, 16, 25, 36\}$

풀이 ① $A=\{x|\ 0\leq x\leq 20$, 짝수$\}$
② $S=\{a|\ a$는 한글의 모음$\}$
③ $C=\{y|\ y=k^2,\ k=0, 1, 2, 3, 4, 5, 6\}$

〈예제 1-2〉

다음의 집합을 열거법을 이용하여 재정의하라.

① $A=\{a|\ a$는 -20보다 큰 홀수인 음의 정수$\}$
② $B=\{b|\ b$는 5보다 작은 양의 정수$\}$
③ $C=\{c|\ a=2,\ -5\leq a+2c\leq 5$인 정수$\}$

풀 이 ① $A=\{-19, -17, -15, -13, -11, -9, -7, -5, -3, -1\}$

② $B=\{1,\ 2,\ 3,\ 4\}$

③ $C=\{-3, -2, -1,\ 0,\ 1\}$

3) 집합의 원소표시 방법

집합을 구성하는 원소 혹은 요소를 표시하는 방법은 $\in$ 혹은 $\ni$ 기호를 사용하여 나타낸다. 이러한 표현은 원소를 나타내는 영어 "element"의 e의 그리스 문자인 ε의 변형으로 만일 a가 집합 A의 원소라면 $a \in A$ 혹은 $A \ni a$로 표시한다. 그리고 b가 집합 A의 원소가 아니라면 $b \notin A$ 또는 $A \not\ni b$로 표시한다.

그리고 집합을 구성하는 원소의 개수를 표현할 때는 $n(A)$ 또는 $n(B)$라고 쓴다. 예를 들어 다음과 같이 집합 $B=\{1,\ 3,\ 5,\ 7,\ 9\}$일 때 $n(B)=5$이다. 또는 집합 C가 $C=\{c \mid\ -10 \leq c \leq 15$, 양의 정수$\}$로 정의되어 있다면 이때 $n(C)=15$가 된다.

4) 부분집합(subset)

집합 A의 구성원소가 집합 B의 구성원소라면 A를 B의 부분집합이라 하고 $A \subset B$ 혹은 $B \supset A$로 표시한다. 이때 '$\sim \subset \sim$'의 표시는 "$\sim$이 $\sim$에 포함된다"라고 읽으며, '$\sim \supset \sim$'의 표기는 "$\sim$이 $\sim$을 포함한다"라고 읽는다. 특히 집합 A의 구성원소가 집합 B의 구성원소이고 또한 집합 B의 구성원소가 집합 A의 구성원소일 때 "집합 A와 집합 B는 같다" 혹은 "등가(equal)이다"라고 한다.

집합 A의 구성원소가 n개일 때 집합 A의 부분집합의 수는 2^n이다. 예를 들어보면 집합 A가 $A=\{1,\ 2,\ 3\}$이라면 부분집합의 개수는 $2^3=8$이다. 즉 $\{1\}$, $\{2\}$, $\{3\}$, $\{1,\ 2\}$, $\{1,\ 3\}$, $\{2,\ 3\}$, $\{1,\ 2,\ 3\}$ 그리고 ϕ를 포함하여 8개의 부분집합으로 설명된다.

〈예제 1-3〉

다음과 같이 집합이 주어져 있을 때 이들 간에 부분집합 관계가 있다면 모두 설명하라.

$A=\{1, 2, 3, 4, 5, 6, 7, 8, 9, 10\}$
$B=\{1, 3, 5, 7, 9\}$
$C=\{x| \ x$는 실수$\}$
$D=\{q| \ q-1=4\}$

풀이 집합 A와 B 그리고 D는 모두 실수인 원소를 갖고 있기 때문에 집합 C의 부분집합이다. 즉 $A\subset C$, $B\subset C$, $D\subset C$이다.
그리고 집합 B의 모든 원소가 집합 A의 구성원소이기 때문에 B는 A의 부분집합, $B\subset A$이다.
끝으로 집합 D는 유일하게 한 개 원소 5를 갖는데, 5는 집합 A와 B의 원소이므로 $D\subset A$, $D\subset B$이다.

〈예제 1-4〉

위의 예제에서 집합 A와 B의 부분집합의 개수는?

풀이 $n(A)=10$이므로 부분집합의 개수는 $2^{10}=1{,}024$이며, $n(B)=5$이므로 집합 B의 부분집합의 개수는 $2^5=32$이다.

5) 공집합(empty set 혹은 null set)

공집합이란 어떠한 구성원소도 갖지 않은 집합을 의미한다. 공집합은 $\{ \}$ 혹은 ϕ로 표시되며 모든 집합의 부분집합이다. 예를 들어 $A=\{0\}$과 같은 집합이 있다면 이는 공집합이 아니다. 왜냐하면 집합 A는 0이라는 원소를 갖기 때문이다.

〈예제 1-5〉

공집합이 모든 집합의 부분집합임을 증명하라.

풀이 공집합이 어떤 집합 A의 부분집합이 아니라면 집합 A에 속하지 않는 어떤 원소를 갖고 있다. 그런데 이는 공집합의 정의에 위배된다. 따라서 공집합은 모든 집합의 부분집합이다.

6) 멱집합(power set)

멱집합이란 어떤 집합의 부분집합 전체로 구성된 집합을 말한다. 예를 들어 집합 $B=\{1, 2\}$일 때 집합 B의 멱집합 $P(B)$는 다음과 같다.

$$P(B)=\{\{1\}, \{2\}, \{1, 2\}, \phi\}$$

7) 장집합(field set)

장집합이란 어떤 집합의 멱집합의 부분집합을 말한다. 예를 들어 집합 B의 장집합 $F(B)$는 $\{1, 2, \phi\}$이거나 $\{(1, 2), 2\}$ 등이 있다.

8) 벤 다이어그램(Venn Diagram) 표기

집합의 관계를 나타내는 편리한 방법의 하나가 벤 다이어그램을 이용하는 것이다. 벤 다이어그램은 집합을 표현하기 위하여 사각형과 원을 사용하는데 사각형은 전집합(universal set)을 표현하기 위하여 사용한다. 그리고 전집합 내의 개별집합은 사각형 내의 영역으로 표현한다.

예를 들면 전집합 내에 어떤 집합 A가 있다면 이를 벤 다이어그램으

그림 1-1

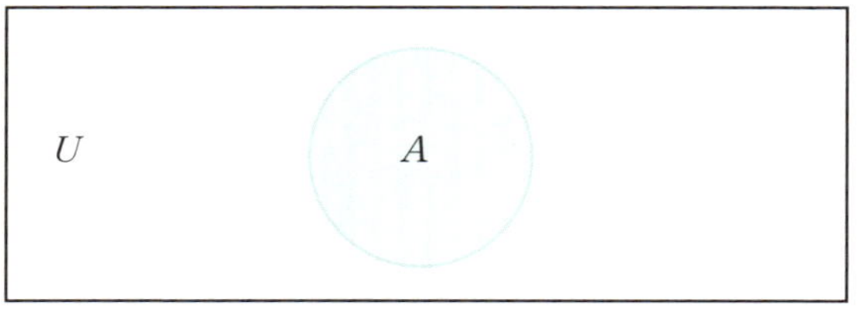

로 나타내면 〈그림 1-1〉과 같다.

〈예제 1-6〉

다음과 같이 4개 집합이 주어져 있다. 벤 다이어그램을 이용하여 이들 관계를 나타내 보아라.

$U=\{1,\ 2,\ 3,\ 4,\ 5,\ 6,\ 7,\ 8,\ 9\}$　　$A=\{1,\ 3,\ 5,\ 7,\ 9\}$

$B=\{1,\ 5,\ 9\}$　　$C=\{2,\ 4,\ 3,\ 7\}$

풀이

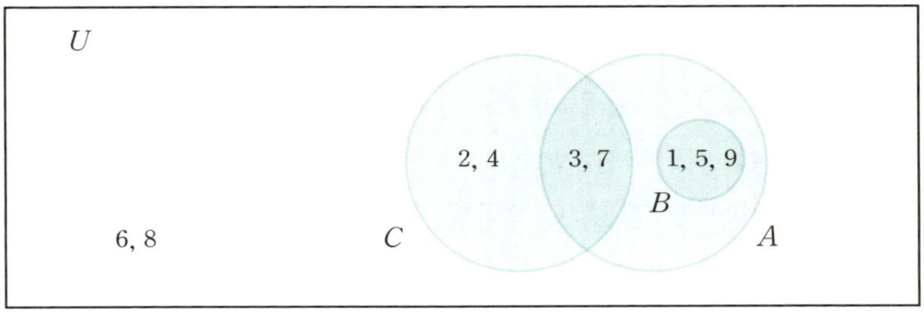

9) 집합의 연산

(1) 합집합(union set)

집합 A와 B가 있을 때 A와 B의 합집합 C는 A에 속하는 원소나 B에 속하는 원소들로 이루어진 집합을 말하며 다음과 같이 표시된다.

$$A\cup B=\{x|\ x\in A \text{ 혹은 } x\in B\}$$

이를 벤 다이어그램(Venn Diagram)으로 나타내 보면 〈그림 1-2〉와 같다. 벤 다이어그램은 직사각형 내에 원을 이용하여 집합을 표기하는데, 커다란 직사각형은 전집합(Universal Set) U를 나타내기 위하여 사용된다. 그리고 모든 다른 집합들은 직사각형 내부의 영역들에 의해서 표시된다.

예를 들어 집합 A가 $\{1,\ 2,\ 4\}$이고 집합 B가 $\{1,\ 3,\ 5\}$일 때 A와 B의 합집합 $A\cup B$는 $\{1,\ 2,\ 3,\ 4,\ 5\}$이다.

그림 1-2 **합집합**(union set)

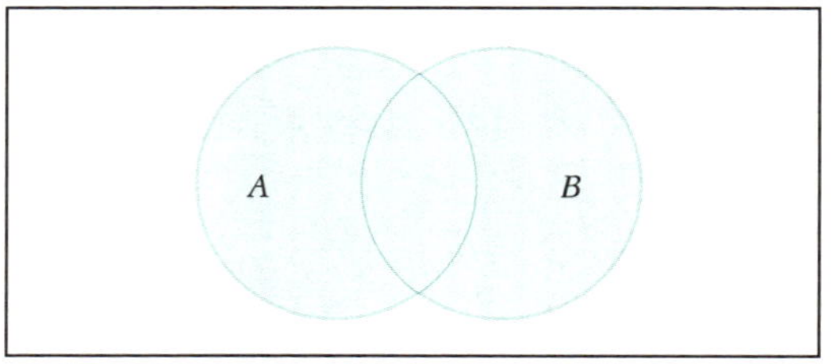

(2) 교집합(intersection set)

집합 X와 Y가 있을 때 두 집합의 교집합 Z는 집합 X에 포함되고 또한 집합 Y에 포함되는 원소로 이루어진 집합으로 다음과 같이 표시되고, 이를 벤 다이어그램으로 나타내면 〈그림 1-3〉과 같다.

$$Z = X \cap Y = \{z \mid z \in X \text{ 그리고 } z \in Y\}$$

예를 들어 집합 $X=\{1, 3, 5, 6\}$이고 $Y=\{2, 5, 6\}$이라면 $X \cap Y=\{5, 6\}$이다.

그림 1-3 **교집합**(intersection set)

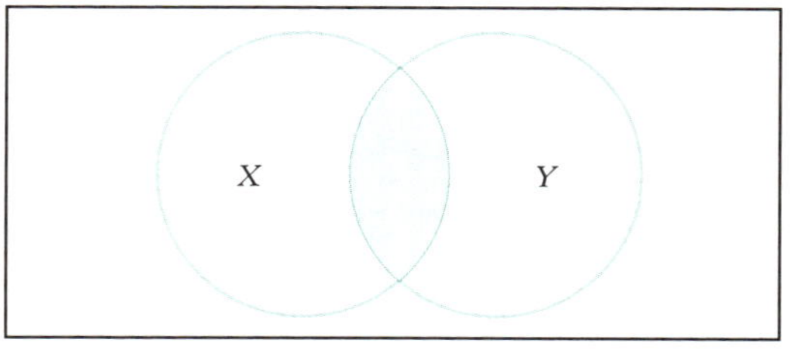

〈예제 1-7〉

다음과 같이 집합이 주어져 있을 때 이를 벤 다이어그램을 이용하여 나타내 보아라.

$U=\{1, 2, 3, 4, 5, 6, 7, 8, 9, 10\}$ 그리고 $A=\{1, 3, 5, 7, 9\}$

풀이

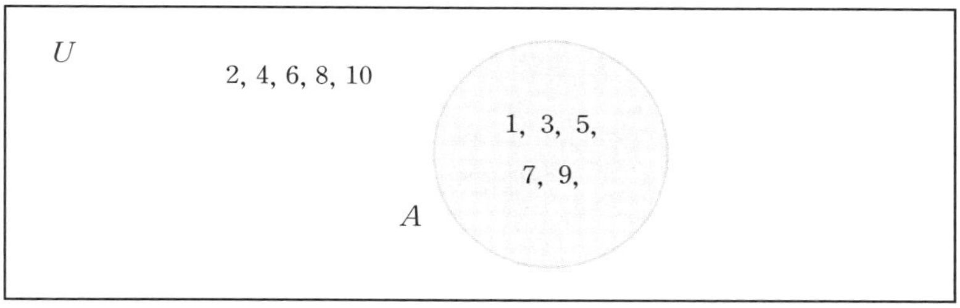

〈예제 1-8〉

〈예제 1-7〉에 부가하여 집합 $B=\{1, 5, 9\}$일 때 벤 다이어그램을 이용하여 세 집합을 나타내 보아라.

풀이

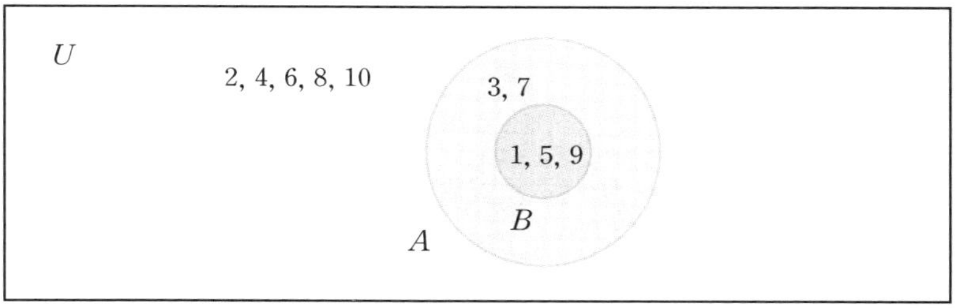

〈예제 1-9〉

〈예제 1-8〉에 부가하여 집합 $C=\{2, 4, 3, 7\}$일 때 이들 네 집합을 나타내는 벤 다이어그램을 그려라.

풀이

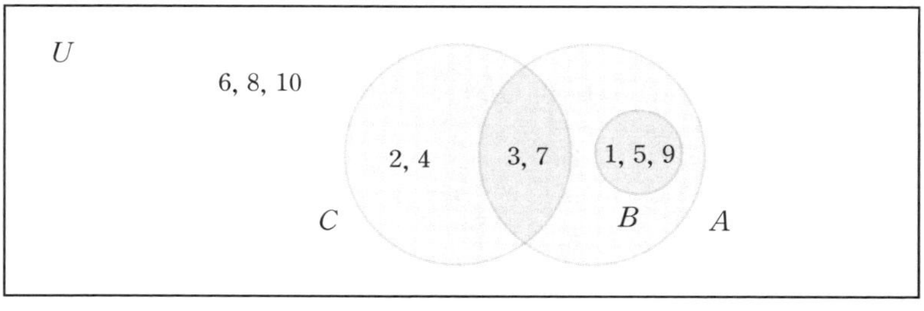

(3) 여집합(complement set)

여집합은 보집합이라고도 하며 집합 A가 있을 때 집합 A의 여집합은 A^C 혹은 $\bar{A}$로 표기되며, 전집합의 모든 원소들 중에서 집합 A에 속하지 않은 원소로 구성된 집합으로 $A^C=\{m \mid m \notin A\}$이다.

전집합(universal set) U에 대하여 다음의 관계가 성립한다. 그 중에서 ④의 정리를 De Morgan 법칙이라 한다.

전집합과 여집합의 관계

① $U = A \cup A^C$ ② $A \cap A^C = \phi$

③ $U \cup A = U$, $U \cup A = A$ ④ $(A \cup B)^C = A^C \cap B^C$, $(A \cap B)^C = A^C \cup B^C$

(4) 차집합(difference)

두 집합 A와 B가 있을 때 차집합 $A-B=\{x \mid x \in A,\ x \notin B\}$이다. 또는 $B-A=\{y \mid y \in B,\ y \notin A\}$이다.

(5) 연산법칙

임의의 3집합 A, B, C가 있을 때 아래의 관계가 성립한다.

집합의 연산법칙

① **교환법칙**

$A \cup B = B \cup A$, $A \cap B = B \cap A$

② **결합법칙**

$A \cup (B \cup C) = (A \cup B) \cup C$, $A \cap (B \cap C) = (A \cap B) \cap C$

③ **분배법칙**

$A \cup (B \cap C) = (A \cup B) \cap (A \cup C)$, $A \cap (B \cap C) = (A \cap B) \cup (A \cap C)$

그림 1-4 볼록집합과 비볼록집합

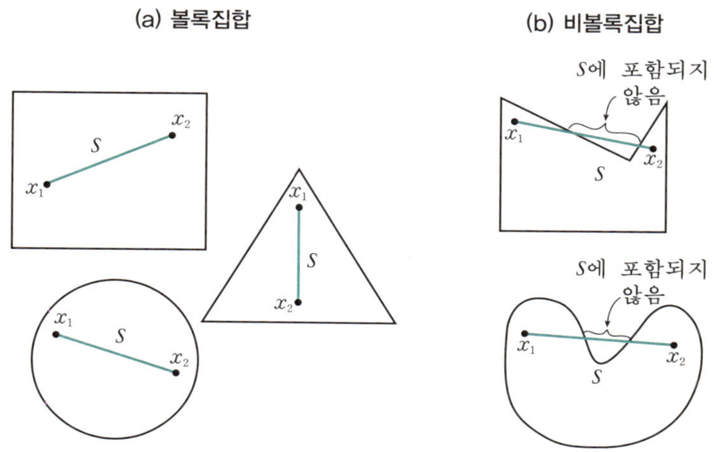

9) 볼록집합(convex set)

어떤 집합 S 내의 임의의 두 점 x_1과 x_2가 있을 때 이 두 점을 연결하는 직선도 집합 S에 포함된다면 이를 볼록집합이라 한다. 즉 x_1, $x_2 \in S$이고 $0 \leq a \leq 1$이면 두 점 x_1과 x_2를 연결하는 직선의 식은 $ax_1+(1-a)x_2$이다. 이때 $ax_1+(1-a)x_2 \in S$이면 S를 볼록집합이라고 한다. 그러나 x_1, $x_2 \in S$이고 $0 \leq a \leq 1$일 때 $ax_1+(1-a)x_2 \notin S$이면 비볼록집합(non-convex set)이라고 한다. 예를 들면 위의 〈그림 1-4〉에서 (a)는 볼록집합의 예이고 (b)는 비볼록집합의 예이다.

1.2 순서쌍과 카르테시안 곱

본 절에서는 순서쌍과 카르테시안 곱의 개념을 설명하려고 한다. 순서쌍의 개념은 1절에서 설명한 집합의 개념과는 다소 차이가 있으며 앞으로 설명되어질 벡타의 기본 개념에서 유용하게 사용된다. 그리고 카르테시안

그림 1-5 순서쌍

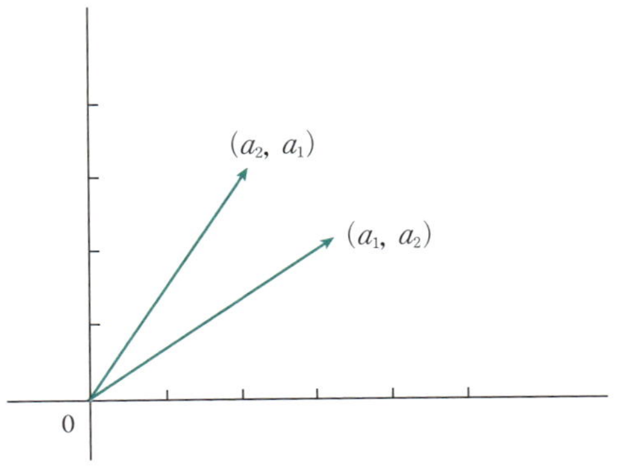

곱의 개념은 경제 · 경영수학에서 분석하게 될 실수 공간에 대한 기본 개념을 제공한다.

1) 순서쌍(ordered pair)

집합 A가 1과 2의 두 원소로 구성되어 있을 때 $A=\{1,\ 2\}$의 표현이나 $A=\{2,\ 1\}$의 표현은 동일하다. 그러나 만약 $\{1,\ 2\}\neq\{2,\ 1\}$이라면 이는 더 이상 집합이라고 할 수 없다. 즉 두 원소 a, b가 있을 때 $(a,\ b)\neq(b,\ a)$이라면 이를 순서쌍(ordered pair)이라고 한다. 이를 좀더 일반화하여 원소의 수가 n개 있을 때

$(a_1,\ a_2,\ \cdots,\ a_{n-1},\ a_n)\neq(a_1,\ a_2,\ \cdots,\ a_n,\ a_{n-1})$이면

이를 n중수(n ordered pair 또는 n-tuple)라고 한다.

〈예〉 $(a_1,\ a_2,\ a_3)$ $(a_2,\ a_1,\ a_3)$ …… 3중쌍(triples)
$(a_1,\ a_2,\ a_3,\ a_4)$ $(a_1,\ a_2,\ a_4,\ a_3)$ …… 4중쌍(quadruples)

2차원 평면상에 두 점 (a_1, a_2)와 (a_2, a_1)가 있을 때 〈그림 1-5〉와 같이 두 점이 같은 점이 아니라면 이를 두 점은 순서쌍이며 또한 이를 벡타라고 한다.

순서쌍(ordered pair)

- 두 원소 a, b가 있을 때 $(a, b) \neq (b, a)$이면 이를 순서쌍(ordered pair)이라고 한다.
- 3중쌍(triples) : $(a, b, c) \neq (a, c, b)$, 4중쌍 : $(a, b, c, d) \neq (a, c, d, b)$
  n-tuple : $\{(a_1, a_2, \cdots, a_{n-1}, a_n) \neq (a_1, a_2, \cdots, a_n, a_{-1})$

2) 카르테시안 곱

카르테시안 곱(Cartesian Product)은 프랑스의 수학자인 데카르트(DeCartes)가 처음으로 제안하여 사용했는데, 이를 데카르트 곱(DeCartes Product)이라고도 하며 또는 직적(direct product)이라고도 한다.

공집합이 아닌 두 집합 A와 B가 있을 때 A의 하나의 원소와 B의 하나의 원소로 이루어진 순서쌍의 집합을 집합 A와 B의 카르테시안 곱이라고 하며 $A \times B$로 표시한다. 즉

$A \times B = \{(a, b) \mid a \in A,\ b \in B\}$이다.

이를 설명하면 집합 A와 B의 카르테시안 곱은 (a, b)로 표시되는데 이때 a는 A에 속하는 원소이고 b는 B에 속하는 어느 한 원소로, a를 첫 번째 좌표값이라 하고 b를 두 번째 좌표값이라고 한다.

만일 A와 B가 실수(real number)로 구성된 집합이라면 A와 B의 카르테시안 곱은 2차원 실수평면을 나타내고 R^2로 표시된다.

〈예〉 $R \times R = R^2 = \{(a, b) \mid a \in R,\ b \in R\}$

$R \times R \times R = R^3 = \{(a, b, c) \mid a \in R,\ b \in R,\ c \in R\}$

$R \times R \times \cdots \times R = R^n = \{(a_1, a_2, a_3, \cdots, a_n) \mid a_1 \in R,\ a_2 \in R,\ a_3 \in R, \cdots, a_n \in R\}$

그림 1-6 집합 *A*와 *B*의 카르테시안 곱

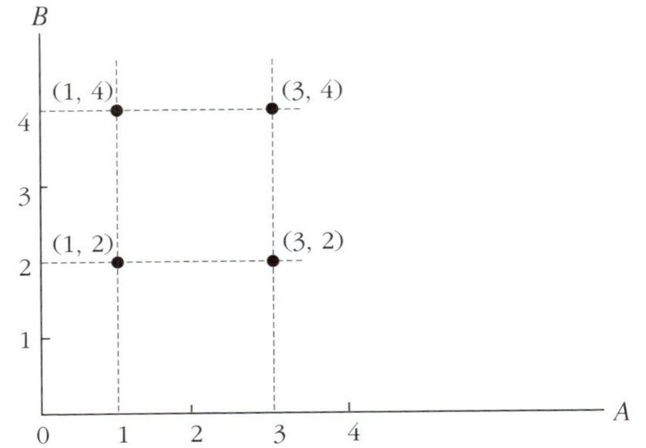

그림 1-7 집합 *C*와 *D*의 카르테시안 곱

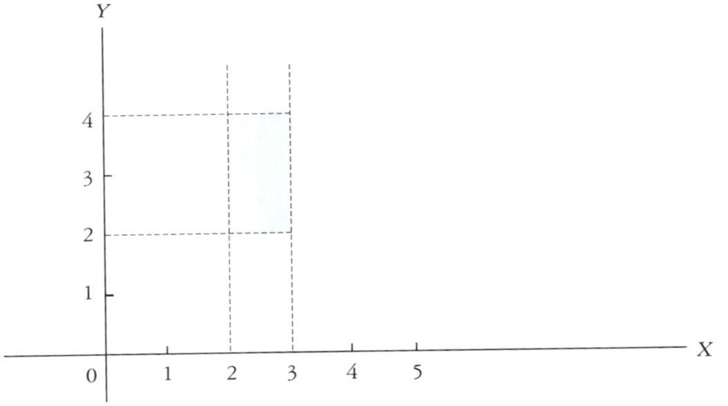

두 집합 $A=\{1, 3\}$과 $B=\{2, 4\}$가 있을 때 A와 B의 카르테시안 곱 $A \times B$는 (1, 2), (1, 4), (3, 2), (3, 4)의 4개의 순서쌍을 구성원소로 하는 집합으로 〈그림 1-6〉과 같다. 그런데 만일 집합 C와 D가 취하는 값이 A와 B의 경우처럼 정수가 아닌 구간으로 설정되어 있을 때, 즉

$C=\{x|\ 2\leqq x\leqq 3,\ x\in R\}$이고 $D=\{y|\ 2\leqq y\leqq 4,\ y\in R\}$이면

두 집합 C와 D의 카르테시안 곱은 〈그림 1-7〉에 나타나 있는 바와 같이 빗금친 평면으로 표시된다.

카르테시안 곱

- 공집합이 아닌 두 집합 A와 B가 있을 때 A의 하나의 원소와 B의 하나의 원소로 이루어진 순서쌍의 집합
- 집합 A와 B의 카르테시안 곱은 $A\times B$로 $A\times B=\{(a,\ b)|\ a\in A,\ b\in B\}$이다.

〈예제 1-10〉

다음과 같이 3개의 집합이 주어져 있다. 이들 집합의 카르테시안 곱을 구하라.

$A=\{1,\ 2,-1\},\quad B=\{-1,-3\},\quad C=\{d,\ e\}$

풀이 세 집합의 카르테시안 곱은 $A\times B\times C$로 이를 특성서술법과 나열법을 이용하여 표기할 수 있다.

① 특성서술법 : $A\times B\times C=\{(a,\ b,\ c)|\ a\in A,\ b\in B,\ c\in C\}$

② 나열법 :

$$A\times B\times C=\{(1,-1,\ d),\ (1,-1,\ e),\ (1,-3,\ d),\ (1,-3,\ e),\ (2,-1,\ d),\ (2,-1,\ e),\ (2,-3,\ d),\ (2,-3,\ e),\ (-1,-1,\ d),\ (-1,-1,\ e),\ (-1,-3,\ d),\ (-1,-3,\ e)\}$$

연습문제

01. 다음의 3개 집합이 주어져 있을 때 물음에 답하라.

$A=\{1,\ 2,\ 3,\ 4,\ 5\}$ $B=\{1,\ 3,\ 5,\ 7,\ 9\}$ $C=\{2,\ 4,\ 6,\ 8,\ 10\}$

① $A \cup B$ ② $A \cup C$ ③ $B \cup C$ ④ $A \cap B$ ⑤ $B \cup (C \cap A)$

02. 다음과 같이 4개의 집합이 주어져 있을 때 동일한 집합이 있다면 설명하라.

$A=\{3, -4\}$ $B=\{x \mid (x-3)(x+4)=0\}$

$C=\{x \mid x^3+x^2-12x=0\}$ $D=\{0, -4,\ 3\}$

03. 아래와 같이 집합 A가 주어져 있을 때 특성서술법을 이용하여 집합 A를 재정의하라.

① $A=\{2,\ 4,\ 8,\ 16,\ 32,\ 64\}$

② $A=\{3,\ 9,\ 27,\ 81,\ 243\}$

③ $A=\{-1,\ 4, -9,\ 16, -25,\ 36, -49,\ 64\}$

④ $A=\{10,\ 100,\ 1{,}000,\ 10{,}000,\ 100{,}000\}$

04. 열거법을 이용하여 집합을 재정의하라.

① $B=\{b \mid b$는 1주일의 요일 이름$\}$

② $C=\{c \mid c$는 우리나라 광역시$\}$

05. 다음과 같이 3집합이 주어져 있다. 물음에 답하라.

$A=\{0,\ 5,\ 10,\ 15,\ 20,\ 25,\ 30,\ 35,\ 40,\ 45,\ 50\}$

$B=\{10,\ 20,\ 30,\ 40,\ 50,\ 60\}$

$C=\{5,\ 15,\ 25,\ 35,\ 45,\ 55\}$

① $A\cap B\,(B\cap C)$　　② $(A\cup B)\cap C$
③ $A\cup(B\cup C)$　　④ $A\cup(B\cap C)$0

06. 다음과 같이 4개의 집합이 주어져 있을 때 물음에 답하라.

$U=\{x|\ x$는 20보다 작은 양의 정수$\}$
$A=\{5,\ 10,\ 15\}$　$B=\{2,\ 4,\ 6,\ 8,\ 10\}$　$C=\{1,\ 5,\ 9,\ 15,\ 17\}$

① $A\cap B$　② $A\cup B\cup C$　③ $A'\cap B'$
④ $A'\cup C'$　⑤ $A\cap B\cap C$　⑥ $A'\cap B$
⑦ $A'\cup B$　⑧ $(A\cap B\cap C)'$

07. 다음의 벤 다이어그램에 집합 A, B 그리고 C가 정의되어 있다. 집합 안에 수는 해당 부분의 구성원 수를 의미한다. 다음 물음에 답하라.

① $n(A)$
② $n(A\cup B)$
③ $n(A\cup B\cup C)$
④ $n(U)$
⑤ $n(A'\cup B)$
⑥ $n(B'\cap C')$
⑦ $n(B\cap C)$
⑧ $n(A'\cap B'\cap C')$

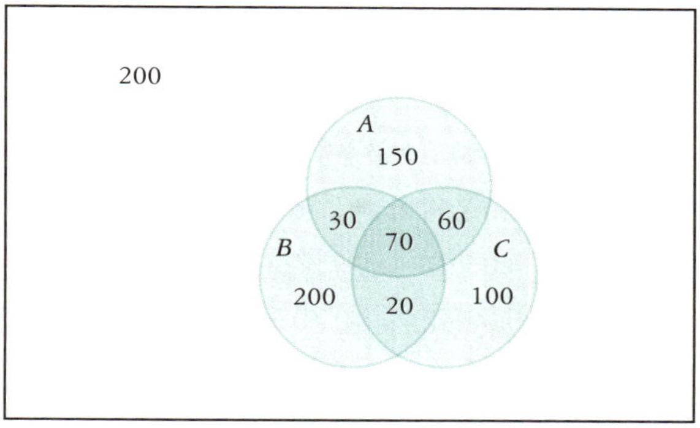

08. 아래의 각 물음에 답하라.

① 전집합 U가 1에서 10까지의 정수의 모임이고 집합 A가 $\{1,\ 2,\ 3\}$일 때 A의 여집합 A^C를 정의하라.
② 전집합 U가 $U=\{x|\ 5<x\leq 15,$ 정수$\}$이고 S^C가 $S=\{7,\ 9,\ 10,\ 12,\ 13\}$일 때 집합 S를 정의하라.

09. 다음과 같이 집합이 정의되어 있을 때 각 물음에 대하여 집합 기호를 이용하여 답하라.

$A=${경상계열에 재학중인 1학년 학생}, $B=${안경을 낀 학생}
$C=${남학생}, $D=${여학생}, $E=${장학금을 수령한 학생}

① 경상계열에 재학중이면서 안경을 낀 2학년 이상의 남학생
② 장학금을 수령한 경상계열 1학년 학생
③ 경상계열에 재학중이면서 안경을 낀 1학년 학생
④ 여학생들 중 장학금을 수령한 경상계열 학생
⑤ 남학생들 중 장학금을 받지 못한 학생

10. A시 교통과는 지난 1년간 시민들이 이용한 대중 운송수단을 알아보기 위하여 시민 10만 명에게 설문조사를 하였더니 결과가 다음과 같았을 때 물음에 답하라.

- 25,000명이 비행기를 이용하였다.
- 41,000명이 버스를 이용하였다.
- 20,000명이 기차를 이용하였다.
- 7,000명이 비행기와 버스를 이용하였다.
- 9,000명이 버스와 기차를 이용하였다.
- 8,000명이 비행기와 기차를 이용하였다.
- 5,000명이 3가지 모두를 이용하였다.

① 비행기만 이용한 사람은 몇 %인가?
② 비행기와 버스를 이용한 사람은 몇 %인가?
③ 버스와 기차를 이용한 사람은 몇 %인가?
④ 버스만 이용한 사람은 몇 %인가?
⑤ 3가지 교통수단을 아무것도 이용하지 않은 사람은 몇 %인가?
⑥ 비행기와 기차를 이용한 사람은 몇 %인가?
⑦ 벤 다이어그램을 이용하여 표시하라.

11. 경찰청은 11월 3째주 토요일에 전국적으로 음주단속을 실시한 결과 조사대상 20,000만 명 중에서 25%인 5,000명이 혈중알콜농도가 0.05%를

초과하였고, 10%는 혈중알콜농도 0.1%를 초과한 것으로 조사되었으며, 5%는 0.20%를 넘은 것으로 조사되었다. 그리고 이들 중에서 0.05%를 초과한 운전자들 중에서 20%가 음주운전 횟수 3회 규정을 어긴 것으로 밝혀졌고, 0.20%를 초과한 운전자들 중에서 5%가 역시 음주운전 3회 규정에 걸려 현장 구속되었다고 한다. 다음 물음에 답하라.

A={음주운전자}, B={혈중알콜농도 0.05% 초과자}
C={혈중알콜농도 0.10% 초과자}, D={혈중알콜농도 0.20% 초과자}
E={음주운전 3회 규정 위반자}

① $n(A^C)$ ② $n(A^C \cup B \cap E)$ ③ $n(B \cup D)$
④ $n(A \cap E^C)$ ⑤ $n(B^C \cap E^C)$

12. 1,000명의 소비자를 대상으로 지난 1년 동안 구매하였던 식품에 대하여 조사하였는데 그 결과가 다음과 같을 때 물음에 답하라.

조사결과 : 300명이 A식품을 구입하였다.
200명이 B식품을 구입하였다.
250명이 식품 C를 구입하였다.
50명이 식품 A와 B를 구입하였다.
75명이 식품 A와 C를 구입하였다.
60명이 식품 B와 C를 구입하였다.
25명이 식품 A, B, C 모두를 구입하였다.

① 식품 A, B, C를 하나도 구입하지 않은 사람은 몇 명인가?
② 식품 A만을 구입한 사람은?
③ 식품 B만을 구입한 사람은?
④ 식품 C만을 구입한 사람은?

13. $A=\{a,\ b\}$, $B=\{c,\ d\}$일 때 카르테시안 곱 $A \times B$, $B \times A$ 그리고 $A \times A$를 구하라.

14. $A=\{1,\ 2,\ 3\}$, $B=\{a,\ b\}$ 그리고 $C=\{2,\ 4\}$일 때 $A\times B\times C$를 구하라.

15. 아래와 같이 집합 A와 B가 주어져 있을 때 집합 A와 B의 카르테시안 곱을 구하고 이를 그래프로 작성하여 보라.

$A=\{x|\ 1,\ 3,\ 5\}$, $\qquad B=\{y|\ y=x^2\}$

제2장 벡타(Vector)

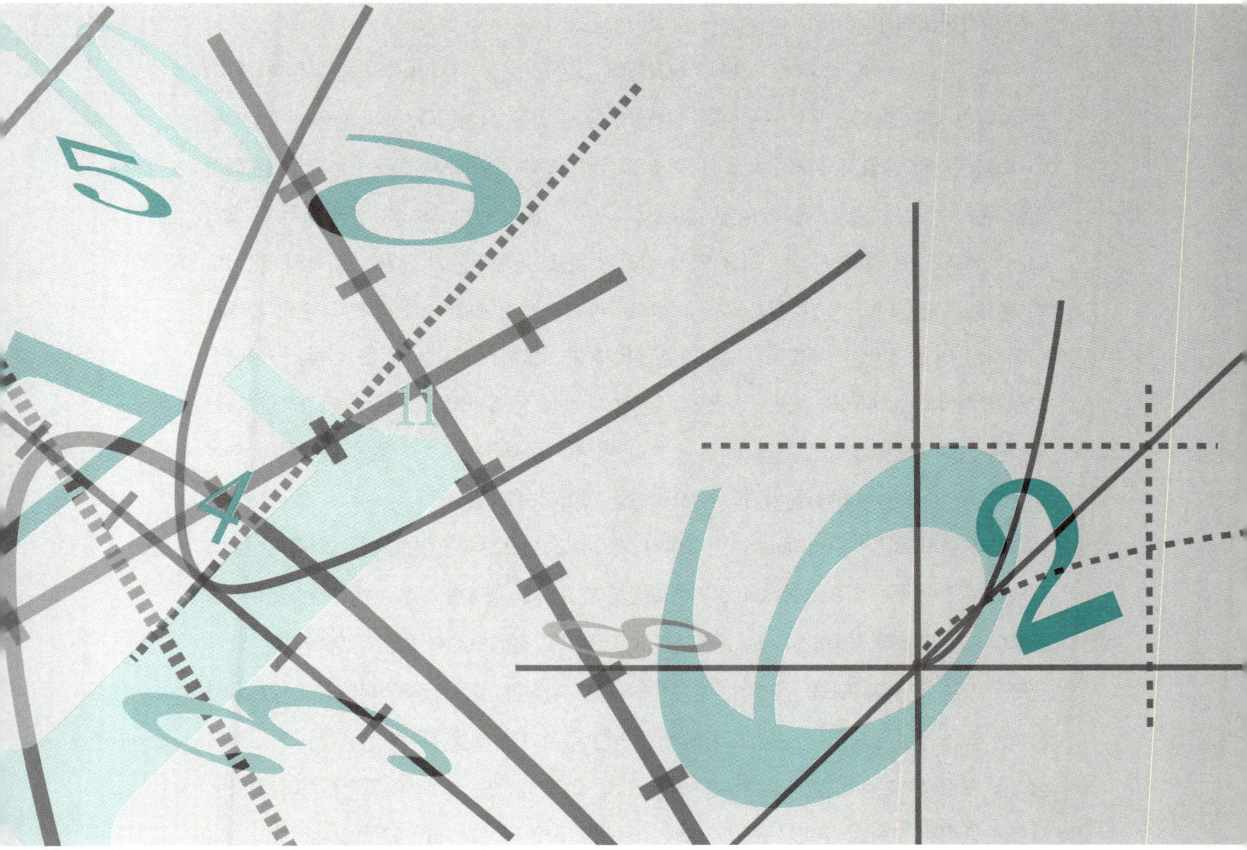

2.1 벡타의 개념
2.2 벡타의 정의와 표기
2.3 벡타의 전치
2.4 벡타의 등가
2.5 벡타의 덧셈 · 뺄셈
2.6 벡타의 스칼라 곱
2.7 벡타의 크기와 거리함수
2.8 벡타의 선형결합
2.9 벡타의 스칼라 적
2.10 벡타 공간
2.11 벡타의 1차 독립
2.12 동차방정식
2.13 기저벡타와 차원
2.14 직교벡타와 정규벡타
2.15 벡타의 투사
2.16 벡타의 곱

수학이야기

[수학과 도박]

수학자는 도박에 능하다? 모든 수학자들이 그런 것은 아니지만 확률을 분석할 줄 아는 능력이 있으면 도박에서 돈을 딸 가능성이 높은 것은 사실이다. 외국에서는 수학자들이 도박게임의 승률과 성공전략을 수학적으로 증명하여 학회에서 발표하는 일이 흔하며 이를 통해 새로운 확률, 통계이론을 발전시켜 왔다. 최근 세계 증시의 심장인 뉴욕 월가에서 수학자들이 각광을 받는 이유 역시 이러한 확률, 통계이론에 근거한 과학적 "투자도박"을 하기 때문이다. 현재 월가에서 활동하는 수학자는 1,000여 명. 예컨대 증권 선물시장에서는 어떤 값에 거래를 할 것인가를 결정하는 "블랙-숄즈 공식"은 상품의 구매가, 현시가, 구매시점까지의 기간, 이자율, 시장의 유동성 등 5가지 값으로 투자가격을 계산해 낸다. JP 모건, 골드만 삭스, 모건 스탠리 등 투자회사들은 수학자들을 동원하여 추상의 세계로 여겼던 수학을 끌어내려 투자기법을 과학화하고 있다.

미국 캘리포니아 주립대 교수인 수학자 애드워드 솔프는 1960년 「행운의 공식 : 블랙잭의 필승전략」을 미국 수학학회 정기총회에서 발표하여 화제를 모았는데 그는 재력가들로부터 1만 달러를 제공받아 30시간 만에 2만 달러로 불림으로써 이를 증명하였다. 역사적으로 도박을 통해 확률, 통계이론을 체계화하기 시작한 것은 17세기부터이다. 그 당시 석학인 파스칼은 도박사 친구인 드미어가 문의한 주사위 문제를 푸는 과정에서 "파스칼의 삼각형"으로 유명한 이항전개 계수를 발견했고, 룰렛게임에는 뾰족한 필승전략이 없다는 사실을 증명한 프랑스 수학자 포앙카레는 지구궤도의 안정성에 대한 연구를 개척했다.

— 「한국일보」에서 발췌

2.1 벡타의 개념

벡타는 어떠한 관계나 연산식을 구체적으로 설명가능한 추상적인 실체이다. 이는 다수의 변수를 포함하고 있는 연립방정식을 벡타를 이용하여 간결하게 표현할 수 있음을 나타낸다. 또한 벡타는 기하공간에서의 직선을 의미하기도 하고 점의 좌표를 말하기도 한다. 그리고 실수(real number)들의 n 순서쌍(ordered n-tuple)을 벡타라고 한다.

벡타가 우리들이 사용하는 수(number), 즉 스칼라(scalar)와 다른 점은 스칼라는 크기만 갖지만 벡타는 크기와 방향을 갖는다는 것이다. 만약 자동차가 시간당 100km 속력(speed)으로 달려가고 있다면 아주 빠르게 달리고 있음을 알 수 있다. 그렇지만 어느 방향으로 자동차가 운행되고 있는지는 알 수가 없다. 이에 비하여 속도(velocity)라는 표현은 빠르기의 정도를 나타냄과 동시에 자동차가 동쪽에서 서쪽으로 운행되고 있다는 것과 같은 방향에 대한 정보를 제공한다. 이때 시속은 스칼라이지만 속도는 벡타를 의미한다.

벡타에 있어 방향의 개념은 좌표 평면 상에 어느 한 점이 주어져 있을 때 원점을 출발점(starting point)으로 하고 그 점을 끝점(ending point)으로 하여 화살표를 붙여 연결하였을 때 그 직선이 가리키는 방향을 의미한다.

2.2 벡타의 정의와 표기

일반적으로 벡타는 영어의 인쇄체 소문자로 표기하며 행벡타(row vector)와 열벡타(column vector)의 형태를 갖는다.

$n \times 1$ 순서(order)를 갖는 열벡타 a는 n개의 실수들의 순서쌍으로 n개의 행과 1개의 열로 이루어진 벡타를 말한다. 이때 순서의 개념은 벡타에 있어 행의 개수(n)와 열의 개수(1)를 설명하는 것으로 행의 개수를 나타내는 n값이 그 벡타가 속하는 차원(dimension)을 나타낸다. 그리고 열벡타의 원소는 위치에 따라 그 값을 구별할 수 있으나 행벡타의 경우 구성원소가 모

그림 2-1 2차원 상의 벡타

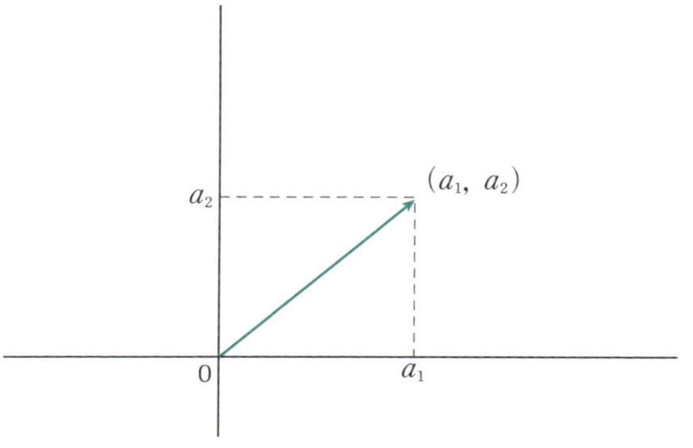

두 1행에 나란히 기술되어 있어 그 값을 구별하는 데 어려움이 있다. 따라서 행벡타의 경우 구성원소를 구별하기 위하여 구성원소 사이에 콤마(,)를 써 넣는다. 예를 들어 벡타 a의 첫 번째 좌표값이 1이고 두 번째 좌표값이 2일 때 $a=(12)$라고 표기하면 a가 스칼라값 12인지 벡타인지 알 수 없다. 따라서 $a=(1,\ 2)$로 표기한다.

벡타를 기하공간 상에서 표시가 가능한데 보통 2차원 평면에서나 3차원 공간상에서 벡타를 설명한다. 4차원 이상의 벡타의 경우 2차원이나 3차원의 경우를 유추하여 생각하면 된다. 2차원 상의 벡타 a가 (a_1, a_2)이라면 〈그림 2-1〉과 같이 나타낼 수 있다.

열벡타(column vector)의 정의

$n\times1$ order를 갖는 열벡타 a는 n개의 실수들의 순서쌍으로 n개의 행과 1개의 열로 이루어진 벡타를 말한다.

$$a=\begin{pmatrix} a_1 \\ a_2 \\ a_3 \\ \vdots \\ a_i \\ \vdots \\ a_n \end{pmatrix}$$

$a_i=$벡타 a의 i번째 element 혹은 component

a는 $n\times1$ order를 갖는 열벡타

2.3 벡타의 전치(transpose of vector)

벡타 a가 다음과 같이 $n\times 1$ 순서를 갖는 열벡타일 때 벡타 a의 전치란 a를 시계반대 방향으로 90도 회전시켜 행벡타로 전환시킨 것으로 a^t 또는 a'으로 표기한다. 즉 $n\times 1$ 순서를 갖는 열벡타를 전치할 경우 1행의 원소가 1열의 원소로 2행의 원소는 2열의 원소로 그리고 n행의 원소는 n열의 원소가 되는 $1\times n$ order를 갖는 행벡타가 된다. 반대로 벡타 b가 행벡타일 때 벡타 b의 전치는 벡타 b를 시계방향으로 90도 회전시켜 열벡타로 변환시키는 것을 말한다. 예를 들어 벡타 $a=(1, -2,\ 3)$이라면 a^t는 $\begin{pmatrix} 1 \\ -2 \\ 3 \end{pmatrix}$이다. 그리고 벡타 $b=\begin{pmatrix} -1 \\ 2 \\ -3 \end{pmatrix}$이면 $b^t=(-1,\ 2, -3)$이다. 마찬가지로 벡타 c가 $\begin{pmatrix} -1 \\ 2 \end{pmatrix}$이면 $c^t=(-1,\ 2)$가 된다.

〈예제 2-1〉

다음의 벡타들을 전치하라.

① $a=(1, -1,\ 0)$　　② $b=(-1, -2)$　　③ $c=\begin{pmatrix} -1 \\ 0 \end{pmatrix}$

풀이 ① $a'=\begin{pmatrix} 1 \\ -1 \\ 0 \end{pmatrix}$　　② $b'=\begin{pmatrix} -1 \\ -2 \end{pmatrix}$　　③ $c'=(-1,\ 0)$

2.4 벡타의 등가

벡타 a와 b가 있을 때 두 벡타의 순서가 같고 두 벡타의 모든 원소가 같을 때 이들 두 벡타는 '등가(equivalent)이다 또는 같다(equal)' 라고 한다. 그리고 정의에서 기호 '∀' 는 '모든 ~에 대하여(for all ~)' 를 의미한다.

벡타의 등가(equivalent of vector)

벡타 a와 b가 동일한 차원에 속하고 순서가 같을 때 아래의 조건을 만족시키면 두 벡타는 같다고 한다.

$$a = b \quad \text{if and only if}(=\text{iff}) \quad a_i = b_i, \ \forall i$$

〈예제 2-2〉

벡타 $c = \begin{pmatrix} 1 \\ -1 \\ 3 \end{pmatrix}$이고 $d = (1, -1, 3)$이면 벡타 c와 d는 같은가?

풀이 벡타 c와 d는 크기는 같다고 하나 등가라고는 할 수 없다.
왜냐하면 벡타 c는 열벡타이고 벡타 d는 행벡타이기 때문이다.
그러나 벡타 c와 d를 3차원 공간에서 그려보면 동일한 벡타임을 알 수 있다.

〈예제 2-3〉

다음의 벡타들 중에서 같은 것끼리 짝을 지어라.

① $a = (1, -1, 0)$ ② $b = (-1, 0, 2)$ ③ $c = (0, -1, 1)$

④ $d = \begin{pmatrix} 1 \\ -1 \\ 0 \end{pmatrix}$ ⑤ $e = \begin{pmatrix} -1 \\ 0 \\ 2 \end{pmatrix}$ ⑥ $g = \begin{pmatrix} 1 \\ -1 \\ 0 \end{pmatrix}$

풀이 ④와 ⑥은 같은 벡타이나 그 외 벡타들중 같은 벡타는 없다.

2.5 벡타의 덧셈 · 뺄셈(addition/subtraction)

벡타 a와 b가 있을 때 두 벡타의 순서가 같으면 덧셈 · 뺄셈이 이루어진다. 즉 벡타 a의 순서가 $n \times 1$이고 b의 순서가 $n \times 1$이면 두 벡타의 덧셈 · 뺄셈은 다음과 같다.

벡타의 덧셈 · 뺄셈

$$a=\begin{pmatrix} a_1 \\ a_2 \\ a_3 \\ \vdots \\ a_n \end{pmatrix} \text{이고} \quad b=\begin{pmatrix} b_1 \\ b_2 \\ b_3 \\ \vdots \\ b_n \end{pmatrix} \text{이면} \quad a\pm b=\begin{pmatrix} a_1\pm b_1 \\ a_2\pm b_2 \\ a_3\pm b_3 \\ \vdots \\ a_n\pm b_n \end{pmatrix} \text{이다.}$$

그림 2-2 벡타의 합성

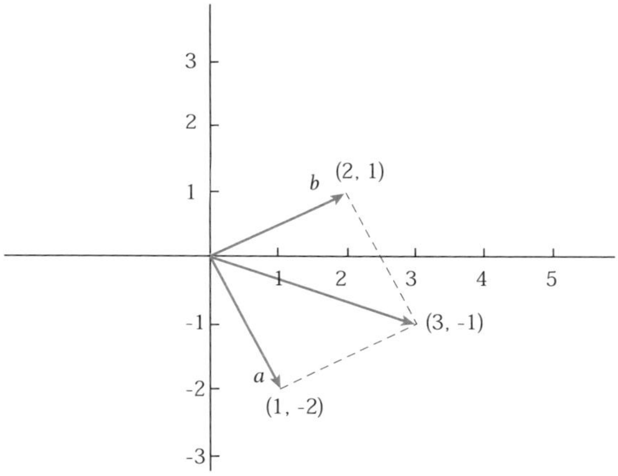

예를 들어 벡타 $a=(1,-2)$이고 벡타 $b=(2,\ 1)$이면 $a+b$는 $(1+2,\ -2+1)=(3,-1)$이다. 이를 그림으로 나타내면 〈그림 2-2〉와 같다.

〈예제 2-4〉

다음의 벡타 a와 b 그리고 c가 주어져 있을 때 주어진 물음에 대하여 계산하라.

$$a=\begin{pmatrix} -1 \\ 2 \\ 1 \end{pmatrix} \qquad b=\begin{pmatrix} 2 \\ -3 \\ -1 \end{pmatrix} \qquad c=\begin{pmatrix} 2 \\ 5 \\ -1 \end{pmatrix}$$

① $a+2b$

풀이 $\begin{pmatrix} -1 \\ 2 \\ 1 \end{pmatrix}+2\begin{pmatrix} 2 \\ -3 \\ -1 \end{pmatrix}=\begin{pmatrix} -1+4 \\ 2-6 \\ 1-2 \end{pmatrix}=\begin{pmatrix} 3 \\ -4 \\ -1 \end{pmatrix}$

② $-b-2c$

풀이 $-\begin{pmatrix} 2 \\ -3 \\ -1 \end{pmatrix}-2\begin{pmatrix} 2 \\ 5 \\ -1 \end{pmatrix}=\begin{pmatrix} -2-4 \\ 3-10 \\ 1+2 \end{pmatrix}=\begin{pmatrix} -6 \\ -7 \\ 3 \end{pmatrix}$

③ $c-a+b$

풀이 $\begin{pmatrix} 2 \\ 5 \\ -1 \end{pmatrix}-\begin{pmatrix} -1 \\ 2 \\ 1 \end{pmatrix}+\begin{pmatrix} 2 \\ -3 \\ -1 \end{pmatrix}=\begin{pmatrix} 2+1+2 \\ 5-2-3 \\ -1-1-1 \end{pmatrix}=\begin{pmatrix} 5 \\ 0 \\ -3 \end{pmatrix}$

2.6 벡타의 스칼라 곱(scalar multiplication)

벡타의 스칼라 곱이란 주어진 벡타의 방향은 그대로 유지하면서 벡타의 크기만 스칼라 크기만큼 확대 혹은 축소한다는 것으로 정의된다. 만약 벡타 a가 (a_1, a_2)이고 스칼라가 k일 때 벡타의 스칼라 곱은 $k \cdot a = k \cdot (a_1, a_2) = (ka_1, ka_2)$를 말한다. 이때 k의 값이 음수이면 스칼라 곱의 결과 새로운 벡타는 원래의 벡타와 방향이 반대가 되면서 k가 1보다 크면 크기가 확대되고 k가 1보다 작으면 크기가 축소된다.

예를 들어 벡타 a가 (1, 1)일 때 a에 스칼라 2를 곱한다면 그 결과 (2, 2)가 되며, 새로운 벡타 (2, 2)는 a보다 크기는 2배인 벡타가 된다. 그리고 a에 스칼라 $-1/2$을 곱할 경우 새로운 벡타는 〈그림 2-3〉처럼 a에 비하여 방향도 반대이면서 크기도 1/2인 벡타가 된다.

벡타의 스칼라 곱에서는 k_1, k_2가 스칼라이고 a와 b가 벡타일 때 결합법칙과 교환법칙이 성립한다.

① 결합법칙: $k_1(k_2 \cdot a) = (k_1 \cdot k_2)a$

② 교환법칙: $k_1(a+b) = k_1a + k_1b$

그림 2-3 벡타의 스칼라 곱

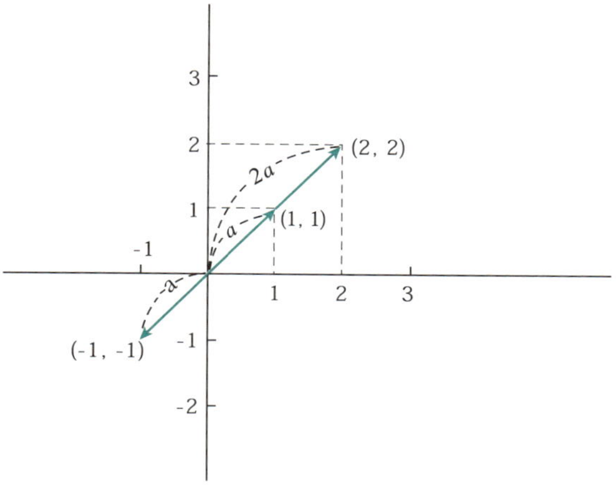

벡타의 스칼라 곱(saclar multiplication)

① 벡타 a가 $(a_1,\ a_2)$이고 스칼라가 k일 때 벡타의 스칼라 곱은

$k \cdot a = k \cdot (a_1,\ a_2) = (ka_1,\ ka_2)$이다.

② k가 $k \geq 0$이면 스칼라 곱의 결과 원래의 벡타와 방향이 동일하다. 반대로 $k \leq 0$이면 원래의 벡타와 방향이 반대인 벡타가 된다.

③ $|k| \geq 1$이면 스칼라 곱의 결과 원래의 벡타보다 $|k|$배만큼 길이가 길어지며, $|k| < 1$이면 반대로 길이가 $|k|$배만큼 짧아진다.

〈예제 2-5〉

다음을 계산하라.

$$a = (\ 2, -1) \qquad b = (-2,\ 3) \qquad c = \begin{pmatrix} 0 \\ -1 \end{pmatrix}$$

① $-3(-a+2b)$

② $2\ (-2c^t)$

그림 2-4 벡타의 크기

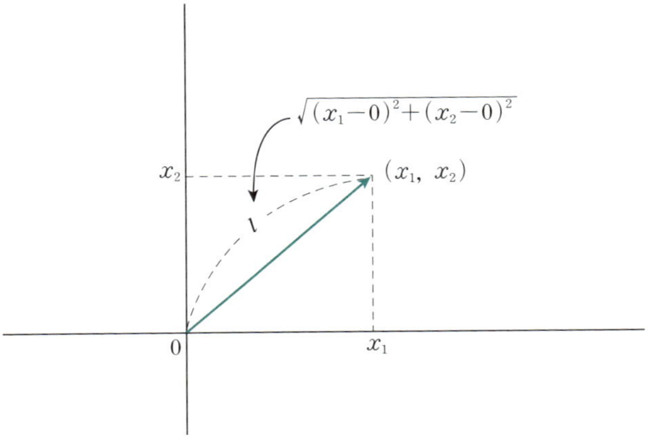

풀이 ① $-3(-a+2b)=3a-6b=3(2,-1)-6(-2,\ 3)=(18,-21)$

② $2\,(-2\,c^t)=2\,(-2\,(0,-1))=2\,(0,\ 2)=(0,\ 4)$

2.7 벡타의 크기와 거리함수

1) 벡타의 크기

벡타 $x=(x_1,\ x_2,\ \cdots,\ x_i,\ \cdots,\ x_n)$이 있을 때 x의 크기(size, magnitude or norm)는 $\|x\|$로 표시하고

$$\|x\|=\sqrt{x_1^2+x_2^2+\cdots+x_i^2+\cdots+x_n^2}=\sqrt{\sum_{i=1}^{n}x_i^2}\ \text{이다.}$$

벡타 x의 크기는 원점에서부터 벡타 x까지의 거리와 같은 개념으로 〈그림 2-4〉와 같이 설명되어질 수 있는데 원점에서 벡타 x까지의 거리를 l이라고 하면 다음과 같이 계산된다.

$$l=\sqrt{(x_1-0)^2+(x_2-0)^2+\cdots+(x_i-0)^2+\cdots+(x_n-0)^2}$$
$$=\sqrt{x_1^2+x_2^2+\cdots+x_i^2+\cdots+x_n^2}=\sqrt{\sum_{i=1}^{n}x_i^2}$$

〈예제 2-6〉

벡타 a가 $(1,-2,\ 3)$일 때 벡타 a의 크기를 계산하라.

풀이 $\|a\|=\sqrt{1^2+(-2)^2+3^2}=\sqrt{14}$

〈예제 2-7〉

벡타 b가 $(2,\ 3)$일 때 원점에서 벡타 b까지의 거리를 계산하라.

풀이 $\|b\|=\sqrt{(2-0)^2+(3-0)^2}=\sqrt{4+9}=\sqrt{13}$

2) 벡타의 거리함수(distance function)

어떤 벡타가 주어져 있을 때 그 벡타의 크기는 원점에서 주어진 벡타의 좌표까지의 거리와 동일한 개념으로 사용된다. 이러한 개념을 확장하여 두 벡타 x와 y가 주어져 있을 때 벡타 x로부터 y까지의 거리는 거리함수 $d\ (x,\ y)$로 설명되고 다음과 같이 계산된다.

$x=(x_1,\ x_2,\ \cdots,\ x_i,\ \cdots,\ x_n)$, $y=(y_1,\ y_2,\ \cdots,\ y_i,\ \cdots,\ y_n)$일 때

$$d\ (x,\ y)=\sqrt{(x_1-y_1)^2+(x_2-y_2)^2+\cdots+(x_i-y_i)^2+\cdots+(x_n-y_n)^2}$$
$$=\sqrt{\sum_{i=1}^{n}(x_i-y_i)^2}$$

벡타 x와 y 사이의 거리함수 $d(x,\ y)$는 다음과 같은 특징을 갖는다.

벡타의 크기와 거리함수

① 벡타의 크기 : $\| x \|$

$x=(x_1,\ x_2, \cdots,\ x_i, \cdots,\ x_n),\ \| x \| = \sqrt{x_1^2+x_2^2+\cdots+x_i^2+\cdots+x_n^2} = \sqrt{\sum_{i=1}^{n} x_i^2}$

② 두 벡타 x와 y 사이의 거리함수 : $d\ (x,\ y)$

$x=(x_1,\ x_2, \cdots,\ x_i, \cdots,\ x_n),\ y=(y_1,\ y_2, \cdots,\ y_i, \cdots,\ y_n)$

$$d\ (x,\ y) = \sqrt{(x_1-y_1)^2+(x_2-y_2)^2+\cdots+(x_i-y_i)^2+\cdots+(x_n-y_n)^2}$$

$$= \sqrt{\sum_{i=1}^{n}(x_i-y_i)^2}$$

거리함수(distance function)의 특징

① 벡타 x에서 y까지의 거리는 벡타 y에서 x까지의 거리와 동일하다.
즉 $d(x,\ y)=d(y,\ x)$이다.

② 벡타 x와 y 사이에 임의의 한 점 w가 있을 때 x에서 w까지의 거리와 w에서 y까지의 거리의 합은 x에서 y까지의 거리보다 크거나 같다.
즉 $d(x,\ w)+d(w,\ y) \geq d(x,\ y)$

③ 벡타 x와 y 사이의 거리함수의 값은 항상 0보다 크거나 같다.
즉 $d(x,\ y) \geq 0$

예를 들어 벡타 $a=(1,\ 2)$이고 벡타 $b=(2,\ 1)$일 때 a와 b 사이의 거리는 〈그림 2-5〉와 같이 $\sqrt{(1-2)^2+(2-1)^2}=\sqrt{2}$이다.

〈예제 2-8〉

벡타 $a=(1, -1,\ 2)$이고 $b=(2, -3, -2)$일 때 두 점 a와 b 사이의 거리를 구하라.

풀이 두 점 a와 b 사이의 거리함수는 $d(a,\ b)$ 또는 $d(b,\ a)$로 나타내며, 그 사이 거리는 $d(a,\ b)=d(b,\ a)=\sqrt{(1-2)^2+(-1+3)^2+(2+2)^2}=\sqrt{21}$이다.

그림 2-5 두 벡타 간의 거리

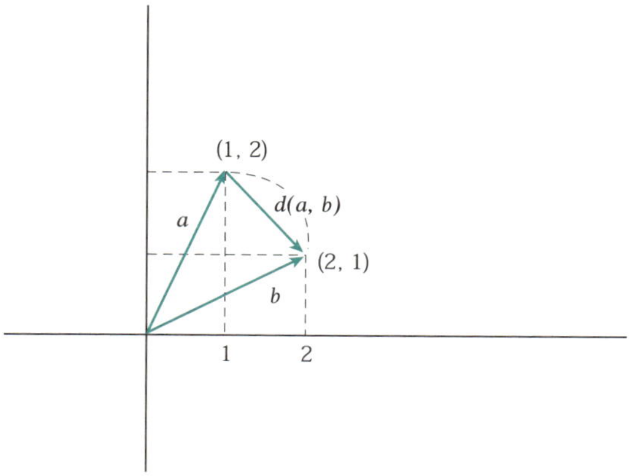

〈예제 2-9〉

벡타 $u=(-1,-2,\ 2)$이고 $v=(2,\ v_1,\ v_2)$일 때 두 점 사이의 거리는 $\sqrt{3}$이고 두 벡타의 스칼라 적이 6이라고 할 때 벡타 v를 구하라.

풀이 $d(v,\ u)=\sqrt{(2+1)^2+(v_1+2)^2+(v_2-2)^2}=\sqrt{9}$이다. 따라서

$9+v_1^2+2v_1+4+v_2^2-4v_2+4=9 \ \cdots$ ①

그리고 $uv^t=(-1,-2,\ 2)\begin{pmatrix} 2 \\ v_1 \\ v_2 \end{pmatrix}=6$이다. 따라서 $v_2=v_1+4 \ \cdots$ ②

②를 ①식에 대입하면 $2v_1^2+8v_1+8=0 \ \Rightarrow \ (v_1+2)^2=0$

따라서 $v_1=-2$이다.

$v_1=-2$이므로 $v_2=2$이다. 따라서 $v=(2,-2,\ 2)$이다.

2.8 벡타의 선형결합(linear combination)

$a_1,\ a_2, \cdots,\ a_i, \cdots,\ a_n$ 으로 표시되는 n개의 벡타들의 집합과 $k_1,\ k_2, \cdots,\ k_i, \cdots,\ k_n$ 으로 표시되는 n개의 스칼라 집합이 있을 때 이들 벡타들의 선형결합 또는 1차 결합은 다음과 같이 표시된다.

① $v_1 = k_1a_1 + k_2a_2 + \cdots + k_ia_i + \cdots + k_na_n = \sum_{i=1}^{n} k_ia_i$

② $v_2 = k_1^*a_1 + k_2^*a_2 + \cdots + k_i^*a_i + \cdots + k_n^*a_n = \sum_{i=1}^{n} k_i^*a_i$

여기서 k_i^*는 k_i 와는 다른 상수를 말하며 v_1과 v_2는 서로 다른 선형결합을 나타낸다. 그리고 v_1과 v_2를 더한 것도 역시 n개 벡타들의 선형결합의 하나이다. 즉

$$\begin{aligned} v_1 + v_2 &= k_1a_1 + k_2a_2 + \cdots + k_ia_i + \cdots + k_na_n + k_1^*a_1 + k_2^*a_2 + \cdots + k_i^*a_i + \cdots + k_n^*a_n \\ &= (k_1a_1 + k_1^*a_1) + (k_2a_2 + k_2^*a_2) + \cdots + (k_ia_i + k_i^*a_i) + \cdots + (k_na_n + k_n^*a_n) \\ &= (k_1 + k_1^*)a_1 + (k_2 + k_2^*)a_2 + \cdots + (k_i + k_i^*)a_i + \cdots + (k_n + k_n^*)a_n \end{aligned}$$이다.

따라서 벡타들의 1차 결합이란 벡타에 상수를 곱하고 그 후 이를 서로 더하거나 뺀 것을 의미한다. 예를 들어 벡타 a가 (1, 3)이고 벡타 b가 (2, 1)일 때 두 벡타의 선형결합은 다양하게 나타난다. 즉

① $v = 2a + b = 2(1,\ 3) + (2,\ 1) = (4,\ 7)$

② $u = -a + 2b = -(1,\ 3) + 2(2,\ 1) = (3, -1)$

③ $w = -2a - b = -2(1,\ 3) - (2,\ 1) = (-4, -7)$

④ $m = \frac{2}{3}a + 0b = \frac{2}{3}a = \frac{2}{3}(1,\ 3) = (\frac{2}{3},\ 2)$

⑤ $n = -\frac{1}{2}b = -\frac{1}{2}(2,\ 1) = (-1, -\frac{1}{2})$

그림 2-6 벡타들의 선형결합

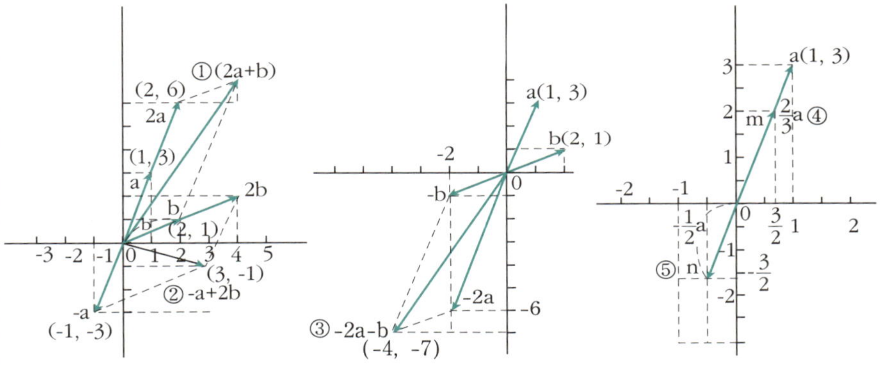

특히 ④와 ⑤의 경우는 벡타의 스칼라 곱과 같은데 이 또한 두 벡타의 선형결합으로 설명된다. 상기한 5가지의 선형결합을 그림으로 나타내면 〈그림 2-6〉과 같다.

벡타들의 1차 결합(선형결합)

$a_1, a_2, \cdots, a_i, \cdots, a_n$ 으로 표시되는 n개의 벡타들과 $k_1, k_2, \cdots, k_i, \cdots, k_n$으로 표시되는 n개의 스칼라가 있을 때 이들 벡타들의 선형결합 또는 1차 결합을 v라고 하면 다음과 같다.

$$v = k_1a_1 + k_2a_2 + \cdots + k_ia_i + \cdots + k_na_n = \sum_{i=1}^{n} k_ia_i$$

〈예제 2-10〉

벡타 $a=(1,\ 2, -1)$이고 $b=(0, -1,\ 3)$일 때 a에 2를 곱하고 b에 -1을 곱한 후 이를 1차 결합시켜라.

풀이 $2a+(-1)b=(2,\ 4, -2)+(0,\ 1, -3)=(2,\ 5, -5)$

2.9 벡타의 스칼라 적(scalar product)

1) 벡타의 좌표값이 알려져 있을 때

두 개의 벡타가 있을 때 두 벡타를 곱한 결과 스칼라가 나왔다면 이를 벡타의 스칼라 적 또는 내적(inner product)이라고 한다. 스칼라는 1행과 1열로 이루어진 벡타, 즉 1×1 순서를 갖는 벡타라고 할 수 있다. 따라서 두 벡타의 스칼라 적을 구하려면 앞의 벡타는 반드시 행벡타(row vector)이어야 하고 뒤의 벡타는 반드시 열벡타(column vector)이어야 한다. 이를 구체적으로 정리하면 다음과 같다.

$a=(a_1,\ a_2,\ \cdots,\ a_i,\ \cdots,\ a_n),\ b=(b_1,\ b_2,\ \cdots,\ b_i,\ \cdots,\ b_n)$일때

a와 b의 스칼라 적:

$$
\begin{aligned}
a\cdot b^t &= (a_i)_{1\times n}\cdot (b_i)^t_{n\times 1} \\
&= (a_1,\ a_2,\ \cdots,\ a_i,\ \cdots,\ a_n)\times(b_1,\ b_2,\ \cdots,\ b_i,\ \cdots,\ b_n)^t \\
&= (a_1,\ a_2,\ \cdots,\ a_i,\ \cdots,\ a_n)\times\begin{pmatrix} b_1 \\ b_2 \\ b_3 \\ \vdots \\ b_i \\ \vdots \\ b_n \end{pmatrix} \\
&= a_1\times b_1 + a_2\times b_2 + \cdots + a_i\times b_i + \cdots + a_n\times b_n \\
&= \sum_{i=1}^{n} a_i b_i
\end{aligned}
$$

〈예제 2-11〉

벡타 $a=(2,\ 1,-3)$이고 벡타 $b=(-2,-1,\ 1)$일 때 두 벡타의 스칼라 적을 구하라.

풀이 $a\cdot b=(2,\ 1,-3)\times(-2,-1,\ 1)^t=(2,\ 1,-3)\begin{pmatrix}-2\\-1\\1\end{pmatrix}$

$$
\begin{aligned}
&=2\times(-2)+1\times(-1)+(-3)\times 1 \\
&=-4-1-3=-8
\end{aligned}
$$

〈예제 2-12〉

다음 두 벡타의 스칼라 적을 구하라.

$m=(-1,-2),\ n=(0,-3)$

풀이 $m\cdot n^t=(-1,-2)\cdot\begin{pmatrix}0\\-3\end{pmatrix}=-1(0)+(-2)(-3)=6$

〈예제 2-13〉

두 벡타 u와 v가 각각 $(2,-3)$, $(3,\ 2)$일 때 스칼라 적을 구하라.

풀이 $u\cdot v^t=(2,-3)\cdot\begin{pmatrix}3\\2\end{pmatrix}=6-6=0$

스칼라 적의 결과 0이 나올 때 이들 두 벡타는 직교한다고 한다. 즉 두 벡타의 사잇각이 90°라는 것이다.

2) 두 벡타의 크기와 벡타 사이의 사잇각이 알려져 있을 때

〈그림 2-7〉과 같이 벡타 a의 크기 $\|a\|$와 벡타 b의 크기 $\|b\|$가 주어져 있고 두 벡타 간의 사잇각 θ가 알려져 있다면 이때 두 벡타 a와 b의 스칼라 적은 다음과 같다.

$$a\cdot b=\|a\|\cdot\|b\|\cdot\cos\theta$$

만일 θ가 90°이라면 $\cos 90°=0$이므로 두 벡타의 스칼라 적은 0이 된다.

그림 2-7 벡타의 스칼라 적

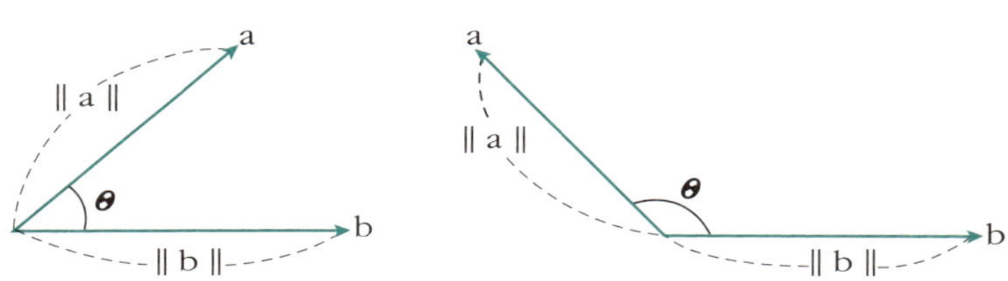

따라서 직교하는 두 벡타가 있다면 벡타의 크기와 관계없이 두 벡타의 스칼라 적은 0이 된다.

벡타의 스칼라 적(scalar product)

① 벡타의 좌표 값이 알려져 있을 때

$a=(a_1,\ a_2,\ \cdots,\ a_i,\ \cdots,\ a_n)$, $b=(b_1,\ b_2,\ \cdots,\ b_i,\ \cdots,\ b_n)$일 때

a와 b의 스칼라 적 : $a \cdot b^t=(a_i)1\times n\cdot(b_i)^t_n\times 1$

$$(a_1,\ a_2,\ \cdots,\ a_i,\ \cdots,\ a_n)+(b_1,\ b_2,\ \cdots,\ b_i,\ \cdots,\ b_n)^t$$

$$=(a_1,\ a_2,\ \cdots,\ a_i,\ \cdots,\ a_n)\cdot\begin{pmatrix} b_1 \\ b_2 \\ b_3 \\ \vdots \\ b_i \\ \vdots \\ b_n \end{pmatrix}$$

$$=a_1\times b_1+a_2\times b_2+\cdots+a_i\times b_i+\cdots+a_n\times b_n$$

$$=\sum_{i=1}^{n}a_ib_i$$

② 벡타의 크기와 벡타 사이의 각이 알려져 있을 때

$$a\cdot b=\|a\|\cdot\|b\|\cdot cos\theta$$

〈예제 2-14〉

벡타 a의 길이가 4이고 벡타 b의 길이가 $2\sqrt{2}$이며 두 벡타의 사잇각 θ가 45°일 때, 두 벡타의 스칼라 적을 구하라.

풀이 $a\cdot b=\|a\|\cdot\|b\|\cdot\cos\ 45°=4\times 2\sqrt{2}\times(\sqrt{2}/2)=8$

〈예제 2-15〉

벡타 a가 $(1,-1)$이고 벡타 b는 길이만 2인 것으로 알려져 있을 때 벡타 b의 좌표 값을 구하라. 단 두 벡타의 사잇각은 45°라고 한다.

풀이 벡타 $b=(b_1,\ b_2)$이라고 하면 벡타 a와 b의 스칼라 적은

$a \cdot b^t = (1, -1)\begin{pmatrix} b_1 \\ b_2 \end{pmatrix} = b_1 - b_2$이다. 그리고 두 벡타 사이의 각이 알려져 있기 때문에 두 벡타의 스칼라 곱은 $\sqrt{2} \cdot 2 \cdot \cos 45° = \sqrt{2} \cdot 2 \cdot \sqrt{2}/2 = 2$이다. 따라서 $b_1 - b_2 = 2$이고 $b_2 = b_1 - 2$이다. 이 값을 벡타 b의 길이를 구하는 식 $\| b \| = \sqrt{b_{11}^2 + b_2^2} = 2$에 대입하면 $b_1^2 + (b_1 - 2)^2 = 2b_1^2 - 4b_1 + 4 = 4$이고, $2b_1(b_1 - 2) = 0$이므로 $b_1 = 0$ 또는 $b_1 = 2$이다. $b_1 = 0$이면 $b_2 = -2$이고 $b_1 = 2$이면 $b_2 = 0$이므로 벡타 b는 $(0, -2)$ 또는 $(2,\ 0)$이다.

2.10 벡타 공간(vector space)

V의 부분집합 u와 v가 주어져 있을 때 어떤 수(number, 즉 scalar) r에 대하여 $(u+v) \in V$이고 $r \cdot u \in V$이며 $r \cdot v \in V$가 정의되는 집합이라고 할 때 다음의 공리가 성립되면 V를 벡타공간이라 하고 V의 모든 구성원을 벡타라고 한다.

벡타 공간(vector space)

- 공리 1 : $u+v=v+u$
- 공리 2 : $(u+v)+w=u+(v+w)$, 단 w는 벡타이다.
- 공리 3 : 집합 V의 부분집합 u에 대하여 $u+0=u$를 만족시키는 특별한 구성원 0(0벡타라고 부른다)가 항상 존재한다.
- 공리 4 : 집합 V의 어떤 구성원 u에 대하여 $u+(-u)=0$을 만족시키는 $-u$가 항상 존재한다.
- 공리 5 : $r(u+v)=ru+rv$
- 공리 6 : $(r+s)u=ru+su$, 단 s는 스칼라.
- 공리 7 : $(rs)u=r(su)$
- 공리 8 : $1 \cdot u=u$

그림 2-8 벡타의 1차 독립과 종속

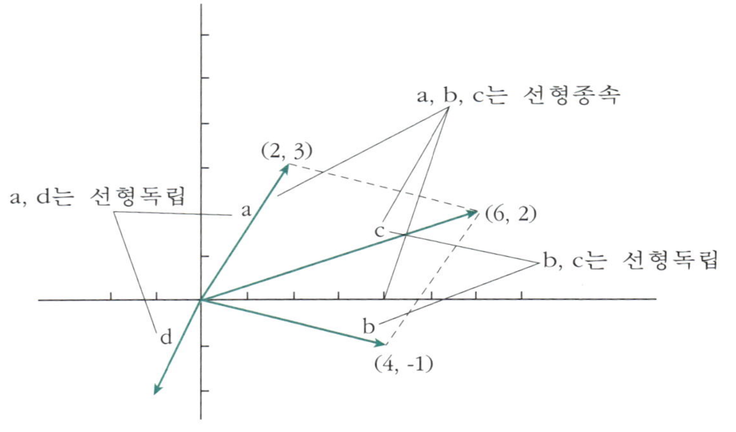

2.11 벡타의 1차 독립(linear independence)

2개 이상의 벡타들이 있을 때 이 중 어느 한 개의 벡타가 나머지 벡타들의 선형결합으로 만들어지면 이들 벡타들의 관계는 선형 종속 또는 1차 종속이라고 한다. 〈그림 2-8〉의 2차원 평면에서 벡타 a, b, c가 있을 때 벡타 c는 벡타 a와 b의 합성, 즉 선형결합으로 만들어진다. 이때 이들 3개의 벡타의 관계는 선형종속이라고 한다. 그리고 〈그림 2-8〉에서 벡타 d는 벡타 a와 동일한 방향, 즉 벡타 a의 연장선 상에 존재한다. 이럴 경우 벡타 d는 벡타 a에 종속적인 관계에 있다라고 한다. 이는 벡타 d가 벡타 a에 어떤 스칼라를 곱하여 만들어질 수 있기 때문이다.

그런데 벡타 a와 b 그리고 벡타 b와 c의 관계는 1차 독립이다. 그것은 어느 한 벡타가 다른 한 벡타에 어떠한 값의 스칼라를 곱하더라도 만들어지지 않기 때문이다. 즉 이들 2개의 벡타 방향이 서로 다르기 때문에 서로간에 1차 독립이라고 한다. 이러한 관계를 좀더 구체적으로 정의하면 다음과 같다.

v_1, v_2, $\cdots$, v_i, $\cdots$, v_n으로 표시되는 n개의 벡타들의 집합 S가 있을 때 이들 벡타들을 선형결합한 결과를 0벡타로 표시하자. 즉 $c_1v_1+c_2v_2+\cdots+$

$c_i v_i + \cdots + c_n v_n = 0$라고 하면 $c_1 = c_2 = \cdots = c_n = 0$일 때 위의 식이 성립하면 이때의 해를 자명해(trivial solution)이라고 한다. 그리고 c_1, $c_2, \cdots$, $c_i, \cdots$, c_n들 중 적어도 어느 한 개의 상수 값이 0이 아닐 때 위 식이 성립하면 이때의 해를 비자명해(non-trivial solution)라고 한다.

벡타들의 1차 독립

벡타 v_1, $v_2, \cdots$, $v_i, \cdots$, v_n의 집합 S가 있을 때 이들 벡타들을 선형결합하여 그 결과를 0벡타로 놓은 방정식의 유일한 해가 자명해이면 집합 S의 벡타들의 관계를 1차 독립이라고 한다.

이와는 달리 설명하면 n개의 벡타들 중에서 어느 한 개의 벡타가 나머지 $(n-1)$개의 벡타들의 선형결합으로 표시되면 이들 n개의 벡타들의 관계는 1차 종속이라고 한다. 즉

$c_i v_i = c_1 v_1 + c_2 v_2 + \cdots + c_{i-1} v_{i-1} + c_{i+1} v_{i+1} + \cdots + c_n v_n$이면 이들 벡타들의 관계는 1차 종속이라고 한다.

그리고 만일 S가 R^n상의 k개 벡타들의 집합일 때 $k > n$이면 집합 S의 벡타들의 관계는 1차 종속이다.

〈예제 2-16〉

벡타 v_1, v_2, v_3가 다음과 같을 때 이들 벡타들의 관계가 1차 독립인가? 아니면 1차 종속인가를 설명하라.

$$v_1 = \begin{pmatrix} 2 \\ 7 \end{pmatrix} \qquad v_2 = \begin{pmatrix} 1 \\ 8 \end{pmatrix} \qquad v_3 = \begin{pmatrix} 4 \\ 5 \end{pmatrix}$$

풀이 벡타 v_1을 벡타 v_2와 v_3의 선형결합으로 표시하면 아래와 같다.

$k_1 v_1 = k_2 v_2 + k_3 v_3$, 즉 $k_1 \begin{pmatrix} 2 \\ 7 \end{pmatrix} = k_2 \begin{pmatrix} 1 \\ 8 \end{pmatrix} + k_3 \begin{pmatrix} 4 \\ 5 \end{pmatrix}$이다.

이를 정리하면 $\begin{pmatrix} 2k_1 \\ 7k_1 \end{pmatrix} = \begin{pmatrix} k_2 \\ 8k_2 \end{pmatrix} + \begin{pmatrix} 4k_3 \\ 5k_3 \end{pmatrix} = \begin{pmatrix} k_2 + 4k_3 \\ 8k_2 + 5k_3 \end{pmatrix}$이다.

위로부터 $2k_1 = k_2 + 4k_3$ … ①, $7k_1 = 8k_2 + 5k_3$ … ②인

연립방정식에서 ①식에 7을 곱하고 ②식에 2를 곱하여 정리하면 $7k_2+28k_3=16k_2+10k_3$이다. 좌 · 우변을 정리하면 $9k_2=18k_3$ $k_2=2k_3$이다. 만일 k_3가 1이면 $k_2=2$ 그리고 $k_1=3$이다. 따라서 이들 세 벡타의 관계는 1차 종속이다. 즉 $3v_1=2v_2+v_3$의 관계가 성립한다. 또는 $3v_1-2v_2-v_3=0$이므로 벡타 v_1, v_2 그리고 v_3는 1차 종속이다.

〈예제 2-17〉

벡타 $v_1=(2,\ 4)$이고 $v_2=(4,\ 9)$일 때 이들 두 벡타가 1차 독립인지를 설명하라.

풀이 $c_1(2,\ 4)+c_2(4,\ 9)=(0,\ 0)$이라 놓고 정리하면 $2c_1+4c_2=0$과 $4c_1+9c_2=0$인 연립방정식이 나온다. 이를 좌 · 우변을 정리하면 $c_1=-2c_2$와 $c_1=-\frac{9}{4}c_2$가 된다. 이는 c_1과 c_2가 0일 때만 성립함으로 v_1과 v_2는 1차 독립이다.

2.12 동차방정식(homogeneous equation)

아래와 같이 n개의 변수로 이루어진 m개의 선형 방정식에서 우변상수 값이 모두 0일 때 이를 동차방정식이라고 한다. 이때 $m=n$인 경우 방정식의 계수행렬은 정방행렬이 되며 계수행렬의 행렬식 값이 0이 아닐 때 변수의 해는 오직 하나의 해, 즉 0이 된다. 그런데 계수행렬의 행렬식이 0이라면 변수 x는 무수히 많은 해를 갖게 된다.

$$a_{11}x_1+a_{12}x_2+\cdots+a_{1n}x_n=0$$
$$\vdots$$
$$a_{m1}x_1+a_{m2}x_2+\cdots+a_{mn}x_m=0$$

그런데 변수의 수가 방정식의 수보다 많을 때 이 선형방정식은 비자명해(non-trivial solution)를 갖는다. 동차방정식의 해를 구하려면 방정식 체계를 echelon(삼각형) 형태로 전환시켜야 한다. 여기서 echelon형(form)이란 등식(equal) 기호 좌측에 있는 식의 형태가 삼각형의 모습을 띄고 있는 형태를 말한다. 즉 연립방정식 체계가 식 (2.1)과 같은 모습을 echelon 형이라고 한다. 이러한 형태의 방정식의 해를 구하는 것은 아주 쉽다. 마지막 등식에서 변수의 해를 쉽게 구하고 이것을 바로 위의 등식에 대입해 감으로써 모든 변수의 해를 구한다.

$$\begin{aligned} 2x+3y-2z&=-7 \\ 3y+2z&=\ \ 3 \\ 5z&=\ 15 \end{aligned} \tag{2.1}$$

식 (2.1)에서 z가 3이니 이를 위 식에 대입하여 계산하면 y는 -1이고 따라서 x는 1이다. 이제 좀더 복잡한 예를 통하여 해를 구해 보자. 5개의 변수와 3개의 등식으로 구성된 1차 동차방정식이 다음과 같이 주어져 있다.

$$\begin{aligned} x_1-2x_2+\ \ x_3+4x_4-\ x_5&=0 \quad \cdots ① \\ 3x_1-8x_2+13x_3-8x_4-2x_5&=0 \quad \cdots ② \\ 2x_1-4x_2+17x_3-6x_4-3x_5&=0 \quad \cdots ③ \end{aligned}$$

먼저 위 식을 echelon form으로 변환시켜 보자. ②, ③의 변수 x_1의 계수가 0이 되도록 하려면 ②-①×3하고, 다음에 ③-①×2하여 정리한다. 그러면 위 식은 다음과 같이 변환된다.

$$\begin{aligned} x_1-2x_2+\ \ x_3+\ 4x_4-x_5&=0 \\ -2x_2+10x_3-20x_4+x_5&=0 \\ 15x_3-14x_4-x_5&=0 \end{aligned}$$

여기서 x_1, x_2, x_3를 선도변수(leading variable)라고 하며 x_4, x_5를 자유변수(free variable)라고 한다. 동차방정식의 해를 구하기 위하여 자유변수 중에서 1 변수의 값을 1로 하고 나머지 변수를 0으로 놓고 해를 구한다. 위 식에서 $x_4=1$, $x_5=0$이면 $x_3=14/15$, 그리고 $x_2=-80/15$, $x_1=-189/15$가 된다. 즉 $(x_1, x_2, x_3, x_4, x_5)=(-189/15, -80/15, 14/15, 1, 0)$인 해를 얻게 되는데 이 해를 비자명해라고 한다.

2.13 기저벡타와 차원

1) 기저벡타(basis)

벡타공간 V에 있어 기저벡타란 벡타공간 V에 속하는 벡타들의 집합으로 다음의 조건을 만족시키는 벡타를 의미한다.

기저벡타의 조건

① 벡타 상호간에 1차 독립이어야 한다.
② 이들 벡타들의 선형결합을 통해 V상의 모든 벡타를 만들 수 있어야 한다.

특히 기저벡타들 중에서 벡타공간의 축상에 존재하면서 그 길이가 1인 벡타를 표준 기저벡타(standard basis) 또는 ith 단위벡타(ith unit vector)라 한다. 예를 들어 〈그림 2-9〉에서 (1, 0)과 (0, 1)벡타는 각각 수평축과 수직축 상에 존재하면서 그 길이가 1인 단위벡타로 2차원 평면에서 기저벡타라고 하며 e_1과 e_2로 표시한다. 3차원 공간의 경우 벡타 e_1은 (1, 0, 0)을 말하며, e_2는 (0, 1, 0), e_3는 (0, 0, 1)벡타를 말한다.

〈예제 2-18〉

① 벡타 (4,−1, 1, 2)를 단위벡타의 선형결합으로 나타내 보아라.
② 벡타 $a=(-1, 2)$이고 $b=(0,-1)$일 때 $2a+3b$를 단위벡타의 선형결합으로 나타내어라.

그림 2-9 기저벡타

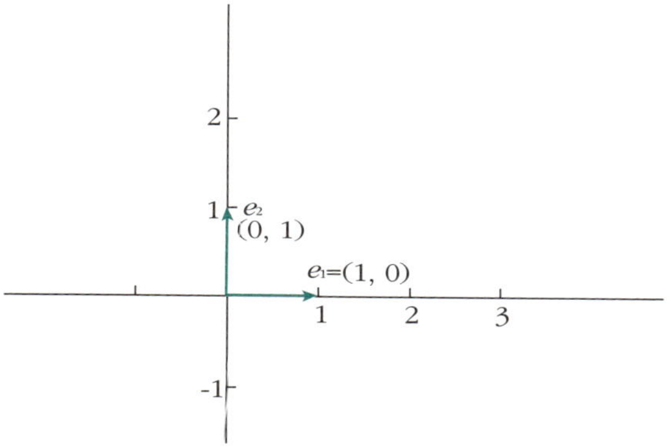

풀이 ① $(4,-1,\ 1,\ 2)=4e_1+(-1)e_2+e_3+2e_4=4e_1-e_2+e_3+2e_4$

② $2a+3b=2(4,-1)+3(1,\ 2)=(11,\ 1)=11e_1+e_2$

2) 차원(dimension)

벡타공간 V의 차원이란 기저벡타의 집합에서 구성원의 수를 말한다. 즉 벡타공간 V가 기저벡타 집합 S를 갖는데 S의 구성원 수가 5이면 V는 5차원 벡타공간을 말한다. 또 다른 의미로 벡타공간 V의 차원은 V의 벡타들 중 일차독립일 수 있는 최대의 벡타의 수를 말하는데 이를 벡타의 rank라 한다.

벡타의 rank

벡타공간 V의 차원은 V의 벡타들 중 일차독립일 수 있는 최대의 벡타 수를 말하는데 이를 벡타의 rank라 한다.

그림 2-10 직교벡타와 정규벡타

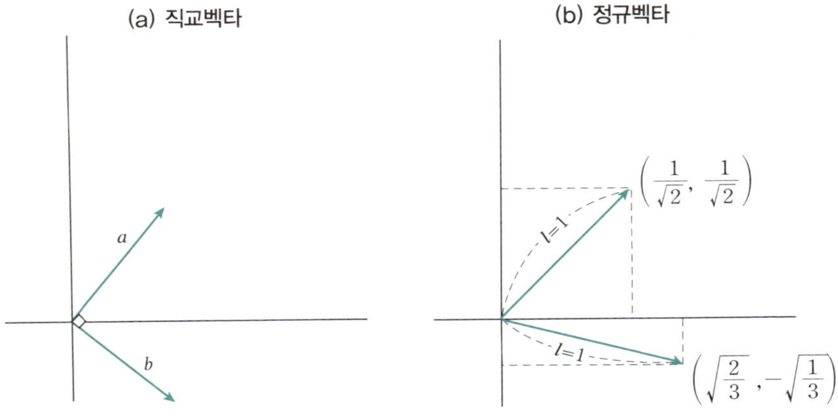

2.14 직교벡타와 정규벡타

1) 직교벡타(orthogonal vector)

벡타 a와 b가 있을 때 a와 b가 직교한다면, 즉 〈그림 2-10〉의 (a)와 같이 두 벡타의 사잇각이 90°일 때 두 벡타는 직교벡타라 한다. 직교하는 두 벡타의 스칼라 적은 0이다.

2) 정규벡타(normal vector)

〈그림 2-10〉의 (b)와 같이 벡타의 길이가 1인 벡타를 정규벡타라고 한다. 정규벡타들 중에서 특히 축상에 놓여 있는 벡타를 단위벡타(unit vector)라고 한다. 그리고 어떤 벡타가 주어져 있을 때 그 벡타의 길이를 1로 만드는 것을 벡타의 정규화(normalization of vector)라 하는데 원래 주어진 벡타에 자신의 길이로 나누어주는 것을 말한다. 특히 두 벡타가 직교하면서 그 크기가 1인 벡타를 직교 정규벡타(orthonormal vector)라 한다.

벡타 공간상에 어떤 벡타가 주어지면 그 벡타에 대응하는 직교 정규벡타를 "The Gram-Schmidt Process"로 알려진 방법을 통하여 만들 수 있다. 그러나 본서에서는 이를 생략하기로 한다.

벡타공간의 축상에 존재하는 단위벡타는 기저벡타로 그 벡타가 속하는 벡타공간의 모든 벡타를 기저벡타들의 선형결합을 통하여 만들 수 있다(span). 이와 마찬가지로 직교 정규벡타들을 선형결합함으로써 그 벡타가 속하는 벡타공간의 모든 벡타를 만들 수 있다.

벡타의 정규화(normalization)

$a=a_1,\ a_2,\ a_3$일 때 벡타 a의 정규화는 다음과 같다.

$$\frac{a}{\|a\|}=\frac{1}{\|a\|}\times(a_1,\ a_2,\ a_3)=\frac{1}{\sqrt{a_1^2+a_2^2+a_3^2}}\times(a_1,\ a_2,\ a_3)$$

〈예제 2-19〉

벡타 b가 $(1,-1,\ 2)$일 때 이를 정규화하라.

풀이 $$\frac{1}{\|b\|}\times(1,-1,\ 2)=\frac{1}{\sqrt{1^2+(-1)^2+2^2}}\times(1,-1,\ 2)$$
$$=\frac{1}{\sqrt{6}}\times(1,-1,\ 2)=\frac{1}{\sqrt{6}},\ \frac{-1}{\sqrt{6}},\ \frac{2}{\sqrt{6}}$$

〈예제 2-20〉

다음의 벡타를 길이가 1인 벡타로 전환하라.

① $a=(-1,\ 2,-1)$

② $b=(1,\ -1)$

③ $c=(0,\ 0,-1)$

④ $d=(-2,0)$

풀이 ① $$\frac{a}{\|a\|}=\frac{1}{\sqrt{(-1)^2+2^2+(-1)^2}}(-1,\ 2,-1)$$
$$=\frac{1}{\sqrt{6}}(-1,\ 2,-1)=\left(\frac{-1}{\sqrt{6}},\ \frac{2}{\sqrt{6}},\ \frac{-1}{\sqrt{6}}\right)$$

② $\dfrac{b}{\| b \|} = \dfrac{1}{\sqrt{1^2+(-1)}}(1, -1) = \dfrac{1}{\sqrt{2}}(1, -1) = (\dfrac{1}{\sqrt{2}}, \dfrac{-1}{\sqrt{2}})$

③ $\dfrac{c}{\| c \|} = \dfrac{1}{\sqrt{0^2+0^2+(-1)}}(0, 0, -1) = \dfrac{1}{\sqrt{1}}(0, 0, -1) = (0, 0, -1)$

④ $\dfrac{d}{\| d \|} = \dfrac{1}{\sqrt{(-2)^2+0^2}}(-2, 0) = \dfrac{1}{2}(-2, 0) = (-1, 0)$

2.15 벡타의 투사(vector projections)

두 벡타 u와 v가 있을 때 만일 벡타 v가 0 벡타가 아니라면 벡타 v상에 벡타 u의 투사는 〈그림 2-11〉과 같이 나타낼 수 있으며, 이를 w라 하면 w는 다음과 같은 절차를 통해 구해진다.

$$w = \frac{u \cdot v}{\| v \|^2} \cdot v = \frac{u \cdot v}{v \cdot v} \cdot v$$

상기한 절차를 구체적으로 설명하면 〈그림 2-11〉에서 벡타 u의 끝점에서 벡타 v상에 수직으로 비추면 벡타 v상의 한 점이 만들어지며 이를 벡

그림 2-11 벡타의 투사

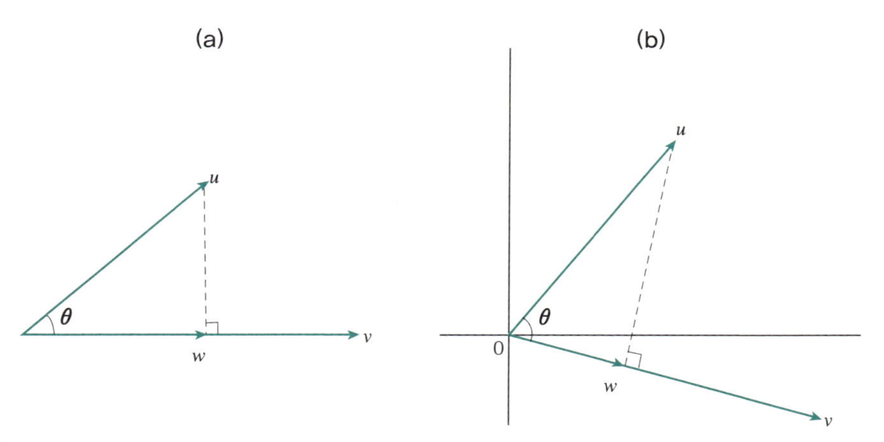

타 w로 정의한다. 벡타 w는 벡타 v와 동일한 방향으로 같은 연장선상에 놓여 있다. 벡타 w의 좌표값은 벡타 v와 동일한 방향이면서 크기가 1인 벡타에 벡타 w의 크기 $\|w\|$를 곱하면 구해진다. 이러한 과정을 차례로 나타내면 다음과 같다.

먼저 벡타 v와 동일한 방향이면서 크기가 1인 벡타를 구하면 $\frac{v}{\|v\|}$이다. 그 다음으로 벡타 w의 크기를 구하면 $\|\boldsymbol{w}\| = \|\boldsymbol{u}\| \cdot \boldsymbol{cos\theta}$이다. 그런데 $cos\theta$는 벡타 u와 v의 스칼라 적의 공식으로부터 유도할 수 있다. 즉

$$\boldsymbol{u} \cdot \boldsymbol{v} = \|\boldsymbol{u}\| \cdot \|\boldsymbol{v}\| \cdot \boldsymbol{cos\theta}$$ 이다.

여기서 $cos\theta = \frac{u \cdot v}{\|u\| \cdot \|v\|}$ 이므로 $\|w\| = \|u\| \cdot \frac{u \cdot v}{\|u\| \cdot \|v\|} = \frac{u \cdot v}{\|v\|}$이다.

따라서 w는 $\frac{v}{\|v\|} \cdot \|w\|$ 이므로

$$w = \frac{v}{\|v\|} \cdot \frac{u \cdot v}{\|v\|} = \frac{u \cdot v}{\|v\|^2} \cdot v = \frac{u \cdot v}{v \cdot v} \cdot v$$ 이다.

벡타의 투사(projection)

벡타 u와 v가 있을 때 벡타 v상에 벡타 u의 투사를 w라고 하면

$$w = \frac{u \cdot v}{\|v\|^2} \cdot v = \frac{u \cdot v}{v \cdot v} \cdot v$$ 이다.

〈예제 2-21〉

벡타 $u=(2,\ 1, -3)$이고 벡타 $v=(-4,\ 1, -3)$일 때 벡타 v상의 벡타 u의 투사를 구하라.

풀이

$$w = \frac{(2,\ 1, -3) \times \begin{pmatrix} -4 \\ 1 \\ -3 \end{pmatrix}}{(-4,\ 1, -3) \times \begin{pmatrix} -4 \\ 1 \\ -3 \end{pmatrix}} \cdot (-4,\ 1, -3) = \frac{2}{26}(-4,\ 1, -3)$$

$$=\left(\frac{-4}{13},\ \frac{1}{13},\ \frac{-3}{13}\right)$$

〈예제 2-22〉

벡타 a가 $(1,-3)$이고 벡타 b가 $(-1,-2)$일 때 b상의 a의 투사를 구하라.

풀이 벡타 b상에 투사된 벡타 a를 w라고 하면 w는 다음과 같은 절차에 의해 구해진다.

$$w=\frac{a\cdot b}{a\cdot b}b=\frac{(1,-3)\begin{pmatrix}-1\\-2\end{pmatrix}}{(-1,-2)\begin{pmatrix}-1\\-2\end{pmatrix}}(-1,-2)=\frac{5}{5}(-1,-2)=(-1,-2)$$

2.16 벡타의 곱(vector multiplication)

벡타 a와 b가 있을 때 이들 두 벡타의 차원이 같으면 두 벡타의 곱이 가능하며 그 결과 스칼라가 나오거나 행렬이 된다. 예를 들어 벡타 a와 b가 아래와 같이 주어져 있다면

$a=(a_1,\ a_2,\ \cdots,\ a_i,\ \cdots,\ a_n)$이고 $b=(b_1,\ b_2,\ \cdots,\ b_i,\ \cdots,\ b_n)$

① $$ab^t=(a_1,\ a_2,\cdots,\ a_i,\cdots,\ a_n)\begin{pmatrix}b_1\\b_2\\\vdots\\b_i\\\vdots\\b_n\end{pmatrix}=a_1b_1+a_2b_2+\cdots+a_nb_n=\sum_{i=1}^{n}a_ib_i$$

② $$\begin{bmatrix}a_1\\a_2\\\vdots\\a_i\\\vdots\\a_n\end{bmatrix}\cdot(b_1,\ b_2,\cdots,\ b_i,\cdots,\ b_n)=\begin{bmatrix}a_1b_1 & a_1b_2 & \cdots & a_1b_n\\a_2b_1 & a_2b_2 & \cdots & a_2b_n\\ & \vdots & & \\a_nb_1 & a_nb_2 & \cdots & a_nb_n\end{bmatrix}$$

①과 같이 두 벡타의 곱의 결과 스칼라가 나오거나 ②처럼 $n \times n$ order 를 갖는 행렬이 된다.

〈예제 2-23〉

$a=(3,\ 2,\ 1)$이고 $b=(1, -1,\ 0)$일 때 ab^t와 a^tb를 계산하라.

풀이 ① $ab^t = (3,\ 2,\ 1)\begin{pmatrix} 1 \\ -1 \\ 0 \end{pmatrix} = 3-2+0=1$

② $$a^tb = \begin{pmatrix} 3 \\ 2 \\ 1 \end{pmatrix}(1, -1,\ 0) = \begin{bmatrix} 3\times1 & 3\times(-1) & 3\times0 \\ 2\times1 & 2\times(-1) & 2\times0 \\ 1\times1 & 1\times(-1) & 1\times0 \end{bmatrix}$$

$$= \begin{bmatrix} 3 & -3 & 0 \\ 2 & -2 & 0 \\ 1 & -1 & 0 \end{bmatrix}$$

〈예제 2-24〉

아래와 같이 4개의 벡타가 주어져 있다. 각 물음에 답하라.

$a=(-1, -2,\ 1),\ b=(0, -2, -3),\ c=(2, -5),\ d=(0,\ 1)$

① $a \cdot b$

② $c \cdot d^t$

③ $a \cdot b^t$

④ $b^t \cdot a \cdot d \cdot c^t$

풀이 ① 두 벡타 모두 행벡타이기 때문에 곱은 성립하지 않는다.

② $c \cdot d^t = (2, -5)\begin{pmatrix} 0 \\ 1 \end{pmatrix} = -5$

③ $a \cdot b^t = (-1, -2,\ 1) \times \begin{pmatrix} 0 \\ -2 \\ -3 \end{pmatrix} = 0+4-3=1$

④ $b^t \cdot a \cdot d \cdot c^t = \begin{pmatrix} 0 \\ -2 \\ -3 \end{pmatrix}(-1, -2,\ 1)(0,\ 1)\begin{pmatrix} 2 \\ -5 \end{pmatrix}$

$$= \begin{bmatrix} 0 & 0 & 0 \\ 2 & 4 & -2 \\ 3 & 6 & -3 \end{bmatrix} \times (-5)$$

$$= \begin{bmatrix} 0 & 0 & 0 \\ -10 & -20 & 10 \\ -15 & -30 & 15 \end{bmatrix}$$

연습문제

01. 아래와 같이 벡타가 주어져 있을 때 물음에 답하라.

$a=(1, -2, 3), \quad b=(2, 0, -1), \quad c=(0, 2, 1)$

① $2a+b$ ② $-3c+3b$ ③ b^t-2c^t ④ $(c-2a)^t$
⑤ $c^t+(-a-2b)^t$ ⑥ a^tb ⑦ b^ta ⑧ c^ta

02. 벡타 a가 $(2, -1)$이고 벡타 b가 $(-1, -2)$일 때 각 물음을 그래프로 나타내 보아라.

① $2a+b$ ② $-a-2b$ ③ $a-2b$ ④ $-3a+2b$

03. 벡타 a가 $(2, -1, 3)$이고 벡타 b가 $(0, -2, -1)$일 때 다음의 물음에 답하라.

① a와 b의 스칼라 곱을 구하라.
② 벡타 a의 길이를 구하라.
③ 벡타 b에서 a까지의 거리를 구하라.

04. 벡타 $u=(2, 3)$이고 벡타 $v=(-1, -3)$일 때 $2u-v$를 그래프로 그려보아라.

05. 다음의 벡타들의 관계가 1차 독립인지 아니면 1차 종속인지를 설명하라.

$a=(-1, 1, -2), \quad b=(0, 2, -1), \quad c=(-1, 2, -3)$

06. 문제 1에서 주어진 벡타를 이용하여 아래의 물음에 답하라.

① 벡타들을 각각 정규화(normalize)시켜라.
② 각 벡타들을 단위벡타(ith unit vector)들의 선형결합으로 나타내 보아라.

③ a와 b 그리고 c의 관계는 선형종속인가 아니면 선형독립인가?

④ $a^t \cdot b$를 계산하라.

⑤ $-2c^t \cdot (-b)$를 계산하라.

07. 다음 벡타들을 단위벡타의 선형결합으로 나타내 보아라.

① $a=(-1,\ 2, -2)$ ② $b=(1,\ 3, -1, -2)$ ③ $c=(-1, -3)$

④ $d=\begin{pmatrix} 3 \\ -2 \end{pmatrix}$ ⑤ $e=\begin{bmatrix} -1 \\ 2 \\ -4 \end{bmatrix}$

08. 다음 벡타들과 직교하면서 길이가 1인 정규벡타를 구해라.

① $a=(-1, -3)$ ② $b=(2,\ 1)$

③ $c=(-1, -1)$ ④ $d=(0,\ 2)$

09. 다음의 물음에 답하라.

① 벡타 $a=(-1,\ 2)$일 때 a와 동일한 방향이면서 길이가 2배인 벡타를 구하라.

② 벡타 $b=(-1, -1)$일 때 b와 방향이 반대이면서 크기가 같은 벡타를 구하라.

③ 벡타 $c=(2,\ 1)$일 때 c와 반대 방향이면서 크기가 같은 벡타를 구하라.

10. 벡타 $m=(2, -1,\ 2)$이고 벡타 $n=(0,\ 1, -1)$일 때 n상의 m의 투사(projection) w를 구하라.

11. 벡타 u와 v가 아래와 같이 주어져 있을 때 벡타 v상의 벡타 u의 투영을 구하라.

$$u=(2,\ 5), \qquad v=(-3, -1)$$

12. 원점에서 $(-3,\ 7,\ 2)$까지 동일한 방향을 유지하면서 벡타 $u=(2, -3,\ 4)$와 동일한 길이를 갖는 벡타를 구하라.

13. 벡타 $a=(3, -1)$과 동일한 길이를 갖으면서 벡타 $(-1, -2)$와 동일한 방향을 갖는 벡타 b를 구하라.

14. 벡타 a와 b 그리고 c는 서로간에 직교한다고 한다. 벡타 a와 b의 좌표값은 알려져 있으나 c의 좌표값은 첫 번째 원소만이 알려져 있다. 벡타 c의 좌표 값을 구하라.

$a=(1, -1,\ 0)$ $\qquad$ $b=(-2, -2,\ 3)$ $\qquad$ $c=(1,\ c_1,\ c_2)$

15. 다음과 같이 벡타가 주어져 있을 때 벡타의 곱을 구하라.

① $a=(-1,\ 2,\ 4)$, $\qquad b=\begin{pmatrix} 1 \\ -1 \\ 2 \end{pmatrix}$

② $c=\begin{pmatrix} 2 \\ -1 \\ 3 \end{pmatrix}$, $\qquad d=(1, -1,\ 1)$

③ $m=(1, -4)$, $\qquad n=(3,\ 2)$

④ $u=(3, -2)$, $\qquad v=\begin{pmatrix} -4 \\ 1 \end{pmatrix}$

제3장 행렬(matrix)

행렬은 선형방정식 체계에서 유용하게 사용되어지는 도구로 복잡한 방정식을 간략하게 나타낼 수 있도록 해준다. 그리고 연립방정식의 해가 존재하는지의 여부를 설명해 주며, 해가 존재한다면 해를 구하는 방법을 제공한다. 본 장에서는 행렬과 행렬대수의 기본을 이해하고 다양한 선형방정식에서의 행렬의 응용을 학습해 본다.

수학이야기

행렬의 개념은 영국의 수학자인 케일리(A. Cayley, 1821～1895)가 만들었으나 행렬이란 말은 수학자 실베스터(J. Sylvester, 1814～1897)의 1950년 논문에서 처음으로 소개되었다. 실베스터는 정사각행렬에 대한 언급을 했지만 행렬로부터 행렬식의 개념을 얻지 못하였다. 그 후 케일리는 행렬식과 변환, 그리고 방정식의 간단한 표현으로부터 행렬의 개념을 얻었는데 아이러니하게 행렬의 개념보다 행렬식의 개념이 먼저 있었다는 것이다. 케일리(1855)의 말을 빌려보면 "이론적으로 보면 행렬의 개념이 행렬식의 개념보다 앞서는 개념이어야 하지만 역사적으로는 그 순서가 바뀌었고 따라서 행렬의 개념이 소개된 그 당시 행렬의 기본적인 성질들이 매우 당연한 것으로 여겨질 수 있었다."

케일리와 실베스터는 친구로 두 사람은 수학에 관한 많은 대화를 통해 수학의 발전에 크게 기여하였는데 케일리는 '수학자 중의 수학자'로 불리우며, 실베스터는 '수학의 아담'으로 알려질 정도로 굉장한 많은 이름을 만들어내면서 수학용어의 발전에 기여하였다.

3.1 행렬의 개념

행렬(matrix)이란 숫자, 변수 또는 파라미터 등을 직사각형(또는 정사각형)으로 배열해 놓고 ( )나 [ ] 등의 괄호로 묶은 것을 의미한다. 벡타와 달리 행렬은 여러 개의 행과 열로 구성되는데, 행과 열로 나누어 보면 행렬이 행벡타나 열벡타를 묶은 것처럼 보인다. 이러한 성질을 이용하면 앞으로 행렬의 연산에서 손쉽게 해를 구할 수도 있다.

행렬을 나타낼 때는 반드시 영문자로 표기하는데 벡타와 달리 인쇄체 대문자로 표기해야 한다. 가령 '행렬 A가' 또는 '행렬 C는'과 같이 표기하나 '행렬 a는' 또는 '행렬 c는' 등으로 표시하지 않는다.

3.2 행렬의 정의

행렬 A가 다음과 같이 주어져 있을 때

$$A = \begin{pmatrix} a_{11} & a_{12} & a_{13} & \cdots & a_{1j} & \cdots & a_{1n-1} & a_{1n} \\ a_{21} & a_{22} & a_{23} & \cdots & a_{2j} & \cdots & a_{2n-1} & a_{2n} \\ \cdot & \cdot & \cdot & \cdots & \cdot & \cdots & \cdot & \cdot \\ \cdot & \cdot & \cdot & \cdots & \cdot & \cdots & \cdot & \cdot \\ a_{i1} & a_{i2} & a_{i3} & \cdots & a_{ij} & \cdots & a_{i(n-1)} & a_{i(n)} \\ \cdot & \cdot & \cdot & \cdots & \cdot & \cdots & \cdot & \cdot \\ \cdot & \cdot & \cdot & \cdots & \cdot & \cdots & \cdot & \cdot \\ \cdot & \cdot & \cdot & \cdots & \cdot & \cdots & \cdot & \cdot \\ a_{m1} & a_{m2} & a_{m3} & \cdots & a_{mj} & \cdots & a_{mn-1} & a_{mn} \end{pmatrix}$$

a_{ij}를 행렬 A의 i번째 행과 j번째 열의 원소(element, entry, component)라고 하며, 만약 2행과 3열의 원소라면 a_{23}으로, 5행과 1열의 원소라면 a_{51}로 표시된다. 그리고 행렬의 원소를 나열할 때는 벡타와 달리 행의 원소 사이에 콤마(,)를 넣지 않고 열의 원소는 위치에 따라 구분한다. 위의 예에서 행렬 A

는 m개의 행과 n개의 열을 갖으며, $A_{m\times n}=(a_{ij})_{m\times n}$으로 표시한다. 이때 $m\times n$을 행렬 A의 차원(order)이라고 한다. 이것은 벡타의 차원(dimension)과는 다른 의미로 행렬에서는 2차원 행렬, 5차원 행렬, n차원 행렬 등과 같은 표현 대신에 $m\times n$행렬 A로 나타내고 m by n 행렬 A로 읽는다.

3.3 정방행렬

$A_{m\times n}=(a_{ij})_{m\times n}$의 표현에서 $m=n$일 때 행렬 A를 정방행렬(square matrix)이라고 하며 행의 개수와 열의 개수가 같은 행렬을 의미한다. 예를 들어 행렬 A와 B가 다음과 같을 때 이 두 행렬을 정방행렬이라고 한다.

$$A=\begin{pmatrix} 2 & 1 \\ -1 & 0 \end{pmatrix} \qquad B=\begin{bmatrix} 1 & -1 & 2 \\ 0 & 2 & 1 \\ -1 & 3 & 0 \end{bmatrix}$$

이와 달리 $m>n$이거나 $m<n$일 때 A를 장방형 행렬(rectangular matrix)이라고 한다. 만약 $A=\begin{pmatrix} 2 & -1 & 0 \\ -1 & 1 & 1 \end{pmatrix}$일 때 A는 2×3행렬이며 2개 행과 3개 열을 갖는 행렬이다. 이때 행렬 A의 1행과 2열의 원소를 표기하면 $a_{12}=-1$이고, 2행과 3열의 원소는 $a_{23}=1$이다.

3.4 행렬의 전치와 대칭행렬

행렬의 전치(matrix transpose)란 주어진 행렬의 행과 열을 서로 교환함으로써 만들어진다. 예를 들어 행렬 A가 $A=(a_{ij})_{m\times n}$일 때 A의 전치행렬은 A^T 또는 A'라 표시하고 $A^T=A'=(a_{ij})^T_{m\times n}=(a_{ji})_{n\times m}$ 이다. 예를 들어 행렬 B가 $B=\begin{pmatrix} 1 & 2 \\ 0 & -1 \end{pmatrix}$이면 행렬 B의 전치행렬은 $B^T=\begin{pmatrix} 1 & 0 \\ 2 & -1 \end{pmatrix}$가 된다.

〈예제 3-1〉

행렬 C와 D의 전치행렬을 구하라.

① $C=\begin{pmatrix} 1 & -1 & 0 \\ -1 & 2 & 1 \end{pmatrix}$

② $D=\begin{bmatrix} 1 & 0 & 2 \\ 2 & 0 & 3 \\ -1 & 1 & 1 \\ 0 & 2 & 4 \end{bmatrix}$

풀이 ① 행렬 C의 order는 2×3로 이를 전치하면 3×2의 order를 갖는 행렬이 만들어진다. 즉 1행의 원소인 $(1,-1,\ 0)$이 1열의 원소가 되며, 2행의 원소인 $(-1,\ 2,\ 1)$이 2열의 원소가 되어

$C^T=\begin{bmatrix} 1 & -1 \\ -1 & 2 \\ 0 & 1 \end{bmatrix}$이 된다.

② $D^T=\begin{bmatrix} 1 & 2 & -1 & 0 \\ 0 & 0 & 1 & 2 \\ 2 & 3 & 1 & 4 \end{bmatrix}$이다.

그리고 어떤 행렬과 그 행렬의 전치행렬이 같다면, 즉 $B=(b_{ij})=(b_{ji})=B^T$인 경우 행렬 B를 대칭행렬(symmetric matrix)이라고 한다. 그런데 어떤 행렬이 대칭행렬이 되려면 반드시 정방행렬이어야 한다. 예를 들어 행렬 $A=\begin{pmatrix} -1 & 2 \\ 2 & 0 \end{pmatrix}$는 대칭행렬이나 $B=\begin{pmatrix} 1 & 0 & 2 \\ 0 & 2 & 1 \end{pmatrix}$는 대칭행렬이 아니다. 행렬의 전치는 다음과 같은 특성을 갖는다.

행렬의 전치의 특성

① $(C^T)^T=C$, ② $(A+B)^T=A^T+B^T$, ③ $(AB)^T=B^T A^T$

3.5 행렬의 연산(The Algebra of Matrices)

1) 행렬의 항등(Equality of Matrices)

행렬 A와 B가 서로 같기 위한 조건은 두 행렬의 차원이 같아야 하고, 구성하는 원소가 모두 같아야 한다. 수식으로 나타내면 다음과 같다.

행렬의 항등

$$A=B \text{ if } (a_{ij})=(b_{ij}), \text{ for every } i, j$$

예를 들면 행렬 $A=\begin{pmatrix} 1 & -1 \\ 2 & 0 \end{pmatrix}$이고 $B=\begin{pmatrix} 1 & -1 \\ 2 & 0 \end{pmatrix}$이면 행렬 A와 B는 같다라고 한다.

2) 행렬의 덧셈과 뺄셈(Addition and Subtraction)

행렬 A, B가 있을 때 두 행렬의 덧셈 및 뺄셈은 두 행렬의 차원이 같아야만 가능하다. 덧셈과 뺄셈은 대응하는(동일한 위치에 있는) 원소끼리 더하고 빼면 된다. 그리고 아래의 정의에서 '∀' 기호는 for all의 의미로 '모든 i와 j에 대하여' 성립한다는 것이다.

행렬의 덧셈과 뺄셈

$$A \pm B = a_{ij} \pm b_{ij}, \ \forall i, j$$

〈예제 3-2〉

① $$\begin{bmatrix} 3 & 4 & 5 \\ 1 & 2 & 1 \\ -3 & 0 & 0 \end{bmatrix} - \begin{bmatrix} 6 & 5 & 7 \\ 0 & 3 & 2 \\ a & b & c \end{bmatrix} = \begin{bmatrix} 3-6 & 4-5 & 5-7 \\ 1-0 & 2-3 & 1-2 \\ -3-a & 0-b & 0-c \end{bmatrix}$$

$$= \begin{bmatrix} -3 & -1 & -2 \\ 1 & -1 & -1 \\ 3-a & -b & -c \end{bmatrix}$$

② $\begin{pmatrix} -1 & 2 & 1 \\ 2 & -1 & 0 \end{pmatrix} + \begin{pmatrix} 1 & -1 & -1 \\ 1 & 1 & -2 \end{pmatrix} = \begin{pmatrix} -1+1 & 2-1 & 1-1 \\ 2+1 & -1+1 & 0-2 \end{pmatrix}$

$= \begin{pmatrix} 0 & 1 & 0 \\ 3 & 0 & -2 \end{pmatrix}$

3) 행렬의 곱(Multiplication)

행렬의 곱은 어떤 수(scalar)와 행렬의 곱과 행렬끼리의 곱으로 나누어 생각할 수 있다.

① 행렬의 스칼라 곱(scalar multiplication)

행렬에 어떤 수(scalar)를 곱한다는 것은 행렬의 모든 원소에 그 수를 곱하는 것이다. 즉 행렬 E가 행렬 A에 어떤 수 k를 곱하여 만들어졌다면

$E = kA$

$(e_{ij}) = k(a_{ij}) = (ka_{ij}) = (a_{ij})k$ 이다.

〈예제 3-3〉

행렬 $A = \begin{bmatrix} 6 & 5 & 7 \\ 0 & 3 & 1 \\ a & b & c \end{bmatrix}$일 때 $-3A$를 구하라.

풀이 $-3A = (-3) \times \begin{bmatrix} 6 & 5 & 7 \\ 0 & 3 & 1 \\ a & b & c \end{bmatrix} = \begin{bmatrix} 6 & 5 & 7 \\ 0 & 3 & 1 \\ a & b & c \end{bmatrix} \times (-3) = \begin{bmatrix} -18 & -15 & -21 \\ 0 & 9 & -3 \\ -3a & -3b & -3c \end{bmatrix}$

〈예제 3-4〉

$B = \begin{pmatrix} -1 & -2 \\ 1 & -1 \end{pmatrix}$일 때 $-3B$를 구하라.

풀이 $-3B = -3\begin{pmatrix} -1 & -2 \\ 1 & -1 \end{pmatrix} = \begin{pmatrix} -3\times(-1) & -3\times(-2) \\ -3\times(1) & -3\times(-1) \end{pmatrix} = \begin{pmatrix} 3 & 6 \\ -3 & 3 \end{pmatrix}$

② **행렬 간의 곱**(matrix multiplication)

두 행렬 A와 B가 있을 때, 이들의 곱 AB를 계산하기 위해서는 행렬 A의 열(column)의 계수와 행렬 B의 행(row)의 계수가 같아야만 곱의 계산이 가능하다. 일반적으로, A의 차원이 $m\times n$이고 B의 차원이 $p\times q$이면 행렬의 곱 AB가 가능하기 위해서는 반드시 $n=p$이어야 한다. 또한 두 행렬의 곱이 정의되면, 행렬의 곱 AB는 $m\times q$ 차원이 된다. 그리고 A, B, C 그리고 D의 4개 행렬이 있을 때 다음의 관계가 성립한다.

행렬의 곱

① $A_{m\times n}\times B_{n\times p}=C_{m\times p}$ ② $A_{m\times n}\times B_{n\times p}\times C_{p\times r}=D_{m\times r}$

예를 들어 A가 2×2행렬이고 B가 2×3행렬이면 두 행렬의 곱 $AB=C$는 $A_{2\times2}\times B_{2\times3}=C_{2\times3}$이다. 그리고 A가 2×5행렬이고 B가 5×7행렬이면 두 행렬의 곱은 $A_{2\times5}\times B_{5\times7}=C_{2\times7}$가 된다. 이제 두 행렬의 곱의 계산, $AB=C$를 나타내면 다음과 같다.

$$A_{2\times2}\times B_{2\times2}=\begin{pmatrix} a_{11} & a_{12} \\ a_{21} & a_{22} \end{pmatrix}\begin{pmatrix} b_{11} & b_{12} \\ b_{21} & b_{22} \end{pmatrix}=\begin{pmatrix} c_{11} & c_{12} \\ c_{21} & c_{22} \end{pmatrix}=C_{2\times2}$$

여기에서 C의 원소들은 다음과 같이 계산된다.

$$(c_{ij})=\begin{pmatrix} c_{11} & c_{12} \\ c_{21} & c_{22} \end{pmatrix}=\begin{pmatrix} a_{11}b_{11}+a_{12}b_{21} & a_{11}b_{12}+a_{12}b_{22} \\ a_{21}b_{11}+a_{22}b_{21} & a_{21}b_{12}+a_{22}b_{22} \end{pmatrix}$$

C_{11}은 A의 1행과 B의 1열에 있는 원소들을 순서대로 한 쌍씩 곱하여 합하면 된다. 같은 방법으로 C_{12}는 A의 1행과 B의 2열에 있는 원소들을 순서대로 한 쌍씩 곱한 후 더하면 된다.

일반적으로 A가 $m\times n$행렬이고 B가 $n\times p$행렬이며 아래와 같이 표시될 때

$$A=\begin{bmatrix} a_{11} & a_{12} & \cdots & a_{1n} \\ a_{21} & a_{22} & \cdots & a_{2n} \\ \cdot & \cdot & \cdots & \cdot \\ a_{i1} & a_{i2} & \cdots & a_{in} \\ \cdot & \cdot & \cdots & \cdot \\ a_{m1} & a_{m2} & \cdots & a_{mn} \end{bmatrix} \quad B=\begin{bmatrix} b_{11} & b_{12} & \cdots & b_{1j} & \cdots & b_{1p} \\ b_{21} & b_{22} & \cdots & b_{2j} & \cdots & b_{2p} \\ \cdot & \cdot & \cdots & \cdot & \cdots & \cdot \\ \cdot & \cdot & \cdots & \cdot & \cdots & \cdot \\ \cdot & \cdot & \cdots & \cdot & \cdots & \cdot \\ b_{n1} & b_{n2} & \cdots & b_{nj} & \cdots & b_{np} \end{bmatrix}$$

$A\times B=C=(c_{ij})$에서 c_{ij}의 계산은 행렬 A의 i번째 행벡타와 행렬 B의 j번째 열벡타의 스칼라 적(scalar product)을 구하는 것과 같다.

$$c_{ij}=(a_{i1},\ a_{i2},\ a_{i3}, \cdots,\ a_{ik}, \cdots,\ a_{in})\begin{bmatrix} b_{1j} \\ b_{2j} \\ b_{3j} \\ \cdot \\ \cdot \\ b_{kj} \\ \cdot \\ \cdot \\ b_{nj} \end{bmatrix}$$

$$= a_{i1}\times b_{1j}+a_{i2}\times b_{2j}+\cdots+a_{in}\times b_{nj}$$

$$=\sum_{k=1}^{n} a_{ik}b_{kj},\ \text{for}\ \ i=1,\ 2, \cdots,\ m,\ \ j=1,\ 2, \cdots,\ p\text{이다.}$$

〈예제 3-5〉

$A=\begin{pmatrix} 2 & -1 \\ -1 & 3 \end{pmatrix}$이고 $B=\begin{pmatrix} 0 & 1 & -1 \\ 2 & -1 & 1 \end{pmatrix}$일 때 A와 B의 곱을 구하라.

풀이 $A\times B=\begin{pmatrix} 2 & -1 \\ -1 & 3 \end{pmatrix}\begin{pmatrix} 0 & 1 & -1 \\ 2 & -1 & 1 \end{pmatrix}$

$$=\begin{pmatrix} 2\times0+1\times2 & 2\times1+(-1)\times(-1) & 2\times(-1)+(-1)\times1 \\ (-1)\times0+3\times2 & (-1)\times1+3\times(-1) & (-1)\times(-1)+3\times1 \end{pmatrix}$$

$$=\begin{pmatrix} -2 & 3 & -3 \\ 6 & -4 & 4 \end{pmatrix}\text{이다.}$$

3개 행렬 A, B 그리고 C가 있을 때 다음 관계가 성립한다.

행렬의 곱의 특성

① $A \times B \neq B \times A$ ② $A(BC) = (AB)C$

③ $A(B+C) = AB + AC$ ④ $(AB)^T = B^T A^T$

4) 행렬의 나눗셈(Division)

행렬의 연산에서 덧셈, 뺄셈, 곱셈은 가능하지만 나눗셈은 정의되지 않는다. 말하자면 두 개의 행렬 A, B가 있을 경우 B/A는 불가능하다.

5) 행렬의 법칙

행렬의 연산에서 덧셈의 교환법칙과 결합법칙, 그리고 곱셈의 결합법칙과 분배법칙이 성립한다.

행렬의 법칙

① 덧셈의 교환법칙	$A+B=B+A$
② 덧셈의 결합법칙	$(A+B)+C=A+(B+C)$
③ 곱셈의 결합법칙	$(AB)C=A(BC)$
④ 곱셈의 분배법칙	$A(B+C)=AB+AC$

■ **덧셈과 뺄셈에서의 법칙**

행렬의 덧셈과 뺄셈의 경우 교환법칙과 결합법칙이 성립한다. 다음은 덧셈의 경우에 두 법칙이 적용되는 보기이다. 뺄셈의 경우는 $A-B=A+(-B)$로 생각할 수 있기 때문에 따로 예를 들지 않는다.

• **교환법칙** $A+B=B+A$

〈예제 3-6〉

$$A=\begin{pmatrix} 0 & 1 \\ 2 & 3 \end{pmatrix},\ B=\begin{pmatrix} 2 & 3 \\ 4 & 5 \end{pmatrix}\text{일때}$$

$$A+B=B+A=\begin{pmatrix} 0+2 & 1+3 \\ 2+4 & 3+5 \end{pmatrix}=\begin{pmatrix} 2 & 4 \\ 6 & 8 \end{pmatrix}$$

• **결합법칙** $(A+B)+C=A+(B+C)$

〈예제 3-7〉

$$A=\begin{pmatrix} 0 & 1 \\ 2 & 3 \end{pmatrix},\ B=\begin{pmatrix} 2 & 3 \\ 4 & 5 \end{pmatrix},\ C=\begin{pmatrix} 3 & 2 \\ 1 & 0 \end{pmatrix}\text{일 때}$$

$$(A+B)+C=A+(B+C)=\begin{pmatrix} 0+2+3 & 1+3+2 \\ 2+4+1 & 3+5+0 \end{pmatrix}=\begin{pmatrix} 5 & 6 \\ 7 & 8 \end{pmatrix}$$

■ 곱셈에서의 법칙

행렬의 곱셈에는 교환법칙이 적용되지 않으나 결합법칙과 분배법칙은 성립한다.

• **교환법칙** $AB\neq BA$

〈예제 3-8〉

$A=\begin{pmatrix} 0 & 1 \\ 2 & 3 \end{pmatrix},\ B=\begin{pmatrix} 3 & 2 \\ 1 & 0 \end{pmatrix}$일 때 $AB=BA$인가?

풀이 $AB=\begin{pmatrix} 0(3)+1(1) & 0(2)+1(0) \\ 2(3)+3(1) & 2(2)+3(0) \end{pmatrix}=\begin{pmatrix} 1 & 0 \\ 9 & 4 \end{pmatrix}$이지만

$BA=\begin{pmatrix} 3(0)+2(2) & 3(1)+2(3) \\ 1(0)+0(2) & 1(1)+0(3) \end{pmatrix}=\begin{pmatrix} 4 & 9 \\ 0 & 1 \end{pmatrix}$이다.

그래서 결론적으로 $AB\neq BA$이다.

• **결합법칙** $A(BC)=(AB)C=ABC$

〈예제 3-9〉

$A=\begin{pmatrix}1&0\\0&1\end{pmatrix}$, $B=\begin{pmatrix}1&2\\3&4\end{pmatrix}$, $C=\begin{pmatrix}4&5\\6&7\end{pmatrix}$일 때 $A(BC)=(AB)C=ABC$가 성립하는가?

풀이

$$AB=\begin{pmatrix}1&0\\0&1\end{pmatrix}\begin{pmatrix}1&2\\3&4\end{pmatrix}=\begin{pmatrix}(1)1+(0)3&(1)2+(0)4\\(0)1+(1)3&(0)2+(1)4\end{pmatrix}=\begin{pmatrix}1&2\\3&4\end{pmatrix}$$

$$(AB)C=\begin{pmatrix}1&2\\3&4\end{pmatrix}\begin{pmatrix}4&5\\6&7\end{pmatrix}=\begin{pmatrix}(1)4+(2)6&(1)5+(2)7\\(3)4+(4)6&(3)5+(4)7\end{pmatrix}=\begin{pmatrix}16&19\\36&43\end{pmatrix}$$

$$BC=\begin{pmatrix}1&2\\3&4\end{pmatrix}\begin{pmatrix}4&5\\6&7\end{pmatrix}=\begin{pmatrix}(1)4+(2)6&(1)5+(2)7\\(3)4+(4)6&(3)5+(4)7\end{pmatrix}=\begin{pmatrix}16&19\\36&43\end{pmatrix}$$

$$A(BC)=\begin{pmatrix}1&0\\0&1\end{pmatrix}\begin{pmatrix}16&19\\36&43\end{pmatrix}=\begin{pmatrix}16&19\\36&43\end{pmatrix}$$

$(AB)C=\begin{pmatrix}16&19\\36&43\end{pmatrix}$ 이고 $A(BC)=\begin{pmatrix}16&19\\36&43\end{pmatrix}$이므로 성립한다.

3.6 행렬방정식(matrix equation)

연립방정식 체계를 행렬과 벡타를 이용하여 쉽게 표시할 수 있다. 다음과 같이 3원 1차 연립방정식이 있을 때 각 변수들의 계수를 모아서 이를 행렬 A라 하고, 변수 x_1, x_2, x_3를 모아 벡타 x로 그리고 방정식의 우변상수를 모아 벡타 b로 정의하자.

$$x_1+2x_2+3x_3=10$$
$$4x_1+5x_2+6x_3=20$$
$$7x_1+8x_2+9x_3=30$$

$$A=\begin{bmatrix}1&2&3\\4&5&6\\7&8&9\end{bmatrix}\qquad x=\begin{bmatrix}x_1\\x_2\\x_3\end{bmatrix}\qquad b=\begin{bmatrix}10\\20\\30\end{bmatrix}$$

위 연립방정식을 행렬과 벡타를 이용하여 표시하면 $Ax=b$ 로 나타낼 수 있는데 이를 행렬방정식이라고 한다. 또는 $\begin{bmatrix} 1 & 2 & 3 \\ 4 & 5 & 6 \\ 7 & 8 & 9 \end{bmatrix} \begin{bmatrix} x_1 \\ x_2 \\ x_3 \end{bmatrix} = \begin{bmatrix} 10 \\ 20 \\ 30 \end{bmatrix}$ 의 형태로 나타낼 수 있다. 이를 일반화하기 위하여 n개의 변수와 m개의 방정식으로 이루어지는 선형방정식 체계를 예로 들어보자.

$$
\begin{array}{ccccccccccc}
a_{11}x_1 & + & a_{12}x_2 & +\cdots+ & a_{1j}x_j & + & \cdot\cdot & + & a_{1n}x_n & = & b_1 \\
a_{21}x_1 & + & a_{22}x_2 & +\cdots+ & a_{2j}x_j & + & \cdot\cdot & + & a_{2n}x_n & = & b_2 \\
\cdot & + & \cdot & +\cdots+ & \cdot & + & \cdot\cdot & + & \cdot & = & \cdot \\
a_{i1}x_1 & + & a_{i2}x_2 & +\cdots+ & a_{ij}x_j & + & \cdot\cdot & + & a_{in}x_n & = & b_i \\
\cdot & + & \cdot & +\cdots+ & \cdot & + & \cdot\cdot & + & \cdot & = & \cdot \\
a_{m1}x_1 & + & a_{m2}x_2 & +\cdots+ & a_{mj}x_j & + & \cdot\cdot & + & a_{mn}x_n & = & b_m
\end{array}
$$

위 식에서 a_{ij}의 2중 아래첨자는 i번째 방정식의 j번째 변수의 계수(coefficient)를 나타낸다. 예를 들면, a_{22}는 두 번째 식에 있는 변수 x_2의 계수이다. b_i는 i번째 방정식의 상수항을 의미한다.

위 방정식 체계를 a_{ij}로 구성되는 계수행렬 A와 x_1, $x_2, \cdots$, $x_j, \cdots$, x_n의 변수로 구성되는 벡타 x와 b_1, $b_2, \cdots$, b_m으로 구성되는 우변상수 벡타 b의 행렬방정식은 $Ax=b$ 또는 아래와 같이 계수행렬과 벡타 x의 곱으로 표현된다.

$$
A=\begin{bmatrix} a_{11} & a_{12} & \cdots\cdots & a_{1n} \\ a_{21} & a_{22} & \cdots\cdots & a_{2n} \\ \cdot & \cdot & \cdots\cdots & \cdot \\ \cdot & \cdot & \cdots\cdots & \cdot \\ a_{m1} & a_{m2} & \cdots\cdots & a_{mn} \end{bmatrix},\ x=\begin{bmatrix} x_1 \\ x_2 \\ \cdot \\ \cdot \\ x_n \end{bmatrix},\ b=\begin{bmatrix} b_1 \\ b_2 \\ \cdot \\ \cdot \\ b_m \end{bmatrix} \text{일 때}
$$

행렬방정식은 $\begin{bmatrix} a_{11} & a_{12} & \cdots\cdots & a_{1n} \\ a_{21} & a_{22} & \cdots\cdots & a_{2n} \\ \cdot & \cdot & \cdots\cdots & \cdot \\ \cdot & \cdot & \cdots\cdots & \cdot \\ a_{m1} & a_{m2} & \cdots\cdots & a_{mn} \end{bmatrix} \begin{bmatrix} x_1 \\ x_2 \\ \cdot \\ \cdot \\ x_n \end{bmatrix} = \begin{bmatrix} b_1 \\ b_2 \\ \cdot \\ \cdot \\ b_m \end{bmatrix}$ 이다.

3.7 항등행렬(Identity matrix : I)과 영행렬(Null matrix)

1) 항등행렬(Identity matrix)

항등행렬은 정방행렬로서 I라고 표시하며, 주대각선(principal diagonal : 서북에서 동남으로 이어지는 선상)의 원소는 모두 1이고 나머지는 모두 0인 원소를 갖는 행렬을 말한다. I_n은 $n\times n$차원의 항등행렬이며 I_2는 2×2 항등행렬이고, I_3는 3×3 항등행렬을 의미한다.

$$I_2=\begin{pmatrix}1&0\\0&1\end{pmatrix},\quad I_3=\begin{bmatrix}1&0&0\\0&1&0\\0&0&1\end{bmatrix},\quad I_4=\begin{bmatrix}1&0&0&0\\0&1&0&0\\0&0&1&0\\0&0&0&1\end{bmatrix}$$

항등행렬은 대수에서 숫자 1과 비슷한 역할을 한다. 임의 수 a에 대해서 $1(a)=a(1)=a$인 것처럼 임의의 행렬 A에 대하여 $IA=AI=A$가 성립한다.

〈예제 3-10〉

$A=\begin{pmatrix}1&2&3\\3&2&1\end{pmatrix}$이라 하면 $IA=AI$ 가 성립하는가?

풀이 $IA=\begin{pmatrix}1&0\\0&1\end{pmatrix}\begin{pmatrix}1&2&3\\3&2&1\end{pmatrix}=\begin{pmatrix}1&2&3\\3&2&1\end{pmatrix}=A$

$$AI=\begin{pmatrix}1&2&3\\3&2&1\end{pmatrix}\begin{bmatrix}1&0&0\\0&1&0\\0&0&1\end{bmatrix}=\begin{pmatrix}1&2&3\\3&2&1\end{pmatrix}=A$$

따라서 $I\cdot A=A\cdot I$ 이다.

A가 2×3의 차원이므로 A에 I를 앞에서 곱할 때와 뒤에서 곱할 때는 각기 다른 차원의 항등행렬, 즉 I_2와 I_3가 곱해진다. $IA=AI=A$는 일반적인 법칙 $AB\neq BA$의 예외이다.

2) 영행렬(null matrix)

모든 원소가 0으로 이루어져 있는 행렬을 영행렬(null 또는 zero matrix)이라 하고 숫자의 0과 같은 역할을 한다. I와 다른 점은 항등행렬은 정방행렬인 데 반해 영행렬은 정방행렬일 필요는 없다. 영행렬의 보기는 다음과 같다.

$$0_{2\times 2}=\begin{pmatrix} 0 & 0 \\ 0 & 0 \end{pmatrix} \qquad 0_{2\times 3}=\begin{pmatrix} 0 & 0 & 0 \\ 0 & 0 & 0 \end{pmatrix}$$

3.8 행렬식(Determinants)

행렬 A가 주어질 때 행렬 A의 행렬식은 $|A|$나 $detA$, 또는 $det(A)$로 표시된다. 행렬식은 일반적인 식이 아니라 정방행렬에서 정의되는 하나의 고유한 숫자(실수)로 1차 연립방정식의 해를 구할 때 유용하게 사용된다. 행렬식의 개념을 쉽게 이해하기 위하여 다음과 같이 간단한 예를 들어보기로 한다.

$$ax+by=c$$
$$dx+ey=g$$

여기서 x와 y는 변수이며 a, b, c, d, e, g는 상수일 때 연립방정식의 해를 구하는 절차를 설명하면 다음과 같다. 먼저 변수 x의 해를 구하기 위하여 첫 번째 식에 상수 e를 곱하고, 다음에 두 번째 식에 상수 b를 곱하여 정리하면 $\begin{matrix} aex+bey=ce \\ bdx+bey=bg \end{matrix}$ 가 된다. 여기서 위 식으로부터 아래 식을 빼면 $(ae-bd)x=ce-bg$가 된다. 따라서 $x=\dfrac{ce-bg}{ae-bd}$이다. 동일한 절차로 y를 구하면 $y=\dfrac{ag-cd}{ae-bd}$이다.

원래 주어진 연립방정식을 행렬방정식으로 나타내면 $\begin{pmatrix} a & b \\ d & e \end{pmatrix}\begin{pmatrix} x \\ y \end{pmatrix}=\begin{pmatrix} c \\ g \end{pmatrix}$

그림 3-1 행렬식의 개념

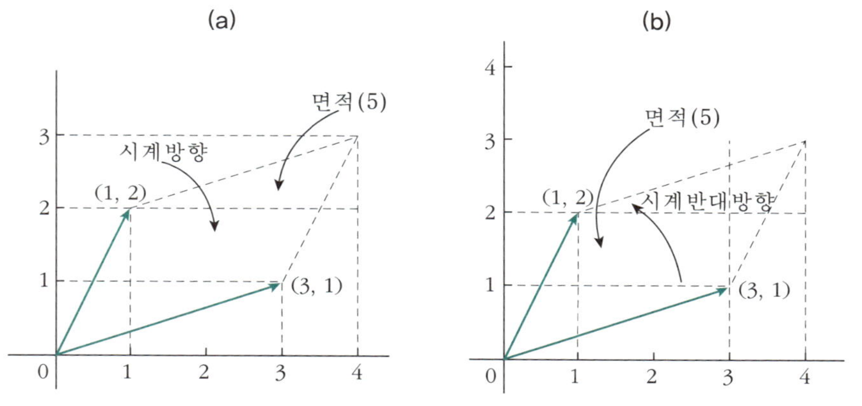

이다. 그런데 변수 x와 y의 값을 보면 분모가 모두 $ae-bd$이다. 이 값은 행렬 $\begin{pmatrix} a & b \\ d & e \end{pmatrix}$의 주 대각선상의 원소인 a와 e를 곱하고 다음에 반대되는 대각선상의 원소인 b와 d를 곱하여 빼준 결과와 같다. 이러한 결과를 이용하여 우리는 행렬식을 정의해 보기로 한다.

다음과 같이 차원이 2×2인 행렬 A가 있다면 A의 행렬식 $|A|$는 다음과 같이 정의된다.

행렬 *A*의 행렬식

$$A=\begin{pmatrix} a_{11} & a_{12} \\ a_{21} & a_{22} \end{pmatrix}$$

$$|A|=detA=\begin{vmatrix} a_{11} & a_{12} \\ a_{21} & a_{22} \end{vmatrix}=a_{11}a_{22}-a_{12}a_{21}$$

예를 들어 다음과 같이 행렬 A와 B가 있을 때,

$A=\begin{pmatrix} 1 & 2 \\ 3 & 1 \end{pmatrix}$, $B=\begin{pmatrix} 3 & 1 \\ 1 & 2 \end{pmatrix}$, 이들의 행렬식을 계산해 보면

$|A|=\begin{vmatrix} 1 & 2 \\ 3 & 1 \end{vmatrix}=(1)1-(2)3=-5$ 이고 $|B|=\begin{vmatrix} 3 & 1 \\ 1 & 2 \end{vmatrix}=(3)2-(1)1=5$ 이다.

그림 3-2 행렬 *B*의 행렬식

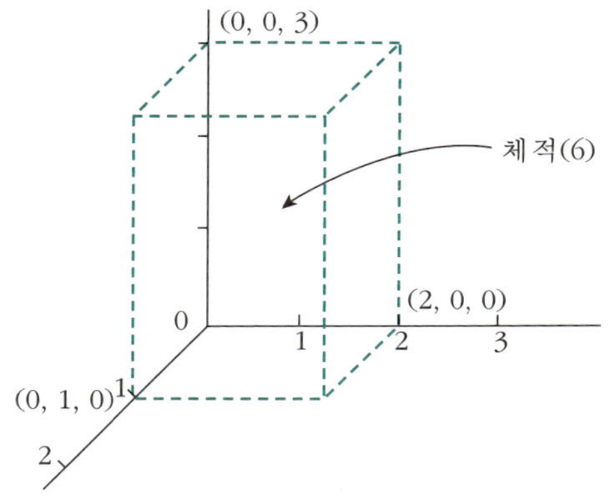

이때 행렬식 $|A|$와 $|B|$는 2계 행렬식(second-order determinants)으로 부호는 반대이나 그 크기는 같다. 여기서 행렬식 값이 갖는 의미를 살펴보면 〈그림 3-1〉과 같이 행렬 A와 B를 2개의 행벡타로 나누고, 이를 합성하여 만들어지는 평행사변형의 면적과 같음을 알 수 있다. 다만 그 부호가 반대인 것은 (a)와 (b)처럼 두 행벡타가 시계방향인가 아니면 시계 반대방향인가에 따라 결정된다. 즉 행렬 A처럼 두 번째 행벡타가 첫 번째 행벡타에 대하여 시계방향에 놓여 있으면 행렬식 값이 음의 부호를 갖게 되며, 행렬 B처럼 시계 반대방향인 경우 양의 부호를 갖게 된다.

3×3차원의 3계 행렬식(third-order determinants)은 3차원 공간상의 3개의 행벡타가 만들어내는 육면체의 체적이 된다. 예를 들어 행렬 B가 아래와 같을 때 행렬식 $|B|$는 〈그림 3-2〉의 직육면체의 체적인 6이 된다.

이제 3×3행렬의 행렬식을 계산하는 방법을 설명하면 다음과 같다. A가 3×3행렬이고 아래와 같이 표기될 때 행렬식 $|A|$는 다음과 같이 정의된다.

$$A = \begin{bmatrix} a_{11} & a_{12} & a_{13} \\ a_{21} & a_{22} & a_{23} \\ a_{31} & a_{32} & a_{33} \end{bmatrix}$$

$$|A| = \begin{vmatrix} a_{11} & a_{12} & a_{13} \\ a_{21} & a_{22} & a_{23} \\ a_{31} & a_{32} & a_{33} \end{vmatrix} = a_{11}a_{22}a_{33} + a_{12}a_{23}a_{31} + a_{13}a_{21}a_{32}$$
$$- a_{13}a_{22}a_{31} - a_{12}a_{21}a_{33} - a_{11}a_{23}a_{32}$$

행렬식의 계산이 복잡해 보여도 나름대로의 규칙이 있다. 1행 1열에 있는 a_{11}을 기준으로 왼쪽에서 오른쪽으로의 주 대각선상의 곱($a_{11}a_{22}a_{33}$)에는 양의 부호를 붙인다. 1행 2열에 있는 a_{12}와 대각선상에 있는 a_{23} 그리고 a_{31}들의 곱($a_{12}a_{23}a_{31}$)에도 양의 부호를 붙인다. 마찬가지 방법으로 1행 3열에 있는 a_{13}을 기준으로 오른쪽으로 대각선상에 있는 $a_{21}a_{32}$를 곱하여($a_{13}a_{21}a_{32}$) 양의 부호를 붙인다. 이제는 1행 3열에 있는 a_{13}을 기준으로 주 대각선의 반대방향으로 a_{22}와 a_{31}을 곱($a_{13}a_{22}a_{31}$)하여 음의 부호를 붙인다. 그리고 1행 2열의 a_{12}를 기준으로 a_{21} 및 a_{33}을 곱($a_{12}a_{21}a_{33}$)하여 음의 부호를 붙이고, 같은 방법으로 1행 1열의 a_{11}을 기준으로 a_{23}와 a_{32}를 곱($a_{11}a_{23}a_{32}$)하여 음의 부호를 붙인다. 결론적으로, 왼쪽에서 시작하여 오른쪽으로 내려가는 대각선상의 곱에는 양의 부호를, 오른쪽에서 시작하여 왼쪽으로 내려가는 대각선상의 곱은 음의 부호를 붙여서 합하면 된다. 앞의 정의를 이용하여 다음의 예제를 풀어 보자.

〈예제 3-11〉

$A = \begin{bmatrix} 1 & 2 & 3 \\ 4 & 5 & 6 \\ 7 & 8 & 9 \end{bmatrix}$, $B = \begin{bmatrix} 2 & 1 & 3 \\ 4 & 5 & 6 \\ 7 & 8 & 9 \end{bmatrix}$일 때, 행렬 A와 B의 행렬식을 구하라.

풀이 위의 두 행렬의 행렬식 값은 다음과 같다.

$$|A| = (1)(5)(9) + (2)(6)(7) + (3)(4)(8)$$
$$-\{(3)(5)(7) + (2)(4)(9) + (1)(6)(8)\} = 0$$
$$|B| = (2)(5)(9) + (1)(6)(7) + (3)(4)(8)$$
$$-\{(3)(5)(7) + (1)(4)(9) + (2)(6)(8)\} = -9$$

3.9 여인수 전개(Cofactor expansion)에 의한 행렬식의 계산

행렬의 차원이 4×4 이상일 경우 3×3행렬과 같이 주 대각선 상의 원소를 곱하여 더하고 반대되는 대각선 상의 원소를 곱하여 빼는 방법으로 행렬식 값을 구할 수 없다. 즉 3계 행렬식의 계산에 이용하던 방법으로는 4계 행렬식 이상의 행렬식 값의 계산에 사용할 수 없다. 4×4 이상의 정방행렬의 행렬식 계산에는 4계 행렬식 이상에 사용되어지는 여인수 전개(Cofactor expansion)방법을 이용한다.

여인수 전개는 라플라스의 이름을 따서 보통 라플라스 전개(Laplace expansion)라고도 하는데 〈그림 3-3〉처럼 다단계의 절차를 통해 계산된다.

그림 3-3 여인수 전개 절차

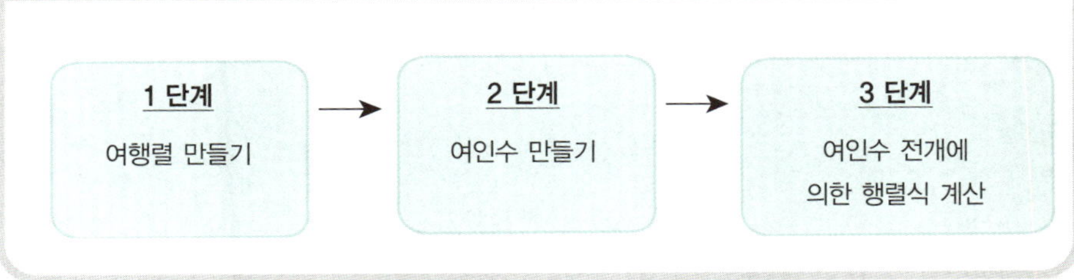

■ 1 단계 : 여행렬 만들기

행렬 A가 $n \times n$행렬일 때 A에서 i번째 행과 j번째 열을 제외시킨 행렬을 행렬 A의 여행렬이라고 한다. A의 여행렬은 $(n-1) \times (n-1)$ 차원의 정방행렬이며, 여행렬의 행렬식을 행렬 A의 소행렬식(minor determinants)이라 하고 M_{ij}로 표기한다.

$$M_{ij}=\begin{vmatrix} a_{11} & a_{12} & \cdots & a_{1(j-1)} & a_{1(j+1)} & \cdots & a_{1n} \\ a_{21} & a_{22} & \cdots & a_{2(j-1)} & a_{2(j+1)} & \cdots & a_{2n} \\ \cdot & \cdot & \cdots & \cdot & & & \\ \cdot & \cdot & \cdots & \cdot & & & \\ a_{(i-1)1} & a_{(i-1)2} & \cdots & a_{(i-1)(j-1)} & a_{(i-1)(j+1)} & \cdots & a_{(i-1)n} \\ a_{(i+1)1} & a_{(i+1)2} & \cdots & a_{(i+1)(j-1)} & a_{(i+1)(j+1)} & \cdots & a_{(i+1)n} \\ \cdot & \cdot & \cdots & \cdot & & & \\ \cdot & \cdot & \cdots & \cdot & & & \\ a_{n1} & a_{n2} & \cdots & a_{n(j-1)} & a_{n(j+1)} & \cdots & a_{nn} \end{vmatrix}$$

■ 2 단계 : 여인수 만들기

행렬 A의 소행렬식의 값에 부호를 붙인 것을 여인수라고 하며 C_{ij}로 표기한다. 이때 여인수의 부호는 임의적으로 붙이는 것이 아니라 다음과 같은 규칙에 따라 결정된다. 즉

$$C_{ij}=(-1)^{i+j}M_{ij}$$

행렬 A가 $n\times n$행렬이기 때문에 A의 여인수는 모두 $n\times n$개 존재한다. 이들 여인수들로 구성된 행렬을 A의 여인수 행렬이라고 하며 아래와 같다.

$$C_{ij}=\begin{bmatrix} c_{11} & c_{12} & c_{13} & \cdots & c_{1(n-1)} & c_{1n} \\ c_{21} & c_{22} & c_{23} & \cdots & c_{2(n-1)} & c_{2n} \\ c_{31} & c_{32} & c_{33} & \cdots & c_{3(n-1)} & c_{3n} \\ \cdot & \cdot & \cdot & & \cdot & \cdot \\ c_{(n-1)1} & c_{(n-1)2} & c_{(n-1)3} & \cdots & c_{(n-1)(n-1)} & c_{(n-1)n} \\ c_{n1} & c_{n2} & c_{n3} & \cdots & c_{n(n-1)} & c_{nn} \end{bmatrix}$$

■ 3 단계 : 여인수 전개에 의한 행렬식 계산

여인수 전개에 의한 행렬 A의 행렬식 계산은 여러 가지 방법이 있는데 행렬 A의 어떤 행이나 열을 중심으로 여인수 전개를 통하여 그 값을 구할

수 있다. 만약 1행을 중심으로 여인수 전개를 한다면 다음과 같이 계산하면 된다.

① 1행을 중심으로 여인수 전개

$|A| = det A = a_{11}C_{11} + a_{12}C_{12} + \cdots + a_{1(n-1)}C_{1(n-1)} + a_{1n}C_{1n}$

② 3열을 중심으로 여인수 전개

$|A| = det A = a_{13}C_{13} + a_{23}C_{23} + \cdots + a_{(n-1)3}C_{(n-1)3} + a_{n3}C_{n3}$

여인수 전개에 의한 행렬식 계산의 이해를 돕기 위하여 3×3행렬을 이용하여 행렬식을 구해 보기로 한다. 다음과 같이 3×3행렬 A가 있을 때 1행을 중심으로 여인수 전개로 행렬식 $|A|$를 계산하면 다음과 같다.

$$A = \begin{bmatrix} a_{11} & a_{12} & a_{13} \\ a_{21} & a_{22} & a_{23} \\ a_{31} & a_{32} & a_{33} \end{bmatrix}$$

$$\begin{aligned} |A| = \begin{vmatrix} a_{11} & a_{12} & a_{13} \\ a_{21} & a_{22} & a_{23} \\ a_{31} & a_{32} & a_{33} \end{vmatrix} &= a_{11}C_{11} + a_{12}C_{12} + a_{13}C_{13} \\ &= a_{11}(-1)^{1+1}M_{11} + a_{12}(-1)^{1+2}M_{12} + a_{13}(-1)^{1+3}M_{13} \\ &= a_{11}M_{11} - a_{12}M_{12} + a_{13}M_{13} \end{aligned}$$

여기서 M_{11}과 M_{12} 그리고 M_{13}은 행렬 A의 소행렬식으로 다음과 같이 계산된다.

$$|M_{11}| = \begin{vmatrix} a_{22} & a_{23} \\ a_{32} & a_{33} \end{vmatrix},\ |M_{12}| = \begin{vmatrix} a_{21} & a_{23} \\ a_{31} & a_{33} \end{vmatrix},\ |M_{13}| = \begin{vmatrix} a_{21} & a_{22} \\ a_{31} & a_{32} \end{vmatrix}$$

각 소행렬식을 이용하여 행렬 A의 행렬식 계산을 다시 표시하면 다음과 같다.

$$|A| = a_{11}\begin{vmatrix} a_{22} & a_{23} \\ a_{32} & a_{33} \end{vmatrix} - a_{12}\begin{vmatrix} a_{21} & a_{23} \\ a_{31} & a_{33} \end{vmatrix} + a_{13}\begin{vmatrix} a_{21} & a_{22} \\ a_{31} & a_{32} \end{vmatrix}$$

$$= a_{11}(a_{22}a_{33} - a_{23}a_{32}) - a_{12}(a_{21}a_{33} - a_{23}a_{31}) + a_{13}(a_{21}a_{32} - a_{22}a_{31})$$

여인수 전개의 핵심은 고계 행렬을 점차 낮은 차수로 나누어서 2계 행렬로 만드는 것이다. 예를 들어 4계 행렬의 행렬식을 구하는 1단계는 3계 행렬로 나누고 2단계는 그 3계 행렬을 다시 2계 행렬로 분리·확장시키는 것이다. 일단 2계 행렬로만 나누어지면 2계 행렬의 행렬식 구하는 공식을 사용하여 행렬식 값을 쉽게 구할 수 있다.

예를 들어 아래 A, B 행렬의 행렬식을 여인수 전개를 이용하여 계산해 보자.

$$A = \begin{bmatrix} 3 & 2 & 1 \\ 0 & 1 & 2 \\ 2 & 3 & 4 \end{bmatrix}, \quad B = \begin{bmatrix} 0 & 2 & 1 \\ 2 & 1 & 3 \\ 4 & 3 & 2 \end{bmatrix}$$

먼저 행렬 A의 행렬식을 구해 보면

$$|A| = a_{11}|M_{11}| - a_{12}|M_{12}| + a_{13}|M_{13}|$$

$$= 3\begin{vmatrix} 1 & 2 \\ 3 & 4 \end{vmatrix} - 2\begin{vmatrix} 0 & 2 \\ 2 & 4 \end{vmatrix} + 1\begin{vmatrix} 0 & 1 \\ 2 & 3 \end{vmatrix} = 3(-2) - 2(-4) + 1(-2) = 0$$

그리고 행렬 B의 행렬식은

$$|B| = a_{11}|M_{11}| - a_{12}|M_{12}| + a_{13}|M_{13}|$$

$$= 0\begin{vmatrix} 1 & 3 \\ 3 & 2 \end{vmatrix} - 2\begin{vmatrix} 2 & 3 \\ 4 & 2 \end{vmatrix} + 1\begin{vmatrix} 2 & 1 \\ 4 & 3 \end{vmatrix} = 0(-7) - 2(-8) + 1(2) = 18$$이다.

위의 예제는 행렬이 3×3행렬이므로 행렬식 계산이 비교적 쉽게 계산되는데, 만약 행렬이 4×4 이상의 경우 여인수 전개를 이용하여 행렬식을 계산한다고 하더라도 결과를 정확하게 계산하기가 쉽지 않다. 이럴 때 우리가 이용할 수 있는 좋은 방법 중의 하나는 행렬의 행과 열 중에서 0을 가장 많이 포함하고 있는 행과 열을 중심으로 여인수 전개로 행렬식을 구하는 것이 비교적 무난하게 계산할 수 있다. 그것은 0의 값을 갖는 원소의 여인수를 구할 필요가 없기 때문이다. 간단한 예를 들어보자.

$A=\begin{bmatrix} 5 & 4 & 1 & 0 \\ 1 & 2 & 0 & -1 \\ 2 & 1 & 0 & -1 \\ 1 & 0 & 2 & 3 \end{bmatrix}$일 때 $|A|$를 여인수 전개를 이용하여 해를 구해 보자.

먼저 1행을 중심으로 여인수 전개로 행렬식을 계산하면

$$\begin{aligned} |A| &= a_{11}C_{11}+a_{12}C_{12}+a_{13}C_{13}+a_{14}C_{14} \\ &= a_{11}(-1)^{1+1}M_{11}+a_{12}(-1)^{1+2}M_{12}+a_{13}(-1)^{1+3}M_{13}+a_{14}(-1)^{1+4}M_{14} \\ &= a_{11}M_{11}-a_{12}M_{12}+a_{13}M_{13}-a_{14}M_{14} \\ &= a_{11}\begin{vmatrix} a_{22} & a_{23} & a_{24} \\ a_{32} & a_{33} & a_{34} \\ a_{42} & a_{43} & a_{44} \end{vmatrix} - a_{12}\begin{vmatrix} a_{21} & a_{23} & a_{24} \\ a_{31} & a_{33} & a_{34} \\ a_{41} & a_{43} & a_{44} \end{vmatrix} + a_{13}\begin{vmatrix} a_{21} & a_{22} & a_{24} \\ a_{31} & a_{32} & a_{34} \\ a_{41} & a_{42} & a_{44} \end{vmatrix} - a_{14}\begin{vmatrix} a_{21} & a_{22} & a_{23} \\ a_{31} & a_{32} & a_{33} \\ a_{41} & a_{42} & a_{43} \end{vmatrix} \\ &= 5\begin{vmatrix} 2 & 0 & -1 \\ 1 & 0 & -1 \\ 0 & 2 & 3 \end{vmatrix} - 4\begin{vmatrix} 1 & 0 & -1 \\ 2 & 0 & -1 \\ 1 & 2 & 3 \end{vmatrix} + (1)\begin{vmatrix} 1 & 2 & -1 \\ 2 & 1 & -1 \\ 1 & 0 & 3 \end{vmatrix} - (0)\begin{vmatrix} 1 & 2 & 0 \\ 2 & 1 & 0 \\ 1 & 0 & 2 \end{vmatrix} \\ &= 5(2)-4(-2)+1(-10)=10+8-10=8 \text{이다.} \end{aligned}$$

여기서 a_{14}가 0이니 M_{14}를 계산할 필요가 없다. 이제 3열을 기준으로 여인수 전개로 행렬식을 구해 보자.

$$\begin{aligned} |A| &= a_{13}C_{13}+a_{23}C_{23}+a_{33}C_{33}+a_{43}C_{43} \\ &= a_{13}(-1)^{1+3}M_{13}+a_{23}(-1)^{2+3}M_{23}+a_{33}(-1)^{3+3}M_{33}+a_{43}(-1)^{4+3}M_{43} \\ &= a_{13}M_{13}-a_{23}M_{23}+a_{33}M_{33}-a_{43}M_{43} \\ &= (1)\begin{vmatrix} 1 & 2 & -1 \\ 2 & 1 & -1 \\ 1 & 0 & 3 \end{vmatrix} - 0 + 0 - (2)\begin{vmatrix} 5 & 4 & 0 \\ 1 & 2 & -1 \\ 2 & 1 & -1 \end{vmatrix} = (1)(-10)-(2)(-9)=8 \end{aligned}$$

위의 계산으로부터 행렬식 값은 8로 동일하지만 3열을 중심으로 하는 여인수 전개가 1행을 중심으로 여인수를 전개하는 것보다 간편함을 알 수 있다. 지금까지의 여인수 전개를 종합하면 n계 행렬식 $|A|$의 값은 다음과 같이 임의 행 또는 임의의 열에 의한 여인수 전개를 통하여 구할 수 있다.

$$|A| = \sum_{j=1}^{n} a_{ij}C_{ij} \qquad [\ i \text{ 번째 행에 의한 전개 }]$$
$$= \sum_{i=1}^{n} a_{ij}C_{ij} \qquad [\ j \text{ 번째 열에 의한 전개 }]$$

3.10 행렬식의 성질

행렬식에도 알아두면 계산이 아주 쉬워지는 몇 가지 특성이 있다. 이 성질들은 모든 정방행렬의 행렬식에 공통적으로 적용되는데 여기서는 주로 2×2의 2계 행렬식을 예를 들어 설명해 본다. 그리고 행렬 A와 B는 모두 $n \times n$행렬이다.

행렬식의 특성 1

행과 열을 서로 바꾸어서 전치행렬을 만들어도 행렬식의 값은 변화하지 않는다. 즉, 행렬 A의 행렬식과 전치행렬 A'의 행렬식 값은 같다.
즉, $|A| = |A'|$이다.

〈예제 3-12〉

행렬 A가 $= \begin{pmatrix} 2 & 3 \\ 4 & 5 \end{pmatrix}$일 때 A와 A'의 행렬식을 구하라.

풀이 $|A| = \begin{pmatrix} 2 & 3 \\ 4 & 5 \end{pmatrix} = (2)5-(3)4 = -2$ 그리고

$|A'| = \begin{pmatrix} 2 & 4 \\ 3 & 5 \end{pmatrix} = (2)5-(4)3 = -2$

행렬식의 특성 2

행렬 A와 B의 곱의 행렬식 값은 각 행렬의 행렬식 값의 곱과 같다.
즉, $det(A \cdot B) = det(A) \cdot det(B)$이다.

〈예제 3-13〉

$A=\begin{pmatrix} 1 & -1 \\ 3 & 2 \end{pmatrix}$, $B=\begin{pmatrix} -1 & -2 \\ 0 & 1 \end{pmatrix}$일 때 두 행렬의 곱과 행렬식을 구하라.

풀이 $A \cdot B=\begin{pmatrix} 1 & -1 \\ 3 & 2 \end{pmatrix}\begin{pmatrix} -1 & -2 \\ 0 & 1 \end{pmatrix}=\begin{pmatrix} -1 & -3 \\ -3 & -4 \end{pmatrix}$

$$det(AB)=\begin{vmatrix} -1 & -3 \\ -3 & -4 \end{vmatrix}=4-9=-5$$

$$det(A)=\begin{vmatrix} 1 & -1 \\ 3 & 2 \end{vmatrix}=5,\ det(B)=\begin{vmatrix} -1 & -2 \\ 0 & 1 \end{vmatrix}=-1$$

$$det(A) \cdot det(B)=(5)(-1)=-5$$

행렬식의 특성 3

행렬 B가 행렬 A의 두 행(또는 두 열)을 서로 바꾸어 놓은 행렬이라면 $det(B)=-det(A)$이다.

〈예제 3-14〉

2×2행렬인 A와 B가 아래와 같을 때 두 행렬의 행렬식을 구하라.

풀이 $A=\begin{pmatrix} 1 & 2 \\ 3 & 4 \end{pmatrix}$이고 $B=\begin{pmatrix} 3 & 4 \\ 1 & 2 \end{pmatrix}$이면

$det(A)=-2$이고 $det(B)=2$이다.

〈예제 3－15〉

3×3행렬인 A와 B가 있을 때 $det(A)=-det(B)$인가?

$$A=\begin{pmatrix} 3 & 2 & 1 \\ 1 & 2 & 0 \\ 4 & 5 & 0 \end{pmatrix},\ B=\begin{pmatrix} 3 & 1 & 2 \\ 1 & 0 & 2 \\ 4 & 0 & 5 \end{pmatrix}$$

풀이 행렬 B는 행렬 A의 2열과 3열의 위치가 바뀐 행렬이다.

$det(A)=(0+0+5)-(8+0+0)=-3$,
$det(B)=(0+8+0)-(0+0+5)=3$이다.

따라서 $det(A)=-det(B)$이다.

행렬식의 특성 4

행렬의 어떤 행(또는 열)이 모두 0인 경우 행렬식은 0이다.

〈예제 3－16〉

$A=\begin{pmatrix} 1 & 0 \\ -1 & 0 \end{pmatrix}$ 이면 $det(A)=0-0=0$이다.

행렬식의 특성 5

행렬 B가 행렬 A의 어떤 행(또는 열)에 상수 k를 곱하여 만들어졌다면 $det(B)=k\cdot det(A)$이다.

〈예제 3－17〉

$A=\begin{pmatrix} a & b \\ c & d \end{pmatrix}$ 이고 $B=\begin{pmatrix} ka & kb \\ c & d \end{pmatrix}$ 이라면 $det(B)=k\cdot det(A)$인가?

풀이 행렬 B는 행렬 A의 첫 번째 행의 계수에 상수 k를 곱하여 만들어진 행렬이다.

이때 $det(A)=ad-bc$이고

$det(B)=kad-kbc=k(ad-bc)$이다.

따라서 $det(B)=k\cdot det(A)$이다.

행렬식의 특성 6

행렬 B가 행렬 A에 상수 k를 곱하여 만들어졌다면, 즉 $B=k\cdot A$이면 $det(B)=k^n det(A)$이다.

〈예제 3-18〉

$A=\begin{pmatrix} 1 & 2 \\ -1 & 3 \end{pmatrix}$이고, $B=3A=3\cdot\begin{pmatrix} 1 & 2 \\ -1 & 3 \end{pmatrix}=\begin{pmatrix} 3 & 6 \\ -3 & 9 \end{pmatrix}$이면 $det(A)$와 $det(B)$를 구하라.

풀이 $det(A)=3-(-1)(2)=5$ 이고

$det(B)=27+18=45=3^2\cdot5=3^2\cdot det(A)$이다.

여기서 행렬 A가 2×2행렬이기 때문에 $n=2$가 된다.

행렬식의 특성 7

행렬 A의 행벡타(또는 열벡타)들이 선형종속이면 $det(A)=0$이다. 이를 달리 설명하면 행렬 A를 행(row) 또는 열(column)로 분할하면 n개의 행벡타 또는 열벡타로 분할된다. 이때 이들 행벡타들 또는 열벡타들의 관계가 선형종속이면 이 행렬의 행렬식은 0이 된다.

〈예제 3-19〉

$A=\begin{bmatrix} -1 & 2 & -1 \\ 0 & -1 & 1 \\ 2 & -5 & 3 \end{bmatrix}$, $B=\begin{bmatrix} -1 & 2 & 0 \\ 0 & -1 & -1 \\ 2 & -5 & -1 \end{bmatrix}$일 때 행렬식을 구하라.

풀이 행렬 A의 경우 행으로 분할하면 3개의 행벡타가 만들어진다. 즉

$a_1=(-1,\ 2,-1)$, $a_2=(0,-1,-1)$ 그리고 $a_3=(2,\ 5,-1)$이다. 여기서 $a_3=(-2)a_1+a_2=(-2)(-1,\ 2,\ 0)+(0,-1,-1)$이므로 이들 행벡타들의 관계는 선형종속이다. 따라서 행렬식은 0이다. 실제 행렬 A의 행렬식을 구해 보면

$$|A|=\begin{vmatrix} -1 & 2 & -1 \\ 0 & -1 & 1 \\ 2 & -5 & 3 \end{vmatrix}=3+4+0-2-0-5=0$$으로 동일한 결과이다.

행렬 B의 경우 열로 분할해 보면 3번째 열벡타가 첫 번째 열벡타와 두 번째 열벡타의 선형결합으로 만들어진다. 즉

$$\begin{pmatrix} 0 \\ -1 \\ -1 \end{pmatrix}=2\times\begin{pmatrix} -1 \\ 0 \\ 2 \end{pmatrix}+\begin{pmatrix} 2 \\ -1 \\ -5 \end{pmatrix}=\begin{pmatrix} -2 \\ 0 \\ 4 \end{pmatrix}+\begin{pmatrix} 2 \\ -1 \\ -5 \end{pmatrix}$$이다.

따라서 이들 열벡타들의 관계는 선형종속이다. 그러므로 $det(B)=|B|=0$이다.

행렬식의 특성 8

여인수 전개로 행렬식을 구할 때 타 여인수(alien cofactors : 다른 행 또는 열의 여인수)를 사용하면 그 값은 항상 0이다.

〈예제 3-20〉

행렬 $D=\begin{bmatrix} 1 & 0 & 1 \\ 2 & 1 & 3 \\ 1 & 1 & 0 \end{bmatrix}$일 때 타 여인수를 사용하여 여인수 전개로 행렬식을 구하라.

풀이 행렬 $D=\begin{bmatrix} 1 & 0 & 1 \\ 2 & 1 & 3 \\ 1 & 1 & 0 \end{bmatrix}$의 행렬식을 1행 기준으로 전개하는데 2행의 여인수를 사용한다면 그 값은 0이다. 즉 1행을 기준으로 여인수

전개할 때 여인수를 1행의 여인수 C_{11}, C_{12}, C_{13} 대신에 2행의 여인수를 사용하여 전개한다면

$$\sum_{j=1}^{3} a_{1j}C_{2j} = a_{11}C_{21} + a_{12}C_{22} + a_{13}C_{23} = -a_{11}M_{21} + a_{12}M_{22} - a_{13}M_{23}$$
$$= -1\begin{vmatrix} 0 & 1 \\ 1 & 0 \end{vmatrix} - 1\begin{vmatrix} 1 & 0 \\ 1 & 1 \end{vmatrix} = -1(-1) - 1(1) = 0 \text{이 된다.}$$

여기서 여인수 $C_{21} = (0-1)^{2+1}M_{21} = -M_{21} = -\begin{vmatrix} 0 & 1 \\ 1 & 0 \end{vmatrix}$이다.

마찬가지로 두 번째 열로 전개하면서 세 번째 열의 여인수를 사용하면 0이 된다. 즉

$$\sum_{i=1}^{3} a_{i2}C_{i3} = a_{i2}C_{13} + a_{22}C_{23} + a_{32}C_{33} = a_{12}M_{13} - a_{22}M_{23} + a_{32}M_{33}$$
$$= 1\begin{vmatrix} 1 & 0 \\ 1 & 1 \end{vmatrix} - 1\begin{vmatrix} 1 & 0 \\ 2 & 1 \end{vmatrix} = 1(1) - 1(1) = 0 \text{이 된다.}$$

3.11 역행렬(Inverse matrix)

1) 개념

행렬 A와 B가 있을 때 두 행렬의 곱 $A \cdot B = I$일 때 B를 A의 역행렬이라고 하며 $B = A^{-1}$로 표시한다. 또한 A를 B의 역행렬, $A = B^{-1}$이라고 한다. 그런데 A와 B의 역행렬이 항상 존재하는 것은 아니다. A와 B의 역행렬이 존재하기 위해서는 반드시 A와 B가 정방행렬이어야 한다. 하지만 정방행렬은 역행렬이 존재하기 위한 필요조건이지 충분조건은 아니다.

정방행렬 A가 역행렬을 갖는다면 A를 비특이(nonsingular)행렬[1]이라 하고, 역행렬을 갖지 않는다면 특이(singular)행렬이라 한다. 그리고 역행렬은 다음의 특성을 갖는다.

---

1. 비특이(nonsingular)행렬를 가역(invertible)행렬 또는 정칙행렬이라고 하며, 특이(singular)행렬을 비가역(noninvertible)행렬, 비정칙행렬이라고 부른다.

역행렬의 특성

① $(AB)^{-1}=B^{-1}A^{-1}$　② $(A^{-1})^t=(A^t)^{-1}$　③ $(A^{-1})^{-1}=A$

④ $AA^{-1}=A^{-1}A=I$　⑤ $I=I^t=I^{-1}$

특히 특성 ④는 어떤 행렬에 역행렬을 앞에서 곱하든 뒤에서 곱하든 그 결과는 똑같이 항등행렬이 된다는 것으로 아래의 예를 들어 설명해 보자.

$$A=\begin{pmatrix} 2 & 3 \\ 5 & -2 \end{pmatrix},\ \text{그리고}\ A^{-1}=-\frac{1}{19}\begin{pmatrix} -2 & -3 \\ -5 & 2 \end{pmatrix}\text{일 때}$$

$$AA^{-1}=\begin{pmatrix} 2 & 3 \\ 5 & -2 \end{pmatrix}-\frac{1}{19}\begin{pmatrix} -2 & -3 \\ -5 & 2 \end{pmatrix}=-\frac{1}{19}\begin{pmatrix} -19 & 0 \\ 0 & -19 \end{pmatrix}=\begin{pmatrix} 1 & 0 \\ 0 & 1 \end{pmatrix}=I\text{이며,}$$

$$AA^{-1}=\begin{pmatrix} 2 & 3 \\ 5 & -2 \end{pmatrix}-\frac{1}{19}\begin{pmatrix} -2 & -3 \\ -5 & 2 \end{pmatrix}=-\frac{1}{19}\begin{pmatrix} -19 & 0 \\ 0 & -19 \end{pmatrix}=\begin{pmatrix} 1 & 0 \\ 0 & 1 \end{pmatrix}=I\text{처럼}$$

역행렬을 앞에서 곱하나 뒤에서 곱하나 다같이 항등행렬이 나옴을 볼 수 있다.

그러면 역행렬의 용도는 무엇일까? 역행렬은 연립방정식의 해를 구하는 데 직접적으로 사용된다. 예를 들면, 다음과 같이 선형 연립방정식 $\begin{matrix} x_1+2x_2=4 \\ 3x_1+4x_2=6 \end{matrix}$을 행렬방정식 형태로 표시하면 $A=\begin{pmatrix} 1 & 2 \\ 3 & 4 \end{pmatrix}$, $x=\begin{pmatrix} x_1 \\ x_2 \end{pmatrix}$, 그리고 $b=\begin{pmatrix} 4 \\ 6 \end{pmatrix}$일 때 $A_{2\times2}\cdot x_{2\times1}=b_{2\times1}$ 이다.

이때 행렬방정식의 해를 구하려면 먼저 양변에 A의 역행렬 A^{-1}를 곱한다. 즉 $A^{-1}_{2\times2}\cdot A_{2\times2}\cdot x_{2\times1}=A^{-1}_{2\times2}\cdot b_{2\times1}$이다. 이를 계산하면 $I_{2\times2}\cdot x_{2\times1}=x_{2\times1}=A^{-1}_{2\times2}\cdot b_{2\times1}$이 된다. 이러한 과정은 선형 연립방정식에서 해를 구할 때 역행렬이 어떻게 사용되는지를 보여준다. 즉 선형 연립방정식의 해는 계수행렬 A의 역행렬(A^{-1})과 상수행렬(b)을 곱하여 구해지는데 간단히 예를 들면 다음과 같다.

전기한 연립방정식에서 행렬 A의 역행렬 A^{-1}이 $A^{-1}=-\frac{1}{2}\begin{pmatrix} 4 & -2 \\ -3 & 1 \end{pmatrix}$이라면 연립방정식의 해는 다음과 같이 구해진다.

$$\begin{pmatrix} x_1 \\ x_2 \end{pmatrix} = -\frac{1}{2}\begin{pmatrix} 4 & -2 \\ -3 & 1 \end{pmatrix}\begin{pmatrix} 4 \\ 6 \end{pmatrix} = -\frac{1}{2}\begin{pmatrix} 4 \\ -6 \end{pmatrix} = \begin{pmatrix} -2 \\ 3 \end{pmatrix}$$

이를 요약해 보면 행렬방정식 $Ax=b$의 해를 구하는 방법은 행렬 A가 역행렬을 갖는다는 조건 하에서 우선 역행렬 A^{-1}를 구하고, 다음에 양변에 A^{-1}를 곱하여 계산하면 된다. 그런데 여기에 남은 문제는 계수 행렬 A가 역행렬을 가지는지 여부이다. 즉 A가 특이행렬인지 비특이 행렬인지를 확인하는 것이다. 이의 해답은 앞 절에서 설명하였던 행렬식(determinant)을 이용하여 간단히 확인할 수 있다. 즉 어떤 행렬의 행렬식 값이 0이면 이를 특이행렬이라 하고 역행렬을 갖지 않는다.

2) 역행렬을 구하는 절차

행렬 A가 $n \times n$행렬일 때 A의 역행렬은 A^{-1}로 표시하고 구하는 절차는 다음과 같다.

역행렬

$$A^{-1} = \frac{1}{|A|} adjA = \frac{1}{|A|}(C_{ij})^t$$

여기서 $adjA$는 행렬 A의 수반행렬(또는 부수행렬, adjoint matrix of A)이라고 하며, 행렬 A의 여인수로 구성되는 여인수 행렬을 전치하여 만들어진다. 다음의 3×3행렬 A를 예로 들어 수반행렬을 구해 보자.

$$A_{3\times3} = \begin{bmatrix} a_{11} & a_{12} & a_{13} \\ a_{21} & a_{22} & a_{23} \\ a_{31} & a_{32} & a_{33} \end{bmatrix} = (a_{ij})_{3\times3}$$

먼저 행렬 A의 여인수 C_{ij}를 구하고, 이들 여인수로 구성된 여인수 행렬을 만들면

$$(C_{ij})_{3\times3} = \begin{bmatrix} C_{11} & C_{12} & C_{13} \\ C_{21} & C_{22} & C_{23} \\ C_{31} & C_{32} & C_{33} \end{bmatrix} \text{가 된다.}$$

여기서 (C_{ij})행렬의 행과 열을 바꾸어 전치행렬 $(C_{ij})^t$를 구하면 이를 A의 수반행렬이라고 하며 $adjA$로 표시한다.

$$(C_{ij})^t_{3\times3} = \begin{bmatrix} C_{11} & C_{21} & C_{31} \\ C_{12} & C_{22} & C_{32} \\ C_{13} & C_{23} & C_{33} \end{bmatrix} = adjA$$

이때 여인수 C_{ij}를 구하는 방법은 앞에서 설명한 것처럼 소행렬식에 부호를 붙여 계산한다. 즉, $C_{ij} = (-1)^{i+j}M_{11}$이다.

이제 여러 가지 예를 들어 역행렬을 구해 보자.

〈예제 3-21〉

$A = \begin{pmatrix} 3 & 2 \\ 1 & 2 \end{pmatrix}$의 역행렬을 구하라.

풀이 ① 먼저 행렬식을 구한다. $|A| = 6-2 = 4 \neq 0$

② 여인수 행렬을 구한다.

$$(C_{ij}) = \begin{pmatrix} C_{11} & C_{12} \\ C_{21} & C_{22} \end{pmatrix} = \begin{pmatrix} M_{11} & -M_{12} \\ -M_{21} & M_{22} \end{pmatrix} = \begin{pmatrix} 2 & -1 \\ -2 & 3 \end{pmatrix}$$

③ 여인수 행렬의 전치행렬을 구한다.

$$(C_{ij})^t = adjA = \begin{pmatrix} 2 & -2 \\ -1 & 3 \end{pmatrix}$$

④ 끝으로 역행렬을 구한다.

$$A^{-1} = \frac{1}{|A|}(adjA) = \frac{1}{4}\begin{pmatrix} 2 & -2 \\ -1 & 3 \end{pmatrix} = \begin{pmatrix} \frac{1}{2} & -\frac{1}{2} \\ -\frac{1}{4} & \frac{3}{4} \end{pmatrix}$$

〈예제 3-22〉

$$A=\begin{bmatrix} 3 & 1 & -2 \\ 4 & 0 & 3 \\ -1 & 0 & 3 \end{bmatrix}$$ 의 역행렬을 구하라.

풀이 ① $|A| = -15 \neq 0$

② $$(C_{ij})=\begin{bmatrix} C_{11} & C_{12} & C_{13} \\ C_{21} & C_{22} & C_{23} \\ C_{31} & C_{32} & C_{33} \end{bmatrix}=\begin{bmatrix} M_{11} & -M_{12} & M_{13} \\ -M_{21} & M_{22} & -M_{23} \\ M_{31} & M_{32} & M_{33} \end{bmatrix}$$

$$=\begin{bmatrix} 0 & -15 & 0 \\ -3 & 7 & -1 \\ 3 & -17 & -4 \end{bmatrix}$$, 여기서

$$M_{11}=\begin{vmatrix} 0 & 3 \\ 0 & 3 \end{vmatrix}=0,\ M_{12}=\begin{vmatrix} -4 & 3 \\ -1 & 3 \end{vmatrix}=-15,\ M_{13}=\begin{vmatrix} 4 & 0 \\ -1 & 0 \end{vmatrix}=0$$

$$M_{21}=-\begin{vmatrix} 1 & -2 \\ 0 & 3 \end{vmatrix}=-3,\ M_{22}=\begin{vmatrix} 3 & -2 \\ -1 & 3 \end{vmatrix}=7,$$

$$M_{23}=-\begin{vmatrix} 3 & 1 \\ -1 & 0 \end{vmatrix}=-1,\ M_{31}=\begin{vmatrix} 1 & -2 \\ 0 & 3 \end{vmatrix}=3,$$

$$M_{32}=-\begin{vmatrix} 3 & -2 \\ 4 & 3 \end{vmatrix}=-17,\ M_{33}=\begin{vmatrix} 3 & 1 \\ 4 & 0 \end{vmatrix}=-4$$ 이다.

③ $$(C_{ij})^t= adjA =\begin{bmatrix} 0 & -3 & 3 \\ -15 & 7 & -17 \\ 0 & -1 & -4 \end{bmatrix}$$

④ $$A^{-1}=\frac{1}{|A|}(adjA)=-\frac{1}{15}\begin{bmatrix} 0 & -3 & 3 \\ -15 & 7 & -17 \\ 0 & -1 & -4 \end{bmatrix}$$

〈예제 3-23〉

연립방정식의 해를 역행렬을 이용하여 구해 보자.

$$\begin{aligned} x_1+2x_2-\ x_3&=3 \\ 3x_1+4x_2+\ x_3&=15 \\ -x_1-\ x_2+2x_3&=5 \end{aligned}$$

풀이

위 식을 행렬방정식으로 표시해 보면 $\begin{pmatrix} 1 & 2 & -1 \\ 3 & 4 & 1 \\ -1 & -1 & 2 \end{pmatrix}\begin{pmatrix} x_1 \\ x_2 \\ x_3 \end{pmatrix}=\begin{pmatrix} 3 \\ 15 \\ 5 \end{pmatrix}$이다. 따라서 $\begin{pmatrix} x_1 \\ x_2 \\ x_3 \end{pmatrix}=\dfrac{1}{\begin{vmatrix} 1 & 2 & -1 \\ 3 & 4 & 1 \\ -1 & -1 & 2 \end{vmatrix}}adjA\cdot\begin{pmatrix} 3 \\ 15 \\ 5 \end{pmatrix}$이다. 여기서 먼저 행렬 A의 행렬식 값을 구하면 $detA=8-2+3-(4-1+12)=-6$이다. 다음으로 수반행렬 $adjA$를 구해 보자.

$$adjA=\begin{pmatrix} C_{11} & C_{21} & C_{31} \\ C_{12} & C_{22} & C_{32} \\ C_{13} & C_{23} & C_{33} \end{pmatrix}=\begin{pmatrix} M_{11} & -M_{21} & M_{31} \\ -M_{12} & M_{22} & -M_{32} \\ M_{13} & -M_{23} & M_{33} \end{pmatrix}$$

$$M_{11}=\begin{vmatrix} 4 & 1 \\ -1 & 2 \end{vmatrix}=9,\ -M_{12}=-\begin{vmatrix} -3 & 1 \\ -1 & 2 \end{vmatrix}=-7,\ M_{13}=\begin{vmatrix} 3 & 4 \\ -1 & -1 \end{vmatrix}=1$$

$$-M_{21}=-\begin{vmatrix} 2 & -1 \\ -1 & 2 \end{vmatrix}=-3,\ M_{22}=\begin{vmatrix} 1 & -1 \\ -1 & 2 \end{vmatrix}=1,\ -M_{23}=-\begin{vmatrix} 1 & 2 \\ -1 & -1 \end{vmatrix}=-1$$

$$M_{31}=-\begin{vmatrix} 2 & -1 \\ 4 & 1 \end{vmatrix}=6,\ -M_{32}=-\begin{vmatrix} 1 & -1 \\ 3 & 1 \end{vmatrix}=-4,\ M_{33}=\begin{vmatrix} 1 & 2 \\ 3 & 4 \end{vmatrix}=-2$$

따라서 $adjA=\begin{pmatrix} 9 & -3 & 6 \\ -7 & 1 & -4 \\ 1 & -1 & -2 \end{pmatrix}$이므로, 이를 대입하여 계산하면

$$\begin{pmatrix} x_1 \\ x_2 \\ x_3 \end{pmatrix}=-\frac{1}{6}\begin{pmatrix} 9 & -3 & 6 \\ -7 & 1 & -4 \\ 1 & -1 & -2 \end{pmatrix}\cdot\begin{pmatrix} 3 \\ 15 \\ 5 \end{pmatrix}=-\frac{1}{6}\begin{pmatrix} 12 \\ -26 \\ -22 \end{pmatrix}=\begin{pmatrix} -2 \\ \frac{13}{3} \\ \frac{11}{3} \end{pmatrix}$$ 이다.

3.12 크래이머 법칙(Cramer's law)

앞 절에서 역행렬을 사용하여 연립방정식의 해를 구하는 과정을 살펴보았다. 여기서는 역행렬을 사용하지 않고 연립방정식의 해를 구하는 방법, 즉 크래이머의 법칙에 관해서 알아보자.

다음과 같은 n개의 변수와 n개의 방정식으로 이루어진 연립방정식이 주어져 있을 때, 이를 행렬방정식 형태로 표시해 보자.

$$\begin{array}{ccccccccccc}
a_{11}x_1 & + & a_{12}x_2 & + \cdots + & a_{1j}x_j & + \cdots + & a_{1n}x_n & = & b_1 \\
a_{21}x_1 & + & a_{22}x_2 & + \cdots + & a_{2j}x_j & + \cdots + & a_{2n}x_n & = & b_2 \\
\cdot & + & \cdot & + \cdots + & \cdot & + \cdots + & \cdot & = & \cdot \\
a_{i1}x_1 & + & a_{i2}x_2 & + \cdots + & a_{ij}x_j & + \cdots + & a_{in}x_n & = & b_i \\
\cdot & + & \cdot & + \cdots + & \cdot & + \cdots + & \cdot & = & \cdot \\
a_{(n-1)1}x_1 & + & a_{(n-1)2}x_2 & + \cdots + & a_{(n-1)j}x_j & + \cdots + & a_{(n-1)n}x_n & = & b_{n-1} \\
a_{n1}x_1 & + & a_{n2}x_2 & + \cdots + & a_{nj}x_j & + \cdots + & a_{nn}x_n & = & b_n
\end{array}$$

위 방정식 체계를 a_{ij}로 구성되는 계수행렬 A와 $x_1, x_2, \cdots, x_j, \cdots, x_n$의 변수로 구성되는 벡타 x와 $b_1, b_2, \cdots, b_n$으로 구성되는 우변상수 벡타 b의 곱으로 표시되는 행렬방정식은 다음과 같다.

$$A = \begin{bmatrix} a_{11} & a_{12} & \cdots\cdots & a_{1n} \\ a_{21} & a_{22} & \cdots\cdots & a_{2n} \\ \cdot & \cdot & \cdots\cdots & \cdot \\ \cdot & \cdot & \cdots\cdots & \cdot \\ a_{n1} & a_{n2} & \cdots\cdots & a_{nn} \end{bmatrix}, \quad x = \begin{bmatrix} x_1 \\ x_2 \\ \cdot \\ \cdot \\ x_n \end{bmatrix}, \quad b = \begin{bmatrix} b_1 \\ b_2 \\ \cdot \\ \cdot \\ b_n \end{bmatrix}$$

$$Ax = b$$

여기서 행렬 A의 j번째 열을 제외하고 그 자리에 상수 벡타 b를 삽입하여 만든 행렬을 A_j행렬이라 약속하면 A_j행렬도 $n \times n$ 행렬이다. 이때 변수 x_j

의 해를 다음의 절차를 통하여 구할 수 있다. $x_j = \frac{|A_j|}{|A|}$. 예를 들어 x_1의 해는 $\frac{|A_1|}{|A|}$ 그리고 x_n의 해는 $\frac{|A_n|}{|A|}$이다. 이와 같이 변수의 해를 계수행렬의 행렬식과 계수행렬의 변형인 새로운 A_j행렬의 행렬식을 이용하여 구하는 절차를 크레이머 법칙이라고 한다.

크레이머의 법칙

$$x_j = \frac{|A_j|}{|A|},\ j=1,\ 2,\ 3,\ \cdots,\ n$$

간단한 예를 통하여 크레이머 법칙을 설명해 보자. 3개의 변수와 3개의 방정식으로 구성된 다음의 연립방정식의 해를 구하려고 한다면 역행렬을 이용하거나 크레이머 법칙을 이용하여 해를 구할 수 있다. 크레이머 법칙을 이용하여 해를 구해 보자.

$$\begin{aligned} x_1+2x_2-\ x_3&=\ 3 \\ 3x_1+4x_2+\ x_3&=15 \\ -x_1-\ x_2+2x_3&=\ 5 \end{aligned}$$

위 식을 행렬방정식의 형태로 나타내면 $\begin{pmatrix} 1 & 2 & -3 \\ 3 & 4 & 1 \\ -1 & -1 & 2 \end{pmatrix} \begin{pmatrix} x_1 \\ x_2 \\ x_3 \end{pmatrix} = \begin{pmatrix} 3 \\ 15 \\ 5 \end{pmatrix}$이다. 먼저 변수 x_1의 해를 구하면 $x_1 = \frac{|A_1|}{|A|} = \frac{\begin{vmatrix} 3 & 2 & -1 \\ 15 & 4 & 1 \\ 5 & -1 & 2 \end{vmatrix}}{\begin{vmatrix} 1 & 2 & -1 \\ 3 & 4 & 1 \\ -1 & -1 & 2 \end{vmatrix}} = \frac{12}{-6} = -2$

이다. 똑같은 방법으로 $x_2=\frac{|A_2|}{|A|}=\frac{\begin{vmatrix} 1 & 3 & -1 \\ 3 & 15 & 1 \\ -1 & 5 & 2 \end{vmatrix}}{\begin{vmatrix} 1 & 2 & -1 \\ 3 & 4 & 1 \\ -1 & -1 & 2 \end{vmatrix}}=\frac{-26}{-6}=\frac{13}{3}$, $x_3=$

$\frac{|A_3|}{|A|}=\frac{\begin{vmatrix} 1 & 2 & 3 \\ 3 & 4 & 15 \\ -1 & -1 & 5 \end{vmatrix}}{\begin{vmatrix} 1 & 2 & -1 \\ 3 & 4 & 1 \\ -1 & -1 & 2 \end{vmatrix}}=\frac{-22}{-6}=\frac{11}{3}$이다. 그리고 모든 변수의 해를 구한 다음 마지막 절차로 항상 각 변수의 값을 방정식에 대입하여 그 결과가 정확하게 계산되었는지의 여부를 확인하는 과정을 잊어서는 안 된다. 만약 방정식의 값과 일치하지 않는다면 각 변수의 해를 구하는 과정에서 착오가 발생하였으므로 다시 해를 구해야 한다.

3.13 가우스 졸단의 소거법(Gauss–Jordan Elimination method)

가우스 졸단의 소거법은 보통 기본행의 조작법(elementary row operation)으로 알려져 있는데 1차 연립방정식의 해를 간단한 일련의 행의 조작과 행들 간의 가감산을 통해 구하는 방법을 말한다. 그 절차는 다음과 같다.

가우스 졸단의 소거법

① 행렬의 두 행을 서로 바꾸거나
② 행렬의 한 행에 0이 아닌 상수를 곱하고
③ 행렬의 한 행에 다른 행의 상수배를 가감하는 기본행 연산을 통하여 연립 1차 방정식의 형태를 독립변수의 단위벡타 형태로 전환한다.

간단한 예를 들어보자. 다음과 같이 3원 1차 연립방정식이 주어져 있을 때 이를 가우스 졸단의 소거법을 이용하여 해를 구하면 다음과 같다.

$$\begin{aligned} x_1+3x_2-2x_3&=4 \\ 3x_1+x_2+2x_3&=4 \\ 2x_1+8x_2-5x_3&=15 \end{aligned}$$

■ **첫 번째 변환**

연립방정식의 첫 번째 방정식의 변수 x_1의 계수가 1이 아니라면 x_1계수가 1인 다른 행과 서로 바꾼 후 첫 번째 행의 x_1의 계수는 1이고 나머지 행의 x_1의 계수가 0이 되도록, 즉 단위벡타 형태가 되도록 행의 가감산을 수행한다. 즉 첫 번째 행에 3을 곱하여 그 결과를 2번째 행으로부터 감산한다. 그 다음에 첫 번째 행에 2를 곱하여 그 결과를 세 번째 행으로부터 감산한다. 그러면 다음과 같은 새로운 방정식이 계산된다. 즉

$$\text{②식}-\text{①식}\times 3:\ (3x_1+x_2+2x_3)-(3x_1+9x_2-6x_3)=4-12$$
$$-8x_2+8x_3=-8$$
$$\text{③식}-\text{①식}\times 2:\ (2x_1+8x_2-5x_3)-(2x_1+6x_2-4x_3)=15-8$$
$$2x_1-x_3=7$$

이를 정리하면 아래와 같이 변환된다.

$$\begin{aligned} x_1+3x_2-2x_3&=4 \\ 3x_1+x_2+2x_3&=4 \\ 2x_1+8x_2-5x_3&=15 \end{aligned} \quad\rightarrow\quad \begin{aligned} x_1+3x_2-2x_3&=4 \\ -8x_2+8x_3&=-8 \\ 2x_2-x_3&=7 \end{aligned}$$

■ **두 번째 변환**

두 번째 변환을 수행하기에 앞서 변환된 방정식의 두 번째 행의 x_2변수의 계수가 8이므로 두 번째 행을 8로 나누어 계수가 1이 되도록 한다. 그 다음에 두 번째 행의 x_2의 계수를 중심으로 첫 번째 행과 세 번째 행의 계수

가 단위벡타 형태가 되도록 행간에 가감산을 수행한다. 이후의 연산은 첫 번째 변환과정과 같이 수행하면 된다. 그러면 아래와 같이 두 번째 변환 후의 방정식이 계산된다. 즉

①식－②식×3 : $(x_1+3x_2-2x_3)-(3x_2-3x_3)=4-3 \quad \rightarrow \quad x_1+x_3=1$

③식－①식×2 : $(2x_2-x_3)-(2x_2-2x_3)=7-2 \quad \rightarrow \quad x_3=5$

이를 정리하면 아래와 같이 두 번째 변환 후의 연립방정식이 나온다.

$$\begin{aligned} x_1+3x_2-2x_3&=4 \\ x_2-\ x_3&=1 \\ 2x_2-\ x_3&=7 \end{aligned} \quad \rightarrow \quad \begin{aligned} x_1 \qquad +x_3&=1 \\ x_2-x_3&=1 \\ x_3&=5 \end{aligned}$$

■ **세 번째 변환**

방정식의 세 번째 행의 x_3변수의 계수가 1인지를 확인한다. 만약 x_3의 계수가 1이 아니라면 x_3계수를 행 전체에 나누어 x_3의 계수가 1이 되도록 한다. 두 번째 변환 후의 방정식을 보면 x_3의 계수가 1이므로 첫 번째 행과 두 번째 행의 x_3계수가 0이 되도록 행간의 가감산을 수행한다. 즉

①식－③식 : $(x_1+x_3)-x_3=1-5 \quad \rightarrow \quad x_1=-4$

②식＋③식 : $(x_2-x_3)+x_3=1+5 \quad \rightarrow \quad x_2=6$

그 결과 연립방정식은 다음의 형태로 변환되어 각 변수의 값이 구해진다.

$$\begin{aligned} x_1 \quad &=-4 \\ x_2 \ &=\ \ 6 \\ x_3&=\ \ 5 \end{aligned}$$

이를 정리하면 가우스 졸단의 소거법은 연립방정식의 내생변수의 수만큼 변환을 거쳐 연립방정식의 각 변수의 값을 구하는 과정으로 상기한 예를 단계별로 제시하면 다음과 같다.

$$\begin{aligned} x_1+3x_2-2x_3&=4 \\ 3x_1+x_2+2x_3&=4 \\ 2x_1+8x_2-5x_3&=15 \end{aligned} \quad \rightarrow$$

첫 번째 변환		두 번째 변환		세 번째 변환
$x_1+3x_2-2x_3=4$		$x_1 \quad +x_3=1$		$x_1 \quad =-4$
$-8x_2+8x_3=-8$	$\rightarrow$	$x_2-x_3=1$	$\rightarrow$	$x_2 \quad = 6$
$2x_2-x_3=7$		$x_3=5$		$x_3=5$

가우스 졸단의 소거법은 1차 연립방정식의 해를 구할 때 사용할 수 있는 편리한 방법일 뿐만 아니라 역행렬을 구할 때도 사용하면 쉽게 역행렬을 계산해 낼 수 있다. 전기한 연립방정식의 계수행렬을 이용하여 역행렬을 계산해 보자. 이를 위해 필요한 첫 번째 작업은 계수행렬을 다음의 형태로 바꾼 후 계수행렬의 형태가 항등행렬의 형태로 될 때까지 변환과정을 반복한다.

$$\left(\begin{array}{ccc|ccc} 1 & 3 & -2 & 1 & 0 & 0 \\ 3 & 1 & 2 & 0 & 1 & 0 \\ 2 & 8 & -5 & 0 & 0 & 1 \end{array}\right)$$

■ 첫 번째 변환

행렬의 첫 번째 행에 3을 곱한 후 이를 두 번째 행에 감산을 한다. 그리고 행렬의 첫 번째 행에 2를 곱한 후 이를 세 번째 행에 감산을 한다. 즉

$$\begin{aligned} ②\text{행} - ①\text{행} \times 3 :\ & (3,\ 1,\ 2,\ 0,\ 1,\ 0) - (1,\ 3, -2,\ 1,\ 0,\ 0) \times 3 \\ & = (0, -8,\ 8, -3,\ 1,\ 0) \\ ③\text{행} - ②\text{행} \times 2 :\ & (2,\ 8, -5,\ 0,\ 0,\ 1) - (1,\ 3, -2,\ 1,\ 0,\ 0) \times 2 \\ & = (0,\ 2, -1, -2,\ 0,\ 1) \end{aligned}$$

따라서 다음과 같이 변환된다.

$$\begin{bmatrix} 1 & 3 & -2 & | & 1 & 0 & 0 \\ 3 & 1 & 2 & | & 0 & 1 & 0 \\ 2 & 8 & -5 & | & 0 & 0 & 1 \end{bmatrix} \rightarrow \begin{bmatrix} 1 & 3 & -2 & | & 1 & 0 & 0 \\ 0 & -8 & 8 & | & -3 & 1 & 0 \\ 0 & 2 & -1 & | & -2 & 0 & 1 \end{bmatrix}$$

■ **두 번째 변환**

행렬의 두 번째 행의 두 번째 원소가 1이 되도록 두 번째 행을 −8로 나누어준다. 다음에 행렬의 두 번째 열이 단위벡타가 되도록 행을 조작한다. 즉

$$(0, -8,\ 8, -3,\ 1,\ 0) \div (-8) = (0,\ 1, -1,\ 3/8, -1/8,\ 0)$$

다음에 이를 이용하여 아래의 계산을 거쳐 두 번째 변환을 수행한다.

①행 − ②행×3 : $(1,\ 3, -2\ ,1,\ 0,\ 0) - (0,\ 1, -1,\ 3/8, -1/8,\ 0) \times 3$
$= (1,\ 0,\ 1, -1/8,\ 3/8,\ 0)$
③행 − ②행×2 : $(0,\ 2, -1, -2,\ 0,\ 1) - (0,\ 1, -1,\ 3/8, -1/8,\ 0) \times 2$
$= (0,\ 2, -1, -2,\ 0,\ 1)$

$$\begin{bmatrix} 1 & 3 & -2 & | & 1 & 0 & 0 \\ 0 & 1 & -1 & | & \frac{3}{8} & -\frac{1}{8} & 0 \\ 0 & 2 & -1 & | & -2 & 0 & 1 \end{bmatrix} \rightarrow \begin{bmatrix} 1 & 0 & 1 & | & -\frac{1}{8} & \frac{3}{8} & 0 \\ 0 & 1 & -1 & | & \frac{3}{8} & -\frac{1}{8} & 0 \\ 0 & 0 & 1 & | & -\frac{22}{8} & \frac{2}{8} & 1 \end{bmatrix}$$

■ **세 번째 변환**

행렬의 세 번째 행의 x_3의 계수가 1이고 나머지 행의 x_3계수가 0이 되도록 연산한다. 즉 첫 번째 행으로부터 세 번째 행을 빼주고, 다음에 두 번째 행에 세 번째 행을 더해 준 후 정리하면 다음의 행렬이 만들어진다.

$$\begin{bmatrix} 1 & 0 & 1 & | & -\frac{1}{8} & \frac{3}{8} & 0 \\ 0 & 1 & -1 & | & \frac{3}{8} & -\frac{1}{8} & 0 \\ 0 & 0 & 1 & | & -\frac{22}{8} & \frac{2}{8} & 1 \end{bmatrix} \rightarrow \begin{bmatrix} 1 & 0 & 0 & | & \frac{21}{8} & \frac{1}{8} & -1 \\ 0 & 1 & 0 & | & -\frac{19}{8} & \frac{1}{8} & -1 \\ 0 & 0 & 1 & | & -\frac{22}{8} & \frac{2}{8} & 1 \end{bmatrix}$$

전기한 세 번의 변환을 통하여 원래 주어진 행렬은 항등행렬로 변화하였으며, 항등행렬은 원 행렬의 역행렬로 변환되어져 있다. 끝으로 이렇게 변환된 행렬이 원 행렬의 역행렬인지를 검사해야 된다. 그것은 원 행렬과 새롭게 구해진 역행렬을 곱하여 항등행렬이 되면 된다. 두 행렬을 곱한 결과 아래와 같이 항등행렬이 되었다.

$$\begin{bmatrix} 1 & 3 & -2 \\ 3 & 1 & 2 \\ 2 & 8 & -5 \end{bmatrix} \times \begin{bmatrix} \frac{21}{8} & \frac{1}{8} & -1 \\ -\frac{19}{8} & \frac{1}{8} & 1 \\ -\frac{22}{8} & \frac{2}{8} & 1 \end{bmatrix} = \begin{bmatrix} 1 & 0 & 0 \\ 0 & 1 & 0 \\ 0 & 0 & 1 \end{bmatrix}$$

3.14 고유치(Eigen Value)와 고유벡타(Eigen Vector)

1) 정의

우리는 주위에서 흔히 다음과 같은 문제를 만나는 경우를 볼 수 있다. 공학이나 수학 그리고 과학 영역에서 어떤 문제들을 함수식으로 표현하고, 이를 다시 행렬방정식 형태로 표현할 때 A가 $n \times n$행렬이고, x가 nonzero 벡타이며, 어떤 수 λ에 대하여 $Ax = \lambda x$와 같은 문제들을 볼 경우가 종종 있다. 본 장에서는 이와 관련된 이론과 문제를 풀이하는 과정에 대하여 설명하고자 한다. 먼저 고유벡타와 고유치를 정의하면 다음과 같다.

고유벡타와 고유치의 정의

A가 $n \times n$행렬이고 $Ax = \lambda x$를 만족시키는 어떤 수 λ와 n차원 실수공간의 nonzero 벡타 x가 있다고 가정할 때 x를 A의 고유벡타(eigen vector)라 하고 λ를 행렬 A의 고유치(eigen value)라고 한다.

위 정의에서 λ를 x에 관련된 고유치라고 하며, 마찬가지로 x를 λ에 관련된 고유벡타라고 한다.

"eigen"이라는 단어는 원래 독일어로서 영어의 "proper"라는 의미를 갖으며, "eigenvalue"를 보통 "proper value", "characteristic value", 또는 "latent root"로 부르기도 한다. 마찬가지로 "eigenvector"는 "proper vector", "characteristic vector"라고 부르기도 한다. 여기서 주의할 것은 고유치나 고유벡타는 행렬 A가 정방행렬일 때만 정의된다는 것이다. 이 말은 행렬 A가 정방행렬이 아닌 장방형 행렬이라면 행렬 A의 고유벡타나 고유치라는 개념이 성립될 수 없다는 의미이다.

예를 들어 $A=\begin{pmatrix} -1 & 2 \\ 0 & 3 \end{pmatrix}$일 때 고유벡타 x와 고유치 λ를 $x=\begin{pmatrix} 1 \\ 2 \end{pmatrix}$, $\lambda=3$이라고 하면 이 값을 $Ax=\lambda x$식에 대입해 보자. 그러면 $\begin{pmatrix} -1 & 2 \\ 0 & 3 \end{pmatrix}\begin{pmatrix} 1 \\ 2 \end{pmatrix}= =\begin{pmatrix} 3 \\ 6 \end{pmatrix}=3\begin{pmatrix} 1 \\ 2 \end{pmatrix}$가 되어 정의가 성립함을 알 수 있다. 따라서 고유벡타는 $\begin{pmatrix} 1 \\ 2 \end{pmatrix}$이고 고유치는 3이 된다.

그런데 이 문제에 있어서 또 다른 고유치와 고유벡타가 존재할까? 만약 고유벡타가 $\begin{pmatrix} 1 \\ 0 \end{pmatrix}$일 경우 이에 관련된 또 다른 고유치 -1이 존재함을 알 수 있다. 이를 대입해 나열해 보면 $\begin{pmatrix} -1 & 2 \\ 0 & 3 \end{pmatrix}\begin{pmatrix} 1 \\ 0 \end{pmatrix}=\begin{pmatrix} -1 \\ 0 \end{pmatrix}=(-1)\begin{pmatrix} 1 \\ 0 \end{pmatrix}$이 성립한다. 따라서 고유치와 고유벡타는 하나 또는 그 이상의 것이 존재할 수 있음을 생각할 수 있다. 그러면 어떻게 하면 고유치와 고유벡타를 찾을 수 있을까?

2) 고유치를 찾기

고유치를 찾기에 앞서 먼저 고유치와 고유벡타를 설명할 때 도입하였던 행렬방정식의 형태를 다시 나타내면 아래와 같이 표시할 수 있다.

$$Ax=\lambda x$$

항등행렬의 정리에 따르면 $Ax=\lambda Ix$이니 이를 대입하여 위 식을 다시 정리하면

$\lambda Ix - Ax = 0$

$(\lambda I - A)x = 0$이 된다.

고유벡타 x는 nonzero 벡타이기 때문에 $(\lambda I - A)x = 0$은 비자명해(nontrivial solution)을 갖는다. 이때 비자명해를 갖기 위해서는 $(\lambda I - A)$는 특이행렬이어야 하고 따라서 $(\lambda I - A)$행렬의 행렬식 값은 0이어야 한다. 즉 $det(\lambda I - A) = |\lambda I - A| = 0$이어야 한다. 여기서 $det(\lambda I - A) = |\lambda I - A| = 0$을 행렬 A의 특성방정식(characteristic equation)이라고 하며, A가 $n \times n$행렬이면 특성방정식은 λ의 n차 방정식이 된다. 예를 들어 A가 2×2행렬이라면 $(\lambda I - A)$는 $\lambda\begin{pmatrix} 1 & 0 \\ 0 & 1 \end{pmatrix} - \begin{pmatrix} a_{11} & a_{12} \\ a_{21} & a_{22} \end{pmatrix} = \begin{pmatrix} \lambda & 0 \\ \lambda & 0 \end{pmatrix} - \begin{pmatrix} a_{11} & a_{12} \\ a_{21} & a_{22} \end{pmatrix} = \begin{pmatrix} \lambda - a_{11} & -a_{12} \\ -a_{21} & \lambda - a_{12} \end{pmatrix}$가 된다. 따라서 행렬식은 $(\lambda - a_{11})(\lambda - a_{12}) - a_{12}a_{21}$로 λ에 관한 2차식이 된다. 마찬가지로 A가 3×3행렬이면 특성방정식은 λ에 관한 3차식이 그리고 A가 $n \times n$행렬이면 특성방정식은 λ에 관한 n차식이 된다.

그리고 상기한 설명 중에서 비자명해란 연립방정식의 해가 0이 아닌 값이 존재할 때의 해를 의미한다. 즉 연립방정식의 모든 변수의 값이 0일 때의 해를 자명해(trivial solution)라고 한다. 아울러 $(\lambda I - A)x = 0$이 비자명해를 갖기 위해서 $\lambda I - A$가 특이행렬이어야 한다는 의미는 x의 해를 구하려면 $(\lambda I - A)x = 0$식의 양변에 $\lambda I - A$행렬의 역행렬을 곱하면 된다. 즉 $x = \frac{0}{|\lambda I - A|} adj(\lambda I - A)$의 형태가 된다. 그런데 벡타 x가 0 벡타가 아니기 때문에 분자의 값이 0이므로 분모의 값은 당연히 0이 되어야 한다. 따라서 $(\lambda I - A)$행렬이 특이행렬이 되어야 한다는 것이다.

특성방정식(characteristic equation)

(1) A가 $n \times n$행렬이면 $(\lambda I - A)$도 $n \times n$행렬이다.

(2) $(\lambda I - A)$행렬의 행렬식 $det(\lambda I - A) = 0$은 행렬 A의 특성다항식(characteristic polynomial)이라 불리는 λ의 n차 다항식이다.

(3) $det(\lambda I - A) = 0$을 행렬 A의 특성방정식이라고 한다.

〈예제 3-24〉

행렬 A가 $\begin{pmatrix} 2 & 3 \\ 4 & 3 \end{pmatrix}$일 때 고유치를 구하라.

풀이 먼저 $\lambda I - A$를 구한다. 즉

$$\lambda I - A = \begin{pmatrix} \lambda & 0 \\ 0 & \lambda \end{pmatrix} - \begin{pmatrix} 2 & 3 \\ 4 & 3 \end{pmatrix} = \begin{pmatrix} \lambda-2 & -3 \\ -4 & \lambda-3 \end{pmatrix}$$

다음에 $\lambda I - A$의 행렬식을 구한다.

$$det(\lambda I - A) = \begin{vmatrix} \lambda-2 & -3 \\ -4 & \lambda-3 \end{vmatrix} = (\lambda-2)(\lambda-3)-12$$

$$= \lambda^2 - 5\lambda - 6$$

끝으로 특성방정식 $\lambda^2 - 5\lambda - 6 = 0$은 $(\lambda-6)(\lambda+1)=0$이므로 $\lambda=6$ 또는 $\lambda=-1$이다.

〈예제 3-25〉

행렬 A의 고유치를 구하라.

$$A = \begin{bmatrix} 5 & -7 & 7 \\ 4 & -3 & 4 \\ 4 & -1 & 2 \end{bmatrix}$$

풀이 행렬 A의 고유치를 구하는 것을 단계별로 나누어 설명하면 다음과 같다.

1단계 : $(\lambda I - A)$행렬을 계산한다.

$$\lambda I - A = \begin{bmatrix} \lambda & & \\ & \lambda & \\ & & \lambda \end{bmatrix} - \begin{bmatrix} 5 & -7 & 7 \\ 4 & -3 & 4 \\ 4 & -1 & 2 \end{bmatrix} = \begin{bmatrix} \lambda-5 & 7 & -7 \\ -4 & k+3 & -4 \\ -4 & 1 & \lambda-2 \end{bmatrix}$$

2단계 : $(\lambda I - A)$행렬의 행렬식 값을 구한다.

$$det(\lambda I-A)=\begin{vmatrix} \lambda-5 & 7 & -7 \\ -4 & \lambda+3 & -4 \\ -4 & 1 & \lambda-2 \end{vmatrix}$$

$$=(\lambda-5)\begin{vmatrix} \lambda+3 & -4 \\ 1 & \lambda-2 \end{vmatrix}-7\begin{vmatrix} -4 & -4 \\ -4 & \lambda-2 \end{vmatrix}-7\begin{vmatrix} -4 & \lambda+3 \\ -4 & 1 \end{vmatrix}$$

$$=(\lambda-5)(\lambda^2+\lambda-2)-7(-4\lambda-8)-7(4\lambda+8)$$

$$=\lambda^3-4\lambda^2-7\lambda+10$$

3단계 : 특성방정식의 해를 구한다.

$$det(\lambda I-A)=0$$

$$\lambda^3-4\lambda^2-7\lambda+10=0$$

위와 같은 3차 방정식의 해를 구할 때 간단하게 적용할 수 있는 방법으로 상수 10의 약수를 나열하고 이 값을 대입하여 방정식을 만족시키는가를 계산해 본다. 만약 만족시킨다면 그 값은 방정식의 해이다. 10의 약수는 ±1, ±2, ±5, ±10이다. 먼저 1을 방정식에 대입하여 보면 $1^3-4(1^2)-7(1)+10=0$이다. 따라서 $\lambda=1$은 특성방정식의 해이다. $(\lambda-1)$을 이용하여 특성방정식을 나누어 보면 다음과 같다.

$$\lambda^3-4\lambda^2-7\lambda+10=(\lambda-1)(\lambda^2-3\lambda-10)$$

$$=(\lambda-1)(\lambda+2)(\lambda-5)=0$$

따라서 행렬 A의 고유치는 $\lambda=1$, $\lambda=-2$, $\lambda=5$이다.

우리는 지금까지 여러 가지 예를 통하여 어떤 특정 행렬의 고유치를 구해 보았다. 그런데 아주 특별한 경우를 제외하고는 특성방정식의 해를 구함으로써 행렬의 고유치를 구하는 것이 실제로 쉽지 않다. 다음에는 고유치를 계산할 때 아주 흥미롭고 놀랄만한 수학방법을 제시해 본다. 그러나 이에 앞서 반드시 주목해야 할 기술적인 문제가 있다. 즉 고유치를 찾기 위하여 특성방정식의 해를 계산할 때 항상 실수(real number)의 해만 구해지는 것이 아니라 실수해가 아닌 해가 계산될 때가 있다. 즉 복소수(complex number)가 계산되는 경우가 있다.

예를 들어 행렬 A가 $\begin{pmatrix} 0 & -1 \\ 1 & 0 \end{pmatrix}$인 경우 고유치를 구하면, 먼저 $\lambda I - A$를 계산하면 $\lambda I - A = \begin{pmatrix} \lambda & \\ & \lambda \end{pmatrix} - \begin{pmatrix} 0 & -1 \\ 1 & 0 \end{pmatrix} = \begin{pmatrix} \lambda & 1 \\ -1 & \lambda \end{pmatrix}$가 된다. 여기서 특성방정식을 계산하면 $\lambda^2 + 1 = 0$이 된다. 따라서 실수해를 갖지 못하게 되며 행렬 A는 실수의 고유치를 갖지 못한다.

그러나 방정식 $\lambda^2 + 1 = 0$은 $\pm i$라는 2개의 복소수 해를 갖는다. 즉 $\lambda = i$, $\lambda = -i$는 방정식 $\lambda^2 + 1 = 0$을 만족시킨다. 이러한 복소수의 고유치를 갖는 경우가 전자공학이나 핵물리학의 문제를 해결하는 과정 속에서 발견되곤 한다. 그러나 사회과학 영역에서는 단지 실수의 고유치만 요구하기 때문에 본서에서는 복소수의 해를 갖는 고유치 문제를 생략하기로 한다.

고유치가 구해지면 고유치를 이용하여 고유벡타를 구할 수 있다. 그러나 본서에서는 고유벡타를 구하는 것을 유보하기로 한다. 최근에 개발되어 있는 많은 응용소프트웨어에는 이용자들이 고유치와 고유벡타를 쉽게 구할 수 있는 방법을 제공하고 있다.

보충

■ $\sum$ 표기법

$\sum$의 표기법에 의하면 x_1, x_2, x_3의 합은 다음과 같이 표시되며, 이는 i는 1부터 3까지의 x_i의 합으로 읽는다.

$$x_1 + x_2 + x_3 = \sum_{i=1}^{3}$$

기호 $\sum$(시그마로 읽는다)는 어디부터 어디까지의 합을 의미한다. 부호 i는 정수 값만을 가지고 j 또는 k로 표시된다. $\sum$는 다음과 같은 성질이 있다.

(1) $\sum_{j=0}^{4} x_j = (x_0 + x_1 + x_2) + (x_3 + x_4) = \sum_{j=0}^{2} x_j + \sum_{j=3}^{4} x_j$

(2) $\sum_{k=1}^{3} bx_k = bx_1 + bx_2 + bx_3 = b(x_1 + bx_2 + bx_3) = b\sum_{k=1}^{3} x_k$

(3) $\sum_{i=0}^{n} a_i x^i = a_0 x^0 + a_1 x^1 + a_2 x^2 + \cdots + a_n x^n$

(4) $\sum_{j=1}^{4} x_{1j} x_j = a_{11} x_1 + a_{12} x_2 + a_{13} x_3 + a_{14} x_4$

연습문제

01. 행렬이 $A=\begin{pmatrix}1 & 2\\3 & 4\end{pmatrix}$, $B=\begin{pmatrix}4 & 3\\2 & 1\end{pmatrix}$, $C=\begin{pmatrix}1 & 0\\1 & 0\end{pmatrix}$로 주어졌을 때 다음을 구하라.

① $A+B$ ② $A-B$ ③ $B+A$ ④ $A-C$
⑤ $2B$ ⑥ $-2A$ ⑦ $-C$ ⑧ $2A-2C$

02. $u=\begin{pmatrix}1\\2\end{pmatrix}$, $v=\begin{pmatrix}2\\-5\end{pmatrix}$, $u'=(1,\ 2)$, $v'=(2,-5)$일 때 다음을 구하라.

① $u+v$ ② $u'-v'$ ③ $u-v$
④ $v'-u'$ ⑤ $4u+3v$ ⑥ $2v'-2u'$

03. $A_{2\times4}$, $B_{4\times1}$, $C_{5\times4}$가 주어질 때 다음의 곱셈이 가능한가를 밝히고 가능하다면 각 곱의 차원을 나타내 보아라.

① AB ② BA ③ AC ④ CA ⑤ BC ⑥ CB

04. $U_{5\times1}$, $V_{3\times1}$, $U'_{1\times5}$, $V'_{1\times3}$이 주어졌을 때 다음의 곱셈이 가능한가를 밝히고 가능하다면 각 곱의 차원을 구하라.

① UV ② VU ③ VU'
④ UV' ⑤ VV' ⑥ UU'

05. 다음과 같이 행렬이 주어져 있을 때 주어진 행렬의 물음에 답하라.

$$A=\begin{bmatrix}2 & 1 & 3\\-1 & 2 & 0\\0 & -2 & -1\end{bmatrix},\ B=\begin{pmatrix}-1 & 1 & -2\\0 & -1 & 3\end{pmatrix},\ C=\begin{bmatrix}-1 & 1\\4 & 0\\2 & -2\end{bmatrix},\ D=\begin{pmatrix}1 & -1\\-1 & 2\end{pmatrix}$$

① AB^t ② $(BC)^t$ ③ $A+B^tC^t$ ④ $(BC)D$
⑤ AB^t+C ⑥ CBA ⑦ $-2B+3C^t$ ⑧ $-2A+3B^tC^t$

06. 다음 행렬의 곱을 구하라.

① $\begin{bmatrix} 1 & 2 & 3 \\ 4 & 5 & 6 \\ 7 & 8 & 9 \end{bmatrix}\begin{bmatrix} 1 & 0 \\ 2 & 1 \\ 3 & 0 \end{bmatrix}$　　② $\begin{pmatrix} 1 & 2 & 3 \\ 4 & 5 & 6 \end{pmatrix}\begin{bmatrix} 1 & 0 \\ 2 & 0 \\ 3 & 1 \end{bmatrix}$

③ $\begin{pmatrix} 1 & 2 & 3 \\ 4 & 5 & 6 \end{pmatrix}\begin{bmatrix} x \\ y \\ z \end{bmatrix}$　　④ $(a,\ b,\ c)\begin{bmatrix} 1 & 0 \\ 0 & 1 \\ 1 & 0 \end{bmatrix}$

07. $A=\begin{pmatrix} 1 & 2 & 3 \\ 4 & 5 & 6 \end{pmatrix}$, $b=\begin{bmatrix} 1 \\ 0 \\ 0 \end{bmatrix}$, $x=\begin{pmatrix} x_1 \\ x_2 \end{pmatrix}$일 때 다음을 계산하라.

① AI　② IA　③ Ix　④ Ib

08. 위의 문제 6의 행렬에 대하여 다음을 계산하라.

① $A+0$　② $0+b$　③ $x-0$　④ $0A$

09. $A=\begin{pmatrix} 1 & 2 \\ 3 & 4 \end{pmatrix}$, $B=\begin{pmatrix} 4 & 3 \\ 2 & 1 \end{pmatrix}$, $C=\begin{pmatrix} 1 & 0 & 1 \\ 1 & 2 & 3 \end{pmatrix}$이 주어졌을 때 A^t, B^t, C^t을 구하라.

10. 위의 문제의 행렬을 사용하여 다음을 확인하라.

① $(A+B)'=A'+B'$　② $(AC)'=C'A'$

11. $A=\begin{pmatrix} 2 & 2 \\ 1 & 4 \end{pmatrix}$, $B=\begin{bmatrix} \frac{2}{3} & -\frac{1}{3} \\ -\frac{1}{6} & \frac{1}{3} \end{bmatrix}$, $C=\begin{pmatrix} 3 & 2 \\ 3 & 1 \end{pmatrix}$, $D=\begin{bmatrix} -\frac{1}{3} & \frac{2}{3} \\ 1 & -1 \end{bmatrix}$이 주어졌을 때 다음을 확인하라.

① B는 A의 역행렬이다.

② D는 C의 역행렬이다.

12. 다음의 표기를 풀어 써라.

① $\sum_{i=1}^{3} x_i$　② $\sum_{i=1}^{3} x_{i-1}$　③ $\sum_{i=2}^{5} a_i x_i$　④ $\sum_{k=0}^{3} (x_k+k)$

13. 합의 기호를 사용하여 다음을 다시 표기하라.

① $a_1+2a_2+3a_3+4a_4$

② $1+\frac{1}{x}+\frac{1}{x^2}+\cdots+\frac{1}{x^n}\ (x\neq0)$

③ $\frac{1}{x}+\frac{1}{x^2}+\cdots+\frac{1}{x^n}\ (x\neq0)$

④ $x_1(x_1-1)+2x_2(x_2-1)+3x_3(x_3-1)$

⑤ $a_{21}b_{11}+a_{22}b_{21}$

⑥ $a_{11}x_1+a_{12}x_2+\cdots+a_{1n}x_n$

14. 다음의 행렬식을 라플라스 전개에 의하여 계산하라.

① $\begin{vmatrix} 1 & 2 & 3 \\ 4 & 5 & 6 \\ 7 & 8 & 9 \end{vmatrix}$ ② $\begin{vmatrix} 1 & 2 & 3 \\ 4 & 7 & 5 \\ 3 & 6 & 9 \end{vmatrix}$ ③ $\begin{vmatrix} 4 & 0 & 2 \\ 1 & 0 & 2 \\ 1 & 2 & 3 \end{vmatrix}$

④ $\begin{vmatrix} 1 & 0 & 1 \\ -1 & 2 & 3 \\ 0 & 4 & 7 \end{vmatrix}$ ⑤ $\begin{vmatrix} a & b & c \\ b & c & a \\ c & a & b \end{vmatrix}$ ⑥ $\begin{vmatrix} x & 5 & 0 \\ 3 & y & 2 \\ 1 & 1 & 0 \end{vmatrix}$

15. 행렬 A가 아래와 같을 때 다음의 여인수에 대한 소행렬식을 구하라.

$$A=\begin{pmatrix} 0 & 1 & -1 & 1 & 0 & 2 \\ -1 & 0 & 1 & 2 & 1 & -1 \\ 2 & -1 & 1 & 1 & 0 & 0 \\ -1 & 1 & -1 & 2 & 2 & -1 \\ 1 & 1 & 0 & 1 & -2 & -1 \\ 2 & 0 & 0 & 0 & -1 & -1 \end{pmatrix}$$

① C_{23} ② C_{14} ③ C_{41}

④ C_{16} ⑤ C_{66} ⑥ C_{42}

16. 다음 행렬식을 계산하라.

① $\begin{vmatrix} 1 & 0 & 3 & 0 \\ 2 & 3 & 4 & 6 \\ -3 & 0 & 2 & 0 \\ 4 & 0 & 0 & 1 \end{vmatrix}$ ② $\begin{vmatrix} 2 & 7 & 0 & 1 \\ 5 & 6 & 4 & 8 \\ 0 & 0 & 1 & 0 \\ 1 & 0 & 3 & 0 \end{vmatrix}$

17. 다음의 행렬중 비특이행렬을 찾아라.

A. $\begin{pmatrix} 8 & 3 & 12 \\ 6 & 0 & 9 \\ 1 & 0 & 0 \end{pmatrix}$ B. $\begin{pmatrix} 9 & 2 & 3 \\ 2 & 1 & 5 \\ 1 & 0 & 4 \end{pmatrix}$ C. $\begin{pmatrix} 1 & 2 & 3 \\ -1 & -2 & -3 \\ 0 & 0 & 1 \end{pmatrix}$

18. 다음의 연립방정식은 유일한 해를 가지는가?

$$\begin{aligned} 2x_1+4x_2+6x_3 &= 2 \\ 3x_1+x_2 &= 0 \\ -x_1+4x_3 &= -2 \end{aligned}$$

19. 다음의 역행렬을 구하라.

① $A=\begin{pmatrix} 1 & 3 \\ 2 & 5 \end{pmatrix}$ ② $B=\begin{pmatrix} 0 & 1 \\ 4 & 7 \end{pmatrix}$ ③ $C=\begin{pmatrix} 9 & 0 \\ 1 & 4 \end{pmatrix}$

20. 크래이머 법칙을 이용하여 다음의 연립방정식을 풀어라.

① $\begin{aligned} 2x_1-3x_2 &= 10 \\ -x_1+6x_2 &= 5 \end{aligned}$

② $\begin{aligned} x_1+2x_2 &= 3 \\ -4x_1+5x_2 &= 6 \end{aligned}$

③ $\begin{aligned} -2x_1+x_2+x_3 &= 4 \\ x_2+3x_3 &= 9 \\ 3x_1-x_2 &= -1 \end{aligned}$

④ $\begin{aligned} x_1-x_2+x_3 &= 11 \\ 4x_2+3x_3 &= 2 \\ -2x_1+x_2 &= -1 \end{aligned}$

21. 역행렬을 이용하여 다음의 연립방정식을 풀어라.

$$\begin{aligned} x_1+2x_2-3x_3 &= 8 \\ 5x_2+2x_3 &= -4 \\ -2x_1-3x_3 &= 2 \end{aligned}$$

22. 20번 문제를 가우스 졸단의 소거법을 이용하여 구해 보아라.

23. 가우스 졸단의 소거법을 이용하여 다음 행렬의 역행렬을 구해 보아라.

$$B=\begin{bmatrix} -1 & 0 & -2 & 1 \\ 1 & -1 & 0 & 2 \\ 0 & -2 & -1 & -1 \\ 1 & 3 & 2 & -1 \end{bmatrix}$$

24. 다음의 시장모형을 Q_d, Q_s, P의 순서대로 행렬로 나타내 보아라.

① $Q_d=Q_s$
$Q_d=10-4P$
$Q_s=-2+4P$

② $Q_d=Q_s$
$Q_d=a-bP$
$Q_s=-c+dP$

25. 다음의 국민소득모형을 Y, C의 순서대로 행렬로 나타내 보아라.

$Y=C+I$
$C=\alpha+\beta Y$

26. 다음과 같이 행렬이 주어져 있을 때 이에 관련된 고유벡타가 각각 주어져 있다. 각 고유벡타에 따른 고유치를 구하라.

① $v_1=\begin{pmatrix} 1 \\ 3 \end{pmatrix}$, $v_2=\begin{pmatrix} 1 \\ 1 \end{pmatrix}$, $A=\begin{pmatrix} 3 & 1 \\ -3 & 7 \end{pmatrix}$

② $v_1=\begin{pmatrix} -3 \\ 1 \end{pmatrix}$, $v_2=\begin{pmatrix} 1 \\ -2 \end{pmatrix}$, $A=\begin{pmatrix} 2 & -3 \\ 2 & 9 \end{pmatrix}$

③ $v_1=\begin{pmatrix} -1 \\ 2 \end{pmatrix}$, $v_2=\begin{pmatrix} -1 \\ 4 \end{pmatrix}$, $A=\begin{pmatrix} 4 & 1 \\ -8 & -2 \end{pmatrix}$

④ $v_1=\begin{pmatrix} 1 \\ -3 \end{pmatrix}$, $v_2=\begin{pmatrix} 2 \\ 1 \end{pmatrix}$, $A=\begin{pmatrix} 1 & -2 \\ -3 & 6 \end{pmatrix}$

27. 다음에 주어진 각 행렬에 대하여 특성방정식을 작성하고 고유치를 구하라.

① $\begin{pmatrix} 2 & 0 \\ 0 & -3 \end{pmatrix}$ ② $\begin{pmatrix} 0 & -1 \\ -4 & 0 \end{pmatrix}$ ③ $\begin{pmatrix} 5 & -8 \\ 1 & -1 \end{pmatrix}$

④ $\begin{pmatrix} -1 & -3 \\ -3 & 7 \end{pmatrix}$ ⑤ $\begin{pmatrix} 1 & 3 \\ 4 & -3 \end{pmatrix}$ ⑥ $\begin{pmatrix} 5 & 6 \\ 2 & 1 \end{pmatrix}$

⑦ $\begin{bmatrix} 1 & -1 & 0 \\ -1 & 2 & -1 \\ 0 & -1 & 1 \end{bmatrix}$ ⑧ $\begin{bmatrix} 2 & 0 & -1 \\ 2 & -1 & 0 \\ -12 & 0 & 1 \end{bmatrix}$ ⑨ $\begin{bmatrix} 2 & -5 & -1 \\ 0 & 3 & -1 \\ 0 & -1 & 3 \end{bmatrix}$

제4장 선형계획법

4.1 선형계획법의 개념과 발전과정
4.2 LP의 기본 가정
4.3 선형계획법의 기본 모형
4.4 선형계획법의 도해법
4.5 심플렉스법
4.6 Big M method
4.7 LP의 또 다른 문제들

수학이야기

[수학의 노벨상 Field상에 대하여]

세계에서 가장 권위가 있고 명예로운 상은 두말할 것도 없이 노벨상일 것이다. Alfred B. Nobel(1833~1896)은 스웨덴의 화학자이자 발명가였는데, 그는 많은 재산을 희사하여 물리, 화학, 문학 등의 5개 부분에 대하여 매년 세계에서 가장 훌륭하고 두드러진 업적을 남긴 사람들에게 상을 주도록 하였다. 그런데 모든 학문의 기초가 되고, 특히 자연과학의 모체가 되는 수학 분야에 대하여는 노벨상이 제정되어 있지 않다. 전하는 말에 의하면 Novel과 같은 시대에 유명한 해석학자 Mittag Leffler가 수학계에 태두로 활동하고 있었다. 그런데 어떤 이유인지는 몰라도 Leffler와는 사이가 매우 좋지 못하였던 모양이다. 이러한 이유로 Novel은 Leffler가 보기 싫어서 일부러 수학 부문만은 노벨상의 대상에서 제외하고 말았다고 전해진다.

캐나다 토론토 대학에서 수학교수로 재직 중이던 수학자 필드(J.C. Field, 1863~1932)는 수학분야에도 이에 상당하는 상을 제정해야겠다고 생각하였다. 그는 1928년에 bologna에서 제8회 국제 수학자 회의가 개최되었을 때 제7회 회의(토론토)에서 회의비, 출판비 등을 결산한 상당한 금액이 남아 있었으므로 이를 기금으로 하여 수학분야의 노벨상에 해당하는 상을 제정하자고 역설하고, 이를 위하여 자금조달과 세계 수학자의 단합을 위하여 노력하였다. 1932년 제9회 국제수학자회의가 스위스의 취리히에서 열릴 때, 그의 제자들이 정식으로 제안하여 만장일치로 채택되었으나 Field 교수는 과로로 회의가 개최되기 수주 전에 유명을 달리하였으며, 필드는 자기의 전 재산을 이 상의 기금으로 희사하였다.

노벨상은 매년 수상하지만 Field상은 4년에 한 번씩 수여하고 있으며, 노벨상은 수상자의 연령제한이 없지만 Field상은 40세 미만의 수학자에게만 자격을 부여하고 있다. Field상의 첫 번째 수상자는 1936년(제10회) V. Athfors(핀란드) 교수와 J. Douglas(미국) 교수였다. 동양에서는 일본인 2명이 있을 뿐이다.

—『이윤자의 수학이야기』에서 발췌

4.1 선형계획법의 개념과 발전과정

선형계획법(Linear Programming, LP)은 선형부등식의 제약조건 하에서 선형함수의 최대화 혹은 최소화 문제를 다룬다. 예를 들어 기업은 기업내부의 이용 가능한 인적자원이나 물적자원을 활용하여 재화나 서비스를 생산하고 이를 판매함으로써 이윤창출 행위를 수행하고 있다. 이때 기업 경영자들은 기업이 보유하고 있는 한정된 자원을 사용하여 이익이나 효용을 최대화하려고 하거나 최소한의 비용이나 시간을 사용하여 사전에 계획한 목표량을 달성하고자 한다. 또한 물자의 이동거리를 최소화하려고 노력한다. LP는 이러한 문제를 해결하는 데 있어 최적의 기법으로 알려져 있다. 그리고 레온티프의 투입-산출분석(Wassily Leontief's input-output analysis)은 경제학의 산업 간 관계분석에 이 기법을 적용할 수 있음을 보여주고 있다.

LP의 기본 개념은 제2차 세계대전 전에 구 소련의 수학자 콜모고로프(A.N. Kolmogorov)에 의해 처음으로 개발되었는데 1947년 미국의 단찌그(G.B. Dantzig)가 심플렉스법(simplex method)을 개발함으로써 군사문제, 산업과 정부 그리고 도시계획 분야에서 광범위하게 사용되어 왔다. LP는 거대하고 복잡한 문제들을 모델링하고 이를 심플렉스법과 컴퓨터를 사용하여 적정한 시간 내에 최적의 해가 도출될 수 있도록 함으로써 사용자의 문제해결 능력에 많은 기여를 하였다.

제2차 세계대전 동안 그리고 전후에 있어 다양한 프로젝트를 기획하고 조정하는 문제와 희소 자원의 효율적인 사용은 극히 중요한 것으로 인식되었다. 1947년 6월 미 공군의 SCOOP(Scientific Computation of Optimum Programs)팀은 이러한 문제를 연구하기 시작하였는데 그 결과 1947년 여름이 갈 무렵 단찌그는 심플렉스법을 개발하였다. 그 이후 선형계획법에 대한 관심이 경제학자, 수학자 그리고 정부기관원들 사이에서 급격히 확산되기 시작하였고, 1949년 여름 경제학 연구를 위한 Cowles위원회의 재정지원 하에 LP에 관한 회의(conference)가 개최되었다. 쿠프만(T.C. Koopmans)은 그 회의에서 발표된 많은 논문들을 모아 1951년에 『Activity Analysis of Production and Allocation』이라는 책을 간행하였다.

심플렉스법이 개발된 이후 많은 사람들에 의해 심플렉스법의 수학적 이론들이 발전되었고, 효율적인 계산방법과 컴퓨터 코드들이 고안되었으며 새로운 응용들의 시도는 LP의 발전에 크게 기여하였다. 또한 이산계획이나 비선형계획 문제, 조합문제 그리고 확률계획 문제들 및 최적제어와 같은 좀 더 복잡한 문제를 해결하는 데 도움을 주는 도구로서 LP가 사용되기 시작하였다.

그리고 1984년에 카마카(N. Karmarkar)는 카마카 알고리즘이라는 새로운 LP문제를 푸는 방법을 제시했는데 대규모 LP문제를 해결하는 데 있어 기존의 심플렉스법보다 더 우수한 것으로 알려져 있다.

4.2 LP의 기본 가정

선형계획법은 의사결정에 관련된 변수들을 1차식으로 표현한 목적함수를 희소한 자원 제약 하에서 최적으로 달성하려는 문제를 해결하는 기법이다. 따라서 다음과 같은 기본 가정들의 전제 하에서 성립될 수 있다.

1) 확정성(deterministic proposition)

선형계획모형에서 목적함수의 각 변수의 계수나 제약조건식에 있어 변수들의 기술계수의 값이 확정적으로 알려져 있어야 한다. 예를 들어 제품단위당 이익이나 제품단위당 생산에 소요되는 자원 요구량 그리고 이용 가능한 자원량 등은 사전에 확정된 값으로 알려져 있어야 한다는 것이다.

2) 가분성(divisibility)

선형계획모형에서 사용되는 각 변수들의 계수나 값들이 정수만 유효한 것이 아니고 분수 값을 가질 수 있다는 것이다. 예를 들면 1.5단위의 A자원과 2.4단위의 B자원을 사용하여 제품 C를 1개 생산할 수 있다는 의미이다.

3) 가산성(addivity)

선형계획모형에 있어 목적함수의 값은 각각의 변수들이 목적함수에 기여하는 크기의 합으로 표시된다는 것이다.

4) 비례성(proportionality)

제품을 1단위 생산하기 위해 필요한 자원의 양이 결정되어 있을 때 제품을 4단위 생산한다면 요구되는 자원의 양은 1단위를 생산할 경우의 4배라는 의미이다.

5) 비음조건(non-negativity condition)

모든 변수의 값은 적어도 0보다 크거나 같다는 의미이다. 이것은 모든 의사결정 변수들의 값이 모형의 초기해에서 모두 0이라는 의미인데 제품을 생산하여 판매하는 경우 제품 생산계획의 수립 당시에 아직 제품이 생산되지 않았기 때문에 그 값이 0이라는 것이다.

선형계획법의 모형은 상기한 5가지의 가정의 전제 하에 성립되는데 특히 3)항과 4)항의 가정을 합쳐 선형성(linearity) 가정이라고 한다. 그리고 선형계획모형은 기본적인 가정에서 나타나 있는 바와 같이 변수에 관련된 계수들과 이용 가능한 자원의 크기들이 이미 모형의 해를 구하기 전 의사결정 시점에서 확정적으로 알려져 있어야 하는 관계로 정태분석 모형(static analysis model)이라고 한다. 그런데 시간이 지남에 따라 이미 확정된 값들이 변화하게 되는 경우가 발생한다. 예를 들어보면 제품을 생산하는 데 요구되는 자원의 양이 변화하거나, 제품단위당 이익이나 비용이 변화하든지 아니면 기업이 이용 가능한 자원의 양의 크기가 변화하는 경우가 발생한다. 이는 모형의 해가 시간이 경과함에 따라 더 이상 유효하지 못하게 되고 따라서 변화하는 환경에 적합한 새로운 해를 구해야 하는 경우가 많이 있다.

의사결정 모형이 시간의 경과에 따른 변화를 고려하여 문제의 분석을 행하는 경우 이를 가리켜 동태분석(dynamic analysis)이라고 한다. 이런 측면에서 본다면 심플렉스법은 현실 적용에 있어 적합성이 다소 떨어진다고 볼 수 있다. 그러나 심플렉스법은 민감도 분석(sensitivity analysis)을 통해 이러한 단점을 극복하고 있다.

4.3 선형계획법의 기본 모형

1) 선형계획모형의 기본형(canonical form)

선형계획법의 기본 모형은 크게 3가지 구성요소로 이루어진다. 첫 번째 구성요소로 변수들의 선형결합(또는 1차 결합)으로 표시된 목적함수(object function)가 있다. 목적함수는 주어진 문제에 관련된 변수들을 1차식으로 표현하고 이를 의사결정 기준에 따라 최대화 혹은 최소화 문제로 나타낸 것이다.

두 번째 구성요소로 제약조건식(constraints)이 있다. 제약조건식은 주어지는 문제가 어떠한 자원의 제약이나 기술의 제약 하에서 해결되어야 하는가 그리고 문제해결에 있어 특별한 조건이 주어진다면 이러한 것들을 관련된 변수들의 1차 조건식으로 표현한 것을 말한다.

세 번째 구성요소는 주어진 문제에 관련된 모든 의사결정 변수들의 크기가 모두 0보다 크거나 같다는 비음조건(non-negativity condition)이다.

선형계획법 기본 모형의 구성요소

① 목적 함수(objective function) ② 제약 조건식(constraints)
③ 비음 조건(non-negativity condition)

상기한 선형계획법의 기본 모형을 최대화 기준과 최소화 기준의 경우로 나누어 나타내면 다음과 같이 표현된다.

최대화 문제

$$\text{max. } z = c_1x_1 + c_2x_2 + \cdots + c_jx_j + \cdots + c_nx_n$$

subject to

$$
\begin{aligned}
& a_{11}x_1+a_{12}x_2+\cdots+a_{1j}x_j+\cdots+a_{1n}x_n \le b_1 \\
& a_{21}x_1+a_{22}x_2+\cdots+a_{2j}x_j+\cdots+a_{2n}x_n \le b_2 \\
& \vdots \quad\quad \vdots \quad\quad \vdots \quad\quad \vdots \quad\quad \vdots \quad\quad \vdots \quad\quad \vdots \\
& a_{m1}x_1+a_{m2}x_2+\cdots+a_{mj}x_j+\cdots+a_{mn}x_n \le b_m \\
& \qquad\qquad\qquad x_j \ge 0, \ j=1, \ 2, \cdots, \ n
\end{aligned}
$$

최소화 문제

$$
\begin{aligned}
\text{min. } & z=c_1x_1+c_2x_2+\cdots+c_jx_j+\cdots+c_nx_n \\
& \text{subject to} \\
& a_{11}x_1+a_{12}x_2+\cdots+a_{1j}x_j+\cdots+a_{1n}x_n \ge b_1 \\
& a_{21}x_1+a_{22}x_2+\cdots+a_{2j}x_j+\cdots+a_{2n}x_n \ge b_2 \\
& \vdots \quad\quad \vdots \quad\quad \vdots \quad\quad \vdots \quad\quad \vdots \quad\quad \vdots \quad\quad \vdots \\
& a_{m1}x_1+a_{m2}x_2+\cdots+a_{mj}x_j+\cdots+a_{mn}x_n \ge b_m \\
& \qquad\qquad\qquad x_j \ge 0, \ j=1, \ 2, \cdots, \ n
\end{aligned}
$$

상기한 선형계획모형을 설명하면 먼저 목적함수에서 각 변수들의 계수 (c_j)들은 각 변수의 목적함수에 대한 기여도로 설명되는데, 예를 들어 상품 한 단위를 판매했을 때의 이익이나 판매가를 나타낼 수도 있고 또한 제품을 한 단위 생산하는 데 소요되는 비용을 나타낼 수도 있다. 그리고 'subject to ~'는 '~에 제약된다'는 것으로 목적함수가 'subject to' 이하의 항에 의하여 제약된다는 의미이며 제약조건식을 나타낸다. 그리고 보통 이를 줄여서 'st.'로 표시한다.

제약조건식은 n개의 변수로 이루어진 m개의 제약부등식들로 구성되는데 제약부등식의 부등호는 최대화 문제의 경우 '$\le$'가, 최소화 문제의 경우 '$\ge$'가 기본형(canonical form)이다. 제약부등식에서 a_{ij}를 기술계수(technological coefficient)라 한다.

모형에서 가장 마지막에 표시되어 있는 것이 모든 의사결정 변수들의 비음조건이다. 최대화 문제이든 최소화 문제이든 항상 0보다 크거나 같다는 것이 기본적으로 전제된다. 예를 들어 제품을 생산하려는 계획을 수립하거나 판매하려고 할 때 변수들의 기본 값은 0이라는 것이다. 이후 제품을 생산하거나 판매가 시작되면 그 값은 0보다 큰 값으로 점점 커져간다는 것이다.

2) 행렬방정식 형태

선형계획모형을 행렬방정식의 형태로 표시하면 다음과 같다.

$c=(c_1,\ c_2, \cdots,\ c_j, \cdots,\ c_n)$이고 $x=\begin{pmatrix} x_1 \\ x_2 \\ \vdots \\ x_j \\ \vdots \\ x_n \end{pmatrix}$이며, 그리고

$A=\begin{bmatrix} a_{11} & a_{12} & \cdots & a_{1j} & \cdots & a_{1n} \\ a_{21} & a_{22} & \cdots & a_{2j} & \cdots & a_{2n} \\ \vdots & \vdots & \vdots & \vdots & \vdots & \\ a_{m1} & a_{m2} & \cdots & a_{mj} & \cdots & a_{mn} \end{bmatrix}$, $b=\begin{pmatrix} b_1 \\ b_2 \\ \vdots \\ b_m \end{pmatrix}$이면 선형계획모형은 아래와 같다.

$$\begin{aligned} \text{max.(혹은 min.)}\ & z=cx \\ \text{st.}\ & Ax \le (\text{혹은} \ge) b \\ & x \ge 0 \end{aligned}$$

선형계획법의 기본 모형의 이해를 돕기 위하여 간단한 예를 들어보자. 한국공업사는 3개 공정(절단, 배합, 포장 공정)으로 이루어진 공장에서 2개 제품(제품 I, 제품 II)을 생산하고 있다. 각 공정은 하루 8시간 가동되며 각 제품의 생산을 위한 공정별 이용시간에 대한 정보가 [표 4-1]에 요약되어 있다. [표 4-1]을 보면 제품 I을 1톤(ton) 생산하기 위해서는 절단공정 $\frac{1}{2}$시간과 포장공정 $\frac{1}{3}$ 시간을 필요로 하고 있으며, 제품 II를 1톤 생산하기 위해서는 배합공정 1시간과 포장공정 $\frac{2}{3}$ 시간을 사용하고 있음을 알 수 있다. 그

표 4-1 제품의 단위당 이익과 공정사용량

공정 \ 제품	1톤당 공정 이용시간		1일 가동시간
	제품 I	제품 II	
절단	1/2	0	8
배합	0	1	8
포장	1/3	2/3	8
톤당 이익	40(만원)	30(만원)	

리고 제품 1단위당 판매이익이 제품 I이 1톤당 40만원, 제품 II가 30만원이라고 할 때 어떤 제품을 얼마만큼 생산하는 것이 총 이익을 최대화시킬 수 있을 것인가? 이 물음의 선형계획모형을 작성하면 다음과 같다.

$$
\begin{aligned}
\text{max. } z &= 40x_1 + 30x_2 \\
\text{st. } \frac{1}{2}x_1 \qquad\quad &\leq 8 \\
x_2 &\leq 8 \\
\frac{1}{3}x_1 + \frac{2}{3}x_2 &\leq 8 \\
x_1,\ x_2 &\geq 0
\end{aligned}
$$

4.4 선형계획법의 도해법(graphical solution)

선형계획 문제는 도해법으로도 해를 구할 수 있다. 전절에서 예로 들은 한국공업사의 문제를 도해법을 이용하여 나타내면 〈그림 4-1〉처럼 2차원 평면의 문제로 표현이 가능하다. 즉 의사결정 변수가 2개이므로 2차원 평면상의 그래프를 그려 문제의 해를 구할 수 있다.

도해법을 이용하여 최적해를 구하려면 먼저 제약조건식을 만족시키는 가능해 영역(feasible solution region)을 찾아야 하고, 다음에 목적함수의 조건을 충족시키는 최적점(optimal point)을 찾아야 한다. 이러한 절차를 이용하여 그래프를 그려보면 비음조건에 의하여 일단 먼저 2차원 평면상에서 1상한으로 그 영역이 제한된다. 그리고 제약조건식에 의하여 3개의 직선이

그림 4-1 최대화 문제의 도해법

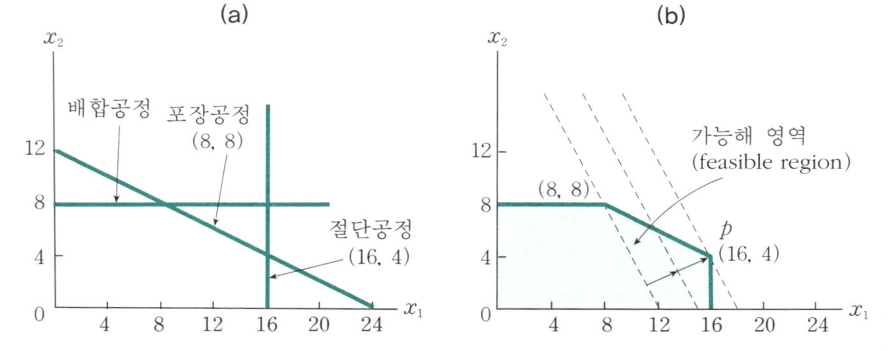

그려지는데 제약조건이 모두 ≤ 형태이므로 각 직선의 아래 부분인 빗금친 부분이 3가지 조건을 모두 만족시키는 가능해 영역(feasible region)이 된다. 가능해 영역 상에 존재하는 어떠한 점도 주어진 제약조건을 만족시키는 해로 가능해(feasible solution)라고 한다. 그 외 1상한의 모든 영역은 비가능해 영역(infeasible region)으로 선형계획 문제의 해가 존재하지 않는 영역이다.

이와는 달리 어떤 선형계획 문제의 제약조건식이 다음의 예와 같이 주

그림 4-2 최소화 문제의 가능해 영역

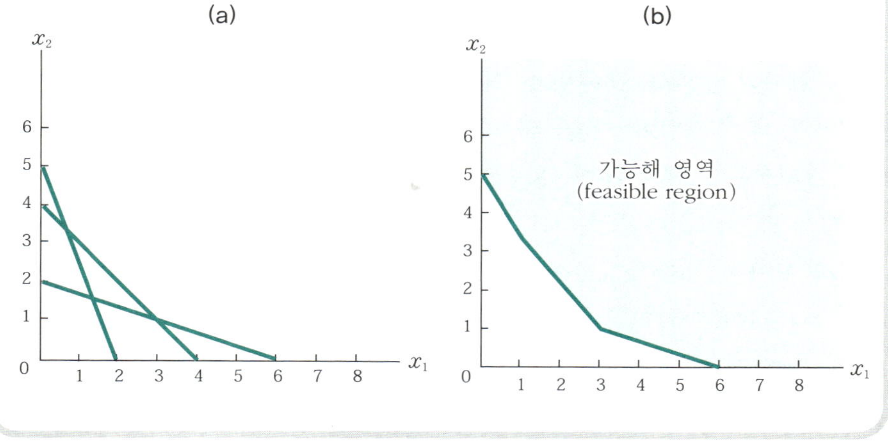

그림 4-3 탐색법

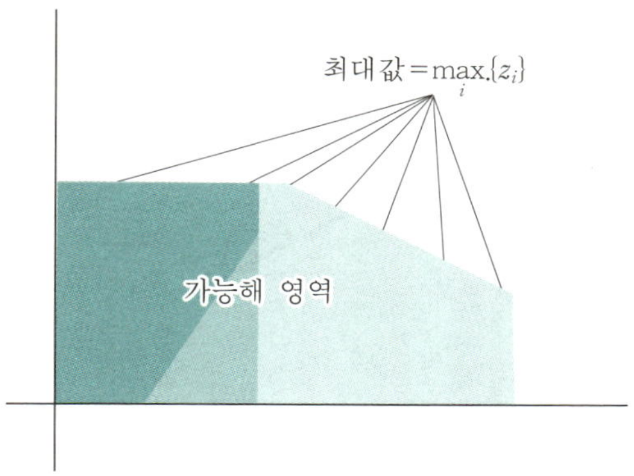

어질 때 가능해 영역을 나타내면 〈그림 4-2〉처럼 제약 조건이 모두 ≥ 형태로 제약선의 윗부분이 가능해 영역이 된다.

$$
\begin{aligned}
\text{st.}\quad 10x_1+4x_2 &\geq 20\\
5x_1+5x_2 &\geq 20\\
2x_1+6x_2 &\geq 12\\
x_1,\ x_2 &\geq 0
\end{aligned}
$$

① **탐색법**(search method)

탐색법이란 가능해 영역 내에 있는 모든 변수들의 값을 목적함수에 대입하여 계산된 값을 서로 비교하고, 그 중 의사결정 기준을 최상으로 만족시키는 해를 선택하는 방법이다. 그런데 이 방법은 〈그림 4-3〉의 경우처럼 가능해 영역 내에 무수히 많은 가능해가 있기 때문에 분석가들이 최상의 해를 찾기에는 다소 문제가 있다. 그러나 컴퓨터를 이용하여 계산한다면 이러한 문제를 극복할 수 있을 것이다. 그렇지만 예제를 통하여 선형계획 문제에 대한 이해를 얻을 때는 불편한 방법이라고 볼 수 있다.

그림 4-4 기울기 비교법

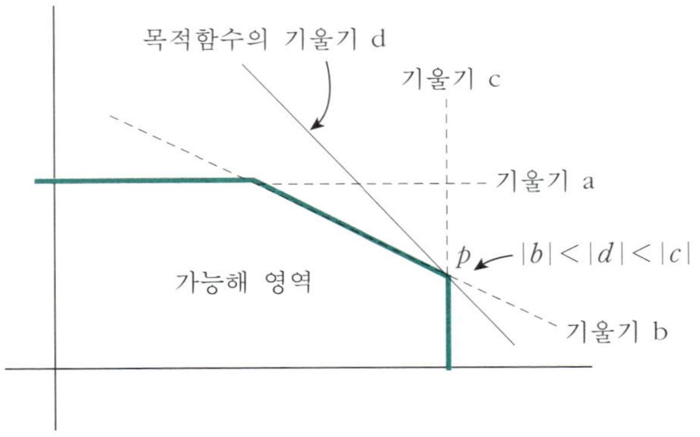

② **기울기 비교법**(slope comparision method)

기울기 비교법이란 제약조건식과 목적함수의 기울기를 비교함으로써 가능해 영역 내에서 의사결정 기준을 만족시키는 최상의 해를 찾는 방법이다. 이 방법은 여러 제약조건식들의 기울기와 목적함수의 기울기를 계산한다. 다음에 목적함수의 기울기가 어떤 제약조건식의 기울기 사이에 있는지를 찾은 다음 해당되는 두 제약조건식이 만나는 점이 최적점이라는 것이다. 즉 그 점에 최적조건을 충족시키는 목적함수가 지나간다는 것이다.

〈그림 4-4〉에서 점 p가 최적해를 제공하는 최적점으로 점 p의 좌표값을 목적함수식의 각 변수에 대입하여 목적함수의 값을 계산하면 의사결정 기준을 만족시키는 최적의 해가 된다는 것이다.

③ **등이익선 접근법**(iso-profit curve approach)

등이익선(혹은 등비용선) 접근법은 가능해 영역이 주어져 있을 때 등이익선은 원점에서 멀어지면 멀어질수록 이익이 커진다(반대로 등비용선 접근법은 등비용선이 원점에 가까이 오면 올수록 비용이 작아진다)는 원리를 이용하여 목적함수의 기울기가 같은 등이익선을 그린 후 이 선을 주어진 가능해 영역 내에서 점차 원점으로부터 평행하게 멀리 보낼 때 가장 멀리 떨어

그림 4-5 등이익선 접근법

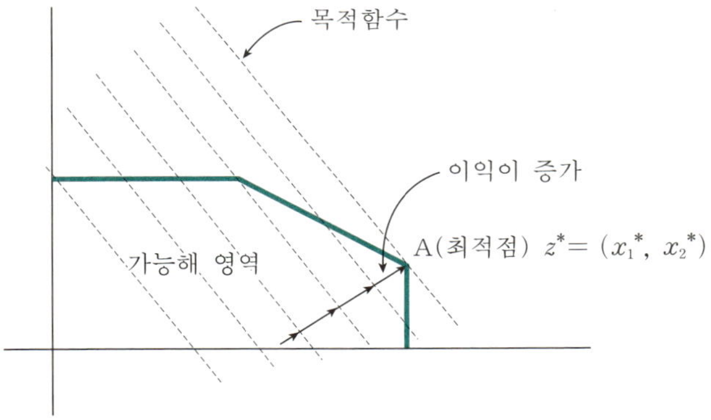

진 점에서 최적이 달성되고, 그 때의 해가 최적해가 된다고 설명한다.

〈그림 4-5〉를 보면, 점 A가 제약조건식을 만족시키는 가능해 중에서 목적함수의 값을 가장 크게 하는 최적해임을 알 수 있다. 이보다 더 멀리 떨어져 있는 이익선은 제약조건을 만족시키지 못하는 비가능해 영역이므로 분석 대상에서 제외된다고 하겠다.

앞에 설명한 예제를 도해법을 이용하여 풀어 보면 〈그림 4-1〉에서와 같이 첫 번째 제약조건식과 세 번째 제약조건식이 만나는 점 p가 최적점으로 목적함수식의 값을 최대화한다. $p=(x_1^*, x_2^*)=(16, 4)$일 때, 즉 제품 I을 16톤, 제품 II를 4톤 생산하는 것이 최대이익을 보장하며, 그때 최대이익은 760만원이다.

4.5 심플렉스법(simplex method)

1) 기본 개념

선형계획 문제의 최적해를 구하는 절차를 알아보기 위하여 앞 절에서 간단한 예제와 함께 도해법을 설명하였다. 도해법을 이용하여 해를 구하는 과정에서 다음과 같은 중요한 사실을 인식할 수 있다. 즉 최적해는 가능해 영역의 경계선상에 존재하며 특히 모서리 점(corner point)에 있다는 점이다. 이를 좀더 상세하게 설명하기 위해서 앞 절에서 사용하였던 기본 예를 이용하기로 한다.

〈그림 4-6〉을 보면 제약조건식과 비음조건에 의해서 두 개의 축(axis)이 만나거나 한 개의 축(axis)과 직선 또는 2개의 직선이 만나는 점이 8개 있다. 이 점을 극점(extreme point)이라고 하는데 이들 극점 중에서 가능해 영역에 속하는 점을 모서리 점이라고 한다.

만약 제약조건식이 m개의 변수로 이루어진 n개의 제약조건식들로 구성되어 있다면 모서리 점은 총 $\frac{(m+n)!}{m!n!}$개가 된다. 이들 모서리 점에서의 값들을 목적함수식에 대입하여 계산된 값들 중에서 의사결정 기준을 최적으로 만족시키는 해를 선택하면 된다. 그러나 m이나 n이 클 경우에 이들 값을 일일이 계산하는 것이 어려울 수도 있다. 그런데 심플렉스법이 개발됨에 따라 컴퓨터를 이용하여 간단하게 최적해를 찾는 것을 가능하게 해준다.

심플렉스법은 가능해 영역 내의 원점으로부터 출발하여 최적해가 존재하는 모서리 점까지 최단 거리로 이동하여 최적해를 찾는 방법으로 'corner point method' 라고 한다.

〈그림 4-6〉에서 원점에서 최적점을 찾아가는 방법은 2가지가 있음을 알 수 있다. 원점에서 위로 찾아가는, 즉 원점에서 수직축 상의 $x_2=8$인 모서리 점으로 이동하는 방법과 수평축 상의 $x_1=16$인 모서리 점으로 이동하는 방법이 있는데 위로 이동하는 방법은 3번의 이동을 통해 최적점을 찾아가지만 수평으로 이동하는 방법은 2번의 이동을 통해 최적점을 찾아가기 때문에 상대

그림 4-6 극점과 모서리 점

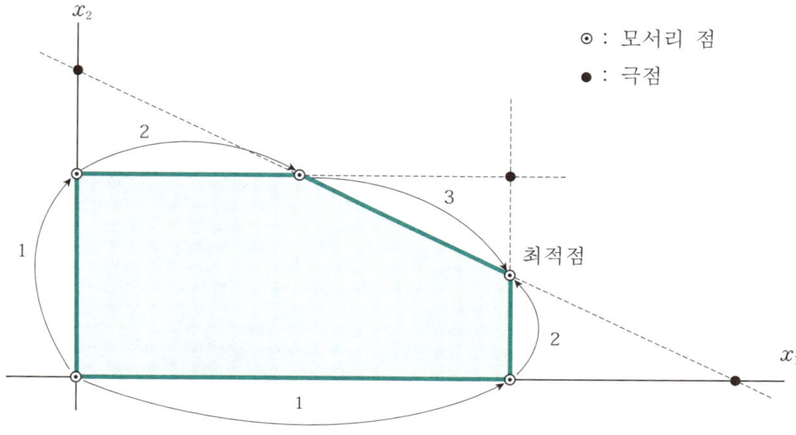

적으로 효율적이다라고 할 수 있다. 이와 같이 심플렉스법은 원점에서 최단거리의 이동을 통해 최적점을 찾아가는 방법이다.

심플렉스법을 이용하여 최적해를 구하려면 선형계획모형에서 부등식으로 표시되는 제약조건식을 제약등식으로 반드시 전환해야 한다. 그리고 전환과정에서 도입되는 슬랙변수(slack variable)나 서플러스변수(surplus variable) 또는 인공변수(artificial variable)를 목적함수에 추가하여 표시해야 한다. 그 다음으로 변환된 선형모형을 테이블(표)로 표시하고 이를 주어진 절차에 따라 최적해가 도출될 때까지 몇 차례의 연산을 반복하는 방법이다. 이들 단계를 구체적으로 설명하기로 한다.

심플렉스법(simplex method)

심플렉스법은 가능해 영역 내의 원점으로부터 출발하여 최적해가 존재하는 모서리 점까지 최단 거리로 이동하여 최적해를 찾는 방법으로 'corner point method'라고 한다.

2) 선형계획모형의 표준형(standard form)

선형계획모형의 최적해를 심플렉스법으로 구하려면 먼저 제약부등식을 제약등식으로 전환해야 한다. 제약부등식을 제약등식으로 전환하는 과정에서 원래 주어지는 변수 외에 슬랙변수와 서플러스변수 그리고 인공변수가 도입된다. 이러한 과정을 앞에서 설명한 기본 예를 이용하여 나타내면 다음과 같다.

$$
\begin{aligned}
\text{max. } & z = 40x_1 + 30x_2 \\
\text{st. } & \tfrac{1}{2}x_1 \le 8 \quad \cdots\cdots ① \\
& x_2 \le 8 \quad \cdots\cdots ② \\
& \tfrac{1}{3}x_1 + \tfrac{2}{3}x_2 \le 8 \quad \cdots\cdots ③ \\
& x_1,\ x_2 \ge 0
\end{aligned}
$$

슬랙변수와 서플러스 변수

상기한 선형계획모형은 최대화 문제로 제약부등식의 부등호 형태가 모두 '≤' 이다. 이를 제약등식으로 바꾸기 위해서는 '≤' 의 좌변에 양의 크기를 갖는 변수를 더해 준다. 즉 ①식의 경우 $\frac{1}{2}+s=8$, ②식은 $x_2+s=8$ 그리고 ③식은 $\frac{1}{3}x_1+\frac{2}{3}x_2+s=8$로 변환시키는데 여기서 s를 슬랙변수(slack variable)라고 한다. 그런데 각 식에서 그 크기가 다를 수 있으므로 슬랙변수 각각에 하첨자를 넣어 구별한다. 즉 ①식은 $\frac{1}{2}+s_1=8$, ②식은 $x_2+s_2=8$ 그리고 ③식은 $\frac{1}{3}x_1+\frac{2}{3}x_2+s_3=8$로 표시한다.

그런데 제약부등식의 형태가 '≥' 이면 부등호 좌변이 우변보다 항상 크거나 같다. 따라서 제약등식이 되기 위해서는 우변보다 큰 만큼을 빼주어야 하는데 이때 이를 서플러스 변수(surplus variable)라고 한다. 예를 들어 제약부등식이 $x_1+2x_2 \ge 20$이라면 부등호 좌변이 우변보다 항상 크거나 같으므로 등식이 되려면 부등호 좌변에 서플러스 변수 s만큼 빼주면 된다. 즉 $x_1+2x_2-s=20$이 되도록 한다. 만약 '≥' 형태의 제약부등식이 2개 이상일 때는 슬랙변수의 경우와 같이 각 서플러스 변수에 하첨자를 넣어 구별한다.

이와 같이 제약부등식을 제약등식으로 전환하는 과정에서 슬랙변수와 서플러스 변수를 도입하게 되는데 이들 변수들은 x_1, x_2와 같이 의사결정 문제에 포함되어 있는 의사결정 변수(decision variable)와는 달리 비의사결정 변수(non-decision variable)라고 한다. 그리고 이들 비의사결정 변수들은 제약등식 외에 목적함수식에도 표시되어야 하는데 의사결정 변수와는 달리 목적함수에서의 기여도가 없기 때문에 이들 변수의 목적함수 계수는 모두 0이 된다.

선형계획모형의 제약조건식이 모두 제약등식으로 전환되고 아래와 같이 목적함수식에 슬랙변수나 서플러스 변수를 표시하였을 때 이를 선형계획모형의 표준형이라고 한다.

■ **표준형**

$$
\begin{aligned}
\text{max.}\ & z=40x_1+30x_2+0s_1+0s_2+0s_3 \\
\text{st.}\ & \frac{1}{2}x_1+\qquad\qquad s_1 \qquad\qquad =8 \\
& \qquad\quad x_2+\qquad s_2 \qquad =8 \\
& \frac{1}{3}x_1+\frac{2}{3}x_2+\qquad\qquad s_3=8 \\
& \qquad x_1,\ x_2,\ s_1,\ s_2,\ s_3\geq 0
\end{aligned}
$$

인공변수(artificial variable)

위의 예에서 제약부등식이 $x_1+2x_2\geq 20$일 때 서플러스 변수 s를 도입하여 표준형으로 전환시키면 $x_1+2x_2-s=20$이 되는데 여기서 x_1과 x_2가 0일 때 s가 -20이 되어 $s\geq 0$인 조건에 위배된다. 이는 $(x_1,\ x_2)=(0,\ 0)$이 비가능해(infeasible solution)임을 말하는데 심플렉스법이 원점에서 출발하여 최적값을 주는 모서리 점을 찾아간다는 원리에 상반된다. 따라서 이를 가능하도록 하기 위하여 제약부등식을 제약등식으로 전환하는 과정에서 자연히 도입되는 서플러스 변수와 함께 인공변수를 추가적으로 도입한다. 즉 위의 예로부터 $x_1+2x_2-s+A=20$으로 변환시킨다. 그러면 $(x_1,\ x_2)=(0,\ 0)$이고 $s=0$일 때 $A=20$이 되어 모든 변수가 0보다 크거나 같다는 비음조건을 만족시키고 아울러 $(x_1,\ x_2)=(0,\ 0)$이 인위적으로 가능해가 될 수 있어 심플렉스법의 기본 논리가 성립될 수 있게 된다.

인공변수 A는 비의사결정 변수로서 항상 0보다 크거나 같은데, 즉 $A \geq 0$인데 인공변수이므로 선형계획 문제의 최적해에 포함될 수 없다. 가상의 변수이기 때문에 최적해에 도달하는 과정에서 반드시 제거되어야 한다. 이러한 경우를 예를 들면 다음과 같다.

$$\begin{aligned} \text{min. } z &= 12x_1 + 42x_2 \\ \text{st. } \quad x_1 + 2x_2 &\geq 3 \\ x_1 + 4x_2 &\geq 4 \\ 3x_1 + x_2 &\geq 3 \\ x_1,\ x_2 &\geq 0 \end{aligned}$$

위 식을 표준형으로 전환시키면 다음과 같다.

$$\begin{aligned} \text{min. } z &= 12x_1 + 42x_2 + 0s_1 + 0s_2 + 0s_3 + MA_1 + MA_2 + MA_3 \\ \text{st. } \quad & x_1 + 2x_2 - s_1 + A_1 = 3 \\ & x_1 + 4x_2 - s_2 + A_2 = 4 \\ & 3x_1 + x_2 - s_3 + A_3 = 3 \\ & x_1,\ x_2,\ s_1,\ s_2,\ s_3,\ A_1,\ A_2,\ A_3 \geq 0 \end{aligned}$$

표준형으로 변환된 목적함수에서 목적함수식의 인공변수 A의 계수가 M으로 되어 있다. 이때 M의 값은 아주 큰 값($M >>>>> \int\int > 0$)으로 보통 'Big M'이라 지칭하며, 이러한 방법을 통해 표준형으로 전환하여 심플렉스법의 절차를 거쳐 최적해를 구하는 것을 'Big M' method라고 한다. 'Big M' method는 다음 절에서 상술하기로 한다.

그리고 의사결정 문제가 위와 같이 최소화 문제일 때는 목적함수식에서의 M의 부호는 $+$이며, 최대화 문제일 경우의 M의 부호는 $-$이다. 그것은 최소화 문제의 경우 의사결정 변수가 모두 0일 때 목적함수 값은 M에 의하여 아주 큰 값을 갖게 되므로 이를 점차 최소화하려는 것이며, 최대화 문제는 인공변수 A의 부호를 $-M$으로 함으로써 초기에 음의 값에서 점차 그 값을 양의 값으로 최대화하려는 방향으로 변환시킨다는 의미이다.

그림 4-7 심플렉스법 절차도

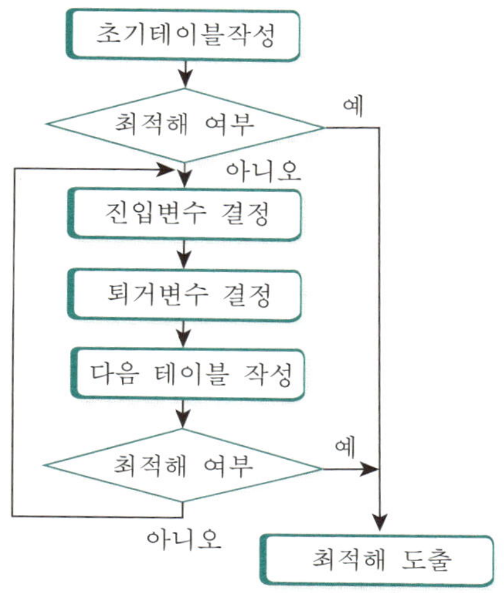

3) 심플렉스법의 절차

심플렉스법은 표준형으로 변환된 선형계획모형을 바탕으로 심플렉스 테이블을 작성하고, 주어진 최적성 조건을 만족시키면 그때의 테이블에 나타나 있는 해가 최적해가 된다. 만약 최적성 조건을 만족시키지 못하면 두 번째 테이블을 작성하기 위한 절차가 진행된다. 두 번째 테이블에서 최적성 조건이 만족된다면 여기서 종료되고 두 번째 테이블에서 제시되는 해가 최적해가 되고 이때 목적함수의 값이 최적값이 된다. 이러한 과정을 간략히 도시하면 〈그림 4-7〉과 같다.

(1) 초기 심플렉스 테이블(initial simplex table)

전기한 기본 예제의 표준형을 심플렉스 테이블로 작성하면 [표 4-2]와 같은데 테이블에 제시되어 있는 각 용어들을 정리하면 다음과 같다.

심플렉스 테이블에서 C_j는 목적함수식에서의 각 변수들의 계수로 보통 각 변수의 목적함수에 대한 기여도라고 한다. bv는 기저변수(basic variable)

표 4-2　**기본 예의 초기 심플렉스 테이블**

C_j			40	30	0	0	0
	bv	RHS	x_1	x_2	s_1	s_2	s_3
0	s_1	8	1/2	0	1	0	0
0	s_2	8	0	1/2	0	1	0
0	s_3	8	1/3	2/3	0	0	1
	Z_j	0	0	0	0	0	0
	C_j-Z_j		40	30	0	0	0

로 심플렉스법의 초기해에서 0이 아닌 값을 갖는 변수를 말한다. 즉 심플렉스법의 초기해는 원점으로 $x_1=0$, $x_2=0$일 때 각 제약등식에서 $s_1=8$, $s_2=8$ 그리고 $s_3=8$의 값을 갖는다. 따라서 슬랙변수 s_1, s_2, s_3가 기저변수가 된다. 심플렉스 테이블에서 기저변수가 아닌 변수를 비기저변수(non-basic variable)라 하고 모든 비기저변수의 값은 0이다.

RHS는 제약등식에서 우변상수값(right hand side value)을 말하고, Z_j는 각 변수의 값을 목적함수식에 대입했을 때 계산된 값을 의미한다. 심플렉스 테이블에서의 계산은 C_j열의 계수에 RHS열의 계수를 각각 곱하여 더하면 된다. 같은 방법으로 Z_j행의 오른쪽 영역의 값, 즉 각 변수 열의 Z_j행의 값은 C_j열의 계수에 각 변수 열의 계수를 각각 곱한 후 더하면 된다.

심플렉스법의 초기 테이블은 심플렉스법의 표준형을 그대로 테이블로 옮겨 놓은 것이다. 〈그림 4-8〉의 예에서 볼 때 [표 4-2]의 첫 번째 행의 4번째 칸에 있는 40, 30, 0, 0, 0에 그 아래 칸에 있는 변수 x_1, x_2, s_1, s_2, s_3를 곱하여 더하면 목적함수식이 된다. 제약조건식도 이와 같은 방법으로 하면 된다.

초기 테이블의 해가 최적해인지 아닌지의 여부에 따라 심플렉스법의 절차가 계속 진행되던가 아니면 종료할 것인지의 여부가 결정된다. 초기 테이블에서 초기해(initial solution)는 $x_1=0$, $x_2=0$ 그리고 $s_1=s_2=s_3=8$이며 이때 목적함수의 값은 0이다.

초기해가 최적인지의 여부는 테이블에서의 값이 가능성 조건(feasibility condition)과 최적성 조건(optimality condition)의 만족 여하에 달려 있다. 심

그림 4-8 심플렉스 테이블의 이해

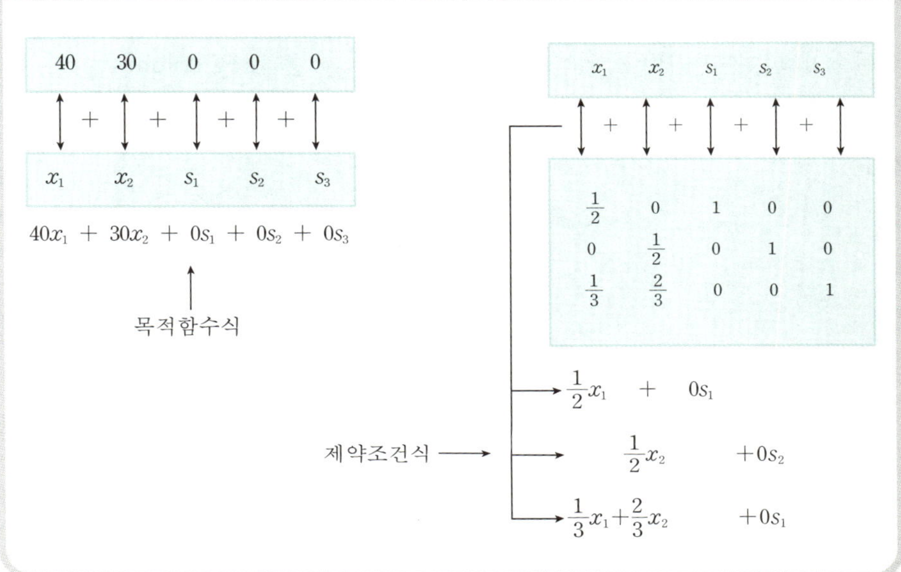

플렉스법은 가능성 조건은 만족되어 있는 가운데 최적성 조건을 충족시켜 가는 과정에서 최적해를 찾아가는 방법이다.

[표 4-2]에서 RHS ≥ 0이므로 가능성 조건은 만족되었으나, $C_j - Z_j \geq 0$이므로 최적성 조건을 만족시키지 못하고 있다. 따라서 초기테이블의 해는 최적해가 아니며 다음 심플렉스 테이블을 작성해야 한다.

최적해 판단조건

① 가능성 조건 : RHS값이 0보다 크거나 같으면 가능성 조건이 만족된다.

② 최적성 조건 : $C_j - Z_j$값이 0보다 작거나 같으면 최적성 조건이 만족된다.

(2) 두 번째 심플렉스 테이블(second simplex table)

초기 테이블로부터 두 번째 테이블을 작성하려면 3단계를 거쳐야 하는데, 각 단계별로 설명하면 다음과 같다.

① **진입변수**(entering variable)**의 결정**

초기 테이블에서 $C_j - Z_j$값들 중에서 가장 큰 양의 값을 주는 변수를 진입변수가 되며, 진입변수 열을 'pivot column' 혹은 'key column'이라 한다. [표 4-2]에서 변수 x_1이 40으로 가장 큰 값이므로 x_1 변수 열이 피봇 칼럼이 된다. 진입변수가 결정되면 퇴거변수를 결정해야 한다.

진입변수의 결정

max. $\{C_j - Z_j > 0\}$ 값을 주는 변수

② **퇴거변수**(leaving variable)**의 결정**

퇴거변수를 결정하기 위하여 'ratio test'를 한다. 'ratio test'는 RHS 열에 주어져 있는 값을 진입변수로 결정된 변수 열의 계수로 나누었을 때 가장 작은 양의 값을 주는 변수가 퇴거변수가 되며 퇴거변수 행을 '중심 행(pivot row)'이라고 한다. 일반적으로 퇴거변수를 결정하는 'ratio test'를 정리하면 다음과 같다.

퇴거변수의 결정

min. {ratio rest 값}을 갖는 변수

* ratio test = rhs ÷ a_{ik}, $a_{ik} > 0$, a_{ik} = 진입변수로 결정된 변수(k) 열의 계수

초기 테이블의 기저변수들의 RHS값들을 변수 x_1열의 계수들로 나눈 s_1의 ratio test값은 16($= 8 \div \frac{1}{2}$)이고 s_3는 24($= 8 \div \frac{1}{3}$)이므로 s_1이 퇴거변수가 된다.

③ **두 번째 심플렉스 테이블의 작성**

진입변수로 결정된 변수 열과 퇴거변수로 결정된 변수 행이 만나는 칸의 계수를 'pivot element'라고 한다. 두 번째 테이블을 작성하기 위해서는 퇴거변수 s_1 대신에 진입변수 x_1으로 대체하고, s_1행의 모든 값을 피봇 엘리

표 4-3 **두 번째 심플렉스 테이블**

C_j			40	30	0	0	0
	bv	RHS	x_1	x_2	s_1	s_2	s_3
40	x_1	16	1	0	2	0	0
0	s_2	8	0	1/2	0	1	0
0	s_3	8/3	0	2/3	−2/3	0	1
	Z_j	640	40	0	80	0	0
	C_j-Z_j		0	30	−80	0	0

먼트 '$\frac{1}{2}$'로 나누어 준 값으로 대체한다. 즉 $(8 \mid \frac{1}{2}\ 0\ 1\ 0\ 0)=(16 \mid 1\ 0\ 2\ 0\ 0)$로 대체한다.

다음 절차로 변수 x_1열의 값을 $\begin{bmatrix}1\\0\\0\end{bmatrix}$로 변환시킨다. 이러한 변환의 의미 미를 살펴 보면 [표 4-2]에서 기저변수인 s_1과 s_2 그리고 s_3의 열에서의 계수들이 모두 단위벡타 형태를 띄고 있어 기저변수 열의 계수들은 모두 단위벡타로 변환되어야 한다는 것을 말하는데, 이를 경제적으로 해석하면 변수 s_1은 두 번째와 세 번째 제약조건식에서의 값이 0이라는 표현이다. 마찬가지로 변수 s_2와 s_3의 경우도 이와 동일하다.

변수 x_1열의 계수가 단위벡타로 변환될 때 이와 함께 다른 변수 열의 계수들도 바뀌게 된다. 변수 s_2행의 x_1열의 계수는 0이기 때문에 s_2행의 계수는 불변이나 변수 s_3행의 x_1열의 계수는 $\frac{1}{3}$이므로 0으로 바뀌어져야 한다. 이를 위해 변수 s_3행의 계수에 새로 진입한 기저변수 x_1행의 계수에 $\frac{1}{3}$을 곱한 후 빼주면 된다. 이러한 절차를 나타내면 다음과 같다.

$$(8 \mid \frac{1}{3}\ \frac{2}{3}\ 0\ 0\ 1)-(16 \mid 1\ 0\ 2\ 0\ 0)\times\frac{1}{3}=(\frac{8}{3} \mid 0\ \frac{2}{3}\ -\frac{2}{3}\ 0\ 1)$$

이러한 결과를 이용하여 두 번째 심플렉스 테이블을 작성하면 [표 4-3]과 같다. [표 4-3]으로부터 가능성 조건은 만족되나 변수 x_2열의 C_j-Z_j값이 30이므로 최적성 조건은 만족되지 않기 때문에 두 번째 테이블의 해 $x_1=16$, $s_2=8$, $s_2=\frac{8}{3}$ 그리고 $x_2=0$, $s_1=0$ 및 $Z_j=640$이 최적해가 아님을 알 수 있다. 즉 아직 개선의 여지가 남아 있는 것으로 다음 테이블로의 변환(iteration)을 통해 이익이 증가할 가능성이 있는 것으로 판단된다.

(3) 세 번째 심플렉스 테이블

두 번째 테이블에서 x_2변수의 $C_j - Z_j$의 값이 30이므로 x_2가 진입변수가 되며, 기저변수에서 퇴거될 변수를 결정하기 위하여 ratio test를 하면 s_2변수의 경우 $16(=8 \div \frac{1}{2})$, s_3변수의 경우 $\frac{16}{9}(=\frac{8}{3} \div \frac{2}{3})$이 되어 s_3가 퇴거변수가 된다. 이를 적용하면 [표 4-3]에서 기저변수의 3번째 행 $(0\ S_3\ \frac{8}{3}\ 0\ \frac{2}{3}\ -\frac{2}{3}\ 0\ 1)$에서 s_3를 x_2로 바꾸고, C_j열의 계수를 0에서 30으로 고친 후 x_2열과 만나는 칸의 계수가 1이 되도록 피봇 엘리먼트 $\frac{3}{2}$을 곱하여 조정하면, 즉

$$(\frac{8}{3}\ 0\ \frac{2}{3}\ -\frac{2}{3}\ 0\ 1) \times \frac{3}{2} = (4\ 0\ 1\ -1\ 0\ )$$ 이 된다.

그리고 변수 x_1행의 x_2열이 계수는 0이므로 더 이상 조정될 필요가 없으며 다만 s_2행의 x_2열의 계수가 $\frac{1}{2}$이므로 0으로 바꾸는 과정이 필요하다.

$$(8 \mid 0\ \frac{1}{2}\ 0\ 1\ 0) - (4 \mid 0\ 1\ -1\ 0\ \frac{3}{2}) \times \frac{1}{2} = (6 \mid 0\ 0\ \frac{1}{2}\ 1\ -\frac{3}{4})$$

이러한 절차를 통해 계산된 값들을 정리하여 세 번째 테이블을 작성하면 [표 4-4]와 같다.

표 4-4 세 번째 심플렉스 테이블

C_j			40	30	0	0	0
	bv	RHS	x_1	x_2	s_1	s_2	s_3
40	x_1	16	1	0	2	0	0
0	s_2	6	0	0	1/2	1	−3/4
30	x_2	4	0	1	−1	0	3/2
	Z_j	760	40	30	50	0	45
	$C_j - Z_j$		0	0	−50	0	−45

[표 4-4]의 세 번째 테이블을 보면 $C_j - Z_j$값이 모두 0보다 작거나 같아 최적성 조건을 만족시키므로 최적해임을 알 수 있다. 따라서 $x_1^* = 16$이고 $x_2^* = 4$일 때 $Z^* = 760$이다. 다시 말해 제품 I을 16단위 제품 II를 4단위 생산할 때 최대 이익을 얻을 수 있으며 그 값은 760만원이다. 또한 $s_1 = s_3 = 0$이고 $s_2 = 6$으로 제품 생산 후 1공정과 3공정에서는 남은 시간이 없으며, 단지 2공정에서만 6시간이 이용 가능하다.

4.6 Big M method

최소화 문제의 해를 구할 때는 최대화 문제와 달리 제약부등식을 제약등식으로 전환하는 과정에서 슬랙변수나 서플러스 변수의 도입만으로는 제약등식이 성립하지 않는다. 앞 절에서 이미 설명하였듯이 인공변수를 도입하여 제약등식이 성립되도록 한다. 본 절에서는 다음의 예를 이용하여 Big M 방법에 의한 문제해결 과정을 설명하기로 한다.

$$
\begin{aligned}
\text{min. } & z = 12x_1 + 42x_2 \\
\text{st. } & x_1 + 2x_2 \geq 3 \\
& x_1 + 4x_2 \geq 4 \\
& 3x_1 + x_2 \geq 3 \\
& x_1,\ x_2 \geq 0
\end{aligned}
$$

1) 표준형(standard form)으로 전환

심플렉스법을 이용하여 문제의 해를 구하려면 부등식으로 구성된 제약조건식을 제약등식으로 전환시켜야 한다. 제약조건식 모두 우변상수항보다 크거나 같으므로 서플러스 변수를 이용하여 제약등식으로 전환시킨다. 그러나 전절에서 이미 설명하였듯이 서플러스 변수의 도입만으로는 원점에서의 등식의 관계가 성립되지 않으므로 인공변수를 도입한다. 인공변수를 도입하여 표준형으로 전환하면 다음과 같다.

$$\begin{aligned} \text{min. } z &= 12x_1 + 42x_2 + 0s_1 + 0s_2 + 0s_3 + MA_1 + MA_2 + MA_3 \\ \text{st. } \quad x_1 + 2x_2 - s_1 + A_1 &= 3 \\ x_1 + 4x_2 - s_2 + A_2 &= 4 \\ 3x_1 + x_2 - s_3 + A_3 &= 3 \\ x_1,\ x_2,\ s_1,\ s_2,\ s_3,\ A_1,\ A_2,\ A_3 &\geq 0 \end{aligned}$$

2) 초기 테이블의 작성

표준형으로 전환된 선형계획모형을 이용하여 초기 테이블을 작성하도록 한다. 최소화 문제의 심플렉스 테이블은 최대화 문제의 그것과 동일하나 단지 진입변수의 결정시 기준이 다를 뿐이다. 최대화 문제의 경우 $C_j - Z_j$값들 중에서 양의 값 중 최대값을 갖는 변수 열을 진입변수로 선정하였으나 최소화 문제의 경우 $Z_j - C_j$값들 중 최대의 값을 갖는 변수를 진입변수로 결정하도록 한다. 그것은 최소화 문제의 경우 가장 큰 양의 값을 갖는 변수를 진입변수로 결정하면 가장 빠른 속도로 비용이나 위험을 최소화시켜주기 때문이다.

심플렉스 테이블에서 $Z_j - C_j$값이 모두 0보다 작거나 같다면 최적에 도달하였고 그때의 해가 최종해(final solution)이다. [표 4-5]의 초기 테이블을 살펴보면 $Z_j - C_j$값들 중 변수 x_1과 x_2의 $Z_j - C_j$값이 모두 양의 값이기 때문에 아직 최적에 도달하지 않았으며, 여전히 개선의 여지가 있는 것으로 판명된다. 변수 x_1과 x_2 중에서 x_2의 $Z_j - C_j$값이 더 크므로 x_2가 진입변수가 된다.

다음 절차는 퇴거변수를 결정한다. ratio test 결과 변수 A_2의 ratio test 값이 1로 최소값이므로 변수 A_2가 퇴거변수가 된다. 이를 바탕으로 두 번째 심플렉스 테이블을 작성하면 [표 4-6]과 같다.

3) 두 번째 테이블 작성

두 번째 테이블이 최적해인지의 여부를 평가하려면 먼저 $Z_j - C_j$값이 모두 0보다 작거나 같은지를 살펴보아야 한다. 그런데 변수 x_1과 s_2의 $Z_j - C_j$값이 양의 값이므로 아직 최적에 도달하지 않았다. 따라서 세 번째 테이

표 4-5 **최소화 문제의 초기 테이블**

C_j			12	42	0	0	0	M	M	M	
	bv	RHS	x_1	x_2	s_1	s_2	s_3	A_1	A_2	A_3	ratio test
M	A_1	3	1	2	-1	0	0	1	0	0	$3/2=1.5$
M	A_2	4	1	4	0	-1	0	0	1	0	$4/4=1$
M	A_3	3	3	1	0	0	-1	0	0	1	$3/1=3$
	Z_j	$10M$	$5M$	$7M$	$-M$	$-M$	$-M$	M	M	M	
	Z_j-C_j		$5M-12$	$7M-42$	$-M$	$-M$	$-M$	0	0	0	

표 4-6 **최소화 문제의 두 번째 테이블**

C_j			40	30	0	0	0	M	M	M	
	bv	RHS	x_1	x_2	s_1	s_2	s_3	A_1	A_2	A_3	ratio test
M	A_1	1	2/4	0	-1	2/4	0	1	$-2/4$	0	$1/2/4=2$
42	x_2	1	1/4	1	0	$-1/4$	0	0	1/4	0	$1/1/4=4$
M	A_3	2	11/4	0	0	1/4	-1	0	$-1/4$	1	$2/11/4=8/11$
	Z_j	$3M+42$	$13M/4+$ $42/4$	42	$-M$	$3M/4-$ $42/4$	$-M$	M	$3M/4+$ $42/4$	M	
	Z_j-C_j		$13M/4-$ $6/40$	0	$-M$	$3M/4-$ $42/4$	$-M$	0	$7M/4+$ $42/4$	0	

표 4-7 **최소화 문제의 세 번째 테이블**

C_j			12	42	0	0	0	M	M	M	
	bv	RHS	x_1	x_2	s_1	s_2	s_3	A_1	A_2	A_3	ratio test
M	A_1	7/11	0	0	-1	5/11	2/11	1	$-5/11$	$-2/11$	7/5
42	x_2	9/11	0	1	0	$-3/11$	1/11	0	3/11	$-1/11$	×
12	x_1	8/11	1	0	0	1/11	$-4/11$	0	$-1/11$	4/11	8
	Z_j	$\frac{7M+474}{11}$	12	42	$-M$	$\frac{5M-114}{11}$	$\frac{2M-6}{11}$	M	$\frac{-5M+114}{11}$	$\frac{2M-6}{11}$	
	Z_j-C_j		0	0	$-M$	$\frac{5M-114}{11}$	$\frac{2M-6}{11}$	0	$\frac{-16M+114}{11}$	$\frac{-13M+6}{11}$	

블을 작성하기 위하여 퇴거변수와 진입변수를 결정해야 한다.

먼저 변수 x_1이 진입변수가 되며 A_3가 퇴거변수가 된다. 이를 기준으로 세 번째 테이블을 작성하면 [표 4-7]과 같다.

4) 세 번째 테이블

[표 4-7]을 보면 아직 최적에 도달하지 않았음을 알 수 있다. 즉 변수 s_2와 s_3의 Z_j-C_j값이 양이므로 아직 개선의 여지가 있다. 따라서 s_2가 진입변수가 되고 A_1이 퇴거변수가 된다. 이를 근거로 네 번째 테이블을 작성하면 [표 4-8]과 같다.

표 4-8 **최소화 문제의 네 번째 테이블**

C_j			12	42	0	0	0	M	M	M	
	bv	RHS	x_1	x_2	s_1	s_2	s_3	A_1	A_2	A_3	ratio test
0	s_2	7/5	0	0	−11/5	1	2/5	1	11/5	−2/5	7/2
42	x_2	6/5	0	1	−3/5	0	1/5	0	3/5	−1/5	6
12	x_1	3/5	1	0	1/5	0	−2/5	0	−1/5	2/5	×
	Z_j	288/5	12	42	−114/5	0	18/5	M	114/5	−18/5	
	Z_j-C_j		0	0	−114/5	0	18/5	0	$114/5-M$	$-18/5-M$	

5) 네 번째 테이블

네 번째 테이블을 보면 역시 최적해가 아님을 알 수 있다. 즉 s_3의 Z_j-C_j값이 18/5로써 양의 값이기 때문이다. 따라서 s_3가 진입변수이고 ratio test 결과 s_2가 퇴거변수가 된다. 이를 근거로 다섯 번째 테이블을 작성하면 [표 4-9]와 같다.

표 4-9 **최소화 문제의 다섯 번째 테이블**

C_j			12	42	0	0	0	M	M	M
	bv	RHS	x_1	x_2	s_1	s_2	s_3	A_1	A_2	A_3
0	s_3	7/2	0	0	−11/2	5/2	1	11/2	−5/2	−1
42	x_2	1/2	0	1	1/2	−1/2	0	−1/2	1/2	0
12	x_1	3	1	0	−2	1	0	2	−1	0
	Z_j	33	12	42	−3	−9	0	3	9	0
	Z_j-C_j		0	0	−3	−9	0	$3-M$	$9-M$	$-M$

6) 다섯 번째 테이블

[표 4-9]의 다섯 번째 테이블을 보면 Z_j-C_j행의 모든 값이 0보다 작거나 같다. 따라서 최적에 도달했으며, 여기의 해가 최종해임을 알 수 있다. 즉 $x_1=2$이고 $x_2=1/2$일 때 33이 최소라는 것이다. 그리고 $s_1=s_2=0$이고 $s_3=7/2$이다. 물론 인공변수는 모두 비기저변수이기 때문에 그 값은 모두 0이다.

지금까지의 과정을 거치면서 목적함수의 값은 $10M \to 3M+42 \to \frac{7M+474}{11} \to \frac{288}{5} \to 33$으로 그 값이 점차 작아져감을 알 수 있다. 그리고 최적해 33은 실현 가능한 영역 내에서 어떠한 x_1과 x_2값의 조합일지라도 이보다 더 작은 목적함수 값을 취할 수 없다는 것을 의미한다.

4.7 LP의 또 다른 문제들

이제까지의 LP에 관한 설명은 전형적으로 표준형을 설명한 것인데 실제 LP문제를 풀어가는 과정에서는 다음과 같은 경우를 접할 수 있다. 본서에서는 이에 대하여 간략히 소개만 하기로 한다.

1) 진입변수 선정시 두 개 이상의 최대값이 존재하는 경우

진입변수를 결정할 때 C_j-Z_j값들 중에서 최대치가 2개 이상이 있는 경우에 어떤 변수를 진입변수로 결정해야 하는 문제가 생긴다. 이런 경우 정해진 규칙은 없지만 ① 의사결정변수 간에 이럴 경우 임의로 의사결정변수를 선택할 수 있고, ② 의사결정변수와 비의사결정 변수 사이에 이런 문제가 생긴다면 의사결정변수를 선택하는 것이 바람직하며, ③ 비의사결정 변수 사이에 이런 문제가 생기면 임의로 어떤 비의사결정 변수를 선택해도 무방하다고 할 수 있을 것이다.

2) 퇴거변수 결정시 최소의 값이 두 개 이상 존재하는 경우

퇴거변수를 결정하기 위하여 ratio test를 할 때 최소값이 2개 이상 있을 경우 이들 중 어느 하나를 임의로 선택할 수 있겠으나 이럴 때는 같은 값을 주는 행의 RHS를 비의사결정 변수 열의 계수로 나누어 최소값을 주는 행을 퇴거변수로 선정하면 된다. 이와 같은 문제를 "퇴화문제(problem of degeneracy)"라 하는데, 퇴화문제의 의미는 기저변수에 해당하는 변수의 최적값이 0이 된다는 것이다.

3) 복수의 최적해가 존재하는 경우

LP문제에서 제약조건식들 중의 어느 하나의 직선의 기울기가 목적함수의 기울기와 동일할 경우 발생하는데 이때 복수의 최적해가 존재하게 된다. 예를 들어 다음의 〈그림 4-9〉에서 제약조건 2의 선상에 있는 모든 가능해가 최적해가 된다.

4) 가능해가 없는 경우

LP문제에서 제약조건식에 의하여 가능해 영역을 설정할 때 공통영역이 존재하지 않으므로 인하여 가능해 영역이 생기지 않는 경우로 〈그림 4-10〉과 같다. 그러나 이러한 문제는 흔한 경우가 아니므로 고려하지 않아도 될 것 같다.

그림 4-9 복수의 최적해가 존재하는 경우

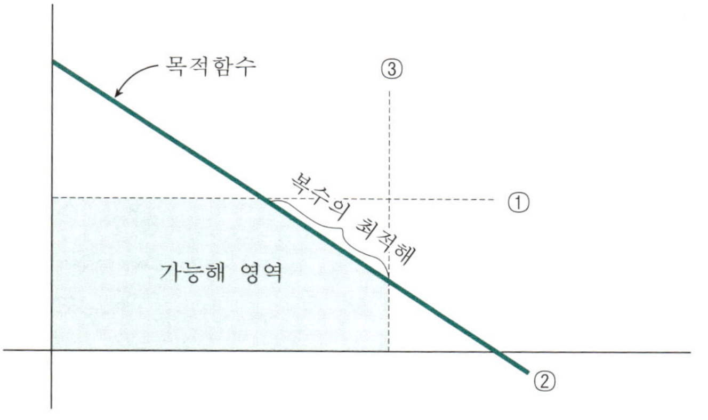

그림 4-10 가능해가 없는 경우

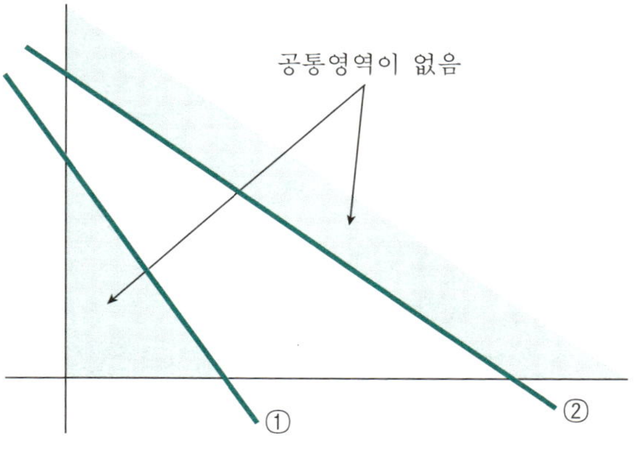

연습문제

01. 다음에 주어지는 제약조건식에 따라 가능해 영역을 도시하고 극점을 표시해 보아라.

① $$\begin{aligned} 2x_1 - \quad x_2 &\le 0 \\ -x_1 + 1.5x_2 &\le 200 \\ x_1,\ x_2 &\ge 0 \end{aligned}$$

② $$\begin{aligned} 3x_1 - 2x_2 &\ge 0 \\ 2x_1 - \quad x_2 &\le 200 \\ x_1 \qquad &\le 150 \\ x_1,\ x_2 &\ge 0 \end{aligned}$$

02. 다음의 문제를 도해법(graphical method)을 이용하여 해를 구하라.

① max. $2x_1 + 5x_2$

$$\begin{aligned} \text{st.}\quad x_1 \qquad &\le 4 \\ x_2 &\le 3 \\ x_1 + 2x_2 &\le 8 \\ x_1,\ x_2 &\ge 0 \end{aligned}$$

② min. $12x_1 + 42x_2$

$$\begin{aligned} \text{st.}\quad x_1 + \ 2x_2 &\ge 3 \\ x_1 + \ 4x_2 &\ge 4 \\ 3x_1 + \quad x_2 &\ge 3 \\ x_1,\ x_2 &\ge 0 \end{aligned}$$

③ max. $3x_1 + 5x_2$

$$\begin{aligned} \text{st.}\quad 3x_1 + 2x_2 &\le 30 \\ x_1 + 3x_2 &\le 30 \\ x_1,\ x_2 &\ge 0 \end{aligned}$$

④ max. $x_1 + 3x_2$

$$\begin{aligned} \text{st.}\quad x_1 + 2x_2 &\le 30 \\ x_1 + \ x_2 &\le 20 \\ x_1,\ x_2 &\ge 0 \end{aligned}$$

03. 아래에 주어진 선형계획문제를 standard form으로 전환시켜라.

① max. $z = 3x_1 + 2x_2 + 5x_3$

$$\begin{aligned} \text{st.}\quad 3x_1 + \ x_2 \qquad &\le 10 \\ x_2 + 2x_3 &\le 6 \\ 2x_1 + \ x_2 + \ x_3 &\le 8 \\ x_1,\ x_2 &\ge 0 \end{aligned}$$

② max. $z = 6x_1 + 2x_1 + 5x_3$

$$\begin{aligned} \text{st.}\quad 2x_1 + 3x_2 + \ x_3 &\le 10 \\ x_1 + \qquad 2x_3 &\le 8 \\ x_1 + 2x_2 + 5x_3 &\le 19 \\ x_1,\ x_2,\ x_3 &\ge 0 \end{aligned}$$

③ max. $z = x_1 + 4x_2$

$$\begin{aligned} \text{st.}\quad x_1 + 2x_2 &\ge 8 \\ 3x_1 + 2x_2 &\ge 12 \\ x_1,\ x_2 &\ge 0 \end{aligned}$$

④ max. $z = 4x_1 + 3x_2$

$$\begin{aligned} \text{st.}\quad x_1 + \ x_2 &\le 5 \\ 3x_1 + 2x_2 &\le 12 \\ x_1,\ x_2 &\ge 0 \end{aligned}$$

⑤ min. $z=12x_1+42x_2$

$$\begin{aligned} \text{st.} \quad x_1 + \quad x_2 &\geq 3 \\ x_1 + 4x_2 &\geq 4 \\ 3x_1 + \quad x_2 &\geq 3 \\ x_1,\ x_2 &\geq 0 \end{aligned}$$

04. 다음 선형계획모형을 심플렉스법을 이용하여 최적해를 구하라.

$$\begin{aligned} \text{max.} \quad z &= 10x_1 + 8x_2 \\ \text{st.} \quad 3x_1 + 6x_2 &\leq 48 \\ 2x_1 + \quad x_2 &\leq 20 \\ x_1,\ x_2 &\geq 0 \end{aligned}$$

05. 문제 2번의 ②의 최소화 문제를 심플렉스법으로 해를 구하라.

06. MK전자공업주식회사는 컴퓨터, 오디오, 텔레비전을 생산하여 판매하려는 계획을 수립하고 있다. 생산부서에서 작성한 생산계획서에 의하면 상기 3가지 제품을 생산하려면 모두 다 3가지 공정을 거쳐야 하며, 이때 각 공정에서 제품생산에 필요한 시간과 각 공정별 이용 가능한 시간이 다음과 같다고 한다. 그리고 이들 제품의 단위당 판매이익은 컴퓨터는 30만원, 오디오는 40만원, 그리고 텔레비전은 25만원이라고 한다. 이 회사가 이들 제품을 생산하여 판매했을 때 얻을 수 있는 최대이익은 얼마이며 그때 최적의 제품구성은 무엇인가?

공정 \ 제품	컴퓨터	오디오	텔레비전	최대이용량
제1공정	3	2	1	120
제2공정	1	2	3	90
제3공정	1	1	2	120

① 선형계획모형을 작성하라.

② 심플렉스법으로 최적해를 구하라.

07. 중앙의료원 구내식당에 근무하는 영양사는 매일 500여 명의 입원환자들의 급식에 필요한 식단을 계획하고 있다. 병원협회의 권고사항에 따르면 환자가 병으로부터 회복하려면 양질의 식사가 제공되어야 하는데 이에 대한 최소기준이 아래 [표 1]과 같다고 한다. 금주의 식단을 위하여 준비하려는 식품은 3가지이며, 이들 식품의 단위당 영양제공표는 [표 2]와 같을 때 병원협회의 권고사항을 충족시켜주며 아울러 식품구매 비용을 최소화할 수 있는 영양사의 의사결정은 무엇인가?

[표 1] 병원협회 권장사항

권장품목	환자 1인당 1일 최소 요구량
칼로리	2500(cal)
영양소 I	40(단위)
영양소 II	50(단위)

[표 2] 식품별 1개당 칼로리 및 함유 영양소

식품	칼로리	영양소 I	영양소 II	1개당 구입가격
식품 A	50	1.5 단위	2 단위	50
식품 B	80	1 단위	0.5 단위	60
식품 C	100	2 단위	1 단위	80

① 선형계획모형으로 작성하라.

② standard form으로 전환하라.

③ 최적 식품구매계획을 설명해 보아라.

08. 해동낚시공업사는 지난 1980년 이후 바다용 낚싯대를 생산하여 전량 해외시장으로 수출을 하고 있다. 현재까지 2가지 모델(동해와 남해)을 생산하고 있는데, 제품의 질이 높고 가격경쟁력이 있어 수출시장에서 매년 시장점유율이 증가하고 있는 것으로 조사되고 있다. 따라서 해외 유통업자는 향후 1년 동안 해동공업사에서 수출하는 제품 전량을 구매하기로 해동공업사와 계약을 체결하였다고 한다. 해동공업사에서 생산하는 2가지 모델에 대한 제조명세서가 다음과 같을 때 물음에 답하라.

제품 \ 공정	절삭	페인팅	마무리	검수와 포장	1대당 이익
동해	7/10 시간	1/2 시간	1 시간	1/10 시간	10,000원
남해	1 시간	5/6 시간	2/3 시간	1/4 시간	9,000원
이용가능한 시간	630	600	708	135	

① 이익을 최대화할 수 있도록 선형계획모형을 완성하라.

② 회사가 얻을 수 있는 최대 이익은 얼마이며 그리고 모델별 최적 생산 수량은?

③ 최적 생산량을 제조하는 데 필요한 총 공정시간은 몇 시간인가?

④ 최적 생산량에 따른 각 공정별 유휴시간은 몇 시간인가?

제5장 의사결정 이론
(Decision Theory)

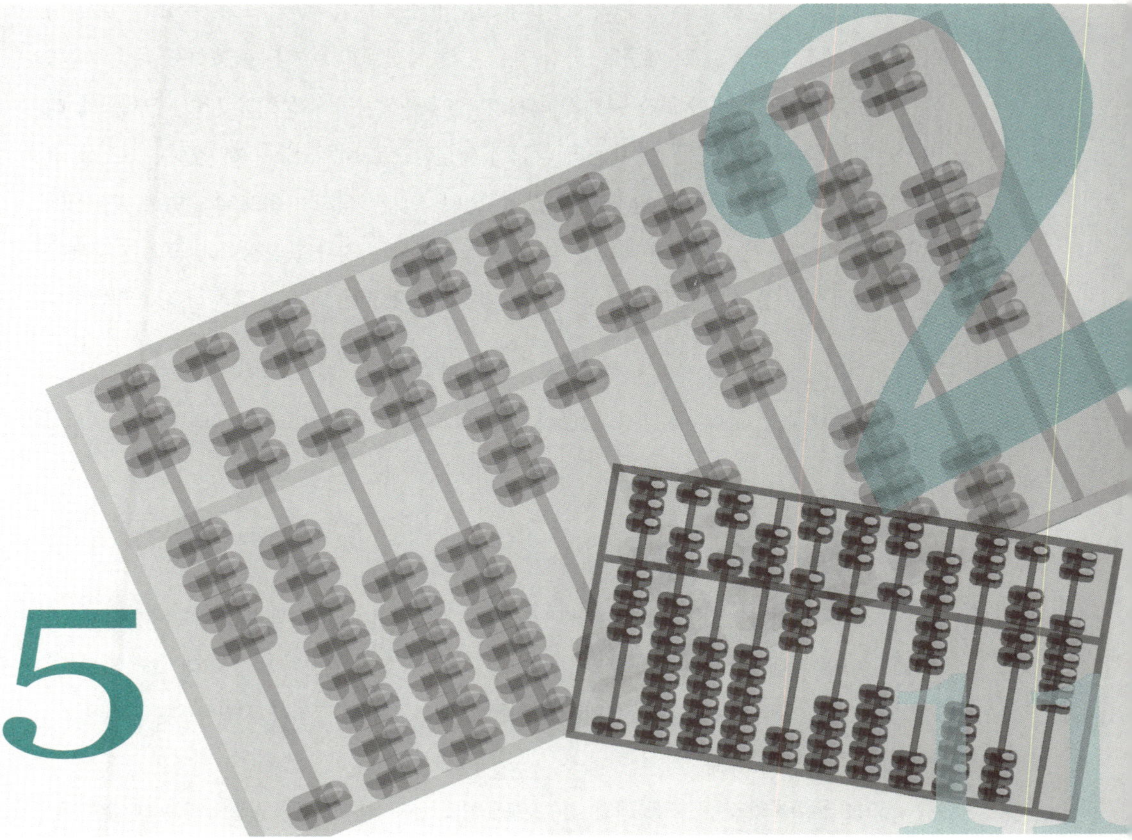

의사결정 이론 혹은 의사결정 분석은 의사결정자가 다수의 의사결정 대안들에 직면하고 있을 때나 불확실성과 위험을 내포한 미래 사건들을 직면하게 될 때 최적 전략을 결정하기 위하여 사용된다. 예를 들면 새로운 스타일이나 라인으로 계절의류를 생산하는 제조업자들은 이들 제품에 대한 고객의 반응이나 수요가 아주 클 것으로 기대되면 이들 제품을 대량으로 생산하고 싶어 한다. 그러나 고객의 반응이나 궁극적으로 수요가 낮게 나타난다면 제조업자들은 그 제품을 아주 적은 양을 생산해야 한다. 불행히도 계절의류를 생산하는 제조업자들은 수요가 실제 알려지기 전에 생산량을 결정해야 한다. 신제품에 대한 소비자들의 실제 반응은 그 제품이 상점에 실질적으로 비치되고 구매자들이 그것을 구매할 수 있는 기회를 가지게 될 때까지 알 수 없다. 의사결정자가 미래 수요의 불확실성에 직면할 때 다양한 생산량들 중에서 최적 생산량의 선정은 의사결정 분석에 적합한 문제이다. 본 장에서는 문제 해결에 대한 의사결정 방법론에 관련된 개념과 절차들이 소개된다.

수학이야기

[아르키메데스의 묘비]

모든 시대를 통틀어 위대한 수학자 중의 한 사람이며 가장 위대한 과학자이기도 하였던 아르키메데스(Archimedes, 287～212 B.C.)는 시칠리아 섬에 있던 고대 그리스 도시 시라큐스(Syracuse)에서 천문학자의 아들로 태어났으며, 로마가 시라큐스를 정복한 기원전 212년에 죽었다.

그는 원주율의 연구, 지렛대의 연구, 포물선의 연구 등으로 잘 알려져 있는데 수학 이외에 물리학에서도 수많은 업적을 남겼음을 로마의 역사학자들은 전하고 있다. 그 당시 로마와의 전투에서 조국 시라큐스의 방어를 위하여 그는 지식을 이용하여 무기, 투석기와 기중기를 만들었으며 로마함정을 불태우기 위해 볼록렌즈를 사용했었는데 아르키메데스가 만든 병기 덕택으로 거의 3년간 로마의 공격으로부터 저항할 수 있었다. 그러나 자신이 넘친 시라큐스인들이 축제를 벌이느라 경계를 소홀히 한 틈을 타 간신히 시라큐스의 방어벽을 무너뜨릴 수가 있었다고 한다.

아르키메데스는 너무 강력하게 정신을 집중하는 습관 때문에 한 문제에 몰두하면 주위를 망각하는 일이 자주 있었는데 한 예로 히에론 왕의 왕관과 금세공에 대한 유명한 일화가 있다. 그는 왕이 부탁한 문제를 곰곰이 생각하다 목욕 중에 그 해답을 찾고 너무 흥분한 나머지 자신이 발가벗고 있음을 잊은 채 "Eureka!, eureka(알아냈다. 알았어!)"라고 외치면서 거리를 달렸다고 한다.

아르키메데스는 시라큐스가 함락될 때 커다란 모래쟁반 위에 포물선을 그려놓고 생각에 잠겨 있다가 이 그림에 다가오는 로마병사에게 "나의 그림을 밟지 마오!"라고 외쳤다가 이에 격분한 로마병사의 창에 찔려 죽었다고 한다. 평소 그를 만나고 싶었던 로마장군 마르켈루스는 이 소리를 듣고 매우 비통해 하였으며 장군은 평소 아르키메데스의 유언대로 비석에 원뿔, 원기둥, 구가 각각 내접해 있는 그림을 새겨주었다고 한다.

5.1 의사결정 상황 구축

의사결정 방법론을 도시하기 위하여 최근 설립된 ITS사의 사례를 들어 설명하기로 한다. ITS사는 기업이 필요로 하는 각종 정보서비스, 즉 조사와 데이터 분석 등의 서비스를 제공하는 회사로 전국에 10개 지사를 두고 업무를 시작하였는데, 업무상 필요로 데이터 분석과 관리를 위한 컴퓨터를 리스하려는 의사결정을 앞두고 있다.

주어진 문제 상황의 해결을 위한 의사결정의 첫 번째 단계는 의사결정자가 고려해야 하는 대안들을 확인하는 것이다. ITS사를 위한 최종 결정은 크기와 용량에서 상이한 3가지 컴퓨터 시스템들 중에서 하나를 리스하는 것이다. 세 가지 대안들을 각각 d_1, d_2, d_3라고 하고 이들을 설명하면 다음과 같다.

d_1 = 대형 컴퓨터를 리스
d_2 = 중형 컴퓨터를 리스
d_3 = 소형 컴퓨터를 리스

최적안의 결정은 ITS사의 서비스에 대한 가능한 시장 반응과 궁극적으로 ITS사의 컴퓨터를 이용하여 분석되는 수요의 예측에 의존한다. 문제에 관련된 미래의 상황은 불확실하다. 즉 의사결정자는 가능한 다양한 미래의 상황에 대한 아이디어를 가져야 하며 어떤 상황이 일어날지는 확신할 수 없다. 따라서 의사결정 방법상의 두 번째 단계는 발생 가능한 미래 상황을 규명하는 것이다. 의사결정자가 통제할 수 있는 여건이 아닌 미래 상황을 문제의 '주어진 상황(the states of nature)'이라고 한다. 가능한 주어진 상황에서 발생할 수 있는 모든 것을 포함하며, 각 상황들 간에는 중복되지 않으며, 주어진 상황들 중의 하나는 최소한 미래에 발생한다.

ITS사의 경영자들은 그들의 서비스에 대한 시장의 반응이 높거나 아님 낮게 나타나는 것으로 가정할 수 있으며, 이를 각각 S_1, S_2로 표기하고 다음과 같이 정의한다.

S_1 = ITS사의 서비스에 대한 고객들의 높은 호응
S_2 = ITS사의 서비스에 대한 고객들의 낮은 호응

의사결정 대안들과 주어진 상황이 상기와 같이 주어질 때 ITS사는 어떤 컴퓨터를 리스해야 하는가? 이 물음에 답하려면 의사결정 대안과 주어진 상황에 따른 이익에 관련된 정보가 필요하다. 즉 주어진 상황 S_1이 발생할 때 의사결정 대안 1을 선정한다면, 그때 ITS사는 얼마의 이익을 얻을 수 있는가? 또는 주어진 상황 S_2가 발생할 때 의사결정 대안 3의 미래 이익은 얼마일까?

주어진 상황에 따라 의사결정 대안이 얻을 수 있는 미래의 수익을 정리하면 이를 성과표(payoff table)라고 한다. 이는 최상의 정보를 알 수 있다고 가정하였을 때 각 의사결정 대안에 따른 미래에 ITS사가 얻을 수 있는 성과를 금액으로 표시한 것이다. 성과표의 각 란은 특정한 상황에 따른 적정한 성과로 보통 이익, 비용, 기타 척도로 표시되는데 이를 기호로 일반적으로 표기하면 $V(d_i, S_j)$이며, 이는 주어진 상황이 S_j일 때 의사결정을 d_i로 정하면 ITS사가 얻는 이익(value)을 의미한다.

표 5-1 **ITS사의 컴퓨터 리스문제에 대한 성과표**(단위 : 백만원)

의사결정 대안	주어진 상황	
	높은 반응(S_1)	낮은 반응(S_2)
대형 컴퓨터 리스 d_1	2,000	-200
중형 컴퓨터 리스 d_2	1,500	200
소형 컴퓨터 리스 d_3	1,000	600

5.2 의사결정 유형

구체적인 의사결정 기준을 논의하기에 앞서 미래에 직면할 수 있는 의사결정 상황을 고려해 보자. 의사결정 상황에 대한 분류체계는 의사결정자가 주어진 상황에 대한 지식에 의존하는데 여기에는 2가지 유형이 있다.

1) **확실한 상황 하의 의사결정**(decision making under certainty)
   주어진 상황이 알려져 있을 때 의사결정 대안을 선택하는 프로세스
2) **불확실한 상황 하의 의사결정**(decision making under uncertainty)
   주어진 상황이 알려져 있지 않을 때 의사결정 대안을 선택하는 프로세스

확실한 상황 하에서 의사결정을 한다는 것은 성과표에서 하나의 열만 선택하게 되는 경우이다. 예를 들어 미래의 주어진 상황이 낮은 반응으로 나타난다면 성과표에서 낮은 반응을 나타내는 열만 고려하면 된다. 따라서 낮은 반응의 주어진 상황에서 최고의 성과를 나타내는 d_3를 선택하고 그때 성과는 6억이 된다.

의사결정 방법이 적용이 되는 대부분의 상황은 불확실한 상황 하의 의사결정으로 이 경우 최상의 대안을 선택하는 것은 어렵다. 이러한 경우 의사결정자는 먼저 의사결정 기준을 선택하고 다음으로 선택한 의사결정 기준 하에서 최상으로 간주되는 대안을 결정해야 한다.

5.3 확률을 이용하지 않은 불확실한 상황 하의 의사결정 기준

불확실한 상황 하의 의사결정에 있어 의사결정자는 주어진 상황의 발생가능성에 대한 확률을 산정하는 데 있어 믿음을 가지기 어려울지 모른다. 이런 경우 의사결정자는 주어진 상황에 대한 발생가능 확률의 지식을 요구하지 않는 의사결정 기준을 더 선호할 것이다. 이 경우 가장 많이 알려져 있는 이용 가능한 3가지 기준을 제시하면 maximin(혹은 minimax), maximax(혹은 minimin), 그리고 minimax regret가 있다.

각각의 기준은 때때로 상이한 의사결정을 권고할 수 있기 때문에 의사결정자가 의사결정 기준을 알고 그때 자신의 판단하에 기준을 선택하는 것이 가장 바람직하다. ITS사의 성과표를 이용하여 3가지 의사결정 기준과 이에 따른 의사결정 과정을 살펴보면 다음과 같다.

Maximin 기준

maximin 기준은 의사결정에 이르는 비관적인 혹은 보수적인 접근방법이다. 이 방법에서 의사결정자는 최소의 가능한 이익들 중에서 최대의 것을 선택하는 방법이다. [표 5-1]의 성과표에 주어진 정보를 사용하여 각 대안에 대한 최소의 성과를 먼저 선택한다. 이를 요약하면 [표 5-2]와 같은데 여기서 최대의 이익을 주는 대안은 6억원의 이익을 가져다주는 대안 3이 최적안이며 그때 기대성과는 6억원이다.

비용문제의 경우 maximin의 반대로 진행하면 된다. 성과표가 아닌 비

표 5-2 **각 대안에 대한 ITS의 최소 성과표**(단위 : 백만원)

의사결정 대안	minimum 성과
대형 컴퓨터 리스 d_1	-200
중형 컴퓨터 리스 d_2	200
소형 컴퓨터 리스 d_3	600 ← maximum 이익

용표에서 먼저 최대의 비용을 선정하고 그 다음 최소의 비용을 주는 대안을 선택하면 된다.

Maximax 기준

maximin이 비관적 의사결정 기준이라면 maximax는 낙천적인 기준이다. 최대화 문제에서 이 기준을 사용하면 의사결정자는 최대의 이익들 중에서 최대의 안을 선택하게 되므로 이 기준을 maximax라고 부른다. maximax 기준 하에 성과표를 재구성하면 [표 5-3]과 같은데 여기서 최적안은 d_1이며 그때 성과는 20억원이다.

표 5-3 **각 대안에 대한 ITS의 최대 성과표**(단위 : 백만원)

의사결정 대안	maximum
	성과
대형 컴퓨터 리스 d_1	2,000 ← maximum 이익
중형 컴퓨터 리스 d_2	1,500
소형 컴퓨터 리스 d_3	1,000

Minimax Regret 기준

minimax regret(후회) 기준 하에서 최적 의사결정안을 선택하려면 먼저 성과표를 Opportunity Loss Table(기회손실표)로 전환해야 한다. Opportunity Loss (기회손실)란 실질적으로 발생하지는 않았지만 주어진 상황이 알려진다면 그때 최대 이익을 주는 대안에 비하여 선택한 대안의 성과의 상대적 차이를 의미한다. 예를 들면 주어진 상항이 높은 반응(S_1)으로 나타났다면 그때 최대의 이익을 가져다주는 대안은 1안이고 그때 이익은 20억원이다. 이때 의사결정자가 대안 1을 선택한다면 상대적 차이는 없고 그때 기회손실은 0이다. 그런데 의사결정자가 대안 2를 선택한다면 그때 이익은 15억원으로 최대이익인 20억원에 비하여 상대적으로 5억원이 적다. 따라서 대안 2의 기회손실은 5억원이 된다. 마찬가지로 대안 3은 기회손실이

10억원이 된다. 이를 정리하면 [표 5-4]와 같다.

표 5-4 **ITS사의 컴퓨터 리스문제에 대한 기회손실표**(단위 : 백만원)

의사결정 대안	주어진 상황	
	높은 반응(S_1)	낮은 반응(S_2)
대형 컴퓨터 리스 d_1	0	800
중형 컴퓨터 리스 d_2	500	400
소형 컴퓨터 리스 d_3	1,000	0

의사결정 대안과 주어진 상황이 많은 아주 복잡한 문제일 경우 각 대안과 주어진 상황에 따른 기회손실표를 작성하려면 다음과 같은 공식을 이용하면 편리하다. 각 란에 대한 기회손실액을 $R(d_i, S_j)$라고 하면 일반적인 계산식은 다음과 같다.

$$R(d_i, S_j) = V^*(S_j) - V(d_i, S_j)$$

이때 $V^*(S_j)$는 주어진 상황이 S_j 하에서 최상의 성과이다. 이를 이용하여 계산해 보면

$$R(d_1, S_1) = V^*(S_1) - V(d_1, S_1) = 2{,}000(\text{백만원}) - 2{,}000(\text{백만원}) = 0$$
$$R(d_1, S_2) = V^*(S_2) - V(d_1, S_2) = 600(\text{백만원}) - (-200\text{백만원})$$
$$= 800(\text{백만원})\text{이다.}$$

이렇게 각 란의 기회손실을 계산하여 요약하면 [표 5-5]와 같다. [표 5-5]를 보면 대안 2가 최적안으로 선택된다.

minimax regret 기준 하에 의사결정과정을 정리하면 먼저 주어진 상황에 따라 각 대안의 maximum 기회손실액을 계산한다. 그 다음 그들 중에서 최소의 기회손실을 주는 대안을 선택한다.

표 5-5 **각 대안에 대한 ITS의 최대 기회손실표**(단위 : 백만원)

의사결정 대안	maximum 기회손실
대형 컴퓨터 리스 d_1	800
중형 컴퓨터 리스 d_2	500 ← minimum 기회손실
소형 컴퓨터 리스 d_3	1,000

〈예제 5-1〉

의사결정자가 다음의 표와 같이 3개의 주어진 상황과 3개의 의사결정 대안으로 이루어진 문제에 직면하고 있다고 하자. 이때 의사결정자가 주어진 상황에 대한 발생확률을 전혀 모른다고 할 때 다음의 각 기준에 따라 최적 의사결정을 설명하라.

의사결정 대안	주어진 상황		
	S_1	S_2	S_3
d_1	14	8	10
d_2	11	10	8
d_3	9	11	10

① Maximin 기준 하에서 최적안은?

② Maximax 기준 하에서 최적안은?

③ Minimax regret 기준 하에서 최적안은?

풀이 ① 먼저 각 대안별 성과들 중에서 최소의 성과를 먼저 선택하고 다음 그들 중에서 최대의 성과를 선택한다.

	min. 성과	
d_1	8	
d_2	8	
d_3	9	← max. 따라서 d_3가 최적안으로 권고된다.

② maximax 기준은 각 대안별 최대 성과를 먼저 찾고 그 다음

그들 중에서 최대의 성과를 주는 안을 선택한다.

	max. 성과	
d_1	14	← max. 따라서 d_1가 최적안으로 권고된다.
d_2	11	
d_3	11	

③ Minimax regret 기준으로 최적안을 찾을려면 먼저 성과표를 기회손실표로 전환해야 한다. 그 다음 전환된 성과표에서 각 대안들의 max. 기회손실을 찾는다. 끝으로 최대의 기회손실들 중에서 min 기회손실을 주는 대안이 최적안으로 권고된다.

	주어진 상황		
	S_1	S_2	S_3
d_1	0	3	0
d_2	3	1	2
d_3	5	0	0

	max. 기회손실	
d_1	3	← min 기회손실
d_2	3	← min 기회손실
d_3	5	

따라서 minimax 후회 기준에서 최적안은 복수개로 d_1과 d_2이다.

5.4 확률을 이용한 불확실한 상황 하의 의사결정 기준

많은 경우에 있어 주어진 상황의 적정한 확률 추정치를 구할 수 있다. 의사결정 대안을 선택하기 위하여 확률 추정치를 사용하는 의사결정 기준은 2가지가 있는데 하나가 기대금전가치(expected monetary value)이고 나머지 하나는 기대기회손실(expected opportunity loss)이다. 불확실한 상황 하에서 의사결정을 할 때 이 2가지 기준을 어떻게 사용하는지 살펴보자.

기대금전가치(*EMV*, Expected Monetary Value)

기대금전가치 기준은 분석가들이 각 의사결정 대안들의 기대값을 먼저 구하고 그 다음 가장 큰 값을 주는 대안을 선택하는 방법이다. 먼저 각 주어진 상황(S_j)이 발생할 확률을 $P(S_j)$라 하고 발생 가능한 모든 주어진 상황의 수를 n이라고 하면 각 주어진 상황이 발생할 확률은 반드시 다음의 조건을 만족시켜야 한다.

$$P(S_j) \leq 0, \ \forall j \text{ (이것은 '모든 } j\text{에 대하여'라는 의미이다)} \tag{5.1}$$

$$\sum_{j=1}^{n} P(S_j) = P(S_1) + P(S_2) + \cdots\cdots + P(S_n) = 1 \tag{5.2}$$

의사결정 대안 d_j의 기대금전가치는 다음 (5.3)과 같이 계산된다.

$$EMV(d_i) = \sum_{j=1}^{n} P(S_j) V(d_i, S_j) \tag{5.3}$$

다시 말하면 의사결정 대안의 기대금전가치는 각 대안들의 성과의 가중치화된 값들의 합으로 이때 성과들에 대한 가중치는 관련된 주어진 상황들의 확률을 의미한다. 이제 이들 계산식을 실제 문제에 적용하여 이해를 돕기 위하여 ITS사의 문제에 적용하여 보자.

ITS사의 경영진들은 그들 상품에 대하여 높은 고객들의 호응이 실제 일어날 가능성을 0.3정도일 것이라고 추정하고 있다. 반대로 낮은 호응을 받을 확률은 0.7로 추정하고 있다. 따라서 $P(S_1) = 0.3$이고 $P(S_2) = 0.7$이다. [표 5-1]과 식 (5.3)을 사용하여 각 의사결정 대안들의 기대금전가치를 계산하면 다음과 같다.

$$EMV(d_1) = 0.3(2{,}000\text{백만원}) + 0.7(-200\text{백만원}) = 460(\text{백만원}),$$
$$EMV(d_2) = 0.3(1{,}500\text{백만원}) + 0.7(200\text{백만원}) = 590(\text{백만원}),$$
$$EMV(d_3) = 0.3(1{,}000\text{백만원}) + 0.7(600\text{백만원}) = 720(\text{백만원}).$$

따라서 기대금전가치 기준에 따르면 기대금전가치 720(백만원)을 가져오는 작은 컴퓨터를 리스하는 대안 3이 최적 의사결정으로 추천된다. 이때 만약 주어진 상황의 발생확률이 바뀐다면 최적안이 달라질 수 있다. 예를 들어 높은 호응을 받을 확률이 0.3에서 0.5로 바뀐다면 그때 각 대안들의 기대금전가치는 각각 900(백만원), 850(백만원) 그리고 800(백만원)이 되어 대안 1이 최적전략으로 선정될 수 있다.

기대기회손실(EOL, Expected Opportunity Loss)

5.3절에서 각 의사결정대안들과 주어진 상황이 결합되었을 때 기회손실 또는 후회의 개념을 살펴보았다. [표 5-4]에서 ITS사의 각 대안들의 기회손실(EOL)을 계산하여 표시하였는데 이를 나타내면 다음과 같다.

$$EOL(d_i) = \sum_{j=1}^{n} P(S_j)\, R(d_i,\ S_j) \tag{5.4}$$

여기서 $R(d_i,\ S_j)$는 주어진 상황이 S_j일 때 대안 d_i의 기대기회손실을 의미한다. 다시 ITS사의 문제로 돌아가서 각 대안들의 기대기회손실을 계산하면 다음과 같다. 이때 S_1과 S_2의 발생확률을 각각 0.3과 0.7로 추정한다.

$$EOL(d_1) = 0.3(0) + 0.7(800\text{백만원}) = 560(\text{백만원}),$$
$$EOL(d_2) = 0.3(500\text{백만원}) + 0.7(400\text{백만원}) = 430(\text{백만원}),$$
$$EOL(d_3) = 0.3(1{,}000\text{백만원}) + 0.7(0) = 300(\text{백만원}).$$

보통 의사결정자는 기회손실액을 최소로 하려고 한다. 따라서 기대기회손실 기준에 따르면 최적안은 3안인 d_3가 되며, 그때 기회손실액은 최소로 300(백만원)으로 추정된다.

기대기회손실은 불확실성 하에서 의사결정에 대한 대안적인 기준과 방법을 제공하지만 기대기회손실 기준을 사용한 최적 의사결정은 기대금전가치 기준을 사용한 최적 의사결정과 항상 동일할 것이다. 권고하는 의사결정이 동등하기 때문에 주어진 의사결정 상황에서는 유일하게 하나의 기준만 적용될 필요가 있다. 실질적으로 기대금전가치 기준이 불확실한 상황 하의 의사결정에서 가장 많이 사용되고 채택되고 있다. 그러나 기대 기회손실 기준이 동일한 결과를 제공하고 5.6절에서 보이겠지만 최적 의사결정과 관련된 EOL은 주어진 상황의 발생가능성에 대한 추가적인 정보를 수집하는 가치 기준을 제공한다.

〈예제 5-2〉

〈예제 5-1〉에서 주어진 상황의 발생확률이 각각 $P(S_1)=0.3$, $P(S_2)=0.4$ 그리고 $P(S_3)=0.3$이라면 기대금전가치 기준에서 최적 전략을 제시하라.

풀이 먼저 각 대안의 EMV를 계산한다. 그 다음 가장 큰 EMV를 주는 대안을 최적안으로 선택하면 된다.

$$EMV(d_1)=(0.3)(14)+(0.4)(8)+(0.3)(10)=10.4$$
$$EMV(d_2)=(0.3)(11)+(0.4)(10)+(0.3)(8)=9.7$$
$$EMV(d_3)=(0.3)(9)+(0.4)(11)+(0.3)(10)=10.1$$

따라서 가장 큰 값을 주는 대안 1이 최적 전략이 된다.

5.5 의사결정 나무(dedision tree)

적정한 수의 의사결정 대안과 주어진 상황을 가지는 의사결정 문제들은 성과표를 사용하여 분석할 수 있지만 의사결정 나무로 불리는 의사결정 프로세스의 그림 표현을 이용하여 분석할 수도 있다.

ITS사의 의사결정 문제를 의사결정 나무를 이용하여 나타내면 〈그림 5-1〉인데 여기서 의사결정 나무는 의사결정 프로세스에서 나타날 논리적 혹은 본연적인 절차를 보여준다. 의사결정 나무를 이용하여 기업이 수행할 수 있는 과정을 설명하면 다음과 같다.

첫째는 의사결정을 반드시 해야 한다. 즉 d_1, d_2, d_3를 먼저 결정한다. 그 다음에 의사결정이 이루어지면 주어진 상황(S_1 혹은 S_2)이 발생하게 된다. 나무의 각 가지 끝에 있는 수는 특정 사건들의 사슬에 관련된 성과이다. 예를 들어 제일 위에 잇는 가지의 끝에 있는 수 2,000(백만원)은 경영자가 대안 1, 즉 대형 컴퓨터를 리스하고 그때 주어진 상황이 높은 호응으로 나타났을 때 얻을 수 있는 성과이다. 바로 밑의 가지 끝의 수 −200(백만원)은 의사결정을 1로 하고 그때 시장의 반응이 낮게 나타났을 때 ITS사가 얻게 될 성과로, 즉 2억원의 손실을 입게 된다는 의미이다.

ITS사의 문제에서 각 결정에 따른 가능한 성과들을 의사결정 나무로 표시해 보자. 의사결정도에 사용되는 의사결정 나무와 관련된 일반적인 용어를 정의하면 노드(node)와 가지(arc)가 있다. 가지는 노드와 노드 사이를 연결하는 역할을 하며, 노드는 의사결정 노드와 주어진 상황 노드로 구분된다. 의사결정 노드는 사각형으로 표기하며, 주어진 상황 노드는 원으로 표기한다. 〈그림 5-1〉에서 노드 1은 의사결정 노드이고 노드 2와 3 그리고 4는 주어진 상황 노드이다.

그림 5-1 노드와 가지 번호를 붙인 ITS사의 수형도

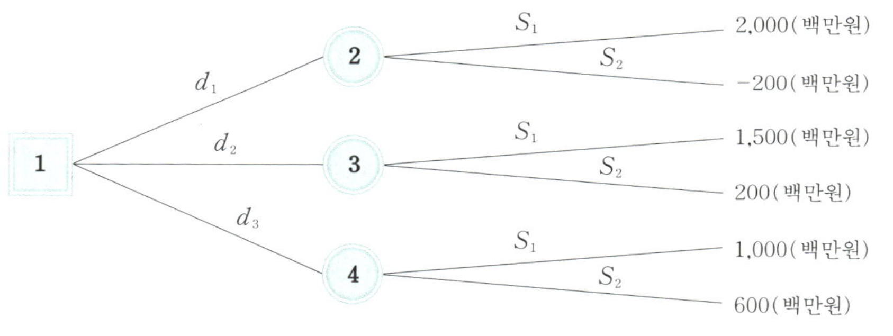

의사결정 노드에서 의사결정자는 향후 실행해야 할 특정의 의사결정 가지를 선택하게 된다. 이때 최적의 가지를 선택하는 것은 최적의 의사결정을 내린다는 의미이다. 그러나 주어진 상황 노드에서 연결되는 가지는 의사결정자에 의하여 통제될 수 없는 가지로 각 가지와 관련된 확률에 의존한다.

ITS사의 문제에서 주어진 상황 2가지가 발생할 확률이 각각 $P(S_1) = 0.3$, $P(S_2) = 0.7$을 이용하여 의사결정 나무를 그려보면 〈그림 5-2〉와 같다.

그림 5-2 주어진 상황의 확률을 표시한 ITS사의 수형도

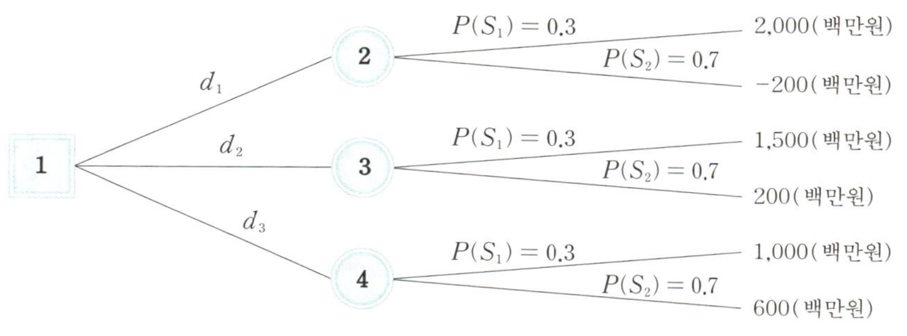

여기서 기대금전가치 기준과 의사결정나무의 각 가지들의 확률을 사용하여 ITS사의 최적 의사결정에 도달하기 위하여 주어진 상황 노드의 기대금전가치를 계산하면 다음과 같다.

$$EMV(\text{노드 } 2) = 0.3(2{,}000) + 0.7(-200) = 460(\text{백만원}),$$
$$EMV(\text{노드 } 3) = 0.3(1{,}500) + 0.7(200) = 590(\text{백만원}),$$
$$EMV(\text{노드 } 4) = 0.3(1{,}000) + 0.7(600) = 720(\text{백만원}).$$

주어진 상황 노드에서의 기대금전가치가 이미 알려져 있기 때문에 이를 이용하여 노드 1에서의 기대금전가치를 구하면 〈그림 5-3〉처럼 의사결정

그림 5-3 의사결정 가지의 기대금전가치

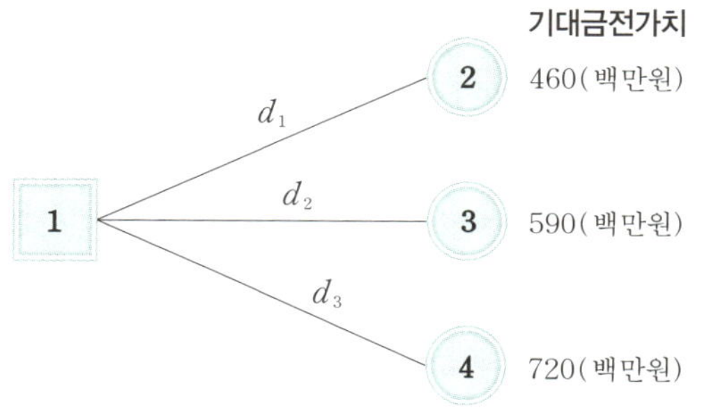

가지 1, 2, 3의 기대 금전가치를 비교하여 가장 큰 가치를 주는 의사결정 가지 3을 선정하면 되고 그때 의사결정 노드 1의 기대금전가치는 720(백만원)이 된다. 즉 기대금전가치 기준 하에서 최적 의사결정은 3안인 소형 컴퓨터를 리스하는 것이 최적 전략이다.

의사결정 나무에서 의사결정 노드의 기대금전가치는 720(백만원)이고 의사결정 가지 3이 선택되었다. 따라서 의사결정 나무 그림에서 선택되지 않은 의사결정가지는 채택되지 않았다는 것을 나타내기 위하여 가지 위에 '//'를 표시하도록 한다. 즉 의사결정 가지들 중에서 의사결정자에 의하여 특정의 어느 한 가지만이 선택되며, 나머지 의사결정 가지는 삭제된다는 것을 의미하며, 의사결정 노드 위에 기대금전가치를 표기하도록 한다. 〈그림 5-4〉는 완성된 의사결정 나무 그림(수형도)이다.

그림 5-4 최적 의사결정과 최고 기대금전가치를 표시한 수형도

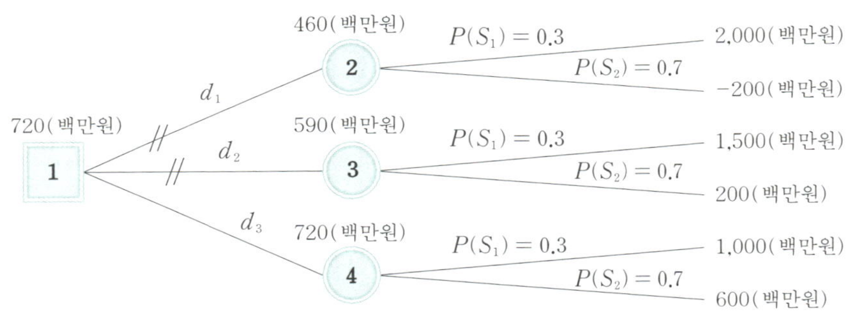

5.6 완전정보의 기대가치

우리는 5.4절의 말미에서 기대기회손실이 주어진 상황의 발생가능성들에 관한 추가적인 정보를 얻는 가치를 결정하는 데 유용하다고 언급하였다. ITS사가 그들이 제공하는 서비스에 대한 고객들의 필요성을 충분히 평가하기 위한 시장 탐색연구를 수행할 수 있는 기회를 가진다고 가정해 보자. 이러한 연구는 주어진 상황의 현재 확률 값을 개선하는 데 도움을 준다. 반면에 이러한 정보를 수집하는 데 소요되는 비용이 그것의 가치를 넘어설 때는 ITS사는 정보탐구를 중지해야 한다.

ITS사를 위한 추가적인 정보의 최대 지불가치를 결정하는데 도움을 주기 위하여 [표 5-6]과 같이 ITS사의 기회손실표를 다시 그려보자. 기대금전가치 기준을 사용하든 기대 기호손실기준을 사용하든 간에 최적 의사결정은 $P(S_1)=0.3$, $P(S_2)=0.7$일 때 작은 컴퓨터를 리스하는 d_3이었다. 이제 이러한 결정에 관련된 손실에 집중해 보자.

만약 주어진 상황이 S_1으로 나타난다면 d_3는 최적 의사결정이 아닐 것이고, ITS사는 d_1을 선택하지 않은 사실로 인해 10억원의 기회손실을 입게 될 것이다. 즉 주어진 상황이 S_1으로 나타날 것이라는 완전한 정보가 주어진다면 ITS사는 d_3 대신 d_1을 선택하여 이익을 10억원 증가시킬 수 있을 것이다. 반면에 주어진 상횡이 S_2로 나타나면 d_3가 최적 의사결정이 되며 기회손실은 0이다. 따라서 S_2가 발생할 것이라는 완전정보는 ITS사가 완전정보 없이 이미 d_3로 의사결정을 하였기 때문에 회사에 어떠한 가치도 되지 못한다.

완전정보의 기대가치는 얼마일까? $P(S_1)=0.3$과 $P(S_2)=0.7$ 및 기대기회손실을 사용하여 계산해 보면 ITS사가 10억원을 얻을 가능성이 30%이고 0원을 얻을 가능성이 70%이므로 따라서 ITS사의 완전정보의 기대가치($EVPI$, Expected Value of Perfect Information)는 다음과 같다.

$$EVPI = (0.3)(10\text{억원}) + (0.7)(0\text{원}) = 3\text{억원}$$

표 5-6 **ITS사의 기회손실표**(단위 : 백만원)

의사결정 대안	주어진 상황	
	높은 반응(S_1)	낮은 반응(S_2)
대형 컴퓨터 리스 d_1	0	800
중형 컴퓨터 리스 d_2	500	400
소형 컴퓨터 리스 d_3	1,000	0

$EVPI$가 최적의사결정안의 기대기회손실과 동일하다는 것에 주목하자. 따라서 의사결정 기준으로서 기대기회손실을 사용한다면 혹은 최적 의사결정의 기대기회손실을 계산하였다면 이미 $EVPI$를 계산한 것이다.

일반적으로 말해서 완전정보를 제공하는 시장조사연구를 기대하지 않는다. 그러나 제공되는 정보는 3억원의 가치가 있을 것으로 보인다. 어떤 경우이든 간에 ITS사의 경영진은 그 정보가 아무리 좋다고 하더라도 3억원 이상을 지불해서는 안 된다. 만약 시장조사 비용이 합당한 수준으로 적다면 보통 5백만원에서 1,000만원 사이라면 시장조사연구는 ITS를 위하여 고려할 만한 경제적으로 가치가 있는 것처럼 보인다.

일반적으로 $EVPI$를 구하는 일반 공식을 정리하면 다음과 같다.

$$EVPI = \sum_{j=1}^{n} P(S_j) \cdot R(d^*, S_j) \tag{5.5}$$

d^* = 추가적인 정보를 획득하기 전 최적 의사결정안,
$P(S_j)$ = 주어진 상황 j가 발생할 확률,
n = 주어진 상황의 수,
$R(d^*, S_j)$ = 주어진 상황이 j이고 의사결정이 d^*일 때 기회손실 또는 후회.

$EVPI$는 이미 설명한 것처럼 완전정보를 얻게 될 때 의사결정자가 이를 이용하여 의사결정을 하고 시행한다면 얻게 되는 성과와 이러한 정보 없이 의사결정하였을 때 기대되는 성과의 차를 의미한다. 그러면 일반적인 경우 의사결정자는 완전정보를 쉽게 얻을 수 있을까? 그렇지 않다. 완전정보는 오직 "신만이 알 뿐이다(Only God Knows!)"라는 말이 있듯이 획득하기 어렵다. 따라서 많은 경우 의사결정자는 완전정보에 가까운 정보를 얻기 위하여 다양한 실험을 행한다. 이렇게 하여 얻어진 정보를 부분정보 또는 표본의 정보(sample information)라고 한다. 표본 정보를 구하는 절차는 경영과학이나 통계과정에서 학습하길 바란다.

연습문제

01. 다음과 같이 성과표가 주어져 있을 때 각 의사결정 기준에 따라 최적 전략을 선택하라.

대안	주어진 상황		
	S_1	S_2	S_3
d_1	-100	50	150
d_2	100	100	100

① maximin 기준 하 최적안은?

② maximax 기준 하 최적안은?

③ minimax 후회 기준 하 최적안은?

02. 새한건설회사는 제주도 중문단지에 콘도미니엄을 건설하려는 계획을 수립하고 있다. 3가지 타입의 콘도를 계획하고 있는데, 콘도수요에 따라 새한건설회사가 얻을 수 있는 미래의 수익은 다음의 표로 요약되어 있다. 각 물음에 답하라.

(단위 : 백만원)

	수요		
	낮음	보통	높음
소형	400	400	400
중형	100	600	600
대형	-300	300	900

① maximin 기준 하 최적 의사결정은 무엇인가?

② maximax 기준 하 최적의사결정은 무엇인가?

③ minimax 후회 기준 하 최적의사결정은 무엇인가?

④ 콘도의 수요에 대한 발생확률을 알 수 있다고 할 때 최적 의사결정은 무엇인가?
단, P(낮음) = 0.3, P(보통) = 0.4, P(높음) = 0.3이다.

⑤ 만약 새한건설회사의 경영진들은 콘도 수요에 대한 결정적으로 중요한 내부정보를 얻을 수 있다고 한다면 그러한 정보에 대하여 지불할 수 있는 최대 금액은 얼마인가?

⑥ 이 문제를 의사결정 나무 그림을 통해 최적해를 구해 보아라.

03. 다음의 성과표를 보고 물음에 답하시오.

	S_1	S_2
d_1	15	10
d_2	10	12
d_3	8	20

① minimax 후회 기준에서의 최적 전략은 무엇인가?

만약 $P(S_1)$이 0.8이고 $P(S_2)$가 0.2일 때

② 기대금전가치 기준에서 최적 전략을 찾아라.

③ $EVPI$를 구하라.

04. 어느 대학의 구내 식당은 비빔밥의 일일 생산량을 100인분, 200인분 그리고 300인분을 고려하고 있다. 이때 실제 비빔밥의 1일 판매량이 100인분, 200인분, 그리고 300인분이 팔릴 수 있는 것으로 보고 있다. 구내식당 경영자는 생산량과 판매량에 따라 구내식당이 얻을 수 있는 수익을 예상해 보니 다음과 같았다. 단 생산량보다 수요가 많이 발생하게 되면 이로 인해 손실을 볼 수도 있음을 고려하고 있다.

첫째, 1일 100인분을 생산할 때 수요가 100인분, 200인분, 그리고 300인분으로 나타날 때 수익은 각각 500, 200, -100이다.

둘째, 1일 200인분을 생산할 때 수요가 100인분, 200인분, 그리고 300인분으로 나타날 때 수익은 각각 -400, 800, 700이다.

셋째, 1일 300인분을 생산할 때 수요가 100인분, 200인분, 그리고 300인분으로 나타날 때 수익은 각각 -1,000, -200, -1,600이다.

① 성과표를 작성해 보라.

② maximax 기준에서 최적 전략은?

③ 수요가 각각 $P(100) = 0.2$, $P(200) = 0.2$ 그리고 $P(300) = 0.6$이라면 여러분은 어떤 전략을 권고하겠는가?

05. 품질관리 검사 프로세스를 100% 검사를 하거나 검사를 하지 않는 2가지로 고려하고 있다. 이때 발견될 수 있는 불량률은 아래 표와 같이 4가지로 보고된다고 한다. 의사결정 나무 그림을 이용하여 최적 의사결정을 한다면 무엇이 최적일까?

(단위 : 백만원)

	불량률			
	0%	1%	2%	3%
검사 안함	250	250	250	250
100% 검사	0	125	250	375
확률	0.15	0.25	0.40	0.20

06. D대학 학생회는 올해 축제를 다양하게 진행하려고 한다. 축제행사는 예전과 같이 체육관에서 진행하는 행사와 야외특설무대를 꾸며 진행하는 행사 그리고 이 두 가지 모두를 진행하는 축제행사를 계획하고 있다. 축제규모와 경비를 고려하여 축제진행에 따른 부대경비를 축제행사장에서 참여하는 학생들로부터 직접 판매를 통하여 조달하려고 한다. 그런데 축제기간 동안 기상조건에 따라 축제행사에 따른 수익표가 다음과 같을 때 물음에 답하라.

(단위 : 만원)

	기상조건		
	맑음	흐림	비
실내행사	100	130	150
야외행사	200	100	-100
2가지 모두 진행	250	150	-150

① maximin 기준에서 최적전략 방안은 무엇인가?

② maximax 기준에서 최적 전략은?

③ minimax 기회손실 기준에서 최적 전략은?

④ 축제기간 동안 기상상황을 보면 맑을 확률이 0.3, 흐릴 경우가 0.4, 비가 올 확률이 0.3이라고 한다면, 기대금전가치 기준에서 최적 전략은 무엇인가?

⑤ $EVPI$를 구하라.

⑥ 의사결정 나무 그림을 이용하여 의사결정해 보라.

제6장 관계(Relation)와 함수(Function)

수학이야기

수학에서 함수는 큰 비중을 차지하고 있다. '함수'라는 말은 1694년 독일의 수학자인 라이프니쯔가 처음으로 수학에 도입하였다고 한다. 라이프니쯔는 함수와 같은 연속적인 양에 대한 수학과 확률과 같은 흩어져 있는 양에 대한 수학 모두에 관심을 갖고 연구를 하였는데 이렇게 두 방면에서 업적을 남긴 수학자는 드문 것으로 알려져 있다.

라이프니쯔(1646~1716)는 라이프찌히에서 대학교수인 아버지와 법률가의 딸인 어머니 사이에서 태어났다. 그는 30년 전쟁으로 인해 네덜란드, 영국, 프랑스 등에 비해 문화적 · 학문적 수준이 떨어지는 지성 불모 상태의 독일에서 일어난 최초의 근세 철학자이자 수학자였다. 영국의 뉴턴과 함께 동일한 시대에서 미적분학을 창시하였으며, 파스칼처럼 계산기를 만들기도 하였다. 그가 만든 계산기는 단순히 덧셈과 뺄셈 기능만을 갖고 있는 파스칼의 계산기의 기능 외에 곱셈과 나눗셈 그리고 제곱근 계산을 가능하게 하였다. 이러한 뛰어난 능력을 지닌 라이프니쯔의 연구의 대부분이 바람막이도 없는 덜컹거리는 마차에서 이루어졌다고 하니 정말 아이러니하지 않은가? 라이프니쯔는 수학 외에 법률학, 정치, 역사, 문학, 논리학, 형이상학 등에서 많은 업적을 남겼는데, 그는 이러한 뛰어난 재능을 이용하여 많은 돈과 명예를 얻기 위하여 인생의 대부분을 보내게 되는데 만약 그가 세속적인 것을 추구하지 않고 수학에만 몰두하였더라면 지금 알려져 있는 것보다 더 많은 것을 우리에게 남겼을 것이다. 왕후 귀족을 쫓아 다녔던 그의 생애를 보면 한 사람의 최고의 수학적 천재가 피기도 전에 시들어 버린 비극적 삶을 볼 수가 있다.

—『수학사랑』에서 발췌

6.1 관계(Relation)

우리는 제1장에서 카르테시안 곱을 정의하고 예를 들어보았다. 카르테시안 곱은 중요한 수학적인 개념이지만 직접적으로 사용되는 경우가 많지 않다. 그러나 카르테시안 평면(cartesian plane)이나 사각좌표시스템(rectangular coordinate system)과 같은 다른 수학적 개념의 개발에 있어서 중요성 때문에 간접적으로 카르테시안 곱을 사용한다.

카르테시안 곱은 관계를 정의하기 위한 기초를 제공한다. 예를 들어 집합 $X=\{1, 4\}$이고 $Y=\{-1, 2\}$이라면 X와 Y의 카르테시안 곱은 다음과 같다.

$$X \times Y=\{(1,-1),\ (1,\ 2),\ (4,-1),\ (4,\ 2)\}$$

이때 아래에 나열되어 있는 집합들의 각각은 집합 X와 집합 Y 사이의 관계를 나타낸다.

$\{(1,-1)\}$, $\{(1,\ 2)\}$, $\{(4,-1)\}$, $\{(4,\ 2)\}$, $\{(1,-1),\ (1,\ 2)\}$, $\{(1,-1),\ (4,-1)\}$,
$\{(1,-1),\ (4,\ 2)\}$, $\{(1,\ 2),\ (4,-1)\}$, $\{(1,\ 2),\ (4,\ 2)\}$, $\{(4,-1),\ (4,\ 2)\}$,
$\{(1,-1),\ (1,\ 2),\ (4,-1)\}$, $\{(1,-1),\ (4,-1),\ (4,\ 2)\}$, $\{(1,\ 2),\ (4,-1),\ (4,\ 2)\}$
$\{(1,-1),\ (1,\ 2),\ (4,\ 2)\}$, $\{(1,-1),\ (1,\ 2),\ (4,-1),\ (4,\ 2)\}$, ϕ

그런데 상기한 각 집합들은 집합 X와 Y의 카르테시안 곱들의 부분집합들임을 알 수 있다. 이로부터 다음과 같은 정의를 도출할 수 있다.

관계와 카르테시안 곱

두 집합 X와 Y가 주어질 때 집합 X와 집합 Y 사이의 관계는 X와 Y의 카르테시안 곱 $X \times Y$의 어떤 부분집합이다.

두 집합 사이의 모든 관계를 일일이 나열할 필요는 없지만 총 관계의 개수를 결정하는 공식을 아는 것은 의미가 있다. 상기한 예에서 보았듯이 관계의 총 개수는 어떤 집합이 있을 때 그 집합의 부분집합의 총 개수와 동일하며 2^n이다.

〈예제 6-1〉

집합 $X=\{2, -3\}$이고 $Y=\{1,\ 4,\ 6\}$일 때 아래의 관계를 만족시키는 모든 순서쌍 $(x,\ y)$를 표시하라.

$$R=\{(x,\ y) \mid x+y=3\}$$

풀이 (x, y)의 모든 순서쌍은 $X \times Y$에 의하여 다음과 같이 만들어진다.

$$X \times Y=\{(2,\ 1),\ (2,\ 4),\ (2,\ 6),\ (-3,\ 1),\ (-3,\ 4),\ (-3,\ 6)\}$$

이들 중에서 관계 R의 조건을 만족시키는 순서쌍은 $\{(2,\ 1),\ (-3,\ 6)\}$이다.

〈예제 6-2〉

위의 예제에 정의되어 있는 집합 X와 Y를 이용하여 $R=\{(x,\ y) \mid y \geq x\}$인 관계 R을 결정하라.

풀이 $X \times Y$에 의하여 만들어지는 모든 순서쌍들 중 주어진 관계를 만족시키는 순서쌍은 다음과 같다.

$$R=\{(2,\ 4),\ (2,\ 6),\ (-3,\ 1),\ (-3,\ 4),\ (-3,\ 6)\}$$

관계의 정의역과 치역

① 관계의 정의역 D는 관계의 모든 순서쌍들의 모든 첫 번째 원소들의 집합이다.

② 관계의 치역 R은 관계의 모든 순서쌍들 중에서 모든 두 번째 원소들의 집합이다.

〈예제 6-3〉

관계 $N=\{(1,\ 5),\ (1, -2)\}$이 주어져 있을 때 관계의 정의역과 치역을 나타내어라.

풀이 관계의 정의역 $D=\{1\}$, 관계의 치역 $R=\{5, -2\}$

관계는 방정식과 부등식으로 정의될 수 있다. 이때 방정식과 부등식은 x나 y의 값들을 또 다른 y나 x의 하나의 값으로 관계시키는 규칙(rule)을 제공한다. 이들 규칙들은 정의역의 값들을 관계되는 치역의 값들로 연계시키는 수단을 제공한다.

〈예제 6-4〉

관계 $M=\{(x, y) \mid y=x^3-6,\ 1 \le x \le 3\}$이 주어져 있을 때 M의 정의역과 치역을 나타내어라.

풀이 관계 M의 구성요소들 중에서 일부를 표시하면 $(1, -5)$, $(2, -2)$, 그리고 $(3, 21)$ 등이 있다. 관계 M의 정의역 D는 주어진 바와 같이 제한되어 있는데 $D=\{x \mid 1 \le x \le 3\}$이다. 그리고 치역 $R=\{y \mid -5 \le y \le 21\}$이다.

6.2 함수(Function)

함수는 관계의 특별한 영역(class)이다. 함수는 어떤 대상의 값들이 다른 대상의 값들에 의존하고 있다는 의미를 지니고 있다. 우리 주위를 살펴보면 함수적인 관계들이 셀 수 없을 만큼 많음을 볼 수 있다. 여름 해변에 모인 군중들의 수는 온도(temperature)에 의존하며, 제품의 판매량은 제품가격에 의존할지도 모른다. 그리고 학생들의 성적은 학습량에 의존할 것이고 지방세율(city tax rates)은 자치단체의 지출 규모에 따라 결정되어질 수도 있다.

매일 저녁 도서관에서 이 교과서를 가지고 수학을 공부하는 모든 학생들의 집합을 X라 하고 Y를 0과 100 사이의 정수들의 집합으로 지난 중간고사에서 학생들이 받은 점수라고 하자. 집합 X에 속한 각각의 학생들을 점수집합 Y로부터의 어떤 하나의 점수와 대응시킬 수 있다. 집합 X의 학

그림 6-1 사상(mapping)

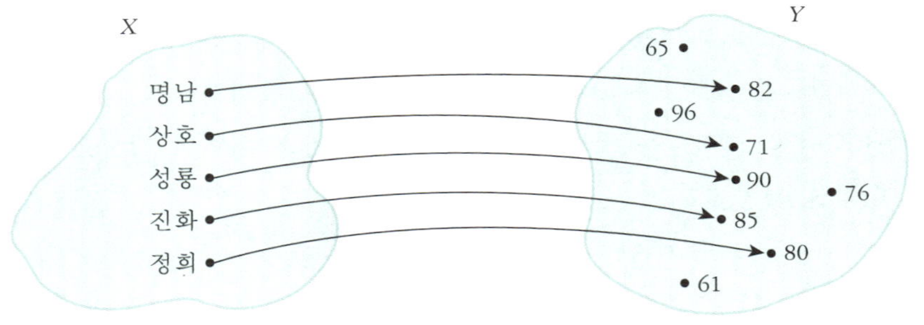

생들과 집합 Y의 점수와의 단순한 대응관계를 도시하면 〈그림 6-1〉처럼 나타낼 수 있다.

그리고 우리들은 일상생활의 현상을 통해 함수관계를 찾아볼 수 있다. 은행의 구좌에 저축된 예금액과 연간 12% 이자율로 계산된 이자액 사이에도 관계가 설정될 수 있다. 〈그림 6-2〉는 다양한 예금액과 이에 따라 발생된 이자액과의 1대 1 대응을 보여주고 있는데 여기서 집합 Y의 이자액들과 집합 X의 예금액들을 어떻게 관계되어지는 가를 알아보기 위하여 공식을 사용할 수 있다. x를 집합 X의 예금액이라면 그 예금액으로 얻게 되는 이자 y, 즉 집합 Y에 속한 관계되는 값은 다음 공식에 의해 얻어진다.

그림 6-2

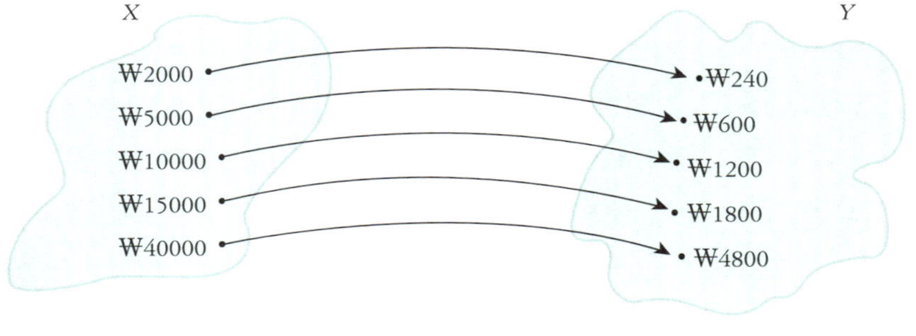

$$y = .12 \times x$$
$$= .12x$$

이 예에서 이자액 y는 예금액 x에 의존하고 또한 예금액 x에 의하여 이자액 y의 값이 유일하게 결정되어진다. 이때 예금액 x를 독립변수(independent variable)라 하고 이자액 y를 종속변수(dependent variable)라고 한다. 예를 들어 x가 2,000원이라면 그때 발생하는 이자액, 즉 y는 240 $(= .12 \times 2{,}000)$원이다. 이때 변수 y를 x의 함수라고 부른다.

함수의 정의

함수는 어떤 집합의 각 원소를 정확히 다른 집합의 한 원소에 할당하는 규칙(rule)을 말한다.

함수에 있어 독립변수들이 취할 수 있는 모든 가능한 값들의 집합을 함수의 정의역(domain of function)이라 하며, 이에 대하여 종속변수가 가질 수 있는 모든 가능한 값들의 집합을 함수의 치역(range of function)이라고 한다.

정의역과 치역들은 동일한 집합일 수도 있고 아닐 수도 있다. 예를 들어 〈그림 6-1〉의 경우에 있어 정의역은 학생들의 집합이고 치역은 시험점수인 정수들의 집합이다. 이에 비하여 〈그림 6-2〉의 예에서 정의역과 치역 모두 양수들의 집합이다.

〈예제 6-5〉

$y = -4x + 11$에서 x가 독립변수일 때 y는 함수인가?

풀이 x에 하나의 값이 주어지면 $-4x+11$을 계산한 결과 정확히 y에 하나의 값이 주어진다. 예를 들어 $x=-7$이라면 그때 $y=-4(-7)+11=39$가 된다. 따라서 y는 함수이다. 그리고 x와 y는 모두 어떠한 실수를 취할 수 있어 정의역과 치역은 실수들의 집합이 된다.

〈예제 6-6〉

x가 독립변수일 때 $y^2=x$는 함수인가?

풀이 만약 x가 36이라면 그때 $y^2=x$는 $y^2=36$이 된다. 따라서 $y=6$ 혹은 $y=-6$이 되어 독립변수의 하나의 값에 대하여 종속변수 2개의 값이 대응된다. 따라서 $y^2=x$는 함수가 아니다.

〈예제 6-7〉

$y=\dfrac{-4x}{2x-3}$의 정의역을 나타내어라.

풀이 분모 $2x-3$을 0으로 만드는 값을 제외한 어떠한 실수도 x의 정의역이 될 수 있다.

6.3 함수의 표현

함수를 표현하기 위하여 종종 f, g, h, F, G 등의 문자가 사용된다. 예를 들어 $y=5-3x$라 정의되는 함수를 표시하기 위하여 f를 사용한다. 즉

$$f: y=5-3x$$

f의 정의역에서 x의 어떤 주어진 값에 대하여 정확히 치역에서의 y의 하나의 값과 대응된다. y가 함수 f를 x에 적용하여 얻어지는 값이라는 것을 강조하기 위하여 y 대신에 기호 $f(x)$를 사용한다. 이때 $f(x)$는 "*f of x*" 또는 "*f at x*"라고 읽는다.

함수는 또한 사상(mapping)이나 변환(transformation)이라고도 하는데 $y=f(x)$의 표현에서 함수를 나타내는 기호 f는 집합 x를 집합 y로 "사상 또는 변환시키는 규칙"을 의미하고 다음과 같이 쓸 수 있다.

$$f: x \rightarrow y$$

여기서 화살표는 사상을 표시하고 문자 f는 사상의 규칙을 나타내고 있다. 만약 변수 y와 z가 각각 x의 함수라면 y와 z 모두 기호 f를 사용하여 x의 함수로 표시할 수는 없다. 왜냐하면 f는 특정한 사상의 규칙을 나타내기 때문에 각각 다른 함수기호로 표시해야 한다. 즉 $y=f(x)$와 $z=g(x)$로 표기해야 한다.

6.4 구간(Interval)

함수의 정의역을 쓸 때, 예를 들어 4보다 작은 모든 실수들의 집합을 사용할 수 있다. 이 집합은 $(-\infty, 4)$와 같이 구간의 개념으로 표시할 수 있다. 이때 ∞기호는 무한대를 나타내는 기호로, 4보다 작은 모든 실수들을 포함하고 있다는 것을 나타낸다. 구간의 개념으로 표시된 집합들의 예가 아래의 [표 6-1]에 제시되어 있다. [표 6-1]에서 구간을 표시하기 위하여 괄호를 사용하는데, 대괄호 '[' 는 주어진 수가 구간의 일부라는 것을 나타낸다. 그리고 구간을 표시하기 위하여 a와 b라는 실수를 사용하는데 항상 $a<b$이다.

표 6-1 구간

구간의 종류	구간	구간기호	그래프
개구간 (open interval)	$a < x$	(a, ∞)	
	$a < x < b$	(a, b)	
	$x < b$	$(-\infty, b)$	
반개구간 (half-open interval)	$a \le x$	$[a, \infty)$	
	$a < x \le b$	$(a, b]$	
	$a \le x < b$	$[a, b)$	
	$x \le b$	$(-\infty, b]$	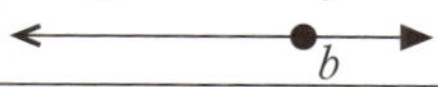
폐구간 (closed interval)	$a \le x \le b$	$[a, b]$	

〈예제 6-8〉

변수 x를 사용하여 구간을 부등호로 나타내어라.

① $(-4,\ 3)$

② $[3,\ \infty)$

③ 

④ 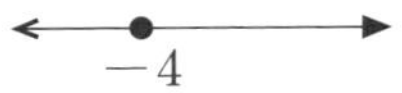

풀이 ① $-4<x<3$

② $3\leq x$ 또는 $3\leq x<\infty$

③ $-2\leq x<6$

④ $x\leq -4$ 또는 $-\infty<x\leq -4$

〈예제 6-9〉

다음에 주어진 변수 x의 구간을 그래프로 나타내어라.

① $-1<x<4$

② $-4\leq x\leq -1$

풀이 ① 

② 

〈예제 6-10〉

다음 함수의 정의역과 치역을 구간기호를 사용하여 나타내 보아라.

$$f(x)=x^2$$

풀이 정의역은 모든 실수들의 집합으로 $(-\infty,\ \infty)$이며, 치역은 $x^2\geq 0$ 이기 때문에 0보다 크거나 같은 모든 실수들의 집합 $[0,\ \infty)$이다.

그림 6-3 $g(x)$의 그래프

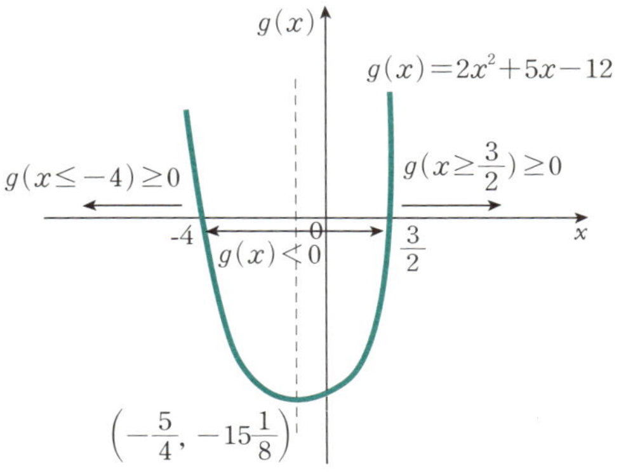

〈예제 6-11〉

$f(x)=\sqrt{2x^2+5x-12}$ 일 때 정의역을 말하라.

풀이 함수 f의 정의역은 $2x^2+5x-12\geq0$을 만족시키는 x의 값이다. 따라서 $g(x)=2x^2+5x-12$이라 할 때 $g(x)\geq0$인 x의 구간이 함수 $f(x)$의 정의역이다. 위의 〈그림 6-3〉에서 x가 -4보다 같거나 작을 때 그리고 x가 $\frac{3}{2}$보다 크거나 같을 때 $g(x)\geq0$이므로 함수 $f(x)$의 정의역은 $x\leq-4$, $x\geq\frac{3}{2}$이다.

6.5 선형함수(Linear Function)

현실에서의 많은 문제들이 선형함수로 설명될 수 있다. 만약 $f(x)$가 $ax+b$로 표시된다면 그때 함수 f를 선형함수라고 한다. 이때 a와 b는 실수이다. 모든 선형함수는 직선으로 표시되는데 선형함수의 중요한 특징 중의 하나가 직선의 기울기이다.

직선의 기울기를 계산하기 위하여 다음의 〈그림 6-4〉에서 두 점 (x_1, y_1)과 (x_2, y_2)를 통과하는 직선을 예로 들어보자. $x_1\neq x_2$일 때 x_2-x_1을

그림 6-4 직선의 기울기

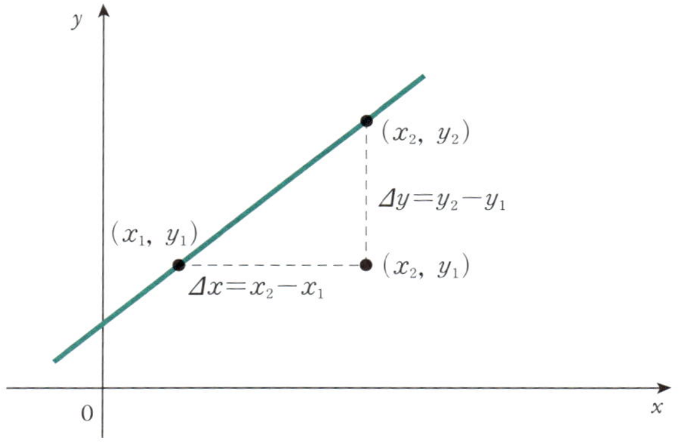

Δx(델타 x라고 읽는다)라 하고 y_2-y_1을 Δy라고 하면 직선의 기울기는 $\dfrac{\Delta y}{\Delta x}$로 표시된다.

직선의 기울기

서로 다른 두 점 $(x_1,\ y_1)$과 $(x_2,\ y_2)$를 지나는 직선의 기울기를 m이라 하면

$$m = \frac{\Delta y}{\Delta x} = \frac{y_2 - y_1}{x_2 - x_1}$$ 이다.

직선이 수평축과 평행할 때 이 직선의 기울기는 0이며, 직선의 수직축과 평행할 때 이 직선의 기울기는 정의되지 않는다. 예를 들어 점 $(0,\ b)$를 지나는 수평선의 방정식은 $y=b$ 이다. 이와 반대로 점 $(a,\ 0)$를 지나는 수직선의 방정식은 $x=a$이다.

한 점 $(x_1,\ y_1)$을 지나면서 기울기가 m인 직선의 방정식을 나타내면 $y-y_1=m\,(x-x_1)$이다.

〈예제 6-12〉

기울기가 -3이면서 $(-4,\ 1)$을 지나는 직선의 식을 나타내어라.

풀이

$$y-1=-3[x-(-4)]$$
$$=-3(x+4)=-3x-12$$
$$y=-3x-11$$

〈예제 6-13〉

두 점 (−3, 2)와 (2, −4)를 지나는 직선의 식을 나타내어라.

풀이 우선 두 점을 지나는 직선의 기울기 m을 구하면

$$m=\frac{-4-2}{2-(-3)}=\frac{-6}{5}$$ 이다.

그 다음 두 점 중에서 어느 한 점 (−3, 2)를 선택하여 직선의 식을 구하면

$$y-2=\frac{-6}{5}\left[x-(-3)\right]$$
$$5(y-2)=-6(x+3)$$
$$5y-10=-6x-18$$
$5y=-6x-8$, 따라서 $y=-\frac{6}{5}x-\frac{8}{5}$이다.

6.6 이차함수(Quadratic Functions)

a와 b 그리고 c가 실수이고 $a\neq 0$일 때 $f(x)$가 ax^2+bx+c이면 함수 $f(x)$를 이차함수라 한다. 이 함수를 그래프로 표시하면 〈그림 6-5〉와 같이 포물선(parabola)으로 그려지는데 포물선 상의 가장 높은(혹은 낮은) 점을 정점(vertex) 또는 꼭지점이라고 한다. 이때 $f(x)$에서 $a>0$이면 정점을 최소점이라 하고 $a<0$이면 최대점이라 한다.

〈그림 6-5〉의 (a)를 보면 이차함수 $y=x^2$은 포물선의 정점을 지나는 수직선 $x=0$에 의하여 포물선의 반이 나머지 반과 정확히 닮은 대칭형이다. 이러한 수직선을 이차함수의 축(axis)이라고 한다. 그리고 (b)의 $y=x^2-4$는 $y=x^2$과 동일한 형태이나 단지 4만큼 아래로 내려와 있는데

그림 6-5 이차함수의 형태

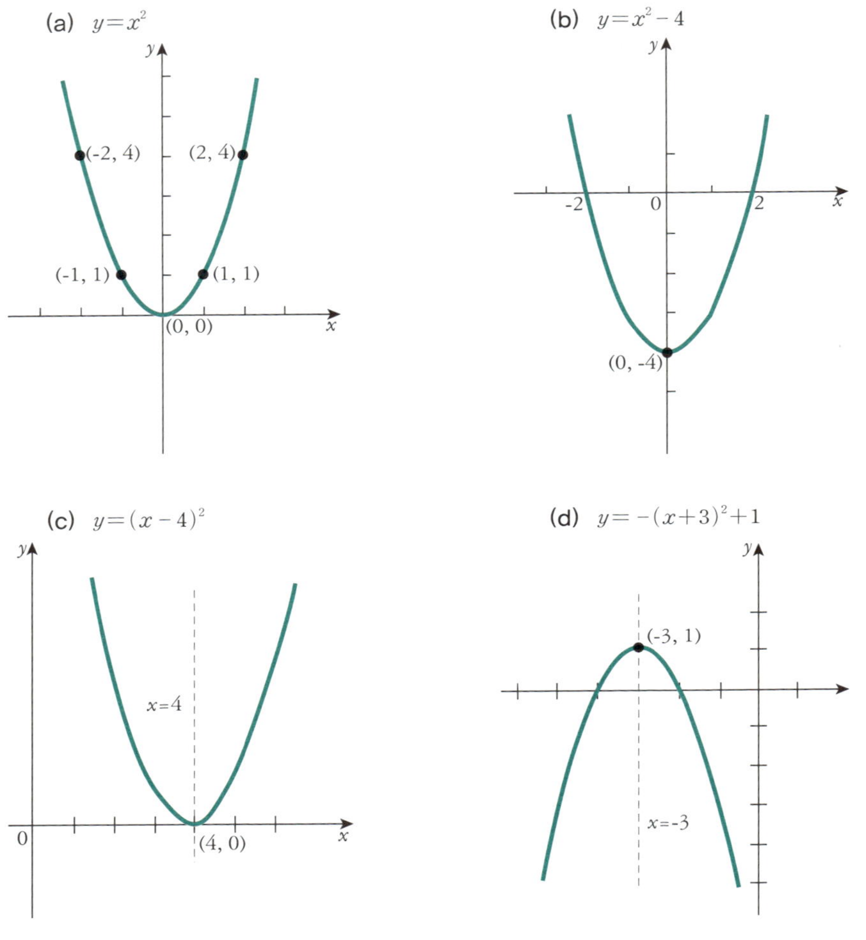

(a)와 (b) 모두 위로 향해 열려 있는 포물선의 형태를 보이고 있다.

이에 비하여 〈그림 6-5〉의 (c)는 $y=x^2$에 비하여 오른쪽으로 4만큼 이동해 있으며, (d)는 x^2 앞의 기호가 −이기 때문에 그래프의 형태가 아래로 열려 있는 모습을 보이고 있다.

그림 6-6 3차함수 $f(x)=x^3$의 그래프

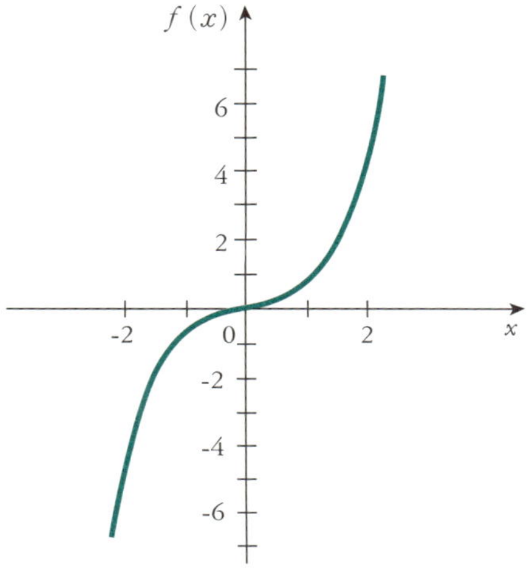

$f(x)=x^3$

x	$f(x)$
-2	-8
-1	-1
0	0
1	1
2	8

6.7 다항함수(Polynomial Functions)

n이 양의 정수이고 a_n, a_{n-1}, $\cdots$, a_1, a_0가 실수이며 $a_n \neq 0$이면 함수 $f(x)$가

$$f(x)=a_n x^n + a_{n-1}x^{n-1} + \cdots + a_1 x + a_0 \text{일 때}$$

$f(x)$를 n차 다항함수라고 한다.

만약 $n=1$이면 다항함수는 $f(x)=a_1 x + a_0$인 선형함수가 되고 $n=2$이면 이차함수가 된다. n차 다항함수의 가장 단순한 형태가 $f(x)=x^n$ 인데 이를 그래프로 그려보기 위하여 $f(x)=x^3$을 예로 들면 〈그림 6-6〉과 같다.

그림 6-7 $y=\frac{2}{1+x}$ 의 그래프

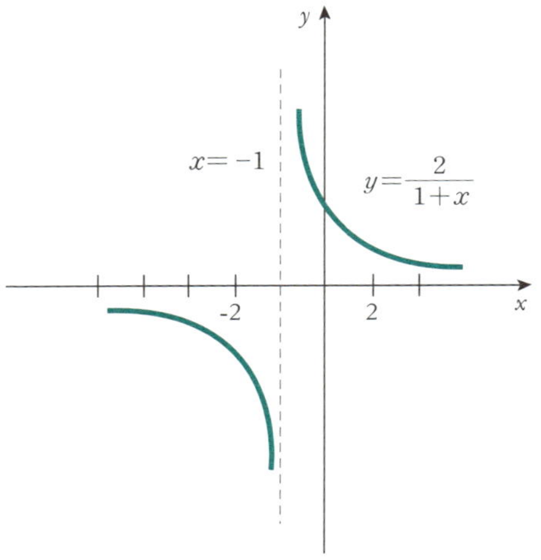

6.8 유리함수(Rational Functions)

$p(x)$와 $q(x)$가 다항함수이고 $f(x)$가 아래와 같이 정의될 때 이를 유리함수라고 한다.

$$f(x)=\frac{p(x)}{q(x)} \quad \text{, 단 } q(x)\neq 0$$

예를 들어 $y=\frac{2}{1+x}$가 있다면 이 함수는 $x=-1$에서는 정의되지 않는다. 왜냐하면 $x=-1$이면 분모가 0이 되기 때문이다. 이 함수를 그래프로 그려보면 〈그림 6-7〉과 같이 $x=-1$인 수직선과 만나지 않음을 볼 수 있다. 다음의 [표 6-2]를 보면 x가 -1의 양쪽 방향에서 $x=-1$로 점점 다가가면 갈수록 $1+x$의 값은 점차 0에 가까워지고 있고 $\left|\frac{2}{1+x}\right|$는 점점 더 커져가고 있다. 이때 $x=-1$을 수직점근선(vertical asymptote)이라고 한다.

또한 위의 예에서 $|x|$가 커져감에 따라 $y=\frac{2}{1+x}$는 점점 0에 가까워짐을 [표 6-2]에서 보아 알 수 있다. 유리함수에서 $|x|$가 커져감에 따라 함

표 6-2 $y=\frac{2}{1+x}$의 값

x	−101	−11	−2	0	9	99
$1+x$	−100	−10	−1	1	10	100
$y=\frac{2}{1+x}$	−.025	−.2	−2	2	.2	.02

수 y의 값이 어떤 값 k에 접근한다면 직선 $y=k$를 수평점근선(horizontal asymptote)이라고 한다.

수직점근선(vertical asymptote)**과 수평점근선**(horizontal asymptote)

① 유리함수에서 분모를 0으로 만드는 어떤 수 k가 있다면 그때 $x=k$인 직선을 수직점근선이라고 한다.

② 유리함수에서 $|x|$가 커져감에 따라 함수 y의 값이 어떤 값 k에 접근한다면 직선 $y=k$를 수평점근선(horizontal asymptote)이라고 한다.

6.9 역함수(Inverse Function)

$y=f(x)$가 주어져 있을 때 함수 y의 하나의 값에 대하여 하나의 x값이 대응되면 f를 1대 1 함수라고 한다. 예를 들어 $y=x^2$ 의 경우 $y=4$일 때 x는 2 또는 -2의 값을 가지므로 1대 1 함수가 아니다. 그러나 함수의 정의역이 $x\geq 0$로 제한될 경우 $y=4$일 때 $x=2$가 되어 1대 1 대응관계가 성립한다. 또한 마찬가지로 정의역이 $x\leq 0$인 경우 $y=4$일 때 $x=-2$가 되어 1대 1 함수가 된다.

함수 $y=f(x)$가 서로 다른 x값에 대하여 y가 서로 다른 값을 항상 갖는다면 함수 y는 역함수(inverse function) $x=f^{-1}(y)$를 갖는다. 예를 들어 함수 $f(x)=x^2$이고 정의역이 $x\geq 0$일 때 $y=f(x)$의 그래프를 직선 $y=x$에 관하여 대칭이동하면 〈그림 6-8〉과 같이 새로운 그래프가 그려지는데, 이 그래프의 함수식은 $y=\sqrt{x}$이다. 이 함수, $y=g(x)=\sqrt{x}$를 $f(x)$의 역함수라 한다.

그림 6-8 $y=\sqrt{x}$의 그래프

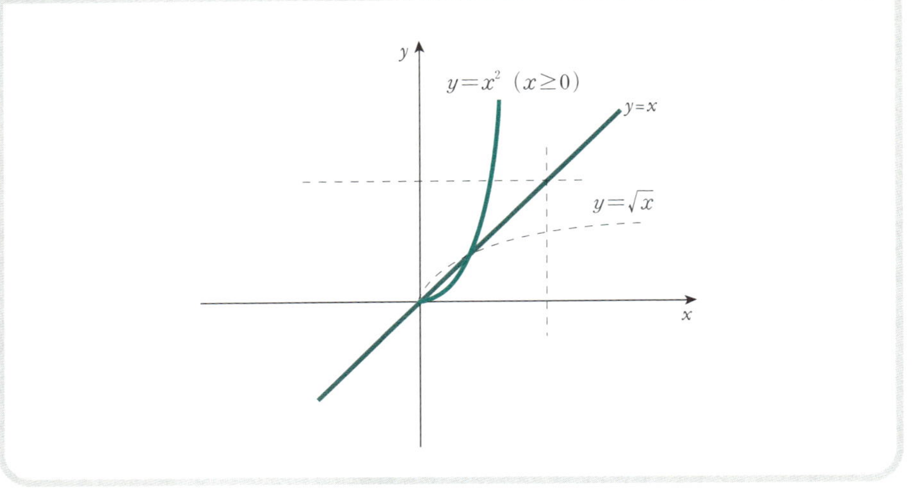

6.10 합성함수(Composite Function)

우리는 종종 문제를 풀이하는 과정에서 두 개나 그 이상의 구성함수(component function)들로 이루어지는 함수를 접할 수 있다. 만약 두 개의 함수가 세 번째 함수를 형성하기 위하여 결합될 때 이 세 번째 함수를 합성함수(composite function)라고 부른다.

예를 들어 판매사원의 주당급여(a weekly salary) y는 판매사원이 일주일 동안 판매한 수량 x의 크기에 의해 결정되고 주당급여와 판매량의 관계가

$$y=g(x)=2x+50$$

이라고 하자. 이때 판매량 x가 제품가격 p에 의존한다고 조사되었고, 이들 간의 관계가

$$x=h(p)=150-2.5p$$

일 때 판매원의 급여를 계산하려면 먼저 주어진 기간 동안 판매가격을 알아야 한다. 판매가격이 주어지면 1주일 동안 판매량을 예상할 수 있고, 이를 함수 $g(x)$에 대입함으로써 판매원의 일주일 급여를 결정할 수 있다.

만약 제품가격이 30(단위는 만원)이라면 일주일 동안 예상되는 판매량은

$$
\begin{aligned}
x &= h(30) \\
&= 150 - 2.5(30) = 150 - 75 \\
&= 75\text{단위이다.}
\end{aligned}
$$

일주일간 판매량이 75단위로 알려지면 주당급여는

$$
\begin{aligned}
y &= g(75) \\
&= 2(75) + 50 \\
&= 200\text{이 된다.}
\end{aligned}
$$

이때 판매원의 주당급여는 1주당 판매량에 의존하고, 1주당 판매량은 제품가격에 의존하기 때문에 판매원의 주당급여는 제품단위당 판매가격의 함수로서 직접적으로 표현될 수 있다. 즉

$$y = f(p) = g(h(p))$$

이다. 함수 $g(x)$의 변수 x 대신에 $h(p)$를 대체하여 재정리하면

$$
\begin{aligned}
y = f(p) &= 2(150 - 2.5p) + 50 \\
&= 300 - 5p + 50 \\
&= 350 - 5p
\end{aligned}
$$

가 된다. 이때 함수 $f(p)$는 함수 $g(x)$와 $h(p)$를 결합하여 만들어지기 때문에 합성함수라고 한다.

6.11 다변수함수(Multivariate Function)

많은 수학함수에 있어서 하나의 종속변수의 값이 두 개 이상의 독립변수에 의존하는 경우가 있다. 그리고 실제 현실의 문제를 모형화하여 해를 구함에 있어 이러한 다변수함수(multivariate function)가 더 적절하게 사용될 수 있다. 예를 들어 기업의 경우 이익은 판매된 다양한 제품들의 수량에 의존하고, 기업의 이익을 결정하기 위하여 많은 변수들이 상호(교호)작용(interact)한다.

함수가 두 개의 독립변수를 가질 때 이를 이변수함수(bivariate function)라 하고 $z=f(x, y)$로 표기된다. 이러한 표현은 종속변수 z가 두 개의 독립변수 x와 y의 값들에 의존한다는 것을 의미한다. 이변수함수의 예를 들면 아래와 같다.

$$z=x^2-2xy+y^2-5$$

〈예제 6-14〉

이변수함수 $z=x^2-2xy+y^2-5$에 대하여 $f(0, 0)$, $f(10, 20)$을 계산하라.

풀이 ① $z=f(0, 0)$

$$=10^2-2(0)(0)+0^2-5=-5$$

② $z=f(10, 20)$

$$=10^2-2(10)(20)+20^2-5$$

$$=100-400+400-5=95$$

그런데 변수의 수가 증가함에 따라 각 변수를 표현하기 위하여 다른 문자를 사용하는 것은 다소 성가실 때가 있다. 이 경우 다변수함수를 표현하기 위한 편리한 방법이 하첨자를 갖는 변수를 사용한다.

종속변수 y의 값이 n개의 독립변수의 값에 의존하는 함수를 표현하는 일반적인 방법은

$y=f(x_1,\ x_2,\ x_3,\ \cdots,\ x_n)$이다.

4개의 독립변수를 갖는 다변수함수의 예를 하나 들어보면 다음과 같다.

$$\begin{aligned} y&=f(x_1,\ x_2,\ x_3,\ x_4) \\ &=x_1^2-2x_1x_2+x_3^2x_4-25 \end{aligned}$$

6.12 함수의 연산

f와 g가 함수이고 x를 함수 f와 g의 정의역에 놓여 있는 변수일 때 다음과 같이 함수 f와 g의 합(sum), 차(difference), 곱(product), 몫(quotient)이 정의된다.

함수의 연산

$(f+g)=f(x)+g(x)$ ·························· 합

$(f-g)=f(x)-g(x)$ ·························· 차

$(f\cdot g)(x)=f(x)\cdot g(x)$ ·························· 곱

$\left(\dfrac{f}{g}\right)(x)=\dfrac{f(x)}{g(x)}$, 단 $g(x)\neq 0$ ·························· 몫

전기한 함수 $f+g$, $f-g$, $f\cdot g$ 함수의 정의역은 함수 f와 g의 정의역의 교집합상의 모든 실수로 이루어지며, $\dfrac{f}{g}$의 정의역은 상기한 경우의 정의역 중에서 $g(x)$를 0으로 만드는 x를 제외한 모든 실수로 이루어진다.

〈예제 6-15〉

$f(x)=3x^2-4x+1$이고 $g(x)=-4x+6$일 때 다음의 물음에 답하라.

(1) $(f+g)(2)$

(2) $(f-g)(-1)$

(3) $\left(\dfrac{f}{g}\right)(3)$

풀이 (1) $f(2)=3\cdot 2^2-4\cdot 2+1=12-8+1=5$이고

$g(2)=-4\cdot 2+6=-2$이므로

$(f+g)=f(2)+g(2)=5+(-2)=3$

(2) $(f-g)=3x^2-4x+1-(-4x+6)=3x^2-5$이니

$(f-g)(-1)=3(-1)^2-5=-2$이다.

(3) $\left(\dfrac{f}{g}\right)(3)=\dfrac{f(3)}{g(3)}=\dfrac{3\cdot 3^2-4\cdot 3+1}{-4\cdot 3+6}=-\dfrac{8}{3}$

연습문제

01. 다음과 같이 관계가 주어져 있을 때 관계의 정의역 D와 치역 R을 정의하라.

$M=\{(-3,\ 2),\ (-1,\ 2),\ (5,\ 2),\ (10,\ 2)\}$

02. 관계 M이 다음과 같을 때 이를 그래프로 작성해 보라.

$M=\{(x,\ y)\mid y=-5x+10,\ x=-2,\ 0,\ 2,\ 4,\ 6\}$

03. 관계 Q가 다음과 같을 때 이를 그래프로 작성해 보라.

$Q=\{(x,\ y)\mid y=-2x,\ -2\leq x\leq 4\}$

04. 관계 T가 다음과 같을 때 이를 그래프로 작성해 보라.

$T=\{(x,\ y)\mid y=x^2,\ -3\leq x\leq 3\}$

05. 집합 $X=\{2, -3\}$, $Y=\{1,\ 4,\ 6\}$일 때 다음의 관계를 만족시키는 모든 순서쌍 $(x,\ y)$를 구하라.

$R=\{(x,\ y)\mid x+y=3\}$

06. 다음에는 변수 x의 구간이 부등호로 표시되어 있다. 이를 그래프로 나타내 보아라.

① $x\leq -3$　　② $8>x>3$
③ $-1\leq x\leq 2$　　④ $2<x\leq 7$
⑤ $x\geq -2$　　⑥ $5\leq x<\infty$

07. 변수 x를 사용하여 아래의 구간을 부등호로 나타내 보아라.

① $(-4,\ 3)$　　② $[-1,\ 3]$

③ $(-\infty,\ 3$　　④ $[2,\ \infty)$

⑤ 

⑥ 

08. 다음의 함수들의 정의역이 $\{x|\ 0\leq x\leq 4\}$일 때 각 함수의 치역을 구하라.

① $y=2x-2$

② $y=ax+b$

09. 다음 함수의 정의역을 설명하라.

① $u=f(u)=\dfrac{1}{v^2-4}$　　② $y=f(x)=\sqrt{x-5}$

③ $f(x)=\dfrac{5x^2}{16-x^2}$　　④ $f(x)=\dfrac{3x-10}{x^3+x^2-6x}$

⑤ $f(x)=\dfrac{\sqrt{2x-50}}{x^2+2x-15}$　　⑥ $f(x)=4x^2-2x^3+x$

10. 어떤 기업의 하루당 총비용 C는 하루당 산출량 Q의 함수로 $C=100+5Q$이다. 기업의 산출능력은 하루당 50단위라고 할 때 이 비용함수의 정의역과 치역을 구하라.

11. $y=\dfrac{3x+2}{2x+4}$를 그래프로 나타내 보아라.

12. 함수 $y=g(u)=u^2-2u+10$이고 $u=h(x)=x+1$일 때 합성함수 $y=f(x)=g(h(x))$를 구하라.

13. $f(x)=8x-9$이고 $g(x)=\sqrt{2x-50}$일 때 다음의 물음을 계산하고 각 물음에 대한 정의역과 치역을 설명하라.

① $(f+g)(x)$　　② $(f-g)(x)$

③ $(f\cdot g)(x)$　　④ $\left(\dfrac{f}{g}\right)(x)$

14. 함수 $y=g(u)=2u^3$이고 $u=h(x)=x^2-2x+5$와 $g(h(-3))$을 구하라.

15. 다음 함수의 그래프를 그려보아라.

① $y=f(x)=|x|$

② $y=f(x)=\begin{cases} x, & 0\le x<5 \\ -x, & x\ge 5 \end{cases}$

③ $y=f(x)=\begin{cases} x^2, & x<0 \\ -x^2, & x>0 \\ 5, & x=0 \end{cases}$

제7장 미분(Differentiation)

7.1 함수의 극한과 연속성

7.2 평균변화율과 차분계수

7.3 도함수

7.4 미분법

7.5 도함수와 곡선형태

7.6 도함수의 경제학적 응용

본 장은 미적분학(calculus)의 기초와 경영과 경제 문제 그리고 기타 응용영역에서의 미적분학의 응용을 학습하게 되는 5개 장의 첫 번째 장으로서 특히 미분학(differential calculus)의 기초 개념을 제공한다. 미분학은 어떤 상황을 분석하는 데 있어 변화율(rate of change)에 초점을 두고 있는데 주로 도형을 이용하여 곡선으로 그려진 함수와 함수의 정의역 내에서 점들이 주어져 있을 때 그 점에서의 접선의 기울기, 함수의 순간변화율, 함수의 평균변화율 등과 같은 문제를 해결하는 방법을 제공한다. 이러한 문제해결을 위한 기초개념의 확립을 위하여 먼저 함수의 극한 개념과 연속성을 살펴보고 이어서 변화율 개념의 차분계수 그리고 도함수를 살펴보도록 한다.

수학이야기

17세기는 수학의 발전에 있어서 괄목할 만큼 풍요로운 시기였는데 그중 가장 주목할 만한 업적이 바로 미적분학이다. 보통 미분을 먼저 배우고 적분을 나중에 배우는데 역사적으로는 미분보다 적분이 먼저 발달되었다. 적분은 넓이나 부피, 호의 길이 등을 구하는 것과 관련되어 시작되었고, 미분은 곡선의 접선과 함수의 최대 · 최소에 관한 문제로 인하여 시작되었다. 그리고 한참 지난 후, 적분과 미분의 관계가 더하기와 빼기 또는 곱하기와 나누기처럼 서로 반대되는 과정이라는 것이 알려지게 되었다.

오늘날에도 수학에서 매우 중요한 위치를 차지하고 있는 미적분학은 뉴턴과 라이프니쯔가 발견하였다. 라이프니쯔는 원래 법관이었는데 26살에 파리에 있을 때, 수학자 호이겐스를 만나 수학을 본격적으로 연구하게 되었다. 그는 1673년과 1676년 사이에 미적분학을 고안하여 발표하였다. 뉴턴은 1660년대 후반에 이것을 발견하였으나 발표는 늦어졌다. 그런데 이것 때문에 심각한 일이 벌어졌다. 영국과 유럽이 뉴턴과 라이프니쯔 중에 누가 먼저 미적분학을 고안하였는지에 대한 논쟁을 벌이게 된 것이다. 지금은 두 사람이 서로 독립적으로 미적분학을 발견하였다고 알려져 있지만 이 논쟁으로 인해 영국과 유럽 대륙 사이에는 수학 교류가 끊기게 되고, 그 결과 영국의 수학 발전이 거의 100년이나 늦어지게 된다.

그러면 뉴턴은 왜 발표를 미루었을까? 1669년 광학에 대한 논문을 발표한 후, 뉴턴은 일부 과학자들로부터 격렬한 공격을 받았다. 뉴턴은 그러한 논쟁이 너무 지겨워 과학에 관한 어떤 것도 다시는 발표하지 않으리라 맹세하였다고 한다. 현재 알려져 있는 그의 모든 논문들은 발견한 지 수년이 지난 후에 친구들의 성화에 못이겨 발표된 것이라 한다.

—『수학사랑』에서 발췌

7.1 함수의 극한(Limits of Functions)과 연속성(Continuity)

1) 함수의 극한

x가 어떤 값 a에 접근함에 따라 함수 f의 값 $f(x)$가 어떤 L값에 근접한다면 L을 x가 a에 접근함에 따른 $f(x)$의 극한이라 하며 $\lim_{x \to a} f(x) = L$로 표기된다. 이 표기는 "x가 a에 접근함에 따라 $f(x)$의 극한은 L과 같다"라고 읽는다.

제2장에서 설명하였던 점근선(asymptote)을 설명할 때 극한의 개념을 언급하였다. 함수의 극한을 결정하는 방법은 여러 가지가 있는데 하나의 방법은 $x=a$라는 값을 함수 $f(x)$에 대입하여 $f(a)$를 구하는 것이다. 이러한 방법은 많은 경우에 유효한 방법으로 사용될 수 있으나 모든 함수에 적용되는 것은 아니다. 또 하나의 방법은 x가 a에 점점 더 가까워짐에 따라 함수 $f(x)$의 이동을 관찰하면서 그때 독립변수 x의 값을 대입하는 것이다. 이 방법에서 중요한 점은 a의 양쪽 방향에서 a에 접근함에 따라 함수의 값을 관찰하는 것이다. 즉 a의 좌측으로부터 접근(좌방극한, $\lim_{x \to a^-} f(x)$)할 때와 a의 우측으로부터 접근(우방극한, $\lim_{x \to a^+} f(x)$)할 때 함수의 값이 동일하게 되면 극한 L이 존재하게 된다. 이를 좀더 정확하게 정리해 보면 다음과 같다.

함수의 극한

1. 함수 $f(x)$가 a에서의 좌방극한(left hand limit)이 L, 즉 $\lim_{x \to a^-} f(x) = L$이고, 우방극한이 L, $\lim_{x \to a^+} f(x) = L$이면 $\lim_{x \to a} f(x) = L$이다.
2. 함수의 극한이 존재하면 항상 유일하게 하나만 존재한다.

함수의 극한에 대한 정의는 함수의 값이 동시에 2개의 상이한 극한에 접근할 수 없음을 의미하기 때문에 극한이 존재한다면 유일(unique)하다. 예를 들어보면 〈그림 7-1〉에서 $x=-4$와 $x=3$에 있어서 함수의 값은 어떤 일정한 값에 접근하지 않으므로 함수의 극한 $\lim_{x \to -4} f(x)$와 $\lim_{x \to 3} f(x)$는 존재하지 않는다. 그런데 $x=4$는 정의되지는 않지만 극한은 존재한다. 여기서

그림 7-1 함수의 극한

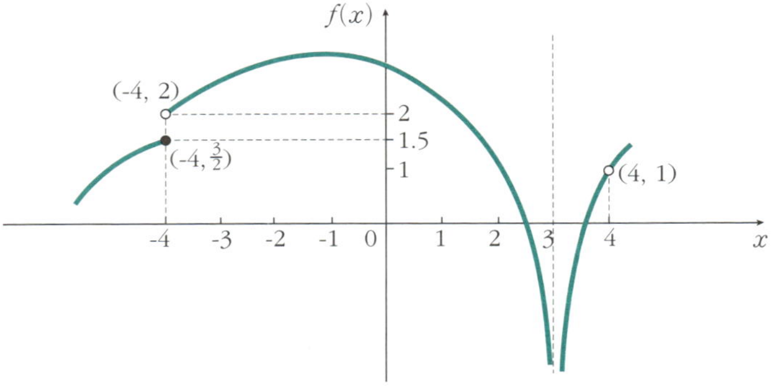

극한에 대한 중요한 사항을 지적할 수 있다. 함수의 극한 개념에서 우리는 $x=a$일 때 $f(x)$의 값에 관심을 갖는 것이 아니라 $x \neq a$에서 x가 a에 접근함에 따라 함수 $f(x)$의 값의 이동에 관심을 갖는다.

〈예제 7-1〉

함수 $f(x)$가 아래와 같이 주어질 때 $\lim_{x \to 4} f(x)$를 구하라.

$$f(x)=\begin{cases} 2x & , x \leq 4 \\ 2x+3, & x > 4 \end{cases}$$

풀이 x가 4에서 좌방극한과 우방극한을 계산한다.

좌방극한 : $\lim_{x \to 4^-} f(x)=8$

x	3	3.5	3.8	3.9	3.95	3.99
$f(x)$	6.0	7.0	7.6	7.8	7.9	7.98

우방극한 : $\lim_{x \to 4^+} f(x)=11$

x	5	4.5	4.3	4.1	4.05	4.01
$f(x)$	13.0	12.0	11.6	11.2	11.1	11.02

그림 7-2

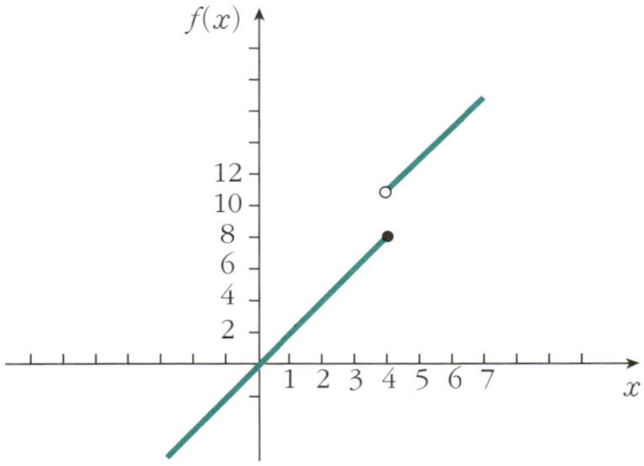

따라서 $\lim_{x\to 4^-} f(x) \neq \lim_{x\to 4^+} f(x)$이므로 $\lim_{x\to 4} f(x)$는 존재하지 않는다. 이를 그림으로 나타내면 〈그림 7-2〉와 같다.

다음은 함수의 극한에 관한 특성들이다. 이러한 특성을 기억하면 문제를 좀더 손쉽게 해결할 수 있을 것으로 생각된다.

극한의 특성

1. k가 상수일 때 $\lim_{x\to a} k = k$이다.
2. n이 양의 정수이고 $f(x)=x^n$일 때 $\lim_{x\to a} x^n = a^n$ 이다.
3. x가 a에 접근함에 따라 $f(x)$가 극한 값을 가질 때,
   $\lim_{x\to a} c\cdot f(x) = c\cdot \lim_{x\to a} f(x)$이다.
4. x가 a에 접근함에 따라 $f(x)$와 $g(x)$가 극한 값을 가진다면
   $\lim_{x\to a}[f(x)\pm g(x)] = \lim_{x\to a} f(x) \pm \lim_{x\to a} g(x)$이다.
5. x가 a에 접근함에 따라 $f(x)$와 $g(x)$가 극한 값을 가진다면
   $\lim_{x\to a}[f(x)\cdot g(x)] = \lim_{x\to a} f(x)\cdot \lim_{x\to a} g(x)$이다.
6. x가 a에 접근함에 따라 $f(x)$와 $g(x)$가 극한 값을 가진다면
   $\lim_{x\to a} \frac{f(x)}{g(x)} = \frac{\lim_{x\to a} f(x)}{\lim_{x\to a} g(x)}$, 단 $\lim_{x\to a} g(x) \neq 0$이다.

〈예제 7-2〉

다음 함수의 극한을 구하라.

풀이 ① $\lim_{x \to -5} 10 = 10$

② $\lim_{x \to -1} x^4 = (-1)^4 = 1$

③ $\lim_{x \to 5}(x^2 - x + 10) = \lim_{x \to 5} x^2 - \lim_{x \to 5} x + \lim_{x \to 5} 10$

$= 5^2 - 5 + 10 = 30$

④ $\lim_{x \to 2} \frac{(x^3-1)}{x^2} = \frac{\lim_{x \to 2}(x^3-1)}{\lim_{x \to 2} x^2} = \frac{\lim_{x \to 2} x^3 - \lim_{x \to 2} 1}{\lim_{x \to 2} x^2}$

$= \frac{2^3-1}{2^2} = \frac{8-1}{4} = \frac{7}{4}$

2) 연속성(Continuity)

미적분학에서 다루는 대부분의 함수는 연속함수(continuous function)들이다. 〈그림 7-3〉을 보면 (a)와 (b)는 연속함수이지만, (c)와 (d)는 연속함수가 아니다. 즉 함수가 연속적일 때는 연속함수이지만, 연속하지 않을 때 이런 함수를 비연속함수(discontinuous function)라고 한다. 연속성의 특성을 좀더 형식적으로 정의하면 다음과 같다.

연속성의 정의

함수 $f(x)$가 다음의 조건을 만족시키면 $x=a$에서 연속하다(continuous)라고 한다.

(1) 함수가 $x=a$에서 정의된다.　　(2) $\lim_{x \to a} f(x) = f(a)$

함수가 연속적인지를 예를 들어 살펴보자. 함수 $f(x)=x^3$가 있을 때 $x=2$에서 연속적인가를 알아보면 "$\lim_{x \to 2} x^3 = f(2) = 8$이기 때문에 함수 $f(x)$는 $x=2$에서 연속하다"라고 말할 수 있다. 그런데 함수 $g(x)$가 $\frac{x^2-9}{x-3}$일 때 $x=3$에서 연속하는가를 알아보면 $\lim_{x \to 3} \frac{x^2-9}{x-3} = 6$이지만 $x=3$은 함수의 정

그림 7-3 함수의 연속과 비연속

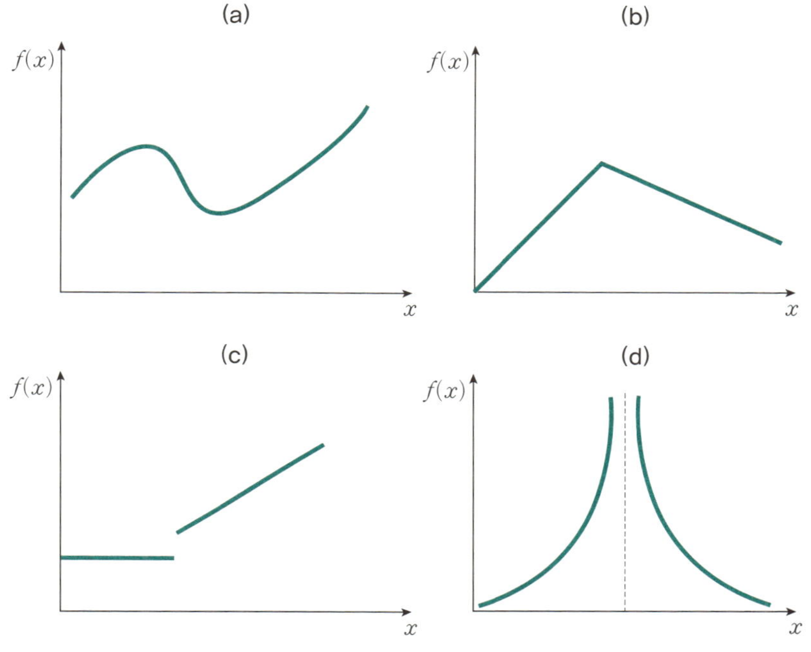

의역이 아니다. 따라서 $x=3$에서 함수가 정의되지 않으며 "함수 $g(x)$는 $x=3$에서 연속하지 않다"라고 한다.

7.2 평균변화율(Average Rate of Change)과 차분계수(Difference Quotient)

〈그림 7-4〉와 같이 함수 $f(x)$가 직선인 경우, 직선의 기울기를 m이라고 할 때 m은 2점을 이용한 공식에 따라 $m=\dfrac{\Delta y}{\Delta x}=\dfrac{y_2-y_1}{x_2-x_1}$로 정의된다. 이 때 직선의 기울기 m의 값은 항상 일정하며 x값의 변화에 따른 y값의 변화율의 정확한 측정치를 제공한다. 만약 함수 $f(x)$가 기업에서 1차 비용함수(linear cost function)이라면 x는 생산량을 나타내고 기울기는 산출 수준의 변화에 따른 총비용의 증가율을 나타낸다.

그런데 함수가 선형이 아니고 비선형 함수(nonlinear function)일 경우 값의 변화에 따른 y값의 변화율이 일정하지가 않다. 따라서 비선형함수의 변화율은 어떤 구간에서의 평균변화율(the average rate of change)로 설명하며 이를 차분계수라고 한다.

차분계수(difference quotient)는 한 변수의 단위변화에 대한 다른 변수의 변화로 정의되는데 보통 변수 x의 한 단위 변화에 대한 y의 변화, 즉 $\dfrac{\Delta y}{\Delta x}$ 라고 표시한다.[1]

예를 들어 다음과 같은 선형함수가 있다고 하자.

$$y=f(x)=a+bx,\ (a,\ b>0) \tag{7.1}$$

여기서 $x=x_1$일 때 이에 대응하는 y의 값이 y_1이면 함수식은 $y_1=f(x_1)=a+bx_1$이 된다. 만약 x값이 x_1에서 x_2로 변화한다면 y의 값도 y_1에서 y_2로 변하게 되어 $y_2=f(x_2)=a+bx_2$가 된다. 따라서 독립변수 x의 변화 (x_2-x_1)에 따른 y의 변화 (y_2-y_1)를 함수식에 대입하면 다음과 같다.

---

1. 여기서 Δ는 차이를 나타내는 그리스문자이며 델타(delta)라고 읽는다. Δ는 대문자이고, 소문자는 δ이다.

그림 7-4 선형함수의 차분계수

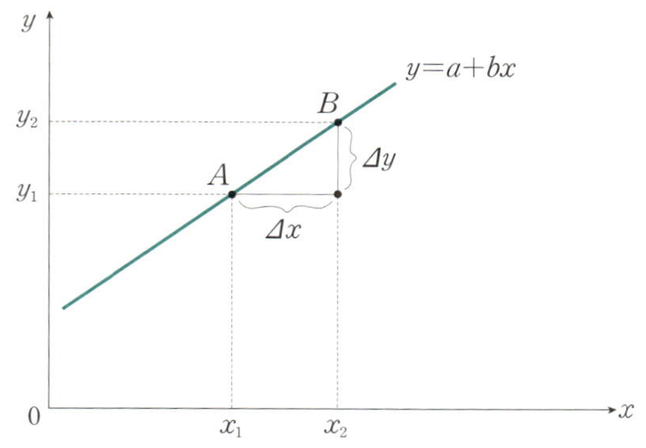

$$y_2 - y_1 = bx_2 - bx_1 = b(x_2 - x_1) \tag{7.2}$$

여기서 차이 또는 변화분, 즉 차분을 Δ개념을 사용하여 표시하면 각각 $y_2 - y_1 = \Delta y$, $x_2 - x_1 = \Delta x$이다. 차분을 사용하여 식 (7.2)를 다시 표시하면 $\Delta y = b\Delta x$가 된다. 이 식의 양변을 Δx로 나누면 $\frac{\Delta y}{\Delta x} = b$가 되는데 이를 차분계수라 하며, 1차 함수의 경우 직선의 기울기를 나타낸다. 여기서 b는 항상 그 값이 일정함으로 x의 변화가 작을수록 y의 변화도 작으며, x의 변화가 클수록 y의 변화도 커짐을 알 수 있다.

이와는 달리 함수가 비선형일 경우 차분계수를 구해 보면 〈그림 7-5〉처럼 두 점 A와 B를 지나는 직선(secant line)의 기울기임을 알 수 있다. 즉 $\Delta x = x_2 - x_1$, $\Delta y = y_2 - y_1$이라고 하면 차분계수 $\frac{\Delta y}{\Delta x}$는 두 점을 연결하는 직선의 기울기와 같다.

〈예제 7-3〉

다음 함수의 차분계수를 구하라.

$y = f(x) = 2x^2 + 1$

그림 7-5 비선형함수의 차분계수

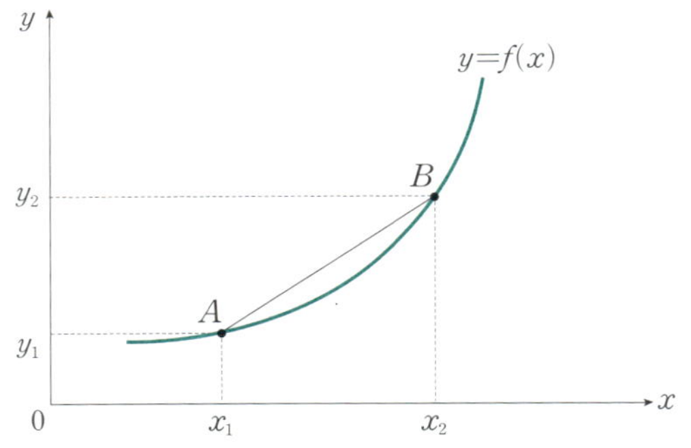

풀이 x의 초기값을 x_0라 하고 차분을 Δx라고 하면 $x=x_0$일 때 y의 값은 $f(x_0)=2(x_0)^2+1$이고 $x=x+x_0$일 때 y는 $f(x_0+\Delta x)=2(x_0+\Delta x)^2+1$이다.

따라서 차분계수는

$$\frac{\Delta y}{\Delta x}=\frac{2(x_0+\Delta x)^2+1-(2x_0^2+1)}{\Delta x}=\frac{4x_0\Delta x+2(\Delta x)^2}{\Delta x}$$

$=4x_0+2\Delta x$이다.

이 차분계수는 x_0와 Δx가 주어지면 값을 구할 수 있다. 만약 $x_0=2$이고 $\Delta x=3$이면 y의 평균변화율$=4(2)+2(3)=14$가 된다. 즉 x가 2에서 5로 변할 때 x의 단위당 변화에 대한 y의 평균변화율은 14임을 의미한다.

7.3 도함수(Derivative)

우리는 Δx가 아주 작을 때 y의 변화율에 관심을 가질 때가 많이 있다. 이때 사용하는 개념이 도함수이다. 만약 Δx가 0으로 접근할 때 차분계수 $\frac{\Delta y}{\Delta x}$의 극한이 존재하면 그 극한을 $y=f(x)$의 도함수(derivative)라고

한다. 즉

$$\lim_{\Delta x\to 0}\frac{\Delta y}{\Delta x}=\lim_{\Delta x\to 0}\frac{f(x+\Delta x)-f(x)}{\Delta x}=f'(x)=\frac{dy}{dx}$$ 이다.

도함수는 단어 뜻 그대로 유도된 함수(derived function)로 원래의 함수 $y=f(x)$는 원시함수(primitive function)를 의미하고 도함수는 그로부터 유도(또는 도출)된 또 다른 함수라는 것이다. 그리고 차분계수는 x_0와 Δx의 함수이나 도함수는 x_0만의 함수로 도함수 $\frac{dy}{dx}$를 구하는 과정을 미분(differentiation)이라고 한다. 그리고 도함수는 차분계수의 극한이므로 도함수로 측정된 변화율은 순간변화율(instantaneous rate of change)을 의미하며, 순간변화율은 어떤 점 $x=x_0$에서 함수 $f(x)$의 접선의 기울기를 나타낸다. 도함수를 $f'(x)$ 또는 f' 그리고 $\frac{dy}{dx}$로 표기되는데 이외에 $\frac{d}{dx}$, $\frac{d}{dx}f(x)$, $D_x[f(x)]$로 표기하기도 한다.

그리고 x가 어떤 점 p에서의, 즉 $x=p$에서의 도함수를 미분계수(differential coefficient)라고 하며 다음과 같이 표시되기도 한다.

$$f'(p)=\lim_{h\to 0}\frac{f(p+h)-f(p)}{h}=\lim_{\Delta x\to 0}\frac{f(p+\Delta x)-f(p)}{\Delta x}$$ 이다.

이제 간단한 예를 들어 도함수를 구하는 과정을 살펴보자. 다음과 같은 이차함수가 있다고 하자.

$$y=f(x)=x^2 \tag{7.3}$$

식 (7.3)은 함수의 특성상 하나의 x값에 대응하는 y값도 하나이며, x가 변화하면 y도 변화한다는 사실을 알고 있다. 앞서 설명한 바와 같이 Δx는 처음의 x값에서 변화한 후의 x값 사이의 차이를 나타낸다고 하면, x는 처음의 x값에서 새로운 값 $x+\Delta x$로 변화했음을 의미한다. 같은 논리로 y는 처음의 값에서 변화 후에 $y+\Delta y$로 변화했다는 것을 알 수 있다. 따라서 변화한 후의 새로운 x와 y값들을 식 (7.3)에 대입하면

$$y+\Delta y=f(x+\Delta x)=(x+\Delta x)^2=x^2+2x\Delta x+(\Delta x)^2 \tag{7.4}$$

이 된다. 식 (7.4)에서 식 (7.3)을 빼면 $\Delta y=2x\Delta x+(\Delta x)^2$이 된다. 이 식의 양변을 Δx로 나누면 다음과 같다.

$$\frac{\Delta y}{\Delta x}=2x+\Delta x \tag{7.5}$$

식 (7.5)에서 Δx가 0으로 접근함에 따라 $(2x+\Delta x)$는 $2x$로 접근함을 알 수 있다. 따라서 식 (7.5)의 극한을 취하면 다음과 같이 $y=f(x)=x^2$의 도함수를 구할 수 있다.

$$\frac{dy}{dx}=\lim_{\Delta x\to 0}\frac{\Delta y}{\Delta x}=\lim_{\Delta x\to 0}(2x+\Delta x)=2x \tag{7.6}$$

식 (7.6)에서 도함수 $\frac{dy}{dx}=2x$도 하나의 함수임을 알 수 있다.

〈예제 7-4〉

함수 $y=3x^2-1$의 도함수를 구하고 $x=1$에서 미분계수를 구하라.

풀이 ① $$\frac{dy}{dx}=f'(x)=\lim_{\Delta x\to 0}\frac{f(x+\Delta x)-f(x)}{\Delta x}$$

$$=\lim_{\Delta x\to 0}\frac{3(x+\Delta x)^2-1-(3x^2-1)}{\Delta x}$$

$$=\lim_{\Delta x\to 0}\frac{3(x^2+2x\Delta x+(\Delta x)^2)-1-3x^2+1}{\Delta x}$$

$$=\lim_{\Delta x\to 0}(6x+3\Delta x)=6x$$

② $x=1$에서 미분계수

$f'(1)=6(1)=6$

도함수의 특성

1. 도함수는 함수이다.
2. 도함수는 유도된 함수(derived function)를 의미한다.
3. 원래의 함수 $y=f(x)$는 원시함수(primitive function)이고 도함수는 그로부터 유도된 또 다른 함수이다.

$$\frac{dy}{dx}=\lim_{\Delta x\to 0}\frac{\Delta y}{\Delta x}$$

7.4 미분법(Rules of Differentiation)

함수를 미분하는 것은 그 함수의 도함수를 구하는 것이다. 어떤 함수의 극한을 취하는 도함수의 정의를 사용하지 않고서도 함수를 미분하는 방법에 관해서 알아보자. 여기에 앞서 $y=f(x)$의 도함수를 표시하는 방법들 중에서 $\frac{d}{dx}y$를 보면 $\frac{d}{dx}$와 y의 두 부분으로 구성되어 있는데, 이 표기의 의미는 $\frac{d}{dx}$는 뒤에 나오는 함수 y를 x에 대하여 미분하라는 일종의 연산기호(operator symbol)를 나타낸다.

1) 일변수 함수의 미분법(Rules of Differentiation for a Function of One Variable)

(1) 상수함수의 미분법(constant-function rule)

함수 $f(x)$가 상수함수라면, 즉 $f(x)=k$, $k=$상수이면 그때 $f'(x)=0$이다. 그리고 $g(x)=k\cdot f(x)$이면 $g'(x)=k\cdot f'(x)$이다.

(2) 멱함수의 미분법(power-function rule)

멱함수 $y=f(x)=ax^n$의 도함수는 nax^{n-1}이다. 기호로 표시하면 다음과 같다.

$$\frac{d}{dx}ax^n=nax^{n-1} \text{또는 } f'(x)=nax^{n-1}$$

예를 들면, $y=2x^3$의 도함수는 $\frac{dy}{dx}=\frac{d}{dx}2x^3=6x^2$이다.
또 만약 $y=-4x^{0.5}$이라면 도함수는

$$\frac{d}{dx}[-4x^{0.5}]=0.5(-4)x^{0.5-1}=-2x^{-0.5}\text{이다.}$$

(3) 합과 차의 미분법(Sum-Difference Rule)

두 함수의 합(차)의 도함수는 두 함수의 도함수의 합(차)이다.

$$\frac{d}{dx}[f(x)\pm g(x)]=\frac{d}{dx}[f(x)]\pm\frac{d}{dx}[g(x)]=f'(x)\pm g'(x)$$

예를 들어, $y=6x^2+3x$일 때 $f(x)=6x^2$이 되고 $g(x)=3x$가 되어 위의 공식을 적용하면 다음과 같이 도함수를 구할 수 있다.

$$\frac{d}{dx}[6x^2+3x]=\frac{d}{dx}[6x^2]+\frac{d}{dx}[3x]=12x+3$$

또한 $y=10x^{0.5}-2x^2$일 때 $f(x)=10x^{0.5}$이고 $g(x)=2x^2$이 되어 합과 차의 공식을 적용시키면 도함수는 다음과 같다.

$$\frac{d}{dx}[10x^{0.5}-2x^2]=\frac{d}{dx}[10x^{0.5}]-\frac{d}{dx}[2x^2]=5x^{0.5}-4x$$

위에서는 함수 2개의 합과 차에 대하여 다루었지만 보다 많은 함수가 포함된 경우에도 적용된다. 즉 다음과 같이 쓸 수 있다.

$$\frac{d}{dx}[f(x) \pm g(x) \pm h(x)] = \frac{d}{dx}[f(x)] \pm \frac{d}{dx}[g(x)] \pm \frac{d}{dx}[h(x)]$$

예를 들어 $y=3x^3-2x^{-0.5}+4x$일 때 $f(x)=3x^3$, $g(x)=2x^{-0.5}$, $h(x)=4x$가 되어 y의 도함수는 다음과 같다.

$$\begin{aligned}\frac{d}{dx}[3x^3-2x^{-0.5}+4x] &= \frac{d}{dx}[3x^3]+\frac{d}{dx}[2x^{-0.5}]+\frac{d}{dx}[4x] \\ &= 9x^2+x^{-1.5}+4\end{aligned}$$

(4) 곱의 미분법(Product Rule)

두 함수의 곱의 도함수는 첫 번째 함수의 도함수에 두 번째 함수를 곱한 것과 첫 번째 함수에 두 번째 함수의 도함수를 곱한 것의 합과 같다.

$$\frac{d}{dx}[f(x)g(x)] = f(x)g(x)+f(x)g'(x)$$

예를 들어, $y=(2x^2+4x)(6x^3)$이면 $f(x)=2x^2+4x$이고 $g(x)=6x^3$이 되어 위 공식을 적용하면 y의 도함수는 다음과 같다.

$$\frac{d}{dx}[(2x^2+4x)(6x^3)] = (4x+4)(6x^3)+(2x^2+4x)(18x^2) = 60x^4+96x^3$$

곱의 미분법은 함수가 셋인 경우에도 다음과 같이 적용될 수 있다.

$$\begin{aligned}&\frac{d}{dx}[f(x)g(x)h(x)] \\ &\qquad = f'(x)g(x)h(x)+f(x)g'(x)h(x)+f(x)g(x)h'(x)\end{aligned}$$

(5) 몫의 미분법(Quotient Rule)

y가 $y=\dfrac{f(x)}{g(x)}$와 같이 두 함수의 몫으로 이루어져 있을 경우에 y의 도함수는 다음과 같다.

$$\frac{d}{dx}\left[\frac{f(x)}{g(x)}\right]=\frac{f'(x)g(x)-f(x)g'(x)}{[g(x)^2]}$$

만일 $y=\dfrac{(x+2x^2)}{(x-1)}$ 이면 $f(x)=x+2x^2$이고 $g(x)=x-1$이 되어 y의 도함수는 다음과 같다.

$$\frac{d}{dx}\left[\frac{x+2x^2}{x-1}\right]=\frac{(1+4x)(x-1)-(x+2x^2)(1)}{(x-1)^2}=\frac{2x^2-4x-1}{(x-1)^2}$$

(6) 연쇄법칙(Chain Rule)

함수 z는 y의 함수이고 y는 다시 x의 함수일 때, 즉 $z=f(y)$, $y=g(x)$이라면 z의 x에 관한 도함수는 z의 y에 관한 도함수에 y의 x에 관한 도함수를 곱한 것과 같고 다음과 같이 나타낸다.

$$\frac{dz}{dx}=\frac{dz}{dy}\frac{dy}{dx}=f'(y)g'(x)$$

예를 들어 $z=2y^2$ 이고 $y=2x+4$이면, $\dfrac{dz}{dx}$는 연쇄법칙에 의해 다음과 같다.

$$\frac{dz}{dx}=\frac{dz}{dy}\frac{dy}{dx}=4y(2)=8y=8(2x+4)$$

이 연쇄법칙은 $z=(1+2x+3x^3)^{12}$과 같은 함수를 미분할 때 유용하게 사용된다. 12제곱의 식을 전개하지 않고서도 연쇄법칙을 사용하면 $\dfrac{dz}{dx}$를 쉽게 구할 수 있다. 구체적으로 $1+2x+3x^3$을 y로 두면 $z=y^{12}$, $y=1+2x+3x^3$이 되어 $\dfrac{dz}{dx}$는 다음과 같이 구해진다.

$$\frac{dz}{dx}=\frac{dz}{dy}\frac{dy}{dx}=12y^{11}(2+9x^2)=12(1+2x+3x^3)^{11}(2+9x^2)$$

연쇄법칙은 함수가 세 개 이상일 경우에도 적용된다. 만일 $z=f(y)$, $y=g(x)$, $x=h(w)$로 주어지면 다음의 식이 성립한다.

$$\frac{dz}{dw}=\frac{dz}{dy}\frac{dy}{dx}\frac{dx}{dw}=f'(y)g'(x)h'(w)$$

z는 y의 함수이고 동시에 y는 x의 함수라는 점에서 연쇄법칙을 "함수의 함수법칙(function-of-a-function rule)"이라 부르기도 한다. 또한 $z=f(y)$, $y=g(x)$로부터 $z=f[g(x)]$와 같이 합성함수로 표현될 수 있으므로 연쇄법칙은 합성함수의 법칙이라고도 한다.

〈예제 7-5〉

$y=(3x^2-5x)^{\frac{1}{2}}$의 도함수를 구하라.

풀이 $3x^2-5x=u$라고 하면 주어진 함수는 $y=u^{\frac{1}{2}}$로 다시 쓸 수 있다. 따라서 $\dfrac{du}{dx}=\dfrac{dy}{du}\dfrac{du}{dx}=\dfrac{1}{2}u^{-\frac{1}{2}}(6x-5)$가 된다. 이를 다시 정리하면

$\dfrac{1}{2}(3x^2-5x)^{-\frac{1}{2}}(6x-5)=\dfrac{6x-5}{2(3x^2-5x)^{\frac{1}{2}}}$가 된다.

(7) 역함수의 미분법(Inverse-function Rule)

함수 $y=f(x)$가 주어진 x값에 대하여 y값도 유일하게 하나만 대응되며 동시에 어떤 y값에 대하여 x값도 유일하게 하나만 대응되는 1대 1 사상(one -to-one mapping)인 경우에 함수 $f(x)$는 역함수(inverse function) $x=f^{-1}(y)$(x는 y의 역함수라고 읽는다)를 갖게 된다. 여기서 기호 f^{-1}은 도함수기호 f'처럼 함수 f에 관련된 함수를 나타내는 함수기호이다. 여기서 주의할 것은 f^{-1}이 $\dfrac{1}{f(x)}$ 을 나타내는 것은 아니다.

역함수가 $x=f^{-1}(y)$로 주어졌을 때 역함수의 도함수는 다음과 같이 정의된다.

$$\frac{dx}{dy}=\frac{1}{dy/dx}$$

그림 7-6 단조함수

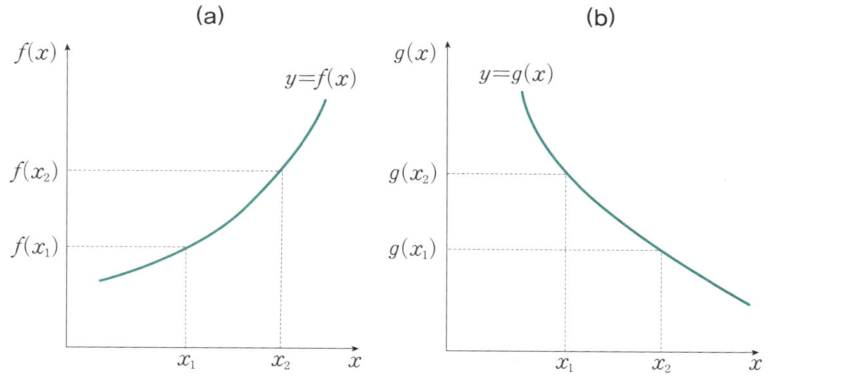

여기에서 주의할 점은 역함수의 도함수를 구하기 위해 먼저 원래 함수가 역함수를 가지는지에 관해서 조사하여야 한다. 일반적으로 역함수가 존재하기 위해서는 원함수가 단조적(monotonic)이어야 한다. 다음의 〈그림 7-6〉에서 x가 연속적으로 증가함에 따라 (a)의 경우에는 $y=f(x)$도 계속적으로 증가하지만 (b)의 경우에는 $y=f(x)$가 계속적으로 감소하고 있다. 이러한 함수들을 단조함수(monotonic function)라고 한다. (a)에서처럼 $x_2>x_1$일 때 항상 $f(x_2)>f(x_2)$이면 단조증가함수(monotonically increasing function)라 하고, (b)에서처럼 $x_2>x_1$일 때 항상 $f(x_2)<f(x_1)$이면 단조감소함수(monotonically decreasing function)라고 한다. 이와는 반대로 U자 형태의 함수는 일대일 사상이 아니다(따라서 단조함수는 아니다). 왜냐하면, 두 개의 x값에 대하여 똑같은 y값이 대응하기 때문이다.

주어진 함수 $y=f(x)$의 단조성을 확인하는 하나의 실제적인 방법은 x의 모든 값에 대하여 도함수 $f'(x)$가 항상 같은 부호(0이 아닌)를 갖는지의 여부를 조사하는 것이다.

예를 들어, $y=2x+10$으로 주어졌을 때 역함수의 도함수는 다음과 같은 과정으로 구해진다. 먼저 원함수 $y=2x+10$이 단조함수인지에 관해서 점검해 보아야 한다. $y=2x+10$의 도함수는 $\dfrac{dy}{dx}=2$이므로 이것은 x의 값에 관계없이 항상 양이다. 따라서 이 함수는 단조증가함수이다. 그러므로 역함수가 존재하고(이 역함수는 원함수 $y=2x+10$을 x에 관해서 정리하면 $x=\frac{1}{2}y-5$로 구해진다) 역함수의 도함수는 다음과 같다.

$$\frac{dx}{dy}=\frac{1}{\frac{dy}{dx}}=\frac{1}{2}$$

위의 예제에서는 구태여 역함수의 미분법을 사용하지 않아도 역함수의 도함수를 구할 수 있으나 $y=f(x)=x^8+20x$의 경우에는 원함수의 역함수를 구해서 도함수를 구하기보다는 역함수의 미분법을 이용하여 $\frac{dx}{dy}=\frac{1}{\frac{dy}{dx}}$을 구하는 것이 편리하다. 따라서 역함수의 도함수는 다음과 같다.

$$\frac{dx}{dy}=\frac{1}{\frac{dy}{dx}}=\frac{1}{8x^7+20}$$

(8) 로그함수의 미분법(Log-function Rule)

자연로그함수 $y=log_e x=\ln x$의 도함수는 다음과 같다.

$$\frac{d}{dx}[\ln x]=\frac{1}{x}$$

밑수가 e가 아닌 일반상수 a인 경우 $y=log_a x$의 도함수는 다음과 같이 나타낼 수 있다.

$$\frac{d}{dx}[log_a x]=\frac{1}{x}\,log_a e$$

위 두 식에서 알 수 있듯이 $a=e$일 경우 두 식은 같이 $\frac{1}{x}$이 된다.

만일 $z=\ln y$, $y=f(x)$라 하면 도함수는 연쇄법칙과 로그함수의 미분법을 사용하여 구할 수 있다.

$$\frac{dz}{dx} = \frac{dz}{dy}\,\frac{dy}{dx} = \frac{d}{dy}[\ln y]\,\frac{dy}{dx} = \frac{1}{y}\,\frac{dy}{dx}$$

예를 들어 $z=\ln x^2$일 때 $y=x^2$이라 두면 $z=\ln y$, $y=x^2$이 된다. 따라서 도함수는 다음과 같다.

$$\frac{dz}{dx} = \frac{dz}{dy}\,\frac{dy}{dx} = \frac{1}{y}\,\frac{dy}{dx} = \frac{1}{x^2}\,(2x) = \frac{2}{x}$$

2) 2계 도함수와 고계 도함수(Second and Higher Derivatives)

우리는 앞에서 함수 $y=f(x)$의 도함수 $f'(x)$도 그 자체로 x의 함수임을 알았다. 이는 $f'(x)$도 x에 관해서 미분할 수 있음을 의미한다. ($f'(x)$는 미분 가능하다고 가정한다.) $f'(x)$를 미분해서 얻어지는 도함수를 $f(x)$의 2차 도함수(second derivative) 혹은 2계 도함수(second order derivative)라고 하며 다음과 같이 나타낸다.

$$\frac{d}{dx}[f'(x)] = f'(x) \text{ 또는 } \frac{d}{dx}\left[\frac{dy}{dx}\right] = \frac{d^2y}{dx^2}$$

예를 들어 $y=f(x)=2x^4$이면 $f'(x)=8x^3$이고 2계 도함수는 다음과 같다.

$$\frac{d^2y}{dx^2} = f'(x) = \frac{d}{dx}[f'(x)] = \frac{d}{dx}[8x^3] = 24x^2$$

위의 예에서 $f''(x)=24x^2$도 $f(x)$나 $f'(x)$처럼 역시 x의 함수이다. 따라서 2계 도함수도 x에 관해서 다시 미분할 수 있으며 이때 구해진 2계 도함수의 도함수를 3차 도함수(third derivative) 또는 3계 도함수(third order derivative)라고 하며, $f'''(x)$나 $\frac{d^3y}{dx^3}$로 나타낸다. 그러므로 앞의 예에서 3차 도함수는 다음과 같다.

$$\frac{d^3y}{dx^3}=f'''(x)=\frac{d}{dx}[f''(x)]=\frac{d}{dx}[24x^2]=48x$$

마찬가지로 $f'''(x)$도 미분할 수 있으므로 x에 대하여 미분하면 $f^{(4)}(x)$나 $\frac{d^4y}{dx^4}$로 나타내는 4계 도함수(fourth order derivative)를 구할 수 있다. 위의 예에서 4계 도함수는 다음과 같이 구해진다.

$$\frac{d^4y}{dx^4}=f^{(4)}(x)=\frac{d}{dx}[f'''(x)]=\frac{d}{dx}[48x]=48$$

4계 도함수를 다시 미분하면 5계 도함수가 구해지고 이를 다시 미분하면 더 높은 차수의 도함수를 구할 수 있게 된다. (위 예에서 $n\geq5$일 때 $f^{(n)}(x)=0$이므로 5차 이상의 도함수는 전부 0이 된다.) 다른 예를 하나 더 들어보자. $y=f(x)=x^5-2x^4+3x^3-4x^2+5x-6$을 계속적으로 미분하여 2계 도함수 및 더 높은 차수의 도함수를 구하면 다음과 같다.

$$\begin{aligned}
&f'(x)=5x^4-8x^3+9x^2-8x+5\\
&f''(x)=20x^3-24x^2+18x-8\\
&f'''(x)=60x^2-48x+18\\
&f^{(4)}(x)=120x-48\\
&f^{(5)}(x)=120\\
&f^{(n)}(x)=0\ \ (n\geq6\text{일 경우})
\end{aligned}$$

이상의 보기를 통하여 한 단계 높은 차수의 도함수를 구하는 과정이란 그보다 한 단계 아래 차수의 함수를 미분하는 것임을 알 수 있다.

앞 절에서 1차 도함수 $f'(x)$는 변화율을 나타내는 것임을 알았다. 마찬가지로 2계 도함수와 그 이상 차수의 도함수도 변화율을 나타낸다. 즉 1계 도함수 $f'(x)$는 함수 $f(x)$의 변화율을 나타내듯이 2차 도함수 $f''(x)$는 1차 도함수 $f'(x)$의 변화율을 나타낸다. 이것은 $f''(x)$가 x의 작은 변화에 대한 $f'(x)$의 변화 방향과 크기를 나타냄을 의미한다. 예를 들어 $f'(x)=3>0$일

그림 7-7 1계 도함수와 2계 도함수

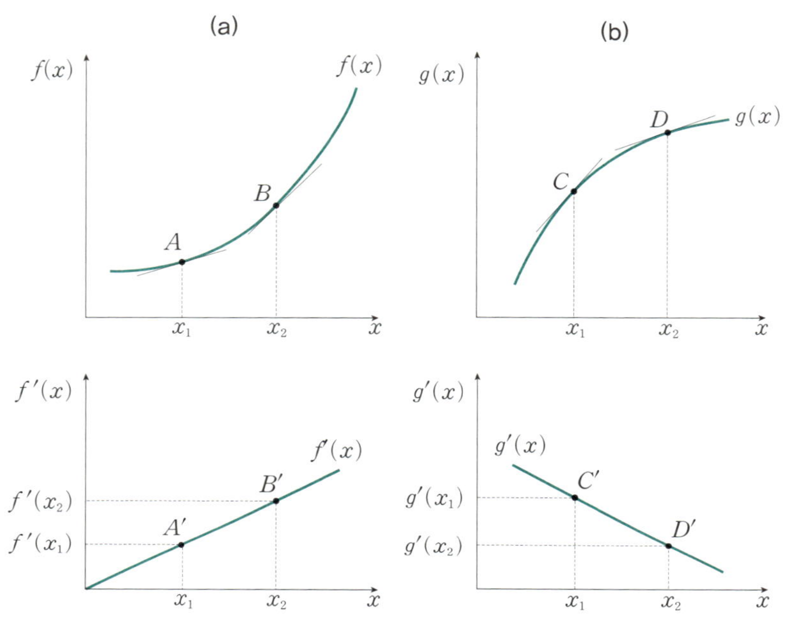

때 x가 증가하면 $f(x)$도 증가하며 그 크기는 x의 한 단위 증가에 대하여 $f(x)$가 세 단위 증가함을 알려준다. 마찬가지로 $f''(x)= 2>0$이 의미하는 바는 x가 한 단위 증가할 때마다 $f'(x)$가 두 단위 증가하는 것을 나타낸다. 똑같은 이유에서 $f'''(x)$는 $f''(x)$의 변화 방향과 크기를 나타내며 이러한 관계는 더 높은 차수의 도함수들 사이에도 적용된다.

그래프를 통하여 $f''(x)$가 의미하는 것을 〈그림 7-7〉을 통하여 살펴보자. 〈그림 7-7〉의 (a)에서 주어진 곡선 $y=f(x)$에 대한 모든 점의 접선은 양의 기울기를 갖는다. 따라서 곡선상의 모든 점에서 $f'(x)$는 양이다. 아울러 (a)에서 x값이 커짐에 따라 $f'(x)$, 즉 접선의 기울기도 커진다는 것을 알 수 있다. 이는 곡선상의 모든 점에서 x가 증가함에 따라 $f'(x)$도 같이 증가함을 나타낸다. 즉 $f''(x)>0$임을 의미한다. 따라서 어떤 함수 $y=f(x)$에서 $f'(x)>0$이고 $f''(x)>0$이면 그 곡선의 모양은 x가 증가함에 따라 y는 점점 더 큰 폭으로 증가하게 되고 (a)의 모양이 된다. 이와는 달리

$y=g(x)$에서, $g'(x)>0$, $g''(x)<0$일 경우에는 x가 증가함에 따라 y는 점점 작은 폭으로 증가하게 되고 〈그림 7-7〉과 같이 된다. 이 두 경우를 비교해 보면 $f'(x)$와 $g'(x)$의 그래프에서 구분이 된다.

7.5 도함수와 곡선형태

본 절에서는 함수를 그림으로 나타낼 때 도함수가 어떻게 사용되는가에 관해서 알아보자. 예를 들어 다음의 함수를 그래프로 나타내려 한다고 가정하자.

$$y=f(x)=8-\frac{10}{2+x}\ (x\geq 0)$$

먼저 이와 같은 형태의 함수를 그래프로 그리기 위해서는 1차 도함수와 2차 도함수의 크기를 알아보는 것이 도움이 된다. 1차 도함수와 2차 도함수의 값이 양(+)인가, 음(-)인가에 따라 대략적으로 네 가지 형태의 그래프 모양을 갖는다는 것을 앞에서 살펴보았다. 주어진 함수의 도함수를 구해 보면 $f'(x)=10(2+x)^{-2}$이고 $f''(x)=-20(2+x)^{-3}$이다. 따라서 $x\geq 0$인 구간에서 $f'(x)>0$이고 $f''(x)<0$이 된다. 그러므로 주어진 식의 형태는 〈그

그림 7-8

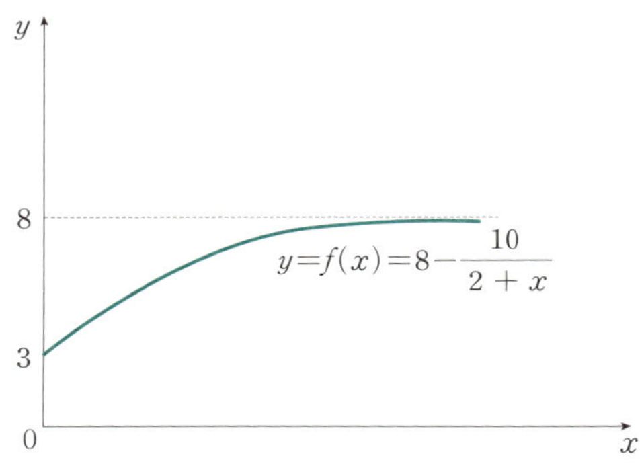

림 7-8〉과 비슷하다는 것을 알 수 있다. 좀더 정확한 형태를 그리기 위해서 y축 절편을 구해 보자. 아는 바와 같이 절편이란 그 축을 지나는 점을 가리키는데 y축 절편을 구하기 위해서는 x값을 0으로 놓으면 된다.

$$f(0) = 8 - \frac{10}{2+0} = 3$$

또한 여기에서 더 정확한 형태를 그리기 위해서 알기 위해서는 점근선(asymptotes)을 알아야 한다. x가 무한히 증가함에 따라 y값이 접근하게 되는 선을 점근선이라 하는데 위의 주어진 함수에서의 점근선은 $y=8$이다. 왜냐하면 x가 무한대로 접근함에 따라 $\frac{-10}{(2+x)}$은 0으로 접근하기 때문이다.

도함수와 곡선형태

일차도함수와 이차도함수의 크기에 따라 그래프의 모양은 다음과 같다.

① $f'(x)>0,\ f''(x)>0$

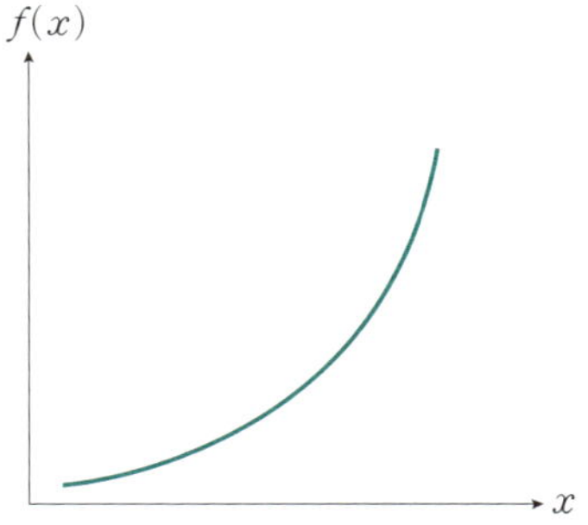

② $f'(x)>0,\ f''(x)<0$

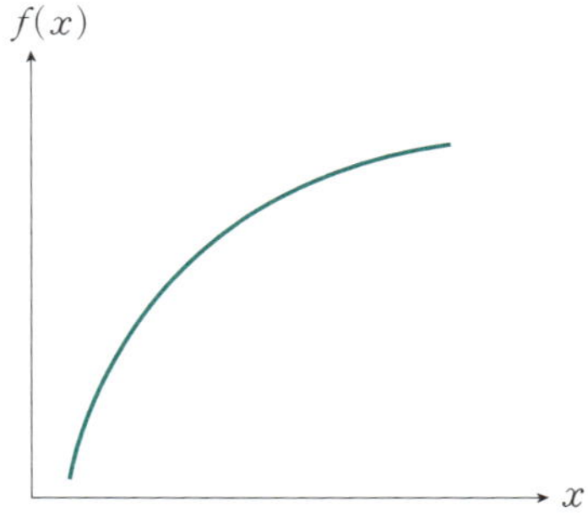

③ $f'(x)<0,\ f''(x)>0$

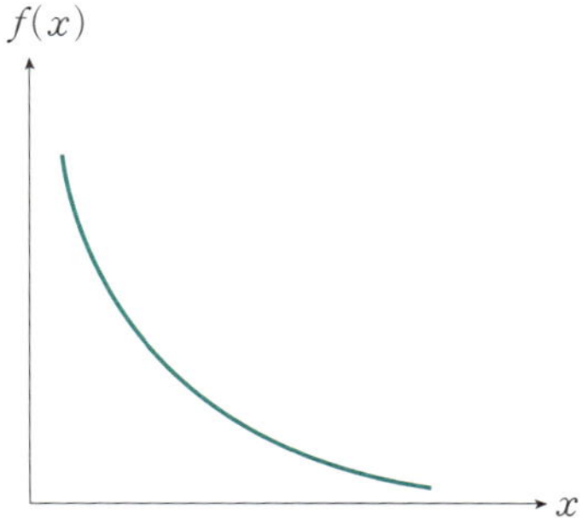

④ $f'(x)<0,\ f''(x)<0$

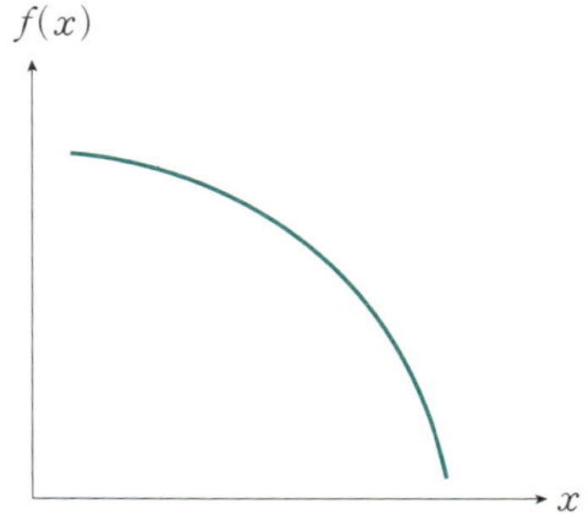

점근선이 $y=8$이란 것은 x의 값이 무한대로 접근하면 y의 값은 결코 8은 아니지만 $y=8$로 근접한다는 의미이다. 이상의 1차 및 2차 도함수의 크기 및 y절편과 점근선을 종합하면 주어진 함수의 그래프는 〈그림 7-8〉과 같이 그려진다.

7.6 도함수의 경제학적 응용

우리는 앞 절에서 도함수의 정의 및 여러 가지 미분법 등에 관하여 공부하였다. 경제학 또는 경영학에서는 한 변수의 변화에 따라 다른 변수가 어떻게 변화하는가에 대한 문제가 매우 관심 있게 다루어진다. 이 장에서는 앞 장에서 논의된 수학적인 미분 개념이 실제 경제학 또는 경영학에서는 어떻게 사용되는지에 관해서 알아보자.

1) 수요와 공급함수의 도함수

경제학의 첫 걸음인 수요와 공급함수에서는 도함수가 어떻게 응용되는지 살펴보자. 앞에서 재화의 수요량과 가격 사이의 역의 관계를 수요함수라 하고 $Q_d=f(P)$로 나타낸다는 것을 알았다. 여기에서 가격이 변화하면 수요량이 얼마나 변화할 것인가 하는 것을 도함수의 개념을 이용하여 설명하면 수요함수의 일차도함수, 즉 $\frac{dQ_d}{dP}=f'(P)$로 나타낼 수 있다.

예를 들어 다음과 같은 수요함수가 있다고 하자.

$$Q_d=f(P)=10-P^2 \ (P\geq 0)$$

위 수요함수를 그래프로 나타내면 〈그림 7-9〉의 (a)와 같이 된다.

가격 P의 변화함에 따른 수요량 Q_d의 변화는 도함수를 사용하면 다음과 같이 나타낼 수 있다.

그림 7-9

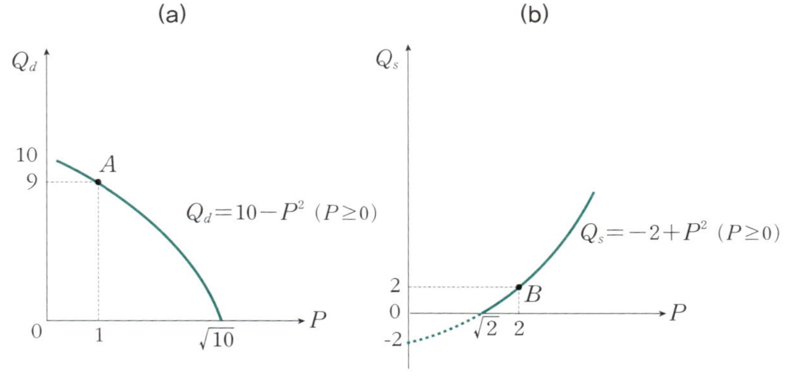

$$\frac{dQ_d}{dP} = f'(P) = -2P$$

따라서 〈그림 7-9〉의 (a)에 있는 수요곡선상의 한 점 A에서 ($P=1$일 때) P의 미세한 변화에 따른 Q_d의 변화는

$$f'(1) = -2(1) = -2$$

가 된다. 이것은 두 가지의 뜻을 가지는데 첫째, $P=1$에서 $f'(P) = -2 < 0$이므로 P가 상승하면 Q_d는 감소한다. 둘째, $P=1$에서 $f'(P) = -2$이므로 $P=1$에서 Q_d의 변화율의 크기는 -2, 즉 $P=1$에서 P가 한 단위 상승하면 Q_d는 2단위 감소함을 의미한다.

이와 같은 일차도함수는 공급함수에도 가격변화에 대한 공급량의 변화로 사용되어질 수 있다. 예를 들어 다음의 공급함수가 있다고 가정하자.

$$Q_s = g(P) = -2 + P^2 \ (P \geq 0)$$

이것은 〈그림 7-9〉의 (b)에 그려져 있다. 가격 P의 변화에 따른 공급량 Q_s의 변화는 도함수에 의해 다음과 같이 표시된다.

$$\frac{dQ_s}{dP}=g'(P)=2P$$

따라서 〈그림 7-9〉의 (b)에 있는 공급곡선의 한 점 B에서 ($P=2$일 때) 가격 P의 미세한 변화에 따른 공급량의 변화는

$$g'(2)=2(2)=4$$

가 된다. 이것이 의미하는 바는 첫째, $P=2$에서 $g'(P)=4>0$이므로 P의 변화 방향과 Q_s의 변화 방향은 같다. 둘째, $P=2$에서 $g'(P)=4$이므로 $P=2$에서 Q_s변화율의 크기는 4이다. 즉 P의 단위 상승에 대하여 Q_s는 4단위 증가한다.

연습문제

01. 다음 함수의 극한을 구하라.

① $\lim_{x \to 2} x^3$ ② $\lim_{x \to 3} \frac{x^2-9}{x-3}$ ③ $\lim_{x \to 5} 2x^2$ ④ $\lim_{x \to -2} (4x-5)$

⑤ $\lim_{x \to 5} f(x)$, 단 $f(x)=\begin{cases} x & , x<5 \\ 10-x, & x \geq 5 \end{cases}$

⑥ $\lim_{x \to 3} g(x)$, 단 $g(x)=\begin{cases} x^2 & , x<3 \\ 12-x, & x \geq 3 \end{cases}$

⑦ $\lim_{x \to -1} \frac{4x^2+x-3}{x+1}$

⑧ $\lim_{x \to 0} [(x^5-1)(x^3+4)]$

02. 다음 함수들의 차분계수를 구하라.

① $y=f(x)=3x^2$ ② $y=f(x)=\frac{-x^2}{2}$ ③ $y=f(x)=2x^2-4x+1$

④ $y=f(x)=-2x^3$ ⑤ $y=f(x)=-x^2+9$ ⑥ $y=f(x)=10x+6$

03. 다음을 계산하라.

① $y=f(x)=3x^2$ 에서 x가 -1에서 3으로 이동할 때 y의 평균변화율을 계산하라.

② $y=f(x)=\frac{-x^2}{2}$에 대하여 x가 2에서 5로 이동할 때 y의 평균변화율을 계산하라.

③ $y=f(x)=-2x^3$ 에서 x가 -2에서 0으로 이동할 때 y의 평균변화율을 계산하라.

④ $y=f(x)=-x^2+9$에서 $x=1$과 $x=3$의 두 점을 연결하는 직선의 기울기를 계산하라.

04. 아래에 주어지는 함수들의 $x=1$에서의 미분계수와 접선의 기울기가 0이 되는 x값을 구하라.

① $f(x)=4x-5$ ② $f(x)=4x^2+2x-5$ ③ $f(x)=\frac{x^3}{3}-4x+9$

④ $f(x)=\frac{x^4}{4}-\frac{x^2}{2}$ ⑤ $f(x)=ax^2+bx+x$ ⑥ $f(x)=\frac{1}{x}$

05. 다음 함수들의 1차, 2차, 3차 도함수들을 구하라.

① $y=2x^4-3x^3+4x^2$

② $y=\frac{(x+1)}{(x-1)}$

06. 아래 함수들의 그래프를 그려라.

① $y=2+\frac{16}{x+2}\ (x>0)$

② $y=10-\frac{9}{x+1}\ (x>0)$

07. 다음 함수들의 도함수를 구하라.

① $y=2x^2+3x+4$

② $y=ax^2+bx+c$

③ $y=a_0+a_1x+a_1x^2+\cdots+a_nx^n$

08. 곱의 미분법을 이용하여 다음을 미분하라.

① $y=(3x^2-2)(3x-2)$

② $y=(2x^3+5x)(2x^7)$

③ $y=x^4(x^{-1}+1)$

④ $y=(ax-b)(cx^2)$

⑤ $y=(2-3x)(1+x)(x-2)$

⑥ $y=x^{-1}(x^2+1)$

09. 몫의 미분법을 이용하여 다음을 미분하라.

① $y=\dfrac{(x^2+1)}{x}$

② $y=\dfrac{(x+1)}{x}$

③ $y=\dfrac{(ax+b)}{(cx+d)}$

④ $y=\dfrac{f(x)}{x}$

10. $y=u^2+1$이고 $u=4-x^2$일 때 연쇄법칙을 이용하여 $\dfrac{dy}{dx}$를 구하라.

11. $w=ay^2$, $y=bx+cx^2$일 때 연쇄법칙을 이용하여 $\dfrac{dw}{dx}$를 구하라.

12. 아래 함수들을 연쇄법칙을 이용하여 $\dfrac{dy}{dx}$를 구하라.

① $y=2(2x^5-x^{\frac{1}{4}})^4$

② $y=(2x^2-5x)^{-3}$

③ $y=(ax+b)^4$

13. 아래 함수가 단조적인지를 조사하고 역함수의 미분법을 이용하여 $\dfrac{dy}{dx}$를 구하라.

① $y=-x^5+5$

② $y=2-x^4-2x^6$ $(x>0)$

14. 로그함수의 미분법을 이용하여 다음을 미분하라.

① $y=\ln(x^2-1)$

② $y=6\ln t$

③ $y=\ln(2x^4-3x^3)$

④ $y=\ln(ax+b)$

15. 공이 1초당 64m의 속도로 던져졌을 때 지상으로부터 공의 높이는 다음의 함수 s로 표시된다고 할 때 물음에 답하라.

$$s=f(t)=64t-16t^2$$

단, t는 공을 던진 후 측정한 시간으로 단위는 초(second)이다.

① $t=1$일 때 공의 높이는?
② 공은 언제 지상으로 떨어지는가?
③ 공이 땅에 떨어질 때 속도는?

16. 어느 나라의 1980년도의 인구 수를 측정하였더니 다음과 같은 함수로 표시된다고 할 때 물음에 답하라. 단 인구 수의 단위는 백만이고, t의 기본단위는 1년이다.

$$P=f(t)=50e^{0.05t}$$

① 1985년의 인구 수는 얼마인가?
② 1982년과 1985년 사이의 평균 인구증가율은 얼마인가?
③ 2000년에 이 나라의 인구는 얼마만큼 증가할 것인가?

제8장 적분(Integral)

본 장에서는 부정적분과 정적분의 기본 논리를 예제와 함께 간략히 설명한다. 또한 특이적분에 대하여 정의와 함께 간단한 예제를 통하여 이해를 돕도록 한다.

수학이야기

파스칼(B. Pascal, 1623～1662)은 수학자이면서 물리학자 그리고 철학자로 프랑스의 클레르몽페랑에서 출생하였다. 정규학교는 다니지 않았으나 아버지로부터 교육을 받았는데 뛰어난 재능의 소유자로 12세 때 이미 유클리드 기하학 정리를 32개까지 추론하였고 16세 때 〈원뿔곡선시론〉을 발표하여 데카르트를 비롯한 많은 수학자들로부터 주목을 받았다. 1642년에 징세관인 아버지를 돕기 위해 계산기를 발명하였으며 1646년에 토리첼리의 진공에 대한 추가실험을 성공하고 이듬해에 〈진공에 관한 새 실험〉을 발표하였다. 이는 아리스토텔레스의 권위에 기초한 〈자연은 진공을 아주 싫어한다〉란 전통개념을 뒤엎는 결과를 낳았다. 이듬해 취드돔산 정상에서 실험에 성공하였는데, 이는 공기의 무게가 수은주를 정지시키는 단 하나의 이유임을 증명한 것으로 이 실험을 근거로 그 해 10월 〈유체의 평형에 관한 대 실험담〉을 발표하였고, 사고를 넓혀 유체정역학 전체에 해당하는 〈파스칼의 원리〉를 발견하게 된다. 이는 밀폐된 용기 속에서 정지하고 있는 유체의 한 점의 압력을 어느 크기만큼 늘리면 유체 내부의 모든 점의 압력은 같은 크기만큼 증가함을 규정한 것이다.

그리고 도박사 메레의 제안으로 판돈을 배분하는 문제를 연구하여 **수학계의 확률론이라는 새로운 분야를 개척**하였다. 그 뒤 **1658년 적분법의 토대가 된 〈사이클로이드의 문제〉를 완성**하였다.

8.1 부정적분(indefinite integral)

1) 부정적분의 성질

함수 $F(x)$가 미분가능하고 $F(x)$의 도함수가 $f(x)$일 때, 즉 $\frac{d}{dx}F(x)=f(x)$이면 $F(x)$를 $f(x)$의 원시함수(primitive function) 또는 역도함수(antiderivative)라 한다. 그리고 $f(x)$의 역도함수를 구하는 과정을 적분(integral) 또는 역미분(antidiffefentiation)한다고 말한다.

어떤 함수 $f(x)$가 주어져 있을 때 $f(x)$를 적분하면 무수히 많은 역도함수가 구해진다. 예를 들어 $F(x)=3x^2+2x+1$이면 $\frac{d}{dx}F(x)=F'(x)=6x+2$이다. 또한 마찬가지로 $G(x)=3x^2+2x$이면 $G'(x)$도 $6x+2$이다. 이와 같이 $f(x)=6x+2$이면 $f(x)$의 역도함수는 $F(x)$도 될 수 있고 $G(x)$도 될 수 있다. 즉

$\frac{d}{dx}F(x)=f(x)=\frac{d}{dx}G(x)$로 $\frac{d}{dx}\{G(x)-F(x)\}=0$이 된다.

여기서 $G(x)-F(x)=c$가 되어 $G(x)=F(x)+c$의 관계가 성립한다. 이 말은 $f(x)$의 역도함수를 구하면(또는 적분하면) 확정된 수치를 갖지 않으므로 이를 $f(x)$의 부정적분이라고 한다. 이를 적분기호(integral sign)를 사용하여 표시하면

$\int f(x)dx=F(x)+c$가 된다.

여기서 $\int$기호는 적분기호(integral sign)로 합(sum)의 의미를 갖는 S자를 길게 늘인 모양으로 미분과정을 역으로 행하라는 표시로 볼 수 있다.

역도함수와 역미분

함수 $F(x)$가 미분가능하고 $F(x)$의 도함수가 $f(x)$일 때, 즉 $\frac{d}{dx}F(x)=f(x)$이면 $F(x)$를 $f(x)$의 원시함수(primitive function) 또는 역도함수(antiderivative)라 한다. 그리고 $f(x)$의 역도함수를 구하는 과정을 적분(integral) 또는 역미분(antidiffefentiation)한다고 말한다.

부정적분

함수 $f(x)$의 역도함수 $F(x)+c$를 $f(x)$의 부정적분이라 하며 $\int f(x)dx$로 표시한다.

즉 $\int f(x)dx=F(x)+c$

여기서 함수 $f(x)$를 피적분함수(integrand), x를 적분변수(variable of integration), c를 적분상수(integration constant)라고 한다.

〈예제 8-1〉

$f'(x)=2x-5$의 역도함수를 구하라.

풀이 역도함수 $f(x)$는 $f(x)=x^2-5x-C$이다.

2) 기초적 적분공식

적분의 정의에서 살펴본 것처럼 적분과 미분은 서로가 반대되는 연산과정이다. 따라서 미분에 관한 법칙들을 이용하면 적분에 관한 법칙들을 유도할 수 있다. 예를 들어 아래와 같은 도함수 공식들을 이용하여 적분에 관한 공식들을 유도해 본다.

$$\frac{d}{dx}\frac{1}{n+1}x^{n+1}=x^n \quad (n\neq -1) \tag{8.1}$$

$$\frac{d}{dx}\ln x=\frac{1}{x} \quad (x>0) \tag{8.2}$$

$$\frac{d}{dx}e^x=e^x \tag{8.3}$$

(8.1)의 도함수 공식을 보면 $\frac{1}{n+1}x^{n+1}$은 x^n의 원시함수임을 알 수 있다. 여기서 역도함수와 부정적분의 정의로부터 $F(x)$ 대신에 $\frac{1}{n+1}x^{n+1}$를, $f(x)$ 대신에 x^n를 대입하면 다음의 적분 공식 ①을 유도할 수 있다.

적분 공식 ①

$$\int x^n dx = \frac{1}{n+1}x^{n+1} + c$$

〈예제 8-2〉

앞의 예제에서 역도함수 $f(x)$의 한 점이 (2, 20)이라고 할 때 정확한 역도함수를 찾아라.

풀이 역도함수 $f(x)$에 $x=2$와 $x=20$을 대입한다. 그러면

$$20 = 2^2 - 5(2) + C$$
$$20 = -6 + C$$
$$26 = C \text{이다.}$$

따라서 역도함수는 $f(x) = x^2 - 5x + 26$이다.

〈예제 8-3〉

PK회사가 생산하는 제품 A의 한계이익(marginal revenue) 함수가 다음과 같다고 한다.

$$MR = 500{,}000 - x$$

이때 변수 x는 PK회사가 생산하여 판매한 제품 A의 수량을 말하며, 생산된 제품이 한 개도 판매되지 않았을 때 총이익은 0이라고 한다. 제품 A의 총이익함수를 계산하라.

풀이 한계이익함수는 총이익함수에서 유도되기 때문에 총이익함수는 MR의 역도함수이다. 따라서 MR의 역도함수를 $R(x)$라고 하면

$$R(x)=500{,}000x-\frac{x^2}{2}+C \text{이다.}$$

여기서 $R(0)=0$이므로

$$R(0)=500{,}000\times 0-\frac{0^2}{2}+C$$

$$C=0 \text{이다.}$$

따라서 총이익함수 $R(x)=500{,}000x-\dfrac{x^2}{2}$ 이다.

〈예제 8-4〉

$\int x^2dx$를 구하라.

풀이 $\int x^2dx=\frac{1}{3}x^3+c$

〈예제 8-5〉

$\int 1dx$를 구하라.

풀이 1은 x^0과 같다. 따라서 $\int 1dx=\int x^0dx=x+c$이다.

〈예제 8-6〉

$\int \sqrt{x^3}dx$를 구하라.

풀이 $\sqrt{x^3}$은 $x^{\frac{3}{2}}$이므로 $\int\sqrt{x^3}dx=\int x^{\frac{3}{2}}dx=\frac{2}{5}x^{\frac{5}{2}}+c=\frac{2}{5}\sqrt{x^5}+c$이다.

(8.2)와 (8.3)의 로그함수와 지수함수의 도함수 공식으로부터 다음의 적분 공식 ②를 유도할 수 있다.

적분 공식 ②

$$\int\frac{1}{x}dx=\ln x+c\ \ (x>0),\qquad \int e^x dx=e^x+c,\qquad \int f'(x)e^{f(x)}dx=e^{f(x)}+c$$

〈예제 8-7〉

$\int (e^x + \frac{1}{x}) dx$를 구하라. (단 $x>0$).

풀이 $\int (e^x + \frac{1}{x}) dx = \int e^x dx + \int \frac{1}{x} dx = e^x + \ln x + c$

〈예제 8-8〉

$\int 2xe^{x^2} dx$를 구하라.

풀이 적분 공식 ②에 제시되어 있는 것처럼 $f(x)=x^2$이고 $f'(x)=2x$ 이므로 $\int 2xe^{x^2} dx = 2xe^{x^2} + c$이다.

3) 적분의 연산법칙

부정적분에 관한 공식을 이용하면 어떤 함수의 원시함수를 구할 수 있으나 이외에 적분에 관한 기본 연산법칙을 알아두면 편리할 때가 많다. 2개 이상의 함수가 있을 때 이들 함수들의 합의 적분은 함수 각각을 적분하여 그 결과를 합한 것과 같다. 이를 간략히 정리하면 다음과 같다.

합의 적분

$$\int [f(x)+g(x)] dx = \int f(x) dx + \int g(x) dx$$

〈예제 8-9〉

$\int (x^3 + \frac{1}{2}x^2 - 1) dx$를 구하라.

풀이

$$\begin{aligned} \int (x^3 + \frac{1}{2}x^2 - 1) dx &= \int x^3 dx + \int \frac{1}{2}x^2 - \int dx \\ &= (\frac{1}{4}x^4 + c_1) + (\frac{1}{6}x^3 + c_2) - (x + c_3) \\ &= \frac{1}{4}x^4 + \frac{1}{6}x^3 - x + (c_1 + c_2 + c_3) \\ &= \frac{1}{4}x^4 + \frac{1}{6}x^3 - x + c \end{aligned}$$

적분함수에 상수 k를 곱한 후 이를 적분하는 것은 원래의 적분함수를 적분한 후 상수 k를 곱한 것과 같은데 이를 정리하면 다음과 같다.

곱의 적분

$$\int kf(x)dx = k\int f(x)dx$$

〈예제 8-10〉

$\int \frac{2}{3}x^3dx$를 구하라.

풀이 $\int \frac{2}{3}x^3dx = \frac{2}{3}\int x^3dx = \frac{2}{3}\left(\frac{1}{4}x^4 + c\right) = \frac{1}{6}x^4 + c$

〈예제 8-11〉

$\int -\frac{2}{5}x^2dx$를 구하라.

풀이 $\int -\frac{2}{5}x^2dx = -\frac{2}{5}\int x^2dx = -\frac{2}{5}\left(\frac{1}{3}x^3 + c\right) = -\frac{2}{15}x^3 - \frac{2}{15}c$

$= -\frac{2}{15}x^3 + c$

4) 적분법

(1) 치환적분법

u가 x의 함수, 즉 $u=g(x)$이고 u가 미분가능하며, 함수 $F(u)$도 미분가능하고 $\frac{dF(u)}{du}=f(u)$이면 다음의 정리가 성립한다. 치환적분법 정리로부터 $u=g(x)$이면 $\frac{du}{dx}=\frac{dg(x)}{dx}=g'(x)$이고 따라서 $du=g'(x)dx$이다. 이를 $\int f(u)du$에 대입하여 정리하면 $\int f(u)du = \int f(u)g'(x)dx = \int f(g(x))g'(x)dx = F(g(x))+c$가 된다.

치환적분법 정리

u가 x의 함수, 즉 $u=g(x)$이고 u가 미분가능할 때 $\int f(u)du=F(u)+c$이면 $\int f(g(x))g'(x)dx=F(g(x))+c$이다.

〈예제 8－12〉

$\int (x^2+1)^2\, 2xdx$를 구하라.

풀이 이 문제를 푸는 방법은 $(x^2+1)^2\, 2x$를 정리하여 $(x^4+2x^2+1)2x=2x^5+4x^3+2x$의 부정적분을 구해도 된다. 그러나 여기서는 치환적분법을 이용하여 계산해 보자.

$u=x^2+1$이라면 $\frac{du}{dx}=2x$이고 $du=2xdx$이다. 이를 원식에 대입하여 치환하면 $\int u^2du$가 된다. 따라서 $\int u^2du=\frac{1}{3}u^3+c=\frac{1}{3}(x^2+1)^3+c$가 된다.

(2) 부분적분법

두 함수 $f(x)$와 $g(x)$가 미분가능하면 미분의 곱의 법칙에 의해 $\frac{d}{dx}f(x)g(x)=f'(x)g(x)+f(x)g'(x)$가 성립한다. 여기서 양변을 부정적분하면

$$\int f(x)g(x)dx=\int f'(x)g(x)dx+\int f(x)g'(x)dx$$가 된다.

이를 다시 정리하여 아래와 같은 식을 얻을 수 있다.

$$\int f(x)g'(x)dx=f(x)g(x)-\int f'(x)g(x)dx \tag{8.4}$$

이때 $f(x)=u$, $g(x)=v$라고 하면 $f'(x)=\frac{df(x)}{dx}=\frac{du}{dx}$이고 $g'(x)=\frac{dg(x)}{dx}=\frac{dv}{dx}$이다. 따라서 $f'(x)dx=du$이고 $g'(x)dx=dv$이므로 이를 (8.4)

에 대입하면 $\int udv = uv - \int vdu$를 얻을 수 있는데, 이를 부분적분법(integration by parts)이라고 한다.

부분적분법

$u=u(x)$이고 $v=v(x)$이며 미분가능할 때 v의 u에 관한 적분은 uv에서 u의 v에 관한 적분을 뺀 것과 같다. 즉 $\int vdu = uv - \int udv$가 성립한다.

〈예제 8-13〉

xe^x을 부정적분하라.

풀이 $f(x)=x$, $g(x)=e^x$라 하면 $f'(x)=1$, $g'(x)=e^x$이므로
$\int xe^x dx = \int f(x)g'(x)dx = f(x)g(x) - \int f'(x)g(x)dx$의 형태로 치환할 수 있다. 따라서
$\int xe^x dx = xe^x - \int e^x dx = xe^x - e^x + c$이다.

다음은 부정적분의 중요 공식들을 정리한 것이다. 전술한 부정적분에 관한 공식을 포함하여 일반적으로 많이 응용되는 공식을 모아서 제시하였다.

중요 부정적분 공식

① $\int kdx = kx + c$, $k=$상수

② $\int x^n dx = \frac{x^{n+1}}{n+1} + c$

③ $\int k(fx)dx = k\int f(x)dx$, $k=$상수

④ $\int x^{-1}dx = \ln x + c$

⑤ $\int [f(x) \pm g(x)]dx = \int f(x)dx \pm \int g(x)dx$

⑥ $\int e^x dx = e^x + c$

⑦ $\int [(f(x)]^n f'(x)dx = \frac{[f(x)]^{n+1}}{n+1} + c$, $n \neq -1$

⑧ $\int f'(x)e^{f(x)}dx = e^{f(x)} + c$

⑨ $\int \frac{f'(x)}{f(x)}dx = \ln f(x) + c$

⑩ $\int u(x)v'(x)dx = u(x)v(x) - \int v(x)u'(x)dx$

8.2 정적분

1) 정적분의 의미

8.1절에서 설명한 적분들은 모두 부정적분(indefinite integral)으로서 어떤 변수들의 함수이고 확정적인 값을 갖지 않는다. 이에 비하여 정적분은 어떤 함수가 주어져 있을 때 특정 구간에서 함수의 부정적분의 값을 구하는 것을 의미한다.

연속함수 $f(x)$의 부정적분을 구한 다음 함수 $f(x)$의 정의역 내의 어떤 폐구간 $[a, b]$에서의 값(단 $a<b$)을 구하려면 부정적분에 b를 대입하여 값을 계산한 후 a를 대입하여 계산한 값을 빼면 된다. 즉 $[F(b)+c]-[F(a)+c]=F(b)-F(a)$가 된다. 이 값을 함수 $f(x)$의 a에서 b까지의 정적분(definite integral)이라고 하며, a를 적분하한(lower limit of integration), b를 적분상한(upper limit of integration) 그리고 x를 적분변수(variable of integration)라 한다.

정적분

연속함수인 $f(x)$의 구간 $[a, b]$에서의 정적분은 $\int_a^b f(x)dx$로 표시되고 다음과 같이 정의된다.

$$\int_a^b f(x)dx=[F(x)]_a^b=F(b)-F(a)$$

〈예제 8-14〉

$\int_1^3 x^5 dx$를 계산하라.

풀이 $\int_1^3 x^5 dx=\left[\frac{1}{6}x^6\right]_1^3=\frac{1}{6}(3^6)-\frac{1}{6}(1^6)=\frac{243}{6}-\frac{1}{6}=40\frac{1}{3}$

〈예제 8-15〉

$\int_2^5 \frac{1}{x^2} dx$를 계산하라.

그림 8-1 정적분

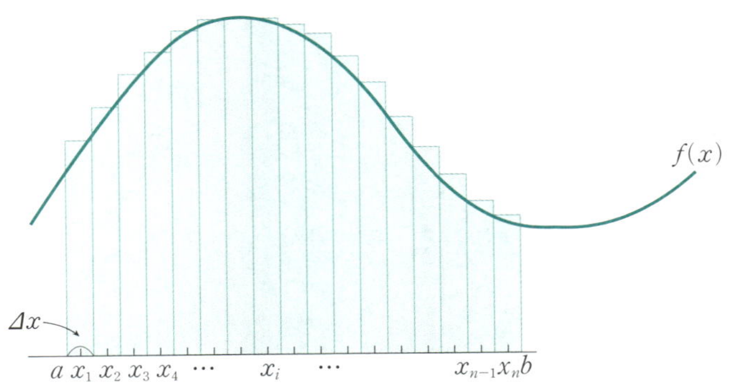

풀이 $\int_2^5 \frac{1}{x^2}\,dx=\left[-\frac{1}{x}\right]_2^5=(-\frac{1}{5})-(-\frac{1}{2})=\frac{3}{10}$

〈예제 8-16〉

$\int_0^4 (\frac{1}{1+x}+2x)\,dx$를 계산하라. 단 $x\neq -1$.

풀이 $\int_0^4 (\frac{1}{1+x}+2x)\,dx$

$=\left[\ln(1+x)+x^2\right]_0^4=(\ln 5+4^2)-(\ln 1+0)=\ln 5+16$, 단 $\ln 1=0$이다.

정적분의 의미는 〈그림 8-1〉에서와 같이 함수 $f(x)$와 x축 그리고 두 직선 $x=a$와 $x=b$로 둘러싸인 부분의 면적으로 설명된다. 이를 S라고 하면 S의 면적을 구하기 위하여 다음과 같은 절차를 진행한다.

구간 $[a, b]$를 동일한 길이를 갖는 n개의 소구간으로 나누고, 소구간의 가운데 값을 각각 $x_1, x_2, \cdots, x_i, \cdots, x_n$이라고 하자. 이때 소구간의 크기를 Δx라고 하면 구간 $[a, b]$ 사이에 가로가 Δx이고 세로가 각각 $f(x_1)$, $f(x_2)$, $\cdots$, $f(x_i)$, $\cdots$, $f(x_n)$인 n개의 직사각형이 만들어진다. 따라서 음영처리된 n개의 직사각형의 면적의 합은

$\Delta x \cdot f(x_1)+\Delta x \cdot f(x_2)+\cdots+\Delta x \cdot f(x_i)+\cdots+\Delta x \cdot f(x_n)=\sum_{i=1}^{n}\Delta x \cdot f(x_i)$이다.

이제 n의 값을 한없이 크게 하면 Δx값은 한없이 작게 되고, 음영처리된 직사각형의 면적은 S에 가깝게 접근하게 된다. 즉 S의 값은 다음의 극한값과 같다고 볼 수 있다.

$$
\begin{aligned}
S &= \lim_{\Delta x \to 0}\Delta x \cdot f(x_1)+\Delta x \cdot f(x_2)+\cdots+\Delta x \cdot f(x_i)+\cdots+\Delta x \cdot f(x_n) \\
&= \lim_{\Delta x \to 0}\sum_{i=1}^{n}\Delta x \cdot f(x_i)
\end{aligned}
$$

이때 극한값 $\lim_{\Delta x \to 0}\sum_{i=1}^{n}\Delta x \cdot f(x_i)$를 $\int_a^b f(x)dx$라 표시하고, 이를 구간 $[a, b]$에서의 함수 $f(x)$의 정적분이라고 한다.

2) 정적분의 성질

지금까지의 정적분의 논의로부터 정적분에 관한 다음을 성질들을 유도할 수 있다.

정적분의 성질

① $\int_b^a f(x)dx=-\int_a^b f(x)\ dx$

② $\int_a^a f(x)dx=0$

③ $\int_a^c f(x)dx = \int_a^b f(x)dx+\int_b^c f(x)dx$

④ $\int_a^b -f(x)dx = -\int_a^b f(x)dx$

⑤ $\int_a^b kf(x)dx = k\int_a^b f(x)dx$

⑥ $\int_a^b [f(x)+g(x)]\,dx=\int_a^b f(x)dx + \int_a^b g(x)dx$

⑦ $v(x)$와 $u(x)$가 주어져 있을 때 $\int_{x=a}^{x=b} vdu=\Big[u\ v\Big]_{x=a}^{x=b}-\int_a^b udv$

〈예제 8－17〉

$\int_2^2 \frac{1}{3}x^2dx$를 계산하라.

풀이 $\int_2^2 \frac{1}{3}x^2dx = \left[\frac{1}{9}x^3\right]_2^2 = \frac{1}{9}2^2 - \frac{1}{9}2^2 = 0$

〈예제 8－18〉

$\int_{-1}^3 (\frac{1}{x^2} + 2x^3)dx$를 계산하라.

풀이 $\int_{-1}^3 (\frac{1}{x^2} + 2x^3)dx = \int_{-1}^3 \frac{1}{x^2}\,dx + \int_{-1}^3 2x^3dx = \left[-\frac{1}{x}\right]_{-1}^3 + \left[\frac{1}{2}x^4\right]_{-1}^3$

$= \left[-\frac{1}{3} - 1\right] + \left[\frac{1}{2}3^4 - \frac{1}{2}(-1^4)\right] = -\frac{1}{3} + 39 = 38\frac{2}{3}$

8.3 특이적분

어떤 함수를 적분할 때 적분의 하한이나 상한이 무한대인 경우와 피적분 함수값이 무한대인 경우의 적분을 특이적분(improper integral)이라 한다.

1. 상한이나 하한이 무한대인 적분

함수 $f(x)$를 적분할 때 적분의 하한이나 상한이 아래의 경우처럼 주어져 있을 때 이들을 특이적분이라 한다.

$\int_{-\infty}^b f(x)dx$와 $\int_a^\infty f(x)dx$

위에서 두 번째 특이적분의 경우 이를 달리 표현할 수 있다. 즉

$$\int_a^\infty f(x)dx \equiv \lim_{b\to\infty}\int_a^b f(x)dx$$

이 경우에 적분의 극한값이 존재하면 특이적분은 수렴한다(converge)라고

그림 8-2

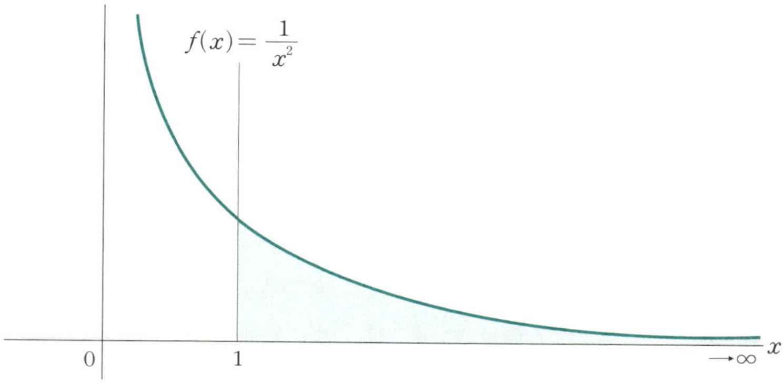

하며, 극한값이 존재하지 않으면 발산한다(diverge)라고 한다.

〈예제 8-19〉

$\int_1^{\infty}\frac{1}{x^2}\,dx$를 계산하라.

풀이 $\int_1^{\infty}\frac{1}{x^2}\,dx=\lim_{b\to\infty}\int_1^{b}\frac{1}{x^2}\,dx=\lim_{b\to\infty}\left[-\frac{1}{x}\right]_1^b=\lim_{b\to\infty}\left(-\frac{1}{b}+1\right)=1$

〈예제 8-19〉의 경우를 그림으로 나타내 보면 〈그림 8-2〉와 같은데, 적분의 상한이 그래프 상의 우측으로 무한히 커질 수 있으므로 특이적분의 값인 음영처리된 면적은 무한히 확장된다고 할 수 있다. 그렇지만 면적의 값은 확정된 극한값 1이라고 볼 수 있다.

2. 피적분함수 값이 무한대인 적분

함수 $f(x)=\frac{1}{x}$ 일 때 이를 구간 [0, 1]에서 적분할 경우, 즉 $\int_0^1\frac{1}{x}\,dx$에서 적분하한이 0일 때 피적분함수가 무한대 값($x\rightarrow 0^+$에 따라 $\frac{1}{x}\rightarrow\infty$로 감)을 가지므로 이를 특이적분이라 한다.

연습문제

01. 아래에 주어진 각 함수에 대하여 부정적분을 계산하라.

① $\int \frac{1}{t^2}dt$ ② $\int 2v^3dv$ ③ $\int \frac{12}{z^5}dz$

④ $\int (3z^2-4z+5)dz$ ⑤ $\int 9e^t dt$ ⑥ $\int e^{9t}dt$

⑦ $\int 3e^{(\frac{5}{4})u}du$ ⑧ $\int 2xe^{x^2}dx$ ⑨ $\int x^2e^{3x^3}dx$

⑩ $\int 33dx$ ⑪ $\int \sqrt{x^5}dx$ ⑫ $\int \frac{2x}{\sqrt{x^2+3}}dx$

02. 각 물음에 대한 부정적분을 계산하라.

① $\int 100dx$ ② $\int (10-6x)dx$ ③ $\int \sqrt{x^3-2x_2+5}\,dx$

④ $\int dz$ ⑤ $\int (x^2/6-20)^5\,(x)dx$ ⑥ $\int \frac{1}{x^5}dx$

⑦ $\int \frac{2x}{x^2+5}dx$ ⑧ $\int \frac{10}{5x-6}dx$ ⑨ $\int (x^3+16)^4 6x^2\,dx$

03. $\int \frac{6x}{3x^2-10}dx$를 구하라. [힌트: $\int \frac{f'(x)}{f(x)}dx = \ln f(x)+c$이다.]

04. $\int \frac{x-1}{4x^2-8x+10}dx$를 계산하라. [3번의 힌트를 이용하라.]

05. 다음의 각 물음에 대하여 계산하라.

① $\int_2^5 (6x^2-3x+5)dx$ ② $\int_1^2 \frac{1}{y}dy$ ③ $\int_5^{10}(4x-7)dx$

④ $\int_0 (2-2x^2)dx$ ⑤ $\int_{-1}^2 (1-e^{-x})dx$ ⑥ $\int_1^2 (e^{5u}-\frac{1}{u^2})du$

⑦ $\int_4^9 3\sqrt{u}\,du$ ⑧ $\int_2^8 \sqrt{2r}\,dr$ ⑨ $\int_2^3 \frac{6x}{3x^2-7}dx$

⑩ $\int_0^1 x^{\frac{1}{2}}(1+x)dx$

06. 다음의 각 물음에서 주어진 x의 범위 내에서 x축과 $f(x)$ 사이의 면적을 구하라.

① $f(x)=x^2-3x,\ 2 \le x \le 4$

② $f(x)=-2x+10,\ 1 \le x \le 4$

③ $f(x)=4x^3,\ 1 \le x \le 2$

④ $f(x)=e^x,\ 2 \le x \le 4$

⑤ $f(x)= -\frac{1}{2}x^3,\ 2 \le x \le 10$

07. 부분적분 공식을 이용하여 부정적분을 계산하라.

① $\int x^3 e^{x^2} dx$　　② $\int \ln x\,(x+4)dx$

③ $\int (-x)(2x+3)^{\frac{1}{2}}dx$　　④ $\int e^{-x}(x+5)dx$

08. 다음을 계산하라.

① $\int 6x(3x^2+4)^4 dx$　　② $\int x^2\sqrt{x^3+1}\,dx$

③ $\int \ln x(x+4)dx$　　④ $\int e^{-x}(x+5)dx$

09. 어느 지역의 연간 도시가스의 소비량을 함수로 나타내면 $C(t)$로 표기할 수 있다. 이때 $C'(t)=t+e^{0.01t}$이라면 이 지역의 10년간 도시가스 소비량을 계산하라. 단, 단위는 생략한다.

10. 한국자동차공업(주)는 자사가 생산한 차량의 연간 유지보수비용을 추정해 보니 다음과 같이 함수식으로 나타낼 수 있었다.

$$r(t)=₩100{,}000+10{,}000\,t^2$$

여기서 t는 연(年)으로 표시되는 자동차의 나이를 말하고, $r(t)$는 연간 원화로 표시되는 측정치이다. 다음 물음에 답하라.

① 첫 5년 동안의 자동차의 유지보수비용을 계산하라.

② 5년째 발생하게 되는 자동차의 유지보수비용을 계산하라.

11. 어떤 기업의 제품의 한계이익 함수가 아래와 같을 때 물음에 답하라.

$MR = -0.02x + 2{,}000$, 단 x는 생산하여 판매한 제품의 수량이다.

① 제품을 100개 판매할 때 총이익은 얼마인가?

② 제품을 100개에서부터 150개를 판매할 때까지 판매의 증가에 따른 추가이익은?

12. 함수 $f(x) = x^2$이고 $g(x) = 8 + 2x$일 때 두 함수를 그래프로 그리고 두 함수와 y축에 의하여 만들어지는 영역의 면적을 구하라.

제9장 편미분과 전미분(Partial Differentiation & Total Differentiation)

제7장에서는 독립변수가 하나인 함수에서 도함수의 개념과 미분법칙을 살펴보았다. 그러나 현실의 비교정태분석에서는 둘 이상의 변수들이 모형에 포함되는 일이 흔히 있다. 본 장에서는 변수가 둘 이상인 함수의 미분법을 공부하기로 한다.

수학이야기

[미적분학의 창시자 뉴턴의 건망증과 집중력의 이야기]

아이작 뉴턴(Isaac Newton, 1642~1727)은 1665년 초에 일반화된 이항정리를 알아냈고, 오늘날 미분학으로 알려진 유율법을 만들었는데 그 시대의 수학자들 사이에 알려진 다양한 어려운 문제 중 어느 것도 풀지 못한 것이 없었다고 알려져 있다. 그와 비슷한 시기에 살았던 라이프니쯔는 "인류 역사상 뉴턴이 살았던 시대까지의 수학을 놓고 볼 때, 그가 이룩한 업적이 반 이상이다"라고 말할 정도로 뉴턴이 수학에 관하여 이룬 업적은 엄청나다. 그러나 뉴턴은 건망증도 대단하였던 것으로 알려져 있다.

친구 몇몇을 초대하여 저녁을 대접하던 뉴턴은 포도주 한 병을 가지러 방에서 나가다가 딴생각에 사로잡혔다. 늘 그렇듯이 한 번 생각에 빠지기 시작하면 다른 모든 것은 잊어버리고 마는 뉴턴은 옷을 걸쳐 입고 그만 교회로 가버렸다고 한다.

전해지는 또 하나의 이야기는 친구인 스턱켈리 박사가 저녁을 같이 먹기로 하여 뉴턴을 찾아왔더니 뉴턴은 외출 중이었다. 그런데 식탁에는 이미 요리된 닭이 있었는데, 저녁 약속을 잊어버린 뉴턴은 몹시 늦게 돌아왔고, 기다리던 스턱켈리 박사는 배가 고파 먼저 닭을 먹어버렸다. 그런데 나중에 들어온 뉴턴은 식탁에 앉아 그릇의 뚜껑을 열어 뼈만 남은 그릇을 보고는 "아 참, 우리가 이미 저녁을 먹었군"이라고 말했다고 한다.

평범한 사람이 이런 일을 벌이게 되면 건망증이 심하다는 말을 듣게 되지만 뉴턴의 경우는 건망증이 심하기보다는 집중력이 강하다고 할 수 있을 것이다. 그는 한 번 생각에 빠지면 생각이 꼬리에 꼬리를 물고 일어나 다른 것에는 아무 관심이 없었다고 한다.

우리 주위에도 한 가지 일을 잘하는 사람을 종종 볼 수 있다. 보통 때는 없는 듯이 있다가 특별한 때가 오면—예를 들어 춤을 출 때라든가, 장기자랑이든가, 영화에 대하여 이야기할 때라든가—눈에서 빛이 나면서 적극적으로 자신의 능력을 발휘하는 사람이 있다. 뉴턴도 바로 그런 사람이었다. 수학, 과학에 대한 생각을 시작하면 다른 것은 아무것도 보이지 않는 그런 집중력을 가진 사람이었다. 그리고 그의 이런 집중력이 바로 그의 위대한 업적의 원동력이었을 것이다.

그가 사과나무에서 사과가 떨어지는 것을 보고 만유인력을 발견했다는 이야기는 아마도 다른 사람은 그냥 지나쳐 버리는 어떤 현상의 의미를 집중적으로 파고들어 과학적으로 분석해 내는 집중력을 빗대어 생긴 이야기일 것 같다.

9.1 편미분(Partial Differentiation)

다음과 같이 n개의 서로 독립적인 관계의 변수로 구성된 함수가 있다고 가정하자.

$$y=f(x_1, x_2, \cdots, x_n) \tag{9.1}$$

여기에서 만약 변수 x_2에서 x_n까지 $(n-1)$개의 변수가 모두 고정되어 있고 변수 x_1만이 조금 변하였다고 가정해 보자. x_1의 변화를 Δx_1으로 나타내면 x_1은 처음의 값 x_1에서 새로운 값 $x_1+\Delta x_1$으로 바뀌었다. 식 (9.1)에 새로운 값들을 대입하면 다음의 식을 구할 수 있다.

$$y+\Delta y=f(x_1+\Delta x_1, x_2, \cdots, x_n) \tag{9.2}$$

식 (9.2)에서 식 (9.1)을 빼면 다음과 같다.

$$\Delta y=f(x_1+\Delta x_1, x_2, \cdots, x_n)-f(x_1, x_2, \cdots, x_n) \tag{9.3}$$

식 (9.3)을 Δx_1으로 나누면 다음과 같이 차분계수를 구할 수 있다.

$$\frac{\Delta y}{\Delta x_1} = \frac{f(x_1 + \Delta x_1,\ x_2, \cdots,\ x_n) - f(x_1,\ x_2, \cdots,\ x_n)}{\Delta x_1} \tag{9.4}$$

이 식은 x_1 이외의 다른 독립변수 $x_2, \cdots, x_n$들이 고정되어 있을 때 x_1의 변화에 따른 y의 변화를 알아보는 것인데 Δx_1이 0에 접근함(x_1의 변화가 극히 미세함)에 따라 $\frac{\Delta y}{\Delta x_1}$가 취하는 극한은 x_1에 대한 $y = f(x_1,\ x_2, \cdots,\ x_n)$의 편미분으로 정의된다. 이를 기호로 표시하면 다음과 같다.

$$\frac{\partial y}{\partial x_1} = \lim_{\Delta x_1 \to 0} \frac{\Delta y}{\Delta x_1} \tag{9.5}$$

식 (9.5)에서 정의된 특별한 도함수는 x_1에 관한 y의 편도함수라고 부른다. 왜냐하면 함수 (9.1)에서 x_1을 제외한 다른 모든 독립변수들이 고정되어 있을 때 식 (9.5)는 x_1의 미세한 변화에 따른 y의 변화율을 측정해 주기 때문이다. 또한 식 (9.5)와 관련하여 $\frac{\partial y}{\partial x_1}$는 ∂y를 ∂x_1으로 나누는 것이 아니라 하나의 표기식으로 보아야 한다. 같은 방법으로 x_2에 대한 y의 편도함수는 정의하면 다음과 같다.

$$\frac{\partial y}{\partial x_2} = \lim_{\Delta x_2 \to 0} \frac{\Delta y}{\Delta x_2} \tag{9.6}$$

식 (9.6)의 $\frac{\partial y}{\partial x_2}$도 $\frac{\partial y}{\partial x_1}$와 마찬가지로 식 (9.1)에서 x_2를 제외한 다른 모든 변수들이 고정되어 있을 때 x_2의 미세한 변화에 따른 y의 변화율을 측정한다. 이와 유사하게 다른 독립변수의 변화(x_3부터 x_n까지)에 따른 y의 변화를 나타내는 편도함수도 구할 수 있다. 이와 같이 각 독립변수의 변화에 따른 종속변수 y의 편도함수를 찾아내는 과정을 편미분(partial differentiation)이라고 하는데 편도함수는 독립변수의 미세한 변화에 따른 종속변수 y의 변화 방향과 크기에 대한 정보를 제공해 준다.

그리고 편도함수를 표기할 때 다음의 점을 유의해야 한다.

① 편도함수를 나타내는 기호는 d(보통의 도함수 표기 $\frac{dy}{dx}$에 사용되는)가 아니라 기호 ∂로 표시해야 한다.

② 함수 $y=f(x)$에서 보통의 도함수 $\frac{dy}{dx}$가 $\frac{d}{dx}[y]$로 표시되는 것처럼 식 (9.5)의 편도함수 $\frac{\partial y}{\partial x_1}$도 $\frac{\partial}{\partial x_1}[y]$로 표기될 수 있는데 여기에서 $\frac{\partial}{\partial x_1}$는 뒤에 나오는 함수를 x_1에 관해서 편미분하라는 연산기호(operator symbol)를 나타내는 것이다. 또한 식 (9.5)에서 $\frac{\partial y}{\partial x_1}$는 $\frac{\partial}{\partial x_1}[f]$ 또는 단순히 $\frac{\partial f}{\partial x_1}$로 표시할 수 있다.

③ $y=f(x)$에서 보통의 도함수 $\frac{dy}{dx}$가 $f'(x)$ 또는 f'으로 표기하는 것처럼 식 (9.5)의 편도함수 $\frac{\partial y}{\partial x_1}$는 f_1으로 나타낼 수 있다. 여기에서 아래첨자는 변화하는 특별한 독립함수(여기에서는 x_1)를 나타낸다. 유사하게 $\frac{\partial y}{\partial x_2}$는 f_2로 표시할 수 있다. 또는 함수가 $z=f(x, y, w)$의 모양을 갖는다면 $\frac{\partial z}{\partial x}=f_x$, $\frac{\partial z}{\partial y}=f_y$, 그리고 $\frac{\partial y}{\partial w}=f_w$로 표시할 수 있다.

9.2 편미분법

이 절에서는 편미분하는 방법에 관해서 설명한다. 편미분법은 앞서 공부한 보통의 미분법과 비슷하다는 것을 알게 될 것이다. 편미분의 과정은 다른 독립변수들은 변하지 않고 고정되었다고 가정하고 관심의 대상이 되는 하나의 독립변수만을 변화시킨다. 다시 말하면 실제 편미분하는 과정에서 관심의 대상 이외의 독립변수는 단순히 상수로 취급하고 보통의 미분을 한다는 것이다. 다음의 예제들을 통해 실제로 편미분하는 방법에 관해서 살펴보자.

〈예제 9-1〉

$z=f(x, y)=2x^2+4y^3+6$에서 f_x와 f_y를 구하라.

풀이 편미분의 정의에 따라 x에 관해서 미분할 때는 다른 변수 y를 상수로 생각하고, y에 관해서 미분할 때는 x를 상수로 생각하고, y에 관해서 미분할 때는 x를 상수로 취급한다. 즉 $f_x = \frac{\partial z}{\partial x}$를 구하기 위해서 y를 상수로 취급한다. $z = 2x^2 + k$(여기에서 $k = 4y^3 + 6$)로 간주한다는 것이다. 따라서 $f_x = \frac{\partial z}{\partial x} = 4x$이다.
같은 방법으로 $f_y = \frac{\partial z}{\partial y}$를 구할 때는 x를 상수로 취급한다. 따라서 $f_y = \frac{\partial z}{\partial y} = 12y^2$이다.

〈예제 9-2〉

$z = f(x, y) = x^2 + 2y^3 + 3xy$에서 f_x와 f_y를 구하라.

풀이 f_x를 구할 때는 y를 상수로 보고 다음과 같이 구한다.

$$f_x = \frac{\partial z}{\partial x} = 2x + 3y$$

여기에서 편미분할 때 주의할 점은 x에 관해서 편미분할 경우 y는 상수로 취급한다는 점이다. 다시 말하면 주어진 원함수 $z = f(x, y) = x^2 + 2y^3 + 3xy$를 $z = x^2 + bx + c$의 형태로 생각하라는 것이다. 여기에서 $b = 3y$, $c = 2y^3$이다. 그래서 $\frac{\partial z}{\partial x}$를 구할 때 보통의 미분처럼 곱하여진 상수($b = 3y$)는 남아 있고 더하여진 상수($c = 2y^3$)는 없어지게 된다.
마찬가지로 $\frac{\partial z}{\partial y}$를 구하기 위해서는 x를 상수로 보면 된다.

$$f_y = \frac{\partial z}{\partial y} = 6y^2 + 3x$$

예제를 통해 편도함수 f_x와 f_y는 원래 함수 f와 마찬가지로 x와 y의 함수임을 알 수 있다.

〈예제 9-3〉

$z = f(x, y) = \frac{(x + 3y)}{(2x - 4y)}$에서 f_x와 f_y를 구하라.

풀이 이 경우에는 f_x와 f_y를 구하기 위하여 미분법칙 중에서 "몫의 법칙"을 응용하면 쉽게 구할 수 있다. 즉 $x+3y=u(x, y)=u$로, $2x-4y=v(x, y)=v$로 놓으면 $z=\dfrac{u}{v}$가 되고 다음과 같이 구할 수 있다.

$$f_x=\frac{\partial z}{\partial x}=\frac{u'v-uv'}{v^2}=\frac{(1)(2x-4y)-(x+3y)(2)}{(2x-4y)^2}=\frac{-10y}{(2x-4y)^2}$$

(여기에서 $u'=\dfrac{\partial u}{\partial x}$ 이고 $v'=\dfrac{\partial v}{\partial x}$ 이다.)

$$f_y=\frac{\partial z}{\partial y}=\frac{u'v-uv'}{v^2}=\frac{(3)(2x-4y)-(x+3y)(-4)}{(2x-4y)^2}=\frac{10x}{(2x-4y)^2}$$

(여기에서 $u'=\dfrac{\partial u}{\partial y}$ 이고 $v'=\dfrac{\partial v}{\partial y}$ 이다.)

〈예제 9-4〉

$z=f(x, y)=(x^2+2xy+3y^3)^{17}$에서 f_x와 f_y를 구하라.

풀이 여기서는 미분법칙 중 "연쇄법칙"을 응용한다. 즉 $u=u(x, y)=x^2+2xy+3y^3$로 놓으면 $z=z(u)=u^{17}$이 되고 다음과 같이 구해진다.

$$f_x=\frac{\partial z}{\partial x}=\frac{\partial z}{\partial u}\frac{\partial u}{\partial x}=17u^{16}(2x+2y)=17(x^2+2xy+3y^3)^{16}(2x+2y)$$

$$f_y=\frac{\partial z}{\partial y}=\frac{\partial z}{\partial u}\frac{\partial u}{\partial y}=17u^{16}(2x+9y)^2=17(x^2+2xy+3y^3)^{16}(2x+9y^2)$$

〈예제 9-5〉

$z=f(x, y)=\ln(x^2+2xy+3y^4)$에서 f_x와 f_y를 구하라.

풀이 이 경우에는 "로그함수의 미분법"을 활용한다. 즉, $u=u(x, y)=x^2+2xy+3y^4$로 놓으면 $z=z(u)=\ln u$가 되고 다음과 같이 구해진다.

$$f_x=\frac{\partial z}{\partial x}=\frac{\partial z}{\partial u}\frac{\partial u}{\partial x}=\frac{1}{u}\frac{\partial u}{\partial x}=\frac{2x+2y}{x^2+2xy+3y^4}$$

$$f_y=\frac{\partial z}{\partial y}=\frac{\partial z}{\partial u}\frac{\partial u}{\partial y}=\frac{1}{u}\frac{\partial u}{\partial y}=\frac{2x+12y^3}{x^2+2xy+3y^4}$$

상기한 예제들은 $z=f(x, y)$로 독립변수가 2개인 경우의 편미분을 설명하고 있지만 두 변수 이상일 때의 편미분에서도 동일하게 적용할 수 있다.

9.3 2계 편도함수

앞에서 함수 $z=f(x, y)$의 편도함수 f_x와 f_y는 x와 y의 함수임을 공부했다. 여기에서는 f_x와 f_y를 x와 y로 한 번 더 편미분함으로써 2계 편도함수를 구하는 과정을 설명하고자 한다. 즉 $z=f(x, y)$일 때 1계 편도함수 $\frac{\partial z}{\partial x}=f_x$를 x로 한 번 더 편미분함으로써 다음과 같이 2계 편도함수를 구할 수 있다.

$$\frac{\partial}{\partial x}\left[\frac{\partial z}{\partial x}\right]=\frac{\partial^2 z}{\partial x^2} \text{ 또는 } \frac{\partial}{\partial x}\left[f_x\right]=f_{xx} \tag{9.7}$$

위의 2계 편도함수는 y가 고정되어 있을 때 x에 관한 f_x의 변화율을 측정해 준다. 아울러 x에 관한 2계 편도함수는 $\frac{\partial^2 z}{\partial x^2}$ 또는 f_{xx}로 나타낸다. f_{xx}는 원함수를 x로 2번 미분했다는 것을 의미한다. 같은 방법으로 y에 대한 2계 도함수는 다음과 같이 나타낸다.

$$\frac{\partial}{\partial y}\left[\frac{\partial z}{\partial y}\right]=\frac{\partial^2 z}{\partial y^2} \text{ 또는 } \frac{\partial}{\partial y}\left[f_y\right]=f_{yy} \tag{9.8}$$

식 (9.8)은 x가 고정되어 있을 때, y에 관한 f_y의 변화율을 측정해 준다.

f_y가 x와 y의 함수인 것처럼 f_{xx}도 x뿐만 아니라 y의 함수이기 때문에 다음과 같은 2가지의 2계 편도함수를 정의할 수 있다.

$$\frac{\partial}{\partial x}\left[\frac{\partial z}{\partial y}\right]=\frac{\partial^2 z}{\partial x \partial y} \text{ 또는 } \frac{\partial}{\partial x}\left[f_y\right]=f_{yx} \tag{9.9}$$

$$\frac{\partial}{\partial y}\left[\frac{\partial z}{\partial x}\right]=\frac{\partial^2 z}{\partial y \partial x} \text{ 또는 } \frac{\partial}{\partial y}\left[f_x\right]=f_{xy} \tag{9.10}$$

식 (9.9)와 (9.10)의 2계 편도함수는 교차(또는 혼합) 편도함수(cross or mixed partial derivatives)라고 하는데 f_{yx}는 f_y를 x에 관하여 편미분한 것이고 f_{xy}는 fx를 y에 관하여 편미분한 것을 나타낸다.

〈예제 9-6〉

$z=f(x,\ y)=x^4y+2x^3y^2-3x^2y^3+10$일 때 f_{xx}, f_{yy}, f_{xy} 그리고 f_{yx}를 구하라.

풀이 먼저 f_x와 f_y를 구해야 한다. 즉

$$f_x=4x^3y+6x^2y^2-6xy^3,\quad f_y=x^4+4x^3y-9x^2y^2$$

다음에 f_x와 f_y를 다시 한번 편미분한다.

$$f_{xx}=\frac{\partial}{\partial x}(f_x)=12x^2y+12xy^2-6y^3,\quad f_{yy}=\frac{\partial}{\partial y}(f_y)=4x^3-18x^2y$$

$$f_{yx}=\frac{\partial}{\partial x}(f_y)=4x^3+12x^2y-18xy^2,\quad f_{xy}=\frac{\partial}{\partial y}(f_x)=4x^3+12x^2y-18xy^2$$

위의 예제는 2계 도함수의 중요한 성질 두 가지를 나타내 주고 있다. 첫째, 원 함수 f와 1계 도함수 f_x와 f_y가 x와 y의 함수이듯이 2계 도함수 f_{xx}, f_{yy}, f_{xy} 그리고 f_{yx}도 x와 y의 함수라는 것이다. 둘째, $f_{xy}=f_{yx}$라는 것이다. 이를 **영의 정리(Young's theorem)**라고 하는데, 함수의 연속성의 조건이 성립되면 이 정리는 항상 성립된다.

위의 내용은 변수가 세 개 이상일 때도 항상 성립한다. 예를 들면, $y=f(x_1,\ x_2,\ x_3)$에서 2계 도함수(f_{11}, f_{12}, f_{13}, f_{21}, f_{22}, f_{23}, f_{31}, f_{32}, f_{33})들은 각각 x_1, x_2, x_3의 함수이다. 또한 영의 정리에 의해서 $f_{12}=f_{21}$, $f_{13}=f_{31}$, $f_{23}=f_{32}$이다.

〈예제 9-7〉

$y=f(x_1,\ x_2,\ x_3)=2x_1^2x_2+3x_2^3x_3^4$일 때 구할 수 있는 2계 편도함수를 모두 구하라.

풀이 먼저 1계 도함수 f_1, f_2, f_3를 구한 다음 가능한 2계 편도함수 9가지를 구하면 된다.

$$f_1=4x_1x_2 \quad ; f_2=2x_1^2+9x_2^2x_3^4 \quad ; f_3=12x_2^3x_3^3$$

$$f_{11}=\frac{\partial}{\partial x_1}(f_1)=4x_2 \,; f_{12}=\frac{\partial}{\partial x_2}(f_1)=4x_1 \quad ; f_{13}=\frac{\partial}{\partial x_3}(f_1)=0$$

$$f_{21}=\frac{\partial}{\partial x_1}(f_2)=4x_1 \,; f_{22}=\frac{\partial}{\partial x_2}(f_2)=18x_2x_3^4 \,; f_{23}=\frac{\partial}{\partial x_3}(f_2)=36x_2^2x_3^3$$

$$f_{31}=\frac{\partial}{\partial x_1}(f_3)=0 \quad ; f_{32}=\frac{\partial}{\partial x_2}(f_3)=36x_2^2x_3^3; f_{33}=\frac{\partial}{\partial x_3}(f_3)=36x_2^2x_3^3$$

9.4 전미분(Total Differentiation)

앞 절에서는 다른 변수가 고정되어 있을 때 한 변수의 변화에 따른 함수의 변화율을 나타내는 편도함수에 관해서 살펴보았다. 이 절에서는 독립변수들이 동시에 변화할 때 함수의 변화, 즉 전미분에 관해서 알아보자. 우선 미분의 개념을 한 번 더 살펴보고 전미분에 대하여 알아보도록 하자.

1) 미분

어떤 함수 $y=f(x)$가 있을 때 x가 변화하면(Δx) y도 변하는데(Δy), 여기에서 x의 단위변화당 y의 변화는 차분계수(difference quotient), $\Delta y/\Delta x$로 측정하고 다음과 같이 나타낼 수 있다.

$$\Delta y = \left(\frac{\Delta y}{\Delta x}\right)\Delta x \tag{9.11}$$

실제 $(\Delta y/\Delta x)$와 Δx의 값이 주어지면 Δy의 크기를 위 식 (9.11)로부터 구할 수 있다. 이때 Δx가 0에 근접하듯이 매우 작아지면 Δy도 $y=f(x)$의 관계에 의해서 무한히 작아질 것이고 위의 차분계수 $\Delta y/\Delta x$는 도함수 $\frac{dy}{dx}$가 된다. 같은 논리로 x와 y의 극히 미세한 변화를 dx와 dy로 표시한다면 위 식은 다음과 같이 표시할 수 있다.

$$dy=(\frac{dy}{dx})dx \text{ 또는 } dy=f'(x)dx \tag{9.12}$$

여기에서 기호 dx와 dy는 각각 x와 y의 미분으로 생각하면 된다. 위 식 (9.12)의 양변을 dx로 나누면 다음과 같은 식을 구할 수 있다.

$$\frac{(dy)}{(dx)}=(\frac{dy}{dx}) \text{ 또는 } \frac{(dy)}{(dx)}=f'(x) \tag{9.13}$$

이전까지는 도함수 기호 $(\frac{dy}{dx})=f'(x)$는 하나의 연산기호로 간주되었지만 이제는 두 미분 dy와 dx의 비율로서 나타낼 수 있게 되었다. 앞에서도 나타났듯이 미분 dy는 단순히 $f'(x)$와 dx의 곱이기 때문에 dy를 구하는 과정은 간단하다. 예를 들면 $y=2x^5$이라 할 때 dy는 다음과 같다.

$$dy=f'(x)dx=(10x^4)dx$$

따라서 x의 값과 이에 따르는 dx값이 주어진다면 dy의 값을 구할 수 있다.

2) 독립변수가 상호 독립적인 경우의 전미분

함수 $z=f(x, y)$에서 x와 y의 극히 미세한 변화로부터 발생한 z의 변화를 z함수의 전미분이라 하고 다음과 같이 나타낼 수 있다.

$$dz=\frac{\partial z}{\partial x}dx+\frac{\partial z}{\partial y}dy \text{ 또는 } dz=f_x dx+f_y dy \tag{9.14}$$

부연하면 z가 x와 y의 함수로 이루어져 있을 때 전미분 dz는 y가 고정되어 있을 때 x의 변화로 야기되는 z의 변화가 식 (9.14)의 첫 번째 항에 나타나 있고, x가 고정되어 있을 때 y의 변화로 야기되는 z의 변화가 식 (9.14)의 두 번째 항에 나타나 있다. 따라서 식 (9.14)의 dz는 각각의 변수들의 변화에 의한 z의 변화의 합이란 것을 알 수 있다. 그래서 dz는 z함수의 전미분이라 하고 전미분을 찾는 과정을 전미분(total differentiation)이라 한다.

함수 $y=f(x_1, x_2, \cdots, x_n)$의 일반적인 형태의 전미분은 다음과 같이 나타낸다.

$$dy=\frac{\partial y}{\partial x_1}dx+\frac{\partial y}{\partial x_2}dx_2+\cdots+\frac{\partial y}{\partial x_n}dx_n \tag{9.15}$$

또는

$$dy=f_1dx_1+f_2dx_2+\cdots+f_ndx_n=\sum_{i=1}^{n}f_idx_i \tag{9.16}$$

실제로 전미분 dz를 구하는 과정을 다음의 예로 설명해 보자.

〈예제 9-8〉

다음과 같은 함수가 주어졌을 때 전미분 dz를 구하라.

$z=f(x,\ y)=4x^2y^4+2x^4y^2$

풀이 먼저 f_x와 f_y를 구해서 식 (9.14)에 대입하면 된다.

$f_x=8xy^4+8x^3y^2$이고 $f_y=16x^2y^3+4x^4y$이므로
$dz=f_xdx+f_ydy=(8xy^4+8x^3y^2)dx+(16x^2y^3+4x^4y)dy$가 된다.

3) 독립변수가 상호 독립적이 아닌 경우의 전미분

앞 장에서는 $z=f(x,\ y)$일 때 두 변수 x, y가 상호 독립적인 경우에 관해서 살펴보았다. 이 장에서는 x와 y가 상호 독립적이 아닌 경우에 관해서 알아보자. 예를 들면, 다음과 같은 함수에서

$$z=f(x,\ y),\ \text{단 } y=g(x) \tag{9.17}$$

위 식 (9.17)이 의미하는 바는 z는 x와 y의 함수인데, x와 y가 서로 독립적인 관계에 있는 것이 아니라 g라는 함수에 의해서 서로 연관이 있다는 뜻이다. 이러한 경우에는 x의 변화가 z에 함수 f를 통하여 직접적으로 영향을 줄

뿐 아니라 함수 g를 통하여 z에 간접적으로도 영향을 미친다. 이와 같이 x에 대한 z의 변화율은 다음과 같이 구해진다.

$$\frac{dz}{dx}=f_x\frac{dx}{dx}+f_y\frac{dy}{dx} \tag{9.18}$$

또는 $\frac{dx}{dx}=1$이므로

$$\frac{dz}{dx}=\frac{\partial z}{\partial x}+\frac{\partial z}{\partial y}\frac{dy}{dx} \tag{9.19}$$

위 식 (9.19)는 전미분 $dz=f_xdx+f_ydy$를 구한 후 양변을 dx로 나누어주면 구해진다. 이러한 과정은 x와 y가 독립적이든 아니든 관계없이 $dz=f_xdx+f_ydy$가 항상 성립함을 나타내 준다.

식 (9.19)의 의미하는 바를 다시 한 번 설명하면 우측에 있는 첫 항 $(\frac{\partial z}{\partial x})$는 y가 변화하지 않을 때 x의 변화에 따른 z의 직접적인 변화를 나타내 주고 두 번째 항 $(\frac{\partial z}{\partial y}\frac{dy}{dx})$는 x의 초기변화로부터 야기된 y의 변화에다가 y의 변화로부터 일어난 z의 간접적인 변화를 나타낸다. 다음의 예제들로 식 (9.19)에 관해서 알아보자.

〈예제 9-9〉

다음 함수의 전도함수 $\frac{dz}{dx}$를 구하라.

풀이 $z=f(x, y)=x^2+2y^2$, 단 $y=g(x)=2x^2-1$

식 (9.19)에 의하여

$$\frac{dz}{dx}=\frac{\partial z}{\partial x}+\frac{\partial z}{\partial y}\frac{dy}{dx}=2x+4y\,(4x)=32x^3-14x$$

〈예제 9-10〉

다음 함수의 전도함수 $\frac{dz}{dt}$를 구하라.

풀이 $z=f(x_1, x_2)=2x_1^2+3x_2^3$, 단 $x_1=g(t)=t-1$, $x_2=h(t)=t^2$

식 (9.19)를 변형하면 다음과 같이 t에 관한 z의 전도함수를 구할 수 있다.

$$\frac{dz}{dt}=\frac{\partial z}{\partial x_1}\frac{dx_1}{dt}+\frac{\partial z}{\partial x_2}\frac{dx_2}{dt}=4x_1(1)+9x_2^2(2t)=4t-4+18t^5$$

9.5 음함수의 도함수

음함수의 도함수를 구하기에 앞서 양함수와 음함수에 관해서 살펴보자. 일반적으로 $y=f(x)$의 형태로 표시되는 함수는 변수 y가 명시적으로 x의 함수로 나타나 있기 때문에 양함수(explict function)라 한다. 예를 들면

$$y=f(x)=x^2-5 \tag{9.20}$$

의 형태이다. 그러나 식 (9.20)의 함수를

$$y-x^2+5=0 \tag{9.21}$$

의 형태로 표시하면 이는 음함수(implicit function)라 한다. 예를 들면

$$y-2x+3x^2=0 \tag{9.22}$$

은 $y=f(x)=2x-3x^2$을 음함수 형태로 표시한 것인데 y는 x의 함수임을 묵시적으로 의미하고 있다.

식 (9.21)과 (9.22)의 형태로 된 방정식을 일반적으로 $F(x, y)=0$으로 표시한다면, 이들이 정의하는 음함수의 도함수는 다음과 같이 구할 수 있다. 먼저 $F(x, y)=0$을 풀어서 $y=f(x)$의 형태로 만든다. 그 다음에 보통의 방식대로 $\frac{dy}{dx}$를 구한다. 그러나 여기에서 한 가지 문제점은 $F(x, y)=0$이 y

에 대해 명시적으로 풀리지 않을 경우 $\frac{dy}{dx}$를 어떻게 구하느냐는 것이다. 그것은 다음의 음함수 법칙을 사용하면 해결할 수 있다.

1) 음함수 법칙

어떤 방정식 $F(x, y)=0$이 주어지고 이에 대해 어떤 음함수 $y=f(x)$가 존재한다고 가정되면 $F(x, y)=0$의 양변을 미분함으로써 다음을 구할 수 있다.

$$\frac{\partial F}{\partial x}dx+\frac{\partial F}{\partial y}dy=0 \text{ 또는 } F_x dx+F_y dy=0 \tag{9.23}$$

식 (9.23)의 양변을 dx로 나누면

$$\frac{\partial F}{\partial x}+\frac{\partial F}{\partial y}\frac{dy}{dx}=0 \text{ 또는 } F_x+F_y\frac{dy}{dx}=0 \tag{9.24}$$

식 (9.24)에 의해서 다음과 같은 일반적인 결과를 구할 수 있다.

$$\frac{dy}{dx}=-\frac{F_x}{F_y}=-\frac{\partial F/\partial x}{\partial F/\partial y} \tag{9.25}$$

이것이 음함수 법칙이다. 다시 말하면 $F(x, y)=0$이 주어졌을 때 음함수 $y=f(x)$의 도함수 $\frac{dy}{dx}$는 두 편도함수 F_x와 F_y의 비율에 -1을 곱한 것이다. 예를 들면 식 (9.22)에서처럼 $F(x, y)=y-2x+3x^2=0$이 주어졌다면

$$\frac{dy}{dx}=-\frac{F_x}{F_y}=-\frac{(-2+6x)}{(1)}=2-6x$$

이다. 이 음함수 법칙은 일반적인 경우에도 성립된다. 즉 방정식 $F(y, x_1, x_2, \cdots, x_n)=0$이 어떤 음함수 $y=f(x_1, x_2, \cdots, x_n)$을 가정하면 $F(y, x_1,$

$x_2, \cdots, x_n$)에 미분을 하면 다음을 얻게 된다.

$$F_y\,dy + F_1\,dx_1 + F_2\,dx_2 + \cdots + F_n\,dx_n = 0 \tag{9.26}$$

이제 y와 x_1만 변하고, $dx_2 = dx_3 = \cdots = dx_n = 0$이라고 가정하면, 식 (9.26)은 아래와 같다.

$$F_y\,dy + F_1\,dx_1 = 0 \tag{9.27}$$

식 (9.27)을 dx_1으로 나누고 dy/dx_1에 대해서 풀면 다음과 같다.

$$\frac{dy}{dx_1}\left|_{x_2,\cdots,x_n\ \text{고정}}\right| \equiv \frac{\partial y}{\partial x_1} = -\frac{F_1}{F_y} \tag{9.28}$$

위와 같은 방법으로 음함수 f의 모든 편도함수를 구할 수 있다. 따라서 일반적인 경우에 음함수 법칙은 아래와 같다.

$$\frac{\partial y}{\partial x_i} = -\frac{F_i}{F_y} \quad (i = 1,\ 2,\ \cdots,\ n) \tag{9.29}$$

예를 들어 방정식 $F(x,\ y,\ z) = xy^2 + yz^2 + xz^2 + 2 = 0$이 어떤 음함수 $y = f(x,\ y)$를 정의한다면, $\dfrac{\partial y}{\partial x}$는 식 (9.29)에 의하여 다음과 같다.

$$\frac{\partial y}{\partial x_i} = -\frac{F_x}{F_y} = -\frac{(y^2 + z^2)}{(2xy + z^2)}$$

2) 야코비(Jacobi) 행렬

음함수의 편도함수를 구할 때 야코비안(Jacobian) 또는 야코비안 행렬식(Jacobian determinant)을 이용하면 편리한 경우가 있다. 2변수로 이루어진 함수 $F(u,\ v)$와 $G(u,\ v)$가 있을 때 두 함수의 편도함수로 이루어진 행렬

J를 야코비 행렬이라 하고 이 행렬의 행렬식을 야코비 행렬식(Jacobian)이라 한다. 즉 F와 G의 u와 v에 대한 야코비 행렬식은 다음과 같이 정의된다.

$y_1=F(u,\ v)$, $y_2=G(u,\ v)$이라면 야코비 행렬 J는

$J=\begin{bmatrix} \dfrac{\partial F}{\partial u} & \dfrac{\partial F}{\partial v} \\ \dfrac{\partial G}{\partial u} & \dfrac{\partial G}{\partial v} \end{bmatrix}$이며, 야코비 행렬식 $|J|$는

$|J|=\dfrac{\partial(F,\ G)}{\partial(u,\ v)}=\begin{vmatrix} \dfrac{\partial F}{\partial u} & \dfrac{\partial F}{\partial v} \\ \dfrac{\partial G}{\partial u} & \dfrac{\partial G}{\partial v} \end{vmatrix}=\begin{vmatrix} F_u & F_v \\ G_u & G_v \end{vmatrix}$이다.

그리고 다음과 같이 4개의 변수로 구성되는 함수 F와 G가 있고, 특히 변수들 중에서 u와 v가 x와 y의 함수로 정의될 때 다음의 관계가 성립한다.

$$\frac{\partial u}{\partial x}=-\frac{\dfrac{\partial(F,\ G)}{\partial(x,\ v)}}{\dfrac{\partial(F,\ G)}{\partial(u,\ v)}},\quad \frac{\partial u}{\partial y}=-\frac{\dfrac{\partial(F,\ G)}{\partial(y,\ v)}}{\dfrac{\partial(F,G)}{\partial(u,\ v)}}$$

$$\frac{\partial v}{\partial x}=-\frac{\dfrac{\partial(F,\ G)}{\partial(u,x)}}{\dfrac{\partial(F,\ G)}{\partial(u,\ v)}},\quad \frac{\partial v}{\partial y}=-\frac{\dfrac{\partial(F,\ G)}{\partial(u,y)}}{\dfrac{\partial(F,\ G)}{\partial(u,\ v)}}$$

다음의 예제를 통하여 야코비안에 대해서 살펴보자.

〈예제 9-11〉

아래 연립방정식에서 z와 w가 x와 y의 함수일 때 $\dfrac{\delta z}{\delta x}$와 $\dfrac{\delta z}{\delta y}$를 구하라.

$3x^2-2xy+yzw-w=0$

$x+2yz-z+w=0$

풀이 위 식을 먼저 $F(x, y, z, w)=3x^2-2xy+yzw-w$와 $G(x, y, z, w)=x+2yz-z+w$라 놓고, 이를 x와 y에 대하여 편도함수를 구하면 된다.

$$\frac{\delta z}{\delta x}=-\frac{\dfrac{\delta(F, G)}{\delta(x, w)}}{\dfrac{\delta(F, G)}{\delta(z, w)}}=-\frac{\begin{vmatrix} F_x & F_w \\ G_x & G_w \end{vmatrix}}{\begin{vmatrix} F_z & F_w \\ G_z & G_w \end{vmatrix}}=\frac{\begin{vmatrix} \dfrac{6x-2y}{1} & \dfrac{yz-1}{1} \end{vmatrix}}{\begin{vmatrix} \dfrac{yw}{2y-1} & \dfrac{yz-1}{1} \end{vmatrix}}$$

$$=-\frac{(6x-2y)-(yz-1)}{yw-(yz-1)(2y-1)}=\frac{yz-1-6x+2y}{yw-(yz-1)(2y-1)}$$

$$\frac{\delta z}{\delta y}=-\frac{\dfrac{\delta(F, G)}{\delta(y, w)}}{\dfrac{\delta(F, G)}{\delta(z, w)}}=-\frac{\begin{vmatrix} F_y & F_w \\ G_y & G_w \end{vmatrix}}{\begin{vmatrix} F_z & F_w \\ G_z & G_w \end{vmatrix}}=\frac{\begin{vmatrix} -2x+2w & yz-1 \\ 2z & 1 \end{vmatrix}}{\begin{vmatrix} yw & yz-1 \\ 2y-1 & 1 \end{vmatrix}}$$

$$=-\frac{(zw-2x)-2z(yz-1)}{yw-(yz-1)(2y-1)}=\frac{yz-1-6x+2y}{yw-(yz-1)(2y-1)}$$

일반적으로 다음과 같이 n개의 다변수 함수가 있을 때

$$\begin{aligned} y_1 &= f^1(x_1, x_2, \cdots, x_n) \\ y_2 &= f^2(x_1, x_2, \cdots, x_n) \\ &\cdots\cdots\cdots\cdots\cdots\cdots \\ y_n &= f^n(x_1, x_2, \cdots, x_n) \end{aligned}$$

이들의 야코비 행렬식은

$$|J|=\frac{\partial(f^1, f^2, \cdots, f^n)}{\partial(x_1, x_2, \cdots, x_n)}=\begin{vmatrix} f_1^1 & f_2^1 & \cdots & f_n^1 \\ f_1^2 & f_2^2 & \cdots & f_n^2 \\ \cdots & \cdots & \cdots & \cdots \\ f_1^n & f_2^n & \cdots & f_n^n \end{vmatrix}$$ 이다.

〈예제 9-12〉

$y_1=x_1^2-x_2^2$, $y_2=x_1x_2$일 때 야코비 행렬식을 구하라.

풀이 $|J|=\begin{vmatrix} f_1^1 & f_2^1 \\ f_1^2 & f_2^2 \end{vmatrix}=\begin{vmatrix} 2x_1 & -2x_2 \\ x_2 & x_1 \end{vmatrix}=2x_1^2-(-2x_2^2)=2x_1^2+2x_2^2$

〈예제 9-13〉

다음과 같이 3함수가 있을 때 야코비 행렬식을 구하라.

$$f(x,\ y,\ z)=2x+3yz$$
$$g(x,\ y,\ z)=-3y^2+2z$$
$$h(x,\ y,\ z)=z-2x$$

풀이

$$|J|=\frac{\partial(f,\ g,\ h)}{\partial(x,\ y,\ z)}=\begin{vmatrix} \frac{\partial f}{\partial x} & \frac{\partial f}{\partial y} & \frac{\partial f}{\partial z} \\ \frac{\partial g}{\partial x} & \frac{\partial g}{\partial y} & \frac{\partial g}{\partial z} \\ \frac{\partial h}{\partial x} & \frac{\partial h}{\partial y} & \frac{\partial h}{\partial z} \end{vmatrix}=\begin{vmatrix} 2 & 3z & 3y \\ 0 & -6y & 2 \\ -2 & 0 & 1 \end{vmatrix}$$

$$=-12y-12z-36y_2$$

요약 정리

1. 편미분의 정의

함수 $y=f(x_1,\ x_2, \cdots,\ x_n)$에서 $\dfrac{\partial y}{\partial x_1}$를 x_1에 관한 y의 편도함수라고 부른다. 편미분 $\dfrac{\partial y}{\partial x_1}$는 주어진 함수 y에서 x_1을 제외한 다른 모든 독립변수들이 고정되어 있을 때 x_1의 미세한 변화에 따른 y의 변화율을 측정하는 것이다.

2. 편미분법

편미분의 과정은 다른 독립변수들은 변하지 않고 고정되었다고 가정하고 관심의 대상이 되는 하나의 독립변수만을 변화시킨다. 즉 실제 편미분하는 과정에서 관심의 대상 이외의 독립변수는 단순히 상수로 취급하고 보통의 미분을 한다.

3. 전미분

함수 $y=f(x_1,\ x_2, \cdots,\ x_n)$의 전미분은 다음과 같이 표현한다.

$$dy=\frac{\partial y}{\partial x_1}dx_1+\frac{\partial y}{\partial x_2}dx_2+\cdots+\frac{\partial y}{\partial x_n}dx_n$$

4. 독립변수가 상호 독립적인 경우의 전미분

함수 $z=f(x,\ y)$에서 x와 y의 극히 미세한 변화로부터 발생한 z의 변화를 z함수의 전미분이라 하고 다음과 같이 나타낸다.

$$dz=f_x\,dx+f_y\,dy$$

5. 독립변수가 상호 독립적이 아닌 경우의 전미분

$z=f(x,\ y)$, 단 $y=g(x)$일 때 x에 대한 z의 변화율은 다음과 같이 구해진다.

$$\frac{dz}{dx}=f_x\frac{dx}{dx}+f_y\frac{dy}{dx}$$

6. 음함수의 미분법

$F(x,\ y)=0$이 주어졌을 때 음함수 $y=f(x)$의 도함수 $\dfrac{dy}{dx}$는 다음과 같다.

$$\frac{dy}{dx} = -\frac{F_x}{F_y} = -\frac{\partial F/\partial x}{\partial F/\partial y}$$

7. 함수 $F(u, v)$와 $G(u, v)$가 있을 때 F와 G의 Jacobi 행렬식은 다음과 같이 정의된다.

$$|J| = \frac{\partial(F, G)}{\partial(u, v)} = \begin{vmatrix} \frac{\partial F}{\partial u} & \frac{\partial F}{\partial v} \\ \frac{\partial G}{\partial u} & \frac{\partial G}{\partial v} \end{vmatrix} = \begin{vmatrix} F_u & F_v \\ G_u & G_v \end{vmatrix}$$

8. n개의 다변수 함수가 아래와 같을 때

$$\begin{aligned} y_1 &= f^1(x_1, x_2, \cdots, x_n) \\ y_2 &= f^2(x_1, x_2, \cdots, x_n) \\ &\cdots\cdots\cdots\cdots\cdots\cdots\cdots\cdots \\ y_n &= f^n(x_1, x_2, \cdots, x_n) \end{aligned}$$

이들의 Jacobi 행렬식은

$$|J| = \frac{\partial(f^1, f^2, \cdots, f^n)}{\partial(x_1, x_2, \cdots, x_n)} = \begin{vmatrix} f_1^1 & f_2^1 & \cdots & f_n^1 \\ f_1^2 & f_2^2 & \cdots & f_n^2 \\ \cdots & \cdots & \cdots & \cdots \\ f_1^n & f_2^n & \cdots & f_n^n \end{vmatrix}$$ 이다.

연습문제

01. 다음 함수에서 $\dfrac{\partial y}{\partial x_1}$ 와 $\dfrac{\partial y}{\partial x_2}$ 를 구하라.

① $y=x_1^2+x_1^2\,x_2^2+x_2^2$

② $y=4x_1^{-2}+6x_1x_2-8x_2^2$

③ $y=(x_1+1)(x_2+2)$

④ $y=(2x_1+4)/(x_2-2)$

02. 다음 함수에서 f_x와 f_y를 구하라.

① $f(x,\ y)=\ (x^2y+x^3y^2+x^2y^2)^{-10}$

② $f(x,\ y)=\ln xy^2$

③ $f(x,\ y)=(2x^2-4)/(xy)$

④ $f(x,\ y)=2(x^3y^2)^5$

03. $z=f(x,\ y)=8xy^2-2x^2y$일 때 점 $(x,\ y)=(1,\ 2)$에서 f_x의 값을 구하라.

04. 생산함수 $Q = 2K^{0.5}L^{0.5}$에서 MPP_K와 MPP_L을 구하라.

05. 한 소비자의 효용함수가 다음과 같을 때 각 상품에 대한 한계효용함수를 구하라.

$$U=U(x,\ y)=(x+2)^2\,(y+3)^3$$

06. 다음에서 4가지의 2계 편도함수를 구하라.

① $f(x,\ y)=x^3+2xy-3y^2$

② $f(x,\ y)=3x^{\frac{1}{2}}y-2xy^2+5$

07. 다음에서 9가지의 2계 편도함수를 구하라.

① $f(x_1,\ x_2,\ x_3) = x_1^3 x_2 - 2x_2^2 x_3 + 3x_1 x_3$

② $f(x_1,\ x_2,\ x_3) = x_1^2 x_3^3 + x_2 x_3^2 + 8$

08. 다음 함수에 대해 미분 dy를 구하라.

① $y=2x^2-4x+5$

② $y=(x+2x^2)(x^3-1)$

③ $y=(x-2)^3$

09. 다음 함수에 대해 전미분 dz를 구하라.

① $z=f(x,\ y)=x^2y^2-2x^3y^3+4$

② $z=f(x,\ y)=xy+x^2y^3+x^3y$

10. $z=2xy+y^2$, $x=2y+4$일 때 전도함수 $\dfrac{dz}{dy}$를 구하라.

11. $z=x^2+y^2$, $x=2w-1$, $y=w^2$일 때 전도함수 $\dfrac{dz}{dw}$를 구하라.

12. 음함수의 법칙을 이용하여 $\dfrac{dy}{dx}$를 구하라.

① $x^3-2x^2y+3xy^2-4=0$

② $xy+x^2y-xy^3+1=0$

13. 방정식 $F(x,\ y,\ z)=x^2+2xy^3-3y^2z^4+4=0$은 어떤 음함수 $z=f(x,\ y)$를 정의한다고 할 때 $\dfrac{\partial z}{\partial x}$와 $\dfrac{\partial z}{\partial y}$를 구하라.

14. $x^3-xz-y=0$에서 $\dfrac{\partial^2 z}{\partial x \partial y}$를 구하라.

제10장 최적화(Optimization)

경제학 또는 경영학에서는 극대화나 극소화의 개념이 자주 쓰인다. 극대화는 달리 최대화라는 말로 사용되기도 한다. 본 장에서는 극대화와 극소화라는 표현과 최대화와 최소화라는 표현을 같이 사용하기로 한다. 다만 개념의 이해를 돕기 위하여 특정 부문에서는 최대와 최소 대신에 극대와 극소라는 표현을 사용하기로 한다.

최적화 문제의 예를 들면 소비자 선택이론에서는 효용의 최대화 문제가 주된 관심사이고, 생산자 선택이론에서는 산출량의 최대화가 그리고 비용이론에서는 비용의 최소화가 주된 관심사이다. 또한 경제학에서의 기업이론 영역과 경영학에서의 이윤의 최대화와 비용의 최소화 또는 위험의 최소화 문제는 기업활동의 가장 핵심적인 영역들로 최적화 문제의 대표적인 예라 하겠다.

수학이야기

프랑스의 수학자이자 천문학자인 라그랑지(J. L. Lagrange, 1736～1813)는 이탈리아의 토리노에서 출생하였다. 17세까지는 수학에 대하여 아무런 흥미도 없이 지냈으나 E. 핼리의 대수학에 관한 연구논문을 접한 후 독학으로 수학에 전념하였다. 19세에 토리노 육군학교 수학교수가 되었고, 등주(等周) 문제의 일반적 취급에 관하여 L. 오일러의 인정을 받았다. 1766년 달랑베르의 추천에 의해 오일러의 후임으로 프리드리히 대왕의 초빙을 받고 베를린 아카데미의 수학부장이 되었다. 1787년부터 파리에 거주하였으며 프랑스혁명에는 직접 관계하지 않았으나 1792년 신정부 아래에서 신도량형법 제정위원장으로 주력하였다. 1795년에 신설된 에콜 노르말 쉬페리외르의 교수가 되었으며, 1797년에 파리 이공대학의 초대학장이 되었다. 나폴레옹 1세 때에는 상원의원이 되었으며 백작의 작위를 받았다. 등주문제, 변분학의 수립, 정수론, 미분방정식, 타원함수론, 불변식론에 관한 연구 외에 수학을 물리학에 응용하는 데에 많은 업적을 쌓았다.

1787년에 발표한 〈해석역학〉을 통해 역학사에 새로운 단계를 열었으며 삼체문제 연구는 천문학에 기여하였다. 토리노시대에 이미 음전파의 이론적 연구 및 파동방정식을 연구하였고 지도학 이론에 공헌하였다.

10.1 상대적 극치(Relative Extreme Value)와 절대적 극치 (Absolute Extreme Value)

수학적인 관점에서 최대(maximum)와 최소(minimum)를 총괄하여 '극치 또는 극값(extreme value or extremum)'이라 한다. 극치의 의미는 "극단에 위치한 값"인데 그래프 상에서 보면 가장 높은 점 또는 가장 낮은 점들로 나타난다. 〈그림 10-1〉의 (a)는 함수 $y=f(x)$를 나타내고 있는데 점 A는 그래프에서 최저점이 된다. 이때 점 A가 x의 모든 비음수(non-negative) 값에 대하여 y의 최저치를 가진다면 A는 절대적(absolute) 극소 또는 전역적(global) 극소라고 한다. 이와는 대조적으로 점 C는 상대적(relative) 극소 혹은 국지적(local) 극소라고 하는데 이는 점 C가 단지 C 근방에서 극치임을 의미한다. 점 B도 하나의 상대적 극대이다. 이와 같이 하나의 함수는 여러 개의 상대적 극치를 가질 수 있다.

〈그림 10-1〉의 (b)는 함수 $y=g(x)$를 나타내고 있다. 만약 점 D가 x의 모든 비음수의 값에 대하여 최대의 y값이라면 점 D는 절대적 극대인 동시에 상대적 극대이다.

그림 10-1 상대적 극치와 절대적 극치

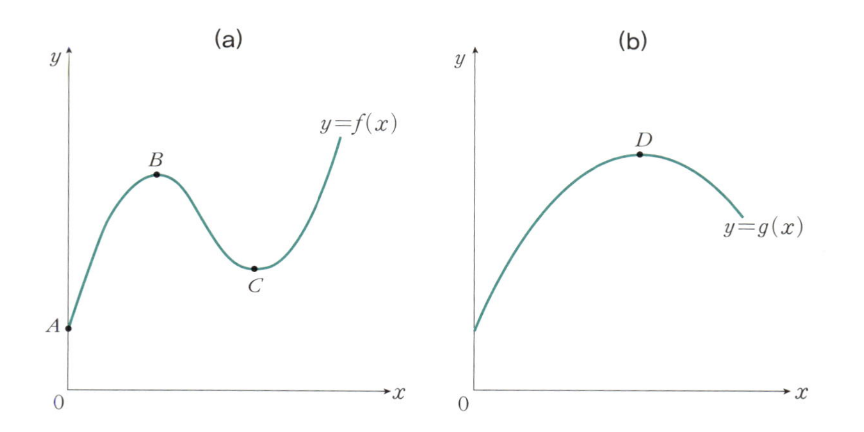

그림 10-2 극대와 극소

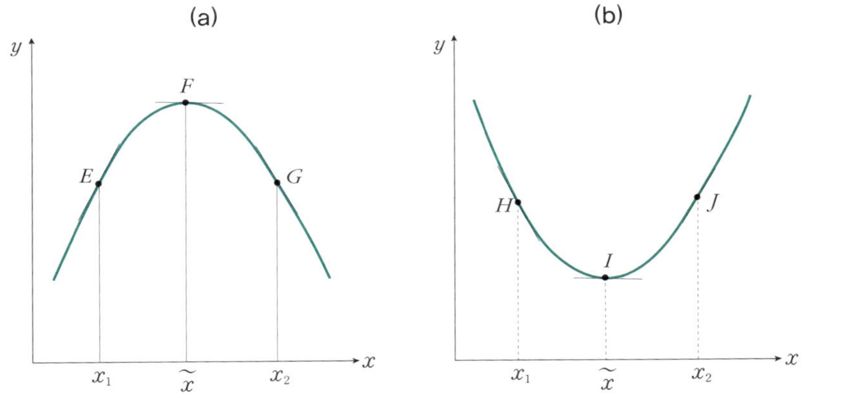

10.2 상대적 극치의 검사기준

극치를 구하는 데 있어서 1계 도함수는 아주 중요한 역할을 한다. 〈그림 10-2〉의 (a)는 점 $x=\tilde{x}$ 에서 극대치를 가진다. 1계 도함수는 기하학적으로 접선의 기울기를 나타낸다는 성질을 상기하면 1계 도함수를 이용하여 하나의 극대치를 구할 수 있다. 특히 $x=\tilde{x}$ 에서 극대치를 가지는 경우에 1계 도함수의 값은 0이다. 이는 극값에서는 접선의 기울기가 수평임을 의미한다. 그러나 1계 도함수의 값이 0인 조건은 극대치를 갖기 위한 필요조건이지 충분조건은 아니다. 왜냐하면 〈그림 10-2〉의 (b)처럼 극소치를 가질 때도 1계 도함수의 값은 역시 0이 되기 때문이다. 그래서 1계 도함수의 값이 0이라는 사실만으로는 극대치를 가지는지 극소치를 가지는지를 구분할 수 없다.

〈그림 10-2〉의 (a)와 (b)에 나타나는 F와 I 같은 극치는 1계 도함수를 0으로 만드는 x의 값을 구함으로써 얻어진다. 이것을 1차 조건(first order condition)이라고 한다. 그러나 이 값이 극대인지 극소인지를 판별하기 위해서는 또 하나의 조건이 필요한데 이것을 2차 조건(second order condition)이라 한다. (a)의 극대치의 경우 x가 x_1에서 x_2로 증가함에 따라 1계 도함수의

값은 양에서 음으로 변화한다. 따라서 접선의 기울기도 점 E에서의 양으로부터 점 G의 음으로 변화한다. 이와는 달리 그래프 (b)의 극소치의 경우에는 x가 x_1에서 x_2로 증가함에 따라 1계 도함수의 값은 음에서 양으로 변화한다. 그래프 상에서 보면 극대치의 경우 $x=\widetilde{x}$ 의 주위에서 x가 증가함에 따라 접선의 기울기가 점차 감소한다. 이를 다르게 설명하면 2계 도함수의 부호가 음이란 것이다. 극소치의 경우에는 $x=\widetilde{x}$ 의 주위에서 x가 증가함에 따라 접선의 기울기가 점차 증가한다. 다시 말하면 2계 도함수의 부호가 양으로 나타난다. 이를 종합하면 극대와 극소는 1계 도함수의 변화방향으로 판별할 수 있다. 요약하면 다음과 같이 정리할 수 있다.

- 어떤 함수 $y=f(x)$가 $x=\widetilde{x}$에서 1계 도함수 $f'(x)$가 0이면 $f(\widetilde{x})$의 값은
  ① $f'(x)$의 부호가 $x=\widetilde{x}$ 주위에서 양에서 음으로 변화하면 하나의 상대적 극대치이다.
  ② $f'(x)$의 부호가 $x=\widetilde{x}$ 주위에서 음에서 양으로 변화하면 하나의 상대적 극소치이다.

위의 내용은 2계 도함수의 성질을 이용해서 나타낼 수 있다. 다시 말해서 2계 도함수는 1계 도함수의 변화율을 나타내므로 〈그림 10-2〉의 (a)에서와 같이 x가 증가함에 따라 $f'(x)$, 즉 접선의 기울기가 감소하면 $f''(x)<0$이고, (b)에서와 같이 x가 증가함에 따라 $f'(x)$, 즉 접선의 기울기가 증가하면 $f''(x)>0$이다. 2계 도함수를 사용한 극대, 극소의 판정기준은 다음과 같다.

- 어떤 함수 $y=f(x)$가 $x=\widetilde{x}$에서 1계 도함수 $f'(x)$가 0이면 $f(\widetilde{x})$의 값은
  ① $f''(\widetilde{x})<0$이면 하나의 상대적 극대치이다.
  ② $f''(\widetilde{x})>0$이면 하나의 상대적 극소치이다.

$f'(x)=0$의 조건은 극대 또는 극소 값을 갖기 위한 필요조건이다. 이 조건을 일차조건이라 한다. 우선 $f'(x)=0$이 만족된 후, $f''(x)$의 부호로써 극대 또는 극소 값인지를 구분할 수 있다. 이를 2차 조건이라 한다.

극대와 극소

- 어떤 함수 $y=f(x)$가 $x=\tilde{x}$ 에서 1계 도함수 $f'(x)$가 0이면 $f(\tilde{x})$의 값은
  ① $f'(x)$의 부호가 $x=\tilde{x}$ 주위에서 양에서 음으로 변화하면 하나의 상대적 극대치이다.
  ② $f'(x)$의 부호가 $x=\tilde{x}$ 주위에서 음에서 양으로 변화하면 하나의 상대적 극소치이다.
- 어떤 함수 $y=f(x)$가 $x=\tilde{x}$ 에서 1계 도함수 $f'(x)$가 0이면 $f(\tilde{x})$의 값은
  ① $f''(\tilde{x})<0$이면 하나의 상대적 극대치이다.
  ② $f''(\tilde{x})>0$이면 하나의 상대적 극소치이다.

〈예제 10-1〉

다음 함수들의 상대적 극치를 구하라.

① $y=-4x^2+16x$

② $y=x^2-6x+10$

풀이 ① ■ 1차 조건

1계 도함수, $f'(x)=-8x+16$을 0으로 만드는 x의 값은 2이다. 즉 $x=2$일 때 $f'(x)=0$이 된다.

■ 2차 조건

$f''(x)=-8$이므로 x의 모든 값에서 $f''(x)<0$이다. 따라서 $x=2$에서 함수 $f(x)$는 극대값을 가지며 그 값은 $f(2)=-4(4)+16(2)=16$이다.

② ■ 1차 조건

$f'(x)=2x-6$이므로 $f'(x)$를 0으로 만드는 x의 값은 3이다. 즉 $x=3$에서 $f'(x)=0$이 된다.

■ 2차 조건

$f''(x)$를 구하면 $f''(x)=2$이므로 x의 모든 값에서 $f''(x)>0$이다. 그래서 $x=3$에서 함수 $y=f(x)$는 극소값을 가지며 그 값은 $f(3)=9-6(3)+10=1$이다.

10.3 다변수 함수의 극대 · 극소

미분을 사용하여 1변수 함수의 극대와 극소 값을 구하는 최적화 문제(Optimization problem)를 학습했다. 보통 최적화 문제에서 최대 또는 최소화하고자 하는 함수를 목적함수(object function)라 부르며, 어떤 목적함수 f를 최대화하는 문제는 간단히 'Maximize f' 또는 'Max f'라고 표기한다. 마찬가지로 어떤 목적함수 f를 극소화하는 문제는 'Minimize f' 또는 'Min f'로 표기한다.

앞 절에서 1변수 함수의 최적화 문제인 Max $f(x)$ 또는 Min $f(x)$에 관해서 살펴보았다. 본 절에서는 독립변수가 2개 이상인 다변수 함수가 등식으로 표현되는 제약조건 하에서 최적화하는 문제를 해결하는 방법을 논의하고자 한다. 즉 아래와 같이 다변수 함수로 구성되는 목적함수와 제약 조건식이 주어져 있을 때 $s.t.$는 영어 subject to의 약자로 ~이 ~에 제약된다는 의미를 나타낸다. 따라서 $s.t.$ 다음의 등식이 목적함수의 최적을 달성하는 데 요구되는 제약조건이라는 것을 말한다.

$$\text{Max (혹은 Min) } f(x_1,\ x_2,\ x_3,\ \cdots,\ x_{n-1},\ x_n)$$
$$s.t\ \ g(x_1,\ x_2,\ x_3,\ \cdots,\ x_n)=0$$

1) 무제약 하의 최적치(unconstrained optimum)

앞 절에서는 함수의 독립변수가 하나인 경우의 극대와 극소에 관하여 살펴보았다. 그러나 현실의 문제에서는 독립변수가 둘 이상인 경우가 흔히 있다. 이러한 문제들의 최대와 최소를 살펴보기로 하자. 본 절에서는 우선 분석적 결과가 그래프로 나타낼 수 있는 독립변수가 두 개인 경우에 관해서 살펴보지만, 이 내용은 독립변수가 세 개 이상인 경우에도 적용된다.

변수가 여러 개일 때의 최대와 최소 문제는 제약조건이 있는 경우와 없는 경우로 나누어서 분석할 필요가 있다. 본 항에서는 제약조건이 없는 경우에 관해서 살펴보고, 다음 항에서 제약조건이 있는 경우를 설명하기로 한다.

그림 10-3 2변수 함수의 극치

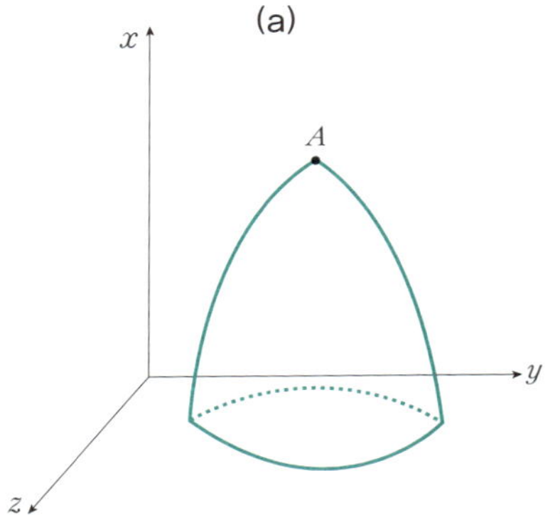

(1) 2변수 함수의 극치

독립변수가 하나인 경우 극치는 2차원 그래프에서 언덕의 정상이나 계곡의 바닥으로 표시되었다. 독립변수가 2개인 함수 $z=f(x, y)$의 그래프는 〈그림 10-3〉처럼 3차원 공간에서 곡면(surface)이 되고 그 형태는 둥근 지붕이나 사발의 모양이 된다.

그림 (a)의 점 A는 둥근 지붕의 정상의 모습인데 곧 최대를 나타낸다. 왜냐하면 점 A에서의 z값은 그 근방의 어떤 z값보다 크기 때문이다. 같은 이유로 그림 (b)에서의 점 B는 사발의 밑바닥의 형상을 하고 있고 이는 최소를 나타낸다. 왜냐하면 점 B는 근방의 어떤 점보다 B에서의 z값이 가장 작기 때문이다.

(2) 1차 조건

$y=f(x)$에서처럼 독립변수가 하나인 경우에 극치를 찾기 위한 1차 조건은 1계 도함수가 $x=\widetilde{x}$에서 0이라는 것이다. 이를 수식으로 표시하면 $x=\widetilde{x}$에서

$$dy=f'(x)dx=0 \tag{10.1}$$

이다. 식 (10.1)의 의미는 x의 미소한 변화, 즉 dx에 대하여 y의 변화, 즉 dy가 0이기 위해서는 $f'(x)$가 0이 되어야 한다. 따라서 $dy=0$이라는 조건과 $f'(x)=0$이라는 조건은 같은 의미이다. 이것이 상대적 극치를 구하기 위한 1차 조건이다.

독립변수가 둘인 함수의 경우도 위와 비슷한 형태의 1차 조건을 도출할 수 있다. 〈그림 10-3〉의 (a)처럼 점 A에서 극값을 가지기 위해서는 미분 dz가 점 A에서 0이 되어야 한다. 즉, 점 A에서

$$dz = f_x\,dx + f_y\,dy = 0 \tag{10.2}$$

이다. 일변수 함수의 경우와 마찬가지로 식 (10.2)가 의미하는 바는 x와 y의 미소한 변화, 즉 dx와 dy에 대하여 dz가 0이 되기 위해서는 $f_x = f_y = 0$이 되어야 한다. 이와 같이 $dz=0$과 $f_x = f_y = 0$은 같은 조건이며 상대적 극점이기 위한 1차 조건이다.

위의 1차 조건은 극점이기 위한 필요조건이지만 최대인지 최소인지를 가려주는 충분조건은 아니다. 충분조건 또는 2차 조건을 알아야만 최대 또는 최소를 알 수 있는데 이 2차 조건의 내용은 이 책의 범주를 넘어서기 때문에 결과만 간략히 제시하기로 한다.

(3) 2차 조건

$z=f(x, y)$의 2변수 함수에서 최대이기 위한 2차 충분조건은 2계 편도함수 f_{xx}와 f_{yy}는 음이어야 하고 $f_{xx}f_{yy}$는 f_{xy}^2보다 커야 한다. 최소이기 위한 2차 조건은 f_{xx}와 f_{yy}는 양이어야 하고 $f_{xx}f_{yy}$는 f_{xy}^2보다 커야 한다. 1차 조건과 2차 조건을 종합하면 [표 10-1]과 같다.

표 10-1 상대적 극치의 조건 : $z=f(x, y)$

조건	최대	최소
1차 필요조건	$f_x = f_y = 0$	$f_x = f_y = 0$
2차 충분조건	$f_{xx} < 0,\ f_{yy} < 0,\ f_{xx}f_{yy} > f_{xy}^2$	$f_{xx} > 0,\ f_{xx} > 0,\ f_{xx}f_{yy} > f_{xy}^2$

세 변수 이상의 경우는 이 책에서 다루지 않기로 한다. 다음의 예제를 통하여 독립변수가 2개 이상인 경우의 극치를 구해 보자.

〈예제 10-2〉

$z=8x^3+2xy-3x^2+y^2+1$의 극치를 구하라.

풀이 먼저 주어진 함수의 1계 편도함수와 2계 편도함수를 구해야 한다. 다음에 1차 조건과 2차 조건을 만족시키는 해를 구하면 된다.

$$f_x=24x^2+2y-6x,\ f_y=2x+2y$$
$$f_{xx}=48x-6,\ f_{yy}=2,\ f_{xy}=2$$

■ 1차 조건

$f_x=0$과 $f_y=0$을 만족시키는 x와 y값을 구한다.

$$24x^2+2y-6x=0$$
$$2x+2y=0$$

위의 연립방정식을 풀면 $x=0$, $y=0$ 또는 $x=\frac{1}{3}$, $y=-\frac{1}{3}$ 이다.

■ 2차 조건

먼저 $x=0$, $y=0$인 경우를 생각해 보자. 이때 $f_{xx}=-6$이고 $f_{yy}=2$이다.

따라서 $f_{xx}f_{yy}=-12<0$이 되어서 $f_{xx}f_{yy}>f_{xy}^2$의 2차 조건을 만족하지 않는다. 왜냐하면 f_{xy}^2는 항상 양의 값이기 때문이다.

다음으로 $x=\frac{1}{3}$, $y=-\frac{1}{3}$인 경우를 생각해 보자.

$f_{xx}=10$이고 $f_{yy}=f_{xy}=2$이기 때문에 최소이기 위한 2차 조건, 즉 $f_{xx}>0$, $f_{yy}>0$, $f_{xx}f_{yy}>f_{xy}^2$을 모두 만족한다. 그러므로 주어진 함수에 $x=\frac{1}{3}$, $y=-\frac{1}{3}$을 대입하면 z의 극소치인 $z=\frac{23}{27}$을 얻을 수 있다.

2) 제약 하의 최적치(constrained optimum)

전항에서는 제약 조건이 없는 경우에 두 변수를 갖는 함수의 극치를 구하는 문제에 관해서 살펴보았다. 그러나 실제 경제학의 많은 문제들은 제약조건 하의 극점을 찾으려는 것들이다. 예를 들면, 소비자 선택이론에서 소비자는 예산제약조건 하에서 효용을 극대화하려 하고, 생산자 선택이론에서는 비용제약조건 하에서 산출량의 극대화 문제를 논의하고 있다.

본 항에서는 두 변수 함수에서 제약조건이 있을 때 극치를 구하는 방법에 관해서 살펴보도록 한다. 먼저 그래프에 의한 분석이 논의될 것이고 그 다음에 라그랑지 승수법에 의한 제약 하의 극치를 찾는 방법에 관해서 알아보도록 한다.

(1) 그래프에 의한 분석

제약조건 하의 극점을 찾는 방법을 그래프로 설명하기 위해서 소비자 선택이론의 효용극대화 문제를 생각해 보자. 임의의 소비자에게 다음의 효용함수가 주어졌다고 가정하자.

$$U=U(x,\ y)=xy \tag{10.3}$$

식 (10.3)의 U는 효용함수(Utility function)를 나타내고 x는 x재를 소비함으로써 얻는 효용이며, y는 y재를 소비함으로써 얻는 효용을 의미한다. 따라서 소비자의 총 효용은 x와 y의 두 재화를 많이 소비할수록 효용이 증대된다는 것을 보여주고 있다. 이를 그림으로 나타내면 〈그림 10-4〉의 무차별곡선으로 표시되는데, x와 y를 더 많이 소비할수록 효용곡선은 U_0에서 U_1으로 그리고 U_2로 변화한다. 그리고 무차별곡선의 특성상 U_0보다는 U_1이, U_1보다는 U_2가 더 높은 효용을 나타낸다.

소비자는 더욱 더 많은 x와 y를 소비함으로써 더 높은 효용을 누릴 수 있지만 한 가지 제약조건이 따르게 된다. 보통 소득제약조건(income constraint condition) 또는 예산제약조건(budget constraint condition)이라고 하는데 그

그림 10-4

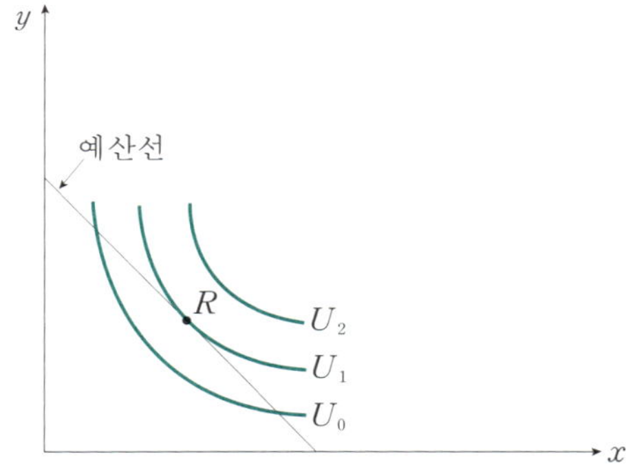

의미는 x와 y재의 구매에 지출된 경비가 자신의 소득과 일치해야 한다는 것이다. 따라서 소비자 선택의 문제는 이러한 예산제약 하에서 소비자의 효용을 최대화하는 문제이다.

소비자의 예산제약조건은 다음과 같이 주어진다. 여기에서 M은 소득(income), p_x는 x재의 가격 그리고 p_y는 y재의 가격을 나타낸다.

$$M = P_x x + P_y y \tag{10.4}$$

식 (10.4)는 〈그림 10-4〉의 직선으로 나타낼 수 있다. 식 (10.4)를 y에 관한 함수로 고치면

$$p_y y = M - p_x x \tag{10.5}$$

가 되고 양변을 p_y로 나누면 다음과 같다.

$$y = \frac{M}{p_y} - \frac{p_x}{p_y} x \tag{10.6}$$

식 (10.6)은 예산선(budget line)을 나타내는 방정식으로 구체적인 소득의 액수와 x, y재의 가격이 주어지면 더 정확한 형태의 예산선을 그릴 수 있다.

이제 그림으로 예산제약조건 하의 효용의 극대화 문제를 설명하면, 식 (10.4) 또는 식 (10.6)으로부터 예산선을 그릴 수 있다. 예산제약조건 하에서 소비자의 효용을 최대화하기 위해서는 가능한 한 원점에서 멀리 떨어진 무차별곡선을 택해야 한다. 그러나 〈그림 10-4〉의 U_2는 예산집합에서 벗어난 무차별곡선이므로 소비자가 도달할 수 없다. 반면에 U_0는 주어진 예산을 덜 씀으로써 효용이 더 증가될 여지가 있거나 아니면 소비행태를 조금 달리하면 더 높은 효용을 누릴 수 있는 여지가 있다. 따라서 점 R에서의 x와 y의 조합이 예산제약조건 하의 효용을 극대화시키는 소비행태라는 것이다. 달리 표현하면 무차별곡선과 예산선이 접하는 점에서 효용극대화가 일어난다.

(2) 라그랑지 승수방법에 의한 극치

라그랑지 승수방법을 설명하기 위해서 앞의 소비자선택 문제를 예로 들어보자. 예산제약조건 $M=p_x x+p_y y$ 하에서 효용함수 $U=U(x, y)$를 극대화하는 문제를 라그랑지 승수방법에서는 어떻게 해결하는지에 관해서 살펴보자.

우선 위의 효용극대화 문제를 수식으로 나타내면 다음과 같다.

$$\text{Max } U=U(x, y)$$
$$s.t \quad M=p_x x+p_y y$$

위와 같은 극대문제는 다음과 같은 라그랑지 함수로 나타낼 수 있다.

$$L=L(x, y, \lambda)=U(x, y)+\lambda(M-p_x x-p_y y)$$

라그랑지 함수는 극대화시킬 목적함수($U(x, y)$)와 예산제약조건($M-p_x x-p_y y$)에 라그랑지 승수(λ)의 곱으로 이루어져 있다. 효용극대화조건을 도출하기 위해서 먼저 일차조건(first order condition)을 구해야 한다. 일차조건은 라그랑지 함수를 독립변수 x, y, λ에 관해서 각각 편미분한 것을 0으로 놓는 것을 의미한다. 수학적인 기호로는 다음과 같다.

$$L_x = \frac{\partial L}{\partial x} = \frac{\partial U}{\partial x} - \lambda p_x = 0 \tag{10.7}$$

$$L_y = \frac{\partial L}{\partial y} = \frac{\partial U}{\partial y} - \lambda p_y = 0 \tag{10.8}$$

$$L_\lambda = \frac{\partial L}{\partial \lambda} = M - p_x x - p_y y = 0 \tag{10.9}$$

1차 조건에 의해서 위의 식 (10.7), (10.8), (10.9)가 도출되었고 우리가 구하고자 하는 변수는 x, y, λ이다. 변수가 세 개이고 식이 세 개이므로 세 개의 식들이 서로 모순되지 않는다면 우리는 식 (10.7), (10.8), (10.9)의 연립방정식을 x, y, λ에 관해서 풀 수 있다.

위의 1차 조건을 다른 측면에서 분석하면 우선 식 (10.9)는 예산제약조건 $M = p_x x + p_y y$를 그대로 충족시키고 있음을 알 수 있다. 이것을 기하학적으로 설명하면 무차별곡선이 예산선 상 위의 한 점에 위치할 것이라는 것을 보장해 주고 있다. 식 (10.7)과 (10.8)을 정리하면

$$U_x \left(= \frac{\partial U}{\partial x}\right) = \lambda p_x \tag{10.10}$$

$$U_y \left(= \frac{\partial U}{\partial y}\right) = \lambda p_y \tag{10.11}$$

이 되고 식 (10.10)과 (10.11)을 다시 정리하면 다음과 같다.

$$\frac{U_x}{p_x} = \lambda,\ \frac{U_y}{p_y} = \lambda \text{ 또는 } \frac{U_x}{p_x} = \frac{U_y}{p_y} \tag{10.12}$$

식 (10.12)는 다음과 같이 쓸 수 있다.

$$-\frac{U_x}{U_y} = -\frac{p_x}{p_y} \tag{10.13}$$

식 (10.13)의 왼쪽 항은 무차별곡선의 한 점을 나타내며 오른쪽 항은 예산선

의 기울기를 나타낸다.

그래서 식 (10.7), (10.8), (10.9)가 의미하는 바를 다시 정리하면, 예산제약조건 $M=p_x x+p_y y$ 하에서 효용함수 $U=U(x,\ y)$를 극대화하는 문제의 해답은 예산선과 무차별곡선의 기울기가 동일한 예산선 상의 한 점이라는 것을 알려준다.

마지막으로 식 (10.7), (10.8), (10.9)의 해가 $\widetilde{x}$, $\widetilde{y}$, $\widetilde{\lambda}$라면 라그랑지 함수의 값은 다음과 같다.

$$L=L(\overline{\lambda},\ \overline{x},\ \overline{y})=U(\overline{x},\ \overline{y})+\overline{\lambda}[M-p_x\overline{x}-p_y\overline{y}]=U(\overline{x},\ \overline{y}) \quad (10.14)$$

다음은 위의 라그랑지 승수방법을 예제를 통하여 다시 한 번 알아보도록 하자. 효용함수가 $U=xy$이고 예산제약조건은 $8=2x+y$로 주어졌다고 가정하자. 그러면 위의 제약조건 하의 극점을 찾는 문제는 다음의 라그랑지 함수로 풀 수 있다.

$$L=L(\lambda,\ x,\ y)=xy+\lambda(8-2x-y) \quad (10.15)$$

1차 조건은 다음과 같이 구해진다.

$$L_x=\frac{\partial L}{\partial x}=y-2\lambda=0$$
$$L_y=\frac{\partial L}{\partial y}=x-\lambda=0$$
$$L_\lambda=\frac{\partial L}{\partial \lambda}=8-2x-y=0$$

이 식들을 풀면 $\widetilde{x}=2$, $\widetilde{y}=4$, $\widetilde{\lambda}=2$를 얻게 된다. 이 값들을 식 (10.14)에 대입하면 $\widetilde{L}=\widetilde{x}\widetilde{y}+\widetilde{\lambda}(0)=8$을 얻는다. 그러나 $\widetilde{U}=8$이 제약된 효용 극대화 점이기 위해서는 또 하나의 충분조건, 즉 2차 조건이 필요하다. 아쉽게도 이 2차 조건은 이 책의 범주를 넘기 때문에 이 책에서 다루지 않는다. 하지만 대부분의 실제 적용에서는 2차 조건이 충족되어 있거나 또는 충족된다고 가정하고 있기 때문에 크게 염려하지 않아도 된다.

위의 내용은 2변수의 경우로 설명하였지만 변수가 세 개 이상인 경우에도 성립된다. 또한 여기에서는 제약조건이 하나인 경우를 예로 들었지만 제약조건이 여러 개인 경우에도 라그랑지 승수법을 사용할 수 있다.

라그랑지 승수법에 의한 극치

라그랑지 승수방법에 의해 극대(또는 극소)화 조건을 도출하기 위해서는 먼저 라그랑지 함수를 만들어야 한다. 라그랑지 함수는 극대(또는 극소)화할 목적함수와 제약조건들의 합으로 이루어진다. 일차조건은 라그랑지 함수를 독립변수에 관해서 각각 편미분한 것을 0으로 놓는 것을 의미한다.

〈예제 10－3〉

다음 문제의 라그랑지 함수의 제약된 z 극점의 1차 조건을 구하라.

$$\text{Max } z=4x+2xy$$
$$s.t \ \ 12=x+y$$

풀이 라그랑지 함수를 만들면 다음과 같다.

$$L=4x+2xy+\lambda(12-x-y)$$

1차 조건은 다음과 같다.

$$L_x=4+2y-\lambda=0$$
$$L_y=2x-\lambda=0$$
$$L_\lambda=12-x-y=0$$

위 연립방정식을 변수 x, y, λ에 관해서 풀면 $x=7$, $y=5$, $k=14$를 얻는다. 이 값을 L식에 대입하면 $L=98$을 얻는다.

연습문제

01. 다음 함수들의 상대적 극치를 구하라.

① $y=2x-4x^2+8$　　② $y=\frac{1}{2}x-4x^2$

③ $y=x^2+2x+4$　　④ $y=-3x^2+9x$

⑤ $y=\frac{1}{3}x^3-x^2+x+2$　　⑥ $y=2x^3+3x^2+4$

02. 다음에 주어진 각 함수의 상대적 극치와 그때의 값을 구하라.

① $f(x)=(2-9x)^{\frac{2}{3}}$　　② $f(x)=x-\frac{1}{x}$

③ $f(x)=x^2+\frac{1}{x}$　　④ $f(x)=\frac{x^2}{x^2+1}$

⑤ $f(x)=\frac{x^2}{x-3}$　　⑥ $f(x)=\frac{x^2-2x+1}{x-3}$

⑦ $f(x)=\frac{x^2-6x+9}{x+2}$　　⑧ $f(x)=3x^{\frac{5}{3}}-15x^{\frac{2}{3}}$

03. 다음 각 함수에 대하여 상대적 극치를 구하라.

① $z=-2x^2-3y^3+4xy+5$

② $z=x+y-x^2+y^2+1$

04. 라그랑지 승수법을 이용하여 다음 함수의 극치를 구하라.

① $z=x^2-2xy+4y^2$　　제약 : $x-y=2$

② $z=-2x^2+y+2y^2-100$　　제약 : $8=x+2y$

05. 라그랑지 승수법을 이용하여 z의 극치를 구하라.

① $x+2y=2$의 제약 하에서 $z=xy$

② $x+y=8$의 제약 하에서 $z=x(y+4)$

③ $x+y=6$의 제약 하에서 $z=x-3y-xy$

④ $x+y=0$의 제약 하에서 $z=7-y+x^2$

제11장 도함수 및 극대·극소화의 경제학적 응용

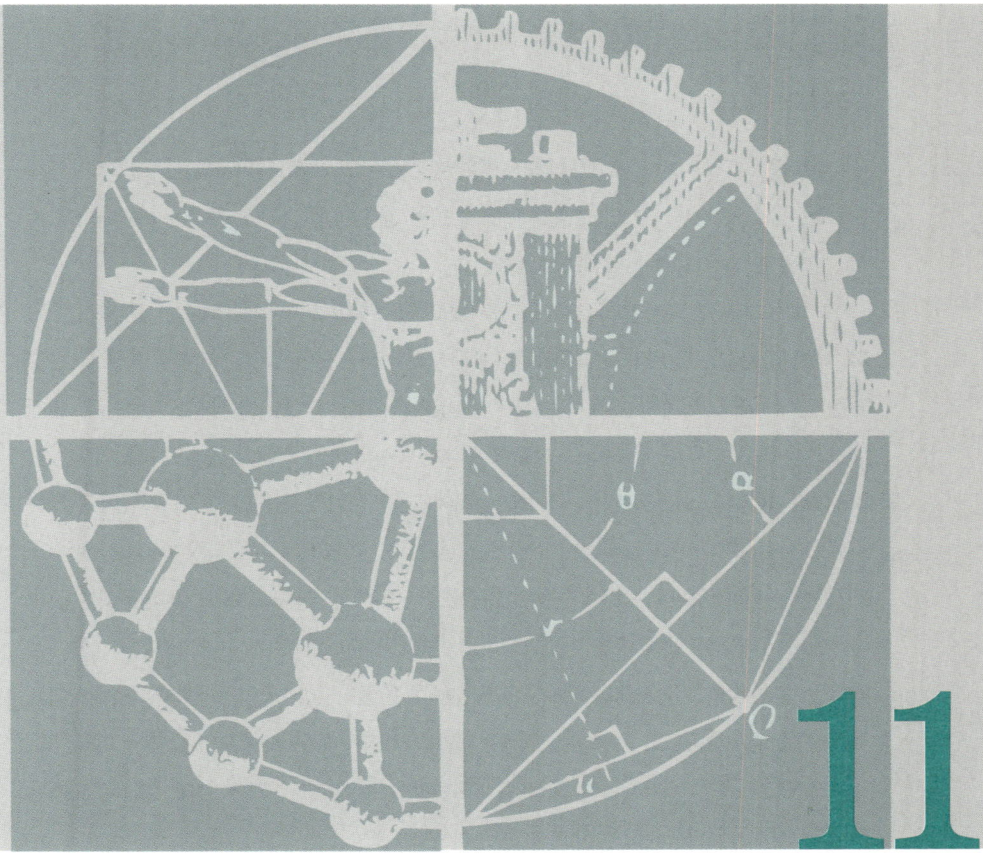

앞 장에서 공부한 도함수의 개념은 여러 가지 경제문제에 적용될 수 있다. 탄력성, 한계효용, 한계비용 등 도함수를 사용하는 개념은 경제분야에서 많이 찾아볼 수 있다. 이와 같이 경제개념에 도함수가 어떻게 응용되는지를 살펴보기로 하자.

수학이야기

수학을 배워서 어디에다 쓰나?라고 질문을 받는다. 특히 인문사회계에 진학한 대학교 1학년 학생들로부터 강의 도중에 접하게 되는 질문이다. 여기에 대하여 서울대학교 수학과 김홍종 교수의 글을 발췌하여 적어본다.

현대인의 생활과 가장 밀접한 관련을 맺고 있는 날씨도 수학을 빼고는 설 자리가 없다. 태풍이 분다든지 비가 온다든지 하는 기상변화와 지진이 일어나고 해류가 흐르는 것들을 분석하고 예측하기 위해서는 고도의 미분방정식을 잘 풀어야 하기 때문이다. 일기예보가 어려운 이유 중의 하나는 자료를 분석하고 설계하는 수학이 어렵기 때문이다.

미분방정식과 같은 수학은 국가의 경제에도 큰 영향을 미친다. 현재 미국이 누리는 호황은 금융호황이라고 불리는데 이것은 금융수학의 바탕에서나 이뤄질 수 있는 말이다. 1973년 블랙과 숄츠 같은 수학자들은 미분방정식 이론이 금융시장에도 잘 적용되는 것을 발견했다. 금융시장의 흐름을 미분방정식을 통해 알 수 있다는 말이다. 뉴욕의 금융시장에서는 수천 명의 수학자들이 새로운 금융상품을 만들어낸다. 국민연금이나 퇴직금, 의료보험금 등 경제활동으로 파생되는 경영문제와 기업평가 등은 수학자의 손에서 이뤄진다. 세계경제의 흐름을 수학자들이 이끌어낸다고 말할 수 있다. 이렇게 현대 수학은 과학은 물론 경제분야와 일상생활 전반에 깊게 관여하고 있다.

수학은 이공계로 갈 사람들만 공부하면 될 것이라고 생각한다면, 이것은 큰 오해다. 수학은 사람의 마음을 종합적으로 훈련시키는 학문이다. 단순히 과학을 배우기 위한 도구가 아니라 바르게 생각하고 바르게 표현하는 방법을 제공하는 언어다. 수학이 비록 실생활에 많은 도움을 주는 면이 많다 하더라도, 눈에 보이는 쓰임에만 중요성을 강조하는 것은 옳지 않다. 금전이 쓰임이 많아도 그 자체가 목적이 아닌 것과 마찬가지이다. 사람의 몸과 마음이 둘이 아니듯이, 이론과 실용도 둘이 아니다.

—『과학동아』 2003년 3월호에서 발췌

11.1 탄력성(Elasticity)

탄력성 또는 탄력도란 용어는 원래 물리학에서 사용된 개념이지만 경제학 분야에서도 많이 쓰이는 개념이다. 예를 들어 고무줄과 운동화 끈 중에서 동일한 힘으로 잡아당길 때 더 많이 늘어나는 고무줄을 운동화 끈에 비해 탄력적이다라고 한다. 이러한 탄력성의 개념을 경제학에서는 "한 변수(독립변수)가 1% 변화할 때 다른 변수(종속변수)가 몇 % 변화하는가를 나타내 주는 척도"로 정의하고 있다. 경제원론에서 배웠던 기억을 되살려보면 탄력성에는 수요와 공급의 탄력성이 있다. 수요와 공급은 쌍대(duality)개념이므로 수요의 탄력성을 설명하면 공급의 탄력성은 자연히 이해될 수 있으리라 생각된다. 수요에는 세 가지의 탄력성이 있는데 수요의 가격탄력성(price elasticity of demand), 수요의 소득탄력성(income elasticity of demand), 그리고 수요의 교차탄력성(cross elasticity of demand)이 있다. 이 세 가지의 개념은 경제원론이나 미시경제학에서 상세하게 다루기 때문에 여기에서는 탄력성에서 도함수가 어떻게 사용되는지를 살펴보도록 한다.

일반적인 탄력성의 개념을 응용하여 수요의 가격탄력성을 정의하면 "한 변수, 즉 가격이 1% 변화할 때 다른 변수, 즉 수요량이 몇 % 변화하는가"의 개념이다. 이를 수식으로 나타내면 다음과 같다.

$$E_p = -\frac{\dfrac{\Delta Q_d}{Q_d}\times 100}{\dfrac{\Delta P}{P}\times 100} \tag{11.1}$$

식 (11.1)에서 P는 재화의 가격을, Q_d는 재화의 수요량을, Δ는 변화분을 나타낸다. 예를 들어 사과 한 개의 가격이 100원일 때 5개를 구매하였던 사람이 사과 가격이 110원으로 올랐을 때 4개를 구매한다고 하자. 여기서 가격의 변화를 %로 나타내면 식 (11.1)의 분모에 있는 $\frac{\Delta P}{P}\times 100$이며, 같은 방법으로 수요량의 변화를 나타내면 식 (11.1)의 분자인 $\frac{\Delta Q_d}{Q_d}\times 100$이 된다. 이제 사과의 예에서 탄력성을 계산하면 $Q_d=5$, $Q_d=-1$, $P=100$, $\Delta P=10$이므로 $E_p=2$가 된다.

수요의 법칙에 의하면 가격과 수요량에는 가격이 상승하면 수요량이 하락하고, 가격이 하락하면 수요량이 상승하는 역의 관계가 존재한다. 따라서 식 (11.1)의 탄력성의 공식에 음의 기호가 붙어 있다. 즉 ΔP와 ΔQ_d는 항상 그 부호가 반대이므로 음의 기호가 없으면 가격탄력성은 음의 값을 가지게 된다. 가격의 변화분 및 수요량의 변화분이 극히 미세할 경우 식 (11.1)은 다음과 같이 나타낼 수 있다.

$$E_p=-\frac{\frac{dQ_d}{Q_d}\times 100}{\frac{dP}{P}\times 100}=-\frac{dQ_d}{dP}\frac{P}{Q_d} \tag{11.2}$$

식 (11.2)처럼 정의되는 수요의 가격탄력성, E_p에 대하여 다음 사항을 유의해야 한다.

수요의 가격탄력성(E_p) 유의사항

① E_p는 비율 나누기 비율로 정의되는 값이므로 측정단위와는 관계가 없다.
② 일반적으로 P가 상승함에 따라 Q_d는 감소하므로 식 (11.2)의 dQ_d/dP는 대개 음(-)이 된다. 식 (11.2)에서의 부호가 음(-)이므로 E_p의 값은 일반적으로 양(+)이다.
③ E_p는 수요곡선 상의 한 점에서 측정된 값이다.

E_p를 측정하는 방법을 다음의 보기로 살펴보자. 수요함수가 $Q_d=f(P)=10-P$라고 주어지면 탄력성 E_p는 다음과 같이 구할 수 있다.

$$E_p=-\frac{dQ_d}{dP}\frac{P}{Q_d}=-(-1)\frac{P}{Q_d}=\frac{P}{Q_d} \tag{11.3}$$

그림 11-1

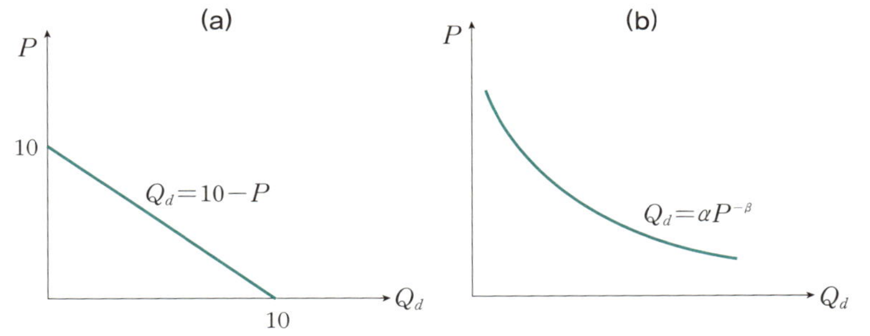

수요의 가격탄력성은 호탄력성과 점탄력성으로 나누어질 수 있다는 것을 상기하면 식 (11.3)은 각 점에서 계산되어지는 점탄력성이라는 것을 알 수 있다. 예를 들어 P가 2이면 수요함수에 의해 Q_d는 8이 된다. 그때의 탄력성은 $E_p=\frac{P}{Q_d}=\frac{2}{8}=\frac{1}{4}$ 이 된다. 또한 P가 4이면 주어진 수요함수에 의해 Q_d는 6이고 그때의 탄력성은 $E_p=\frac{P}{Q_d}=\frac{4}{6}=\frac{2}{3}$ 이다.

이제까지는 선형의 수요함수를 예로 들어서 탄력성을 살펴보았다. 또 다른 보기로 수요함수가 $Q_d=f(P)=\alpha P^{-\beta}(\alpha,\ \beta,\ P>0)$의 비선형의 형태로 주어지면 탄력성 E_p는 다음과 같이 구할 수 있다.

$$E_p=-\frac{dQ_d}{dP}\frac{P}{Q_d}=-(-\alpha P^{-\beta})\frac{P}{Q_d}=\frac{\alpha\beta P^{-\beta}}{\alpha P^{-\beta}}=\beta \tag{11.4}$$

위의 예에서 탄력성 E_p는 $P>0$ 구간에서 P의 값과 Q_d의 값에 관계없이 $E_p=\beta$로 일정하다. 이제 이들 선형과 비선형 수요함수의 그래프를 그려보면 〈그림 11-1〉과 같다.

지금까지 수요의 가격탄력성을 분석하였는데 수요의 소득탄력성과 수요의 교차탄력성도 비슷하게 정의할 수 있다.

수요의 소득탄력성은 소득이 1% 변할 때 수요량이 몇 % 변화하는가를 나타내 주는 개념으로 수식으로 나타내면 다음과 같다.

$$E_M = \frac{\frac{\Delta Q_d}{Q_d} \times 100}{\frac{\Delta Md}{M} \times 100} = \frac{dQ_d}{M} \frac{M}{Q_d} \quad (11.5)$$

식 (11.5)의 소득탄력성을 나타내는 공식과 식 (11.1)의 가격탄력성을 나타내는 공식을 자세히 보면 식 (11.1)에는 음(−)의 부호가 있고 식 (11.5)에는 음(−)의 부호가 없음을 알 수 있다. 이것의 의미는 소득이 증가할 때 수요량은 증가할 수도 있고 감소할 수도 있다는 말이다. 특히 소득이 증가할 때 수요량이 같이 증가하는 재화의 소득탄력성은 양(+)의 값을 갖게 되는데 이런 재화를 정상재(normal goods)라고 한다. 반면에 소득이 증가함에도 불구하고 수요량이 감소하게 되는 재화는 소득탄력성이 음(−)으로 나타나게 되며, 이러한 재화를 열등재(inferior goods)라고 한다.

교차탄력성(cross price elasticity of demand)이란 두 재화가 있을 때, 한 재화의 가격변화가 다른 재화의 수요량의 변화에 얼마나 영향을 미치는가를 나타내는 척도로 다음과 같이 표시할 수 있다.

$$E_c = \frac{\frac{\Delta Q_y}{Q_y} \times 100}{\frac{\Delta P_x}{P_x} \times 100} = \frac{dQ_y}{dP_x} \frac{P_x}{Q_y} \quad (11.6)$$

이 교차탄력성은 양 또는 음의 값을 가질 수 있다. 한 재화의 가격상승이 다른 재화의 수요증가를 야기하면 교차탄력성은 0보다 크게 되는데 이러한 관계가 있는 재화를 대체재(substitute goods)라 한다. 반면에 한 재화의 가격상승이 다른 재화의 수요감소를 유발하면 0보다 작은 교차탄력성을 갖게 되고 이런 재화를 보완재(complement goods)라 한다.

공급측면에서 E_s로 표시되는 공급의 탄력성은 가격의 변화율($\Delta P/P$)에 대한 공급량 변화율($\Delta Q_s/Q_s$)의 비율로 다음과 같이 표시된다.

$$E_s = \frac{\frac{\Delta Q_s}{Q_s} \times 100}{\frac{\Delta P}{P} \times 100} = \frac{Q_s}{dP} \frac{P}{Q_s} \tag{11.7}$$

수요에서 세 가지 탄력성이 있는 것과는 달리 공급에서의 탄력성은 흔히 가격탄력성을 의미하며 일반적으로 공급의 가격탄력성을 공급의 탄력성이라고 한다.

11.2 한계효용(Marginal Utility : MU)

소비자선택이론에서의 주된 관심분야는 효용극대화이다. 효용극대화 문제에서 자주 쓰이는 개념이 한계효용(MU)인데 도함수와는 어떤 관계가 있는지에 관해서 살펴보자.

재화의 소비량(Q)과 총효용 수준(U)의 관계를 나타내 주는 함수를 효용함수라 한다. 주어진 효용함수 $U=U(Q)$에서 소비량 한 단위가 변화에 따라 야기되는 총효용 U의 변화를 한계효용(MU)라 하며 다음의 도함수로 표시된다.

$$MU = \frac{dU}{dQ} = U'(Q)$$

여기에서 한계효용체감의 법칙(Law of Diminishing MRS)에 대해서 살펴보자. Q가 증가함에 따라 MU가 감소한다는 내용을 한계효용체감의 법칙이라고 하는데 도함수를 사용하여 수식으로 나타내 보면 다음과 같다.

$$\frac{d(MU)}{dQ} = \frac{d^2U}{dQ^2} = U''(Q) < 0$$

다시 말하면 한 재화의 소비량(Q)이 증가함에 따라 한계효용이 체감한다는 것이 한계효용체감의 법칙인데 수식으로는 $U''(Q) < 0$으로 표시할 수 있다.

〈예제 11 – 1〉

효용함수가 $U = U(Q) = 2Q^2$이라 할 때 한계효용체감의 법칙이 성립하는가를 밝혀라.

풀이 $MU = U'(Q) = 4Q$

$U'' = 4 > 0$

∴ 한계효용체감의 법칙이 성립하지 않는다.

11.3 한계수입(Marginal Revenue : MR)

소비자선택이론의 탄력성과 한계효용과 같은 개념에서 도함수가 어떻게 사용되는가를 살펴보았다. 이제 기업이론에서 도함수가 어떤 형태로 사용되는지에 관하여 살펴보기로 하자.

한 기업의 총수입(Total Revenue : TR)은 어떻게 계산될까? 100원짜리 연필 100개를 판매한 연필 공장의 총수입은 $100 \times 100 = 10{,}000$원으로 계산되듯이 한 기업의 총수입은 단위가격(P)과 판매된 산출물의 양(Q)의 곱으로 정의되며 다음과 같이 나타낼 수 있다.

$$TR = PQ \tag{11.8}$$

여기에서 P를 기업이 당면하게 되는 수요곡선이라 할 수 있다. 일반적으로 수요곡선은 $Q = f(P)$의 형태로 나타내지만 기업이론에서는 똑같은 수요함수이지만 가격을 중요시하는 의미에서 $P = g(Q)$의 형태로 바꾸어 나타낸다. 식 (11.8)에 $P = g(Q)$를 대입하면

$$TR = g(Q) \cdot Q \tag{11.9}$$

가 된다. 식 (11.9)를 보면 총수입(TR)은 Q의 함수임을 알 수 있다. 총수입(TR)이 주어지면 두 가지 중요한 개념인 평균수입(Average Revenue : AR)과 한계수입(Marginal Revenue : MR)을 도출할 수 있다. AR은 상품 판매량 단위당 평균 얼만큼의 수입을 올리는가를 나타내 주는 것으로

$$AR=TR/Q \tag{11.10}$$

로 나타낼 수 있다. 식 (11.10)에 식 (11.9)를 대입하면 $AR=TR/Q=[g(Q)Q]/Q=g(Q)=P$임을 알 수 있다. 또한 판매량이 변화하면(증가하거나 감소하면) 총수입이 얼마만큼 변화하는지를 나타내 주는 것이 한계수입(MR)인데 다음과 같이 표시할 수 있다.

$$MR=dTR/dQ=TR'(Q) \tag{11.11}$$

이제 예를 들어서 총수입, 평균수입, 한계수입에 관해서 살펴보자.

〈예제 11-2〉

수요함수가 $P=12-2Q$로 주어졌을 때 총수입함수, 평균수입함수, 한계수입함수를 구하라.

풀이 $TR=PQ=(12-2Q)Q=12Q-2Q^2$

$AR=P=12-2Q$

$MR=dTR/dQ=12-4Q$

위의 함수들을 곡선으로 나타내면 〈그림 11-2〉와 같다.

그림 11-2

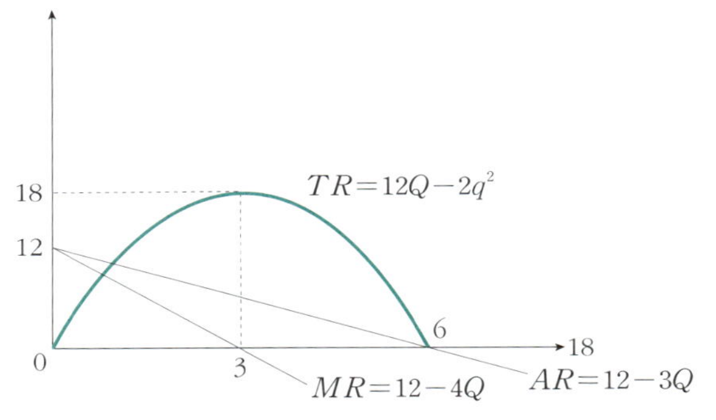

앞에서 총수입, 평균수입 및 한계수입에 관해서 살펴보았는데 여기에서 탄력성의 공식을 사용하여 한계수입을 나타내 보자. 우선 식 (11.9)를 미분하여 MR을 구하면 다음과 같다.

$$MR = \frac{dTR}{dQ} = \frac{d}{dQ}[\,g(Q)\cdot Q\,]$$
$$= g'(Q)\cdot Q + g(Q)(1) = g(Q) + g'(Q)\cdot Q \qquad (11.12)$$

식 (11.12)에 $P=g(Q)$와 $g'(Q)=dP/dQ$를 대입하여 나타내면 다음과 같다.

$$MR = P + Q\frac{dP}{dQ} \qquad (11.13)$$

식 (11.13)에 탄력성 공식 $E_p = -\frac{dQ_d}{dP}\frac{P}{Q_d}$를 대입시키면 다음과 같이 쓸 수 있다.

$$MR = P(1 - \frac{1}{E_p}) \qquad (11.14)$$

식 (11.14)에서 한계수입과 탄력성 간에는 다음의 관계가 있음을 알게 된다. 첫째, 가격탄력성이 1보다 크면($E_p>1$) 한계수입은 0보다 크다($MR>0$).

둘째, 가격탄력성이 1이면($E_p=1$) 한계수입은 0이다($MR=0$). 마지막으로, 가격탄력성이 1보다 작으면($E_p<1$) 한계수입은 0보다 작다($MR<0$). 바꾸어 말하면 기업의 한계수입은 그 기업의 수요곡선의 탄력성에 따라 증가하기도 하고 감소하기도 한다는 것을 의미한다.

11.4 한계생산(Marginal Product : *MP*)

생산이론의 한계생산(MP) 개념에도 도함수가 응용된다. 생산요소와 생산량의 기술적인 관계를 생산함수(Production Function)라 한다. 자본(K)과 노동(L)의 두 가지 생산요소가 있을 경우의 생산함수는 일반적으로 다음과 같이 표시한다.

$$Q=f(K,\ L)$$

여기에서 노동의 한계생산(MP_L)은 노동 투입량의 한 단위 변화로 인한 산출량의 변화를 나타내고, 자본의 한계생산(MP_K)은 자본 한 단위 추가투입이 산출량에 미치는 변화를 나타낸다. 이를 도함수를 사용한 수식으로 나타내면 다음과 같다.

$$MP_L=\frac{\partial Q}{\partial L}\ ,\ MP_K=\frac{\partial Q}{\partial K}$$

또한 한계생산체감의 법칙(Law of Diminishing MP)은 노동이나 자본이 한 단위 증가함에 따라 MP_L 또는 MP_K가 감소하게 되는 현상을 뜻하는데 다음의 수식으로도 나타낼 수 있다.

$$\frac{d(MP_L)}{dL}=\frac{d^2Q}{dL^2}=f''(L)<0,\ \frac{d(MP_K)}{dK}=\frac{d^2Q}{dK^2}=f''(K)<0$$

〈예제 11-3〉

생산함수가 $Q=f(K)=K^2+5K$로 주어지면 노동의 한계생산체감의 법칙이 적용되는지를 밝혀라.

풀이 $MP_K=\dfrac{\partial Q}{\partial K}=2K+5$

$$\frac{\partial(MP_K)}{\partial K}=2>0$$

∴ 자본의 한계생산체감의 법칙이 성립하지 않는다.

11.5 한계수입생산(Marginal Revenue of Product : *MRP*)

노동투입량이 변화할 때 야기되는 총수입의 변화를 노동의 한계수입생산(MRP_L)이라 하고 자본의 변화에 따른 총수입의 변화를 자본의 한계수입생산(MRP_K)이라 한다. 한 기업의 총수입함수가 $TR=R(Q)$이고, 생산함수가 $Q=f(K, L)$로 주어지면 노동 및 자본의 한계수입생산은 다음과 같이 표시할 수 있다.

$$MRP_L=\frac{dTR}{dL}=\frac{dTR}{dQ}\frac{dQ}{dL}=MR\cdot MP_L$$

$$MRP_K=\frac{dTR}{dK}=\frac{dTR}{dQ}\frac{dQ}{dK}=MR\cdot MP_K$$

〈예제 11-4〉

총수입함수가 $TR=-2Q^2+4Q$이고 생산함수는 $Q=2L^2+4$일 때 노동의 한계수입생산을 구하라.

풀이 $\dfrac{dTR}{dQ}=-4Q+4=-4(2L^2+4)+4=-8L^2-12,\ \dfrac{dQ}{dL}=4L$

$$MPP_L=\frac{dTR}{dL}=\frac{dTR}{dQ}\frac{dQ}{dL}=(-8L^2-12)(4L)=-32L^3-48L$$

11.6 한계비용(Marginal Cost : MC)

총비용함수(Total Cost Function : TC)는 생산량(Q)과 총비용(TC)과의 관계를 나타내 주는 함수이다. 한계비용(MC)이란 생산량(Q)이 한 단위 더 증가할 때 총비용(TC)에 미치는 변화이며 다음과 같이 표시된다.

$$MC = \frac{dTC}{dQ} = TC'(Q)$$

〈예제 11－5〉

총비용함수가 $TC = aQ^3 + bQ^2 + cQ$일 때 한계비용 MC를 구하라.

풀이 $MC = \dfrac{dTC}{dQ} = 3aQ^2 + 2bQ + c$

11.7 한계소비성향(Marginal Propensity to Consume : MPC)

거시경제 분야에서도 도함수가 사용되는 경우가 있다. 소비함수(Consumption Function)는 국민소득(Y)과 총소비 지출(C) 간의 관계를 나타낸다. 주어진 소비함수, $C = C(Y)$에서 국민소득수준의 변화로 야기되는 총소비 지출의 변화를 한계소비성향(MPC)이라고 하고 다음과 같이 나타낸다.

$$MPC = \frac{dC}{dY} = C'(Y)$$

또한 국민소득(Y)에서 총소비(C)를 뺀 부분을 저축(S)이라 할 때 저축함수는 $S = Y - C = Y - C(Y) = S(Y)$로 표시된다. 여기에서 소득이 변화할 때 저축에 미치는 변화인 한계저축성향(Marginal Propensity to Save : MPS)을 도출할 수 있다.

$$MPS = \frac{dS}{dY} = S'(Y)$$

〈예제 11-6〉

$C=a+bY$일 때 한계소비성향 MPC를 구하라.

풀이 $MPC = \dfrac{dC}{dY} = b$

11.8 이윤극대화(Profit Maximization)

수학적 관점으로 설명되었던 극대화 및 극소화의 문제는 경제학의 전반적인 분야에서 실제로 자주 응용된다. 우선 기업이론에서 기업가가 추구하는 궁극적인 목적은 이윤의 극대화이다. 다시 설명하면 기업가의 당면한 문제는 어떻게 이윤을 극대화시키는 산출량을 결정할 것인가 하는 것이다. 이 이윤극대화의 문제에서 앞서 공부했던 극대화의 개념이 어떻게 사용되는지에 관해서 살펴보자.

이윤(profit : π)은 총수입(TR)에서 총비용(TC)을 뺀 것으로 다음처럼 정의된다.

$$\pi = TR - TC \tag{11.15}$$

TR과 TC를 산출량(Q)만의 함수라고 하면 식 (11.15)는 다음과 같이 고쳐 쓸 수 있다.

$$\pi = \pi(Q) = TR(Q) - TC(Q) \tag{11.16}$$

식 (11.16)의 이윤함수에 의해 이윤은 산출량의 함수임을 알 수 있다. 이러한 이윤함수를 기업가의 목적함수(objective function)라고 하는데, 이는 극대화

되어야 할 대상은 이윤이라는 의미이다. 이윤이 극대화되는 산출량은 앞서 공부했던 상대적 극치를 구하는 과정을 따르면 된다. 먼저 극대화를 위한 1차 조건인 $\pi'(Q)=0$을 구한다. 이를 위해서 식 (11.15)를 Q에 관하여 미분하고 그것을 0으로 놓으면 다음과 같다.

$$\pi'(Q)=TR'(Q)-TC'(Q)=0,\ \text{따라서}\ TR'(Q)=TC'(Q) \tag{11.17}$$

식 (11.17)의 1차 조건을 만족시키는 산출량이 이윤을 극대화시킨다. 다시 말하면 이윤을 극대화시키기 위해서는 다음의 조건을 만족시켜야 한다.

$$TR'(Q)=TC'(Q),\ \text{즉}\ MR=MC \tag{11.18}$$

식 (11.18)은 한계수입이 한계비용과 같아야 한다는 내용이다. 다음으로 Q가 이윤을 극대화시키는 산출수준이 되기 위해서는 다음의 2차 조건을 충족시켜야 한다.

$$\pi''(Q)=TR''(Q)-TC''(Q)<0,\ \text{즉}\ TR''(Q)<TC''(Q) \tag{11.19}$$

2차 조건이 의미하는 바는 $MR=MC$를 만족시키는 산출 수준에서 MR의 변화율, $TR''(Q)=d(MR)/dQ$가 MC의 변화율, $TC''(Q)=d(MC)/dQ$보다 작아야 한다는 것이다.

〈예제 11-7〉

$TR(Q)=18Q$, $TC(Q)=Q^3-9Q^2+33Q+10$일 때 이윤을 극대화시키는 산출량과 이윤의 크기를 구하라.

풀이 1. $\pi(Q)=TR-TC=-Q^3+9Q^2-15Q-10$

$\pi'(Q)=-3Q^2+18Q-15=0$

$(-3Q+3)(Q-5)=0$

그림 11-3

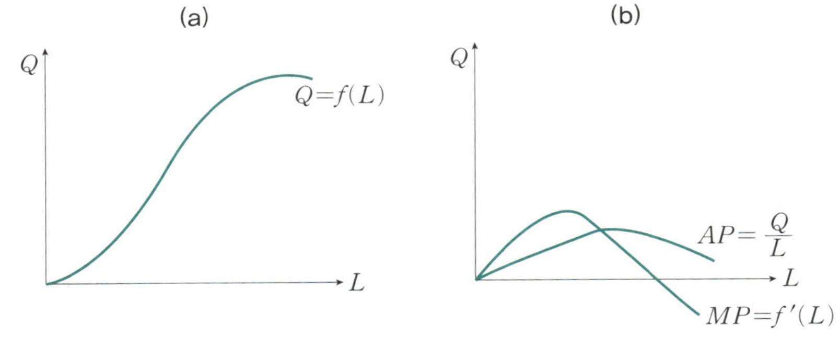

$\therefore\ Q=1\ or\ Q=5$

$\pi''(Q)=-6Q+18$

$\pi''(1)=-6+18=12>0$

$\pi''(5)=-30+18=-12<0$

∴ 이윤을 극대화시키는 산출량은 5이다.

2. 극대화된 이윤의 크기

$\pi(5)=15$

11.9 생산이론

생산이론에서도 극대화 및 극소화 개념이 사용되는데 어떤 경우에 활용되는지에 관해서 살펴보도록 하자. 만일 생산함수가 $Q=f(L)$로 주어진다면 이는 다른 생산요소들은 고정요소(fixed input)이고 노동만이 가변요소(variable input)라는 의미이다. 〈그림 11-3〉에 평균생산함수($AP=Q/L$)와 한계생산함수($MP=f'(Q)$)가 그려져 있다.

이 그림을 자세히 살펴보면 MP곡선이 AP곡선의 극대점을 지나고 있음을 알 수 있다. AP와 MP 사이의 이러한 관계는 수학적으로도 나타낼 수 있다. AP함수의 극대치를 구하고 이 극대점에서 $AP=MP$인지를 살펴보면 된다. 생산함수가 $Q=f(L)$로 주어졌으므로 AP함수는 다음과 같다.

$$AP = \frac{Q}{L} = \frac{f(L)}{L}$$

AP의 극대치를 찾으려면 극대치를 위한 1차 조건과 2차 조건을 만족시켜야 한다. 1차 조건은 AP함수를 L로 미분한 것이 0이 되어야 한다는 것이다. 즉

$$\frac{d(AP)}{dL} = \frac{d\left[\frac{f(L)}{L}\right]}{dL} = \frac{f'(L)L-f(L)}{L^2} = 0$$

이고 다시 정리하면 다음과 같다. $f'(L)L=f(L)$, 즉 $f'(L)=f(L)/L$이다. 여기에서 $f'(L)=MP$이고 $f(L)/L=AP$이므로 AP의 극대치를 위한 1차 조건은 $MP=AP$이다. 극대치이기 위한 2차 조건은 다음과 같다.

$$\begin{aligned}\frac{d^2(AP)}{dL^2} &= \frac{(f''(L)L+f'(L)-f'(L))L^2-(f'(L)L-f(L))2L}{L^4} \\ &= \frac{f''(L)}{L} - \frac{2f'(L)}{L^2} + \frac{2f(L)}{L^3}\end{aligned}$$

1차 조건에서 구한 식 $f'(L)L=f(L)$을 위 식에 대입하면

$$\frac{d^2(AP)}{dL^2} = \frac{f''(L)}{L} - \frac{2f'(L)}{L^2} + \frac{2f(L)}{L^3} = \frac{f''(L)}{L} < 0$$

이고 $L>0$이므로 AP의 극대화를 위한 2차 조건은

$$f''(L) < 0,\ 즉\ \frac{d(MP)}{dL} < 0 이다.$$

결론적으로 AP가 극대가 되는 점에서 $AP=MP$이며 MP곡선의 기울기는 음이 된다.

〈예제 11-8〉

생산함수가 $y=4x^2$인 경우 평균생산(AP)와 한계생산(MP) 함수를 구하라.

풀이 1. $AP=\dfrac{y}{x}=4x$

2. $MP=\dfrac{dy}{dx}=8x$

11.10 비용이론

생산비용과 산출량과 관계를 비용함수(Cost Function)라 하는데 비용함수에서 도함수가 어떻게 응용되는지에 관해서 살펴보자.

생산함수가 $Q=f(L)$일 때 총비용함수가 다음과 같이 주어졌다고 가정하자.

$$TC=C(Q) \tag{11.20}$$

이는 총비용(TC)에 미치는 요인은 산출량(Q)임을 의미한다. 식 (11.20)에 주어진 생산함수를 대입하면 다음과 같다.

$$TC=C(Q)=C(f(L)) \tag{11.21}$$

식 (11.21)이 의미하는 바는 비용은 산출량의 함수이며 산출량은 노동투입의 함수라는 것이다. 위의 총비용함수(TC)와 평균 총비용함수($ATC=TC/Q$), 한계비용함수($MC=TC'(Q)$)의 일반적인 형태가 〈그림 11-4〉에 나타나 있다.

그림 11-4

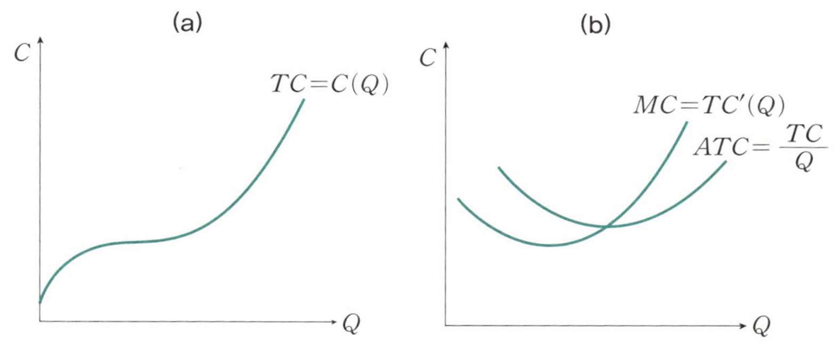

〈그림 11-4〉의 (b)를 살펴보면 ATC곡선의 극소점을 MC곡선이 통과하고 있다. MC와 ATC 간의 이러한 관계를 수식적으로 표시하기 위해서는 ATC함수의 극소치를 구하고 이 극소점에서 ATC와 MC가 만나는가를 확인하면 된다.

$ATC=\dfrac{TC}{Q}=\dfrac{C(Q)}{Q}$이고 ATC의 극소점은 다음과 같이 구할 수 있다.

$$\frac{d(ATC)}{dQ}=\frac{C'(Q)\cdot Q-C(Q)(1)}{Q^2}=0 \tag{11.22}$$

식 (11.22)에 의해서 $C'(Q)Q=C(Q)$, 즉 $C'(Q)=C(Q)/Q$이다. 따라서 ATC의 극소치를 위한 1차 조건은 $MC=ATC$이며, 극소치이기 위한 2차 조건은 다음과 같다.

$$\begin{aligned}\frac{d^2(ATC)}{dQ^2}&=\frac{(C''(Q)Q+C'(Q)-C'(Q))Q^2-(C'(Q)Q-C(Q))(2Q)}{Q^4}\\&=\frac{C''(Q)}{Q}-\frac{2C'(Q)}{Q^2}+\frac{2C(Q)}{Q^3}\end{aligned}$$

1차 조건 $C'(Q)Q=C(Q)$를 2차 조건에 대입하면 다음과 같다.

$$\frac{d^2(ATC)}{dQ^2}=\frac{C''(Q)}{Q}-\frac{2C'(Q)}{Q^2}+\frac{2QC'(Q)}{Q^3}=\frac{C''(Q)}{Q}<0$$

결론적으로 ATC의 극소치를 위한 2차 조건은 $C''(Q)>0$이다. 다시 말하면 〈그림 11－4〉의 (b)에서 보는 것과 같이 ATC의 극소점에서 $ATC=MC$이고 MC곡선의 기울기는 양이다.

〈예제 11－9〉

한 기업의 총비용함수가 $TC=2+4Q+6Q^2$일 때 AC의 극소가 되는 산출량 Q^*를 구하라.

풀이 $AC=\dfrac{TC}{Q}=\dfrac{2}{Q}+4+6Q$

일차조건을 만족시키는 Q^*를 구하면 다음과 같다.

$$\frac{d(AC)}{dQ}=\frac{-2}{Q^2}+6=0$$
$$Q^*=(\frac{1}{3})^{\frac{1}{2}}$$

Q^*에서 극소값을 갖는가를 판정하기 위해 2차 조건을 구하면,

$$\frac{d^2(AC)}{dQ^2}=\frac{4}{Q^3}$$

그런데 $Q>0$이면 $\dfrac{d^2(AC)}{dQ^2}>0$이므로 $Q^*=\left(\dfrac{1}{3}\right)^{\frac{1}{2}}$에서 AC는 극소값을 갖는다.

요약 정리

1. 수요의 가격탄력성

수요의 가격탄력성이란 가격이 1% 변화할 때 수요량이 몇 % 변화하는가를 나타내 주는 개념이고 다음과 같이 표시한다.

$$E_p = -\frac{dQ_d}{dP}\frac{P}{Q_d}$$

2. 한계효용

소비량 한 단위가 변화하면 야기되는 총효용 U의 변화를 한계효용(MU)라 하며 다음의 도함수로 나타낸다.

$$MU = \frac{dU}{dQ} = U'(Q)$$

3. 한계수입

판매량이 변화하면 총수입에 얼마만큼의 변화가 있는가를 나타내 주는 것이 한계수입(MR)이고 다음과 같이 표시할 수 있다.

$$MR = dTR/dQ = TR'(Q)$$

4. 한계생산

생산함수가 $Q=f(K, L)$일 때 노동의 한계생산(MP_L)은 노동 투입량의 한 단위 변화로 인한 산출량의 변화를 나타내고 자본의 한계생산(MP_K)은 자본 한 단위 더 투입함으로써 산출량에 미치는 변화를 나타낸다. 이를 도함수를 사용한 수식으로 나타내면 다음과 같다.

$$MP_L = \frac{\partial Q}{\partial L}, \quad MP_K = \frac{\partial Q}{\partial K}$$

5. 한계비용

한계비용(MC)이란 생산량(Q)이 한 단위 더 증가할 때 총비용(TC)에 미치는 변화이며 다음과 같이 표시된다.

$$MC = \frac{dTC}{dQ} = TC'(Q)$$

연습문제

01. $P=2$일 때 다음의 수요함수들의 가격탄력성을 구하라.

$Q_d=20-P^2$　　　　$Q_d=2P^{-1}$

02. 한 소비자의 소득이 100,000원에서 110,000원으로 증가했을 때 그 재화의 소비량이 100개에서 110개로 상승했다고 한다. 이 재화의 소득탄력성을 구하고 이 재화가 정상재인지 열등재인지를 밝혀라.

03. X, Y 두 재화가 있을 때 P_x가 100원에서 110원으로 상승할 때 Y의 수요량이 10개에서 9개로 감소하였다고 한다. 교차탄력성을 구하고 두 재화가 대체재인지 보완재인지를 밝혀라.

04. 수요함수 $P=h(Q)=20-2Q$에 대하여 다음을 구하라.

① 총수입함수(TR)　　　　② 한계수입함수(MR)

③ $Q=8$에서의 가격탄력성

05. 효용함수가 $U=U(Q)=4Q^{\frac{1}{4}}$이라 할 때 한계효용체감의 법칙이 성립하는가를 밝혀라.

06. 생산함수가 $Q=f(L)=-2L^2+5L$로 주어지면 노동의 한계생산체감의 법칙이 적용되는지를 밝혀라.

07. 어떤 기업의 생산함수가 $Q=f(L)=-L^3+10L^2$으로 주어졌을 때 다음을 구하라.

① AP함수를 도출하고 $MP=AP$일 때 AP가 극대가 됨을 보여라.

② 총생산을 극대화시키는 L의 값을 구하고 이때의 총생산량을 구하라.

08. 어떤 기업의 총비용함수가 $TC=C(Q)=Q^3-8Q^2+20Q$일 때 AC함수를 도출하고 C가 극소일 때 $MC=AC$임을 보여라.

09. 총수입함수 $R=R(Q)$, 총비용함수 $C=C(Q)$가 주어져 있을 때, 이 함수들로부터 이윤함수를 구하면 $\pi=\pi(Q)=R(Q)-C(Q)$이다. 여기서 이윤을 극대화하는 산출량 Q를 구하기 위한 1계 필요조건과 2계 조건을 제시하라.

10. 총수입함수 $R(Q)$와 총비용함수 $C(Q)$가 아래와 같이 주어져 있다.

$$R(Q)=1{,}200Q-2Q^2$$
$$C(Q)=Q^3-61.25Q^2+1{,}528.5Q+2{,}000$$

여기서 이윤을 극대화하기 위한 산출량을 구하라.

연습문제 해답

제1장 집합과 순서쌍

02. 집합 A와 B가 같고 집합 C와 A가 같은 집합이다. 집합 B는 다시 정리하면 $(X-3)(X-4)=0$을 만족시키는 X의 값은 3 또는 -4이다. 따라서 $B=\{3,\ 4\}$이므로 집합 A와 동일한 집합이다. 집합 C를 다시 정리하면 $X^3+X^2-12X=0$을 만족하는 X의 값이 집합 C의 원소이니, $X(X^2+X-12)=X(X+4)(X-3)=0$을 만족하는 X의 값은 0 또는 -4 또는 3이다. 따라서, 집합 $C=\{0,\ -4,\ 3\}$이므로 집합 D와 동일하다.

06. ① $A\cap B=\{10\}$

② $A\cup B\cup C=\{1,\ 2,\ 4,\ 5,\ 6,\ 8,\ 9,\ 10,\ 15,\ 17\}$

③ $A'\cap B'=\{1,\ 3,\ 7,\ 9,\ 11,\ 12,\ 13,\ 14,\ 16,\ 17,\ 18,\ 19\}$

④ $A'\cup C'=\{1,\ 2,\ 3,\ 4,\ 6,\ 7,\ 8,\ 9,\ 10,\ 11,\ 12,\ 13,\ 14,\ 16,\ 17,\ 18,\ 19\}$

⑤ $A\cap B\cap C=\{10\}\cap\{1,\ 5,\ 9,\ 15,\ 17\}=\phi$

⑥ $A'\cap B=\{1, 2, 3, 4, 6, 7, 8, 9, 11, 12, 13, 14, 16, 17, 18, 19\}\cap\{2, 4, 6, 8, 10\}$
$=\{2,\ 4,\ 6,\ 8\}$

⑦ $A'\cup B=\{1,\ 2,\ 3,\ 4,\ 6,\ 7,\ 8,\ 9,\ 10,\ 11,\ 12,\ 13,\ 14,\ 16,\ 17,\ 18,\ 19\}$

⑧ $(A\cap B\cap C)'=(\phi)'=U$

08. ① $U=\{1,\ 2,\ 3,\ 4,\ 5,\ 6,\ 7,\ 8,\ 9,\ 10\}$, $A=\{1,\ 2,\ 3\}$이므로
$A^C=U-A=\{4,\ 5,\ 6,\ 7,\ 8,\ 9,\ 10\}$

② $U=\{x|\ 5<x\leqq 15\}=\{6,\ 7,\ 8,\ 9,\ 10,\ 11,\ 12,\ 13,\ 14,\ 15\}$이고
$S^C=\{7,\ 9,\ 10,\ 12,\ 13\}$이니
$S=U-S^C=\{6,\ 8,\ 11,\ 14,\ 15\}$이다.

10. ① $\dfrac{15,000}{100,000}=15\%$

② $\dfrac{7,000}{100,000}=7\%$

③ $\dfrac{9,000}{100,000}=9\%$

④ $\dfrac{30,000}{100,000}=30\%$

⑤ $\dfrac{\{U-(A\cup B\cup C)\}}{U}=\dfrac{33,000}{100,000}=33\%$

⑥ $\dfrac{49,000}{100,000}=49\%$

⑦

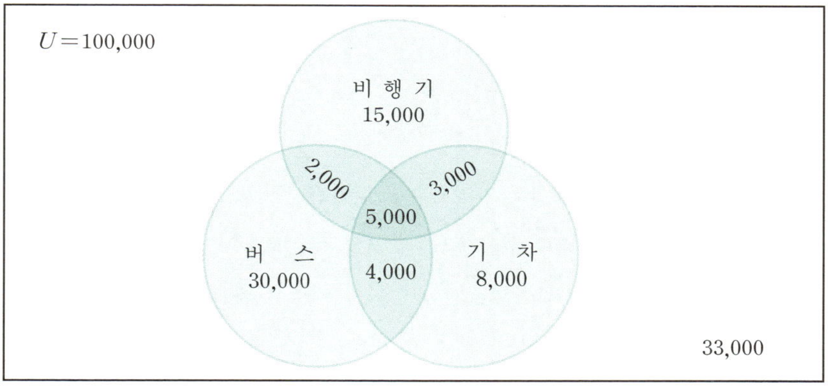

12. 전집합과 집합 A, B, C를 벤 다이어그램으로 그려보면 다음과 같다.

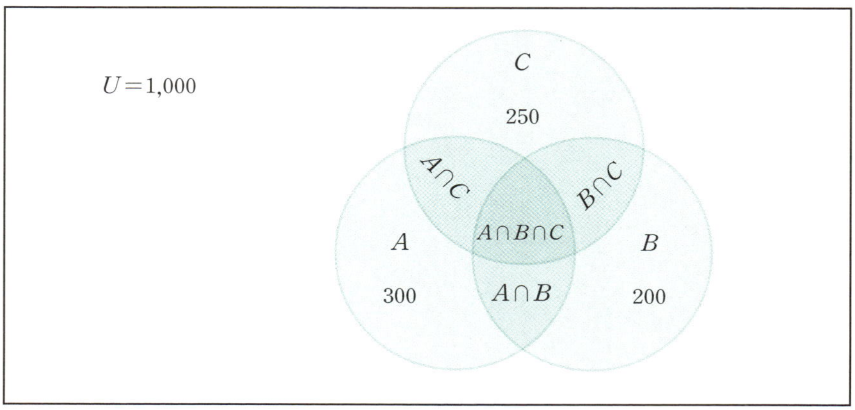

$n(A)=300,\ n(B)=200,\ n(C)=250$

$n(A\cap B)=50,\ n(A\cap C)=75,\ n(B\cap C)=60$

$n(A\cap B\cap C)=25$이므로

① $n(U)-n(A\cup B\cup C)$

$=n(U)-\{n(A)+n(B)+n(C)-n(A\cap B)-n(A\cap C)-n(B\cap C)$
$+n(A\cap B\cap C)\}$

$=1{,}000-300-200-250+50+75+60-25=410$명

② $n(A)-n(A\cap B)-n(A\cap C)+n(A\cap B\cap C)$

$=300-50-75+25=200$명

③ $n(B)-n(A\cap B)-n(B\cap C)+n(A\cap B\cap C)$

$=200-50-60+25=115$명

④ $n(C)-n(A\cap C)-n(B\cap C)+n(A\cap B\cap C)$

$=250-75-60+25=140$명

14. $A=\{1,\ 2,\ 3\},\ B=\{a,\ b\},\ C=\{2,\ 4\}$일 때

$A\times B\times C=\{(1,\ a,\ 2),\ (1,\ a,\ 4),\ (1,\ b,\ 2),\ (1,\ b,\ 4),\ (2,\ a,\ 2),$
$(2,\ a,\ 4),\ (2,\ b,\ 2),\ (2,\ b,\ 4),\ (3,\ a,\ 2),\ (3,\ a,\ 4),$
$(3,\ b,\ 2),\ (3,\ b,\ 4)\}$

제2장 벡타

01. $a=(1,-2,\ 3),\ b=(2,\ 0,-1),\ c=(0,\ 2,\ 1)$

① $2a+b=2(1,-2,\ 3)+(2,\ 0,-1)=(4,-4,\ 5)$

② $-3c+3b=-3(0,\ 2,\ 1)+3(2,\ 0,-1)=(6,-6,-6)$

③ $b^t-2c^t=\begin{pmatrix} 2 \\ 0 \\ -1 \end{pmatrix}-2\begin{pmatrix} 0 \\ 2 \\ 1 \end{pmatrix}=\begin{pmatrix} 2 \\ -4 \\ -6 \end{pmatrix}$

④ $(c-2a)^t=((0,\ 2,\ 1)-2(1,-2,\ 3))^t$

$$=(-2,\ 6,-5)^t=\begin{pmatrix} -2 \\ 6 \\ -5 \end{pmatrix}$$

⑤ $c^t+(-a-2b)^t=(0,\ 2,\ 1)^t+(-(1,-2,\ 3)-2(2,\ 0,-1))^t$

$$=\begin{pmatrix} 0 \\ 2 \\ 1 \end{pmatrix}+\begin{pmatrix} -5 \\ 2 \\ -1 \end{pmatrix}=\begin{pmatrix} -5 \\ 4 \\ 0 \end{pmatrix}$$

⑥ $a^tb=\begin{pmatrix} 1 \\ -2 \\ 3 \end{pmatrix}(2,\ 0,-1)=\begin{pmatrix} 2 & 0 & -1 \\ -4 & 0 & 2 \\ 6 & 0 & -3 \end{pmatrix}$

⑦ $b^ta=\begin{pmatrix} 2 \\ 0 \\ -1 \end{pmatrix}(1,-2,\ 3)=\begin{pmatrix} 2 & -4 & 6 \\ 0 & 0 & 0 \\ -1 & 2 & -3 \end{pmatrix}$

⑧ $c^ta=\begin{pmatrix} 0 \\ 2 \\ 1 \end{pmatrix}(1,-2,\ 3)=\begin{pmatrix} 0 & 0 & 0 \\ 2 & -4 & -6 \\ 1 & -2 & 3 \end{pmatrix}$

03. $a=(2,-1,\ 3),\ b=(0,-2,-1)$일 때

① $a\cdot b^t=(2,-1,\ 3)\begin{pmatrix} 0 \\ -2 \\ -1 \end{pmatrix}=2\times 0+(-1)\times(-2)+3\times(-1)$

$=0+2+(-3)=-1$

② $\| a \|=\sqrt{2^2+(-1)^2+3^2}=\sqrt{4+1+9}=\sqrt{14}$

③ $d(b,\ a)=\sqrt{(0-2)^2+(-2-1)^2+(-1-3)^2}=\sqrt{4+1+16}=\sqrt{21}$

06. $a=(1, -2,\ 3)$, $b=(2,\ 0, -1)$, $c=(0,\ 2,\ 1)$일 때

① $\dfrac{a}{\| a \|}=\dfrac{1}{\sqrt{1^2+(-2)^2+3^2}}(1, -2,\ 3)=\dfrac{1}{\sqrt{14}}(1, -2,\ 3)$

$=\left(\dfrac{1}{\sqrt{14}},\ \dfrac{-2}{\sqrt{14}},\ \dfrac{3}{\sqrt{14}}\right)$

$\dfrac{b}{\| b \|}=\dfrac{1}{\sqrt{2^2+(-1)^2}}(2,\ 0, -1)=\left(\dfrac{1}{\sqrt{5}},\ 0,\ \dfrac{-1}{\sqrt{5}}\right)$

$\dfrac{c}{\| c \|}=\dfrac{1}{\sqrt{2^2+1^2}}(0,\ 2,\ 1)=\left(0,\ \dfrac{2}{\sqrt{5}},\ \dfrac{1}{\sqrt{5}}\right)$

② $a=(1, -2,\ 3)=e_1-2e_2+3e_3$

$b=(2,\ 0, -1)=2e_1-e_3$

$c=(0,\ 2,\ 1)=2e_2+e_3$

③ $k_1a=k_2b+k_3c$ 라 놓고 이를 정리하면

$$k_1\begin{pmatrix}1\\-2\\3\end{pmatrix}=k_2\begin{pmatrix}2\\0\\-1\end{pmatrix}+k_3\begin{pmatrix}0\\2\\1\end{pmatrix},\ \begin{pmatrix}k_1\\-2k_1\\3k_1\end{pmatrix}=\begin{pmatrix}2k_2\\2k_3\\-k_2+k_3\end{pmatrix}$$

이를 정리하면 다음의 연립방정식이 나온다.

$$k_1=\ 2k_2 \cdots\cdots\cdots\cdots ①$$

$$k_1=\qquad -k_3 \cdots\cdots ②$$

$$3k_1=-k_2+k_3 \cdots\cdots ③$$

①과 ②를 ③식에 대입하여 풀면

$$3k_1=\frac{1}{2}k_1-k_1=-\frac{1}{2}k_1$$

이 되어 좌변≠우변이 된다. 따라서 이 식이 성립하기 위해서는 $k_1=k_2=k_3=0$이어야 한다. 따라서 벡타 a와 b 그리고 c는 1차 독립이다.

④ $a^t \cdot b=\begin{pmatrix}1\\-2\\3\end{pmatrix}(2,\ 0, -1)=\begin{pmatrix}2 & 0 & -1\\-4 & 0 & 2\\6 & 0 & -3\end{pmatrix}$

⑤ $-2c^t \cdot (-b) = -2\begin{pmatrix} 0 \\ 2 \\ 1 \end{pmatrix}(-2,\ 0,\ 1) = \begin{pmatrix} 0 \\ -4 \\ -2 \end{pmatrix}(-2,\ 0,\ 1) = \begin{pmatrix} 0 & 0 & 0 \\ 8 & 0 & -4 \\ 4 & 0 & -2 \end{pmatrix}$

09. ① $b = 2(-1,\ 2) = (-2,\ 4)$

② $-b = -(-1, -1) = (1,\ 1)$

③ $-c = -(2,\ 1) = (-2, -1)$

11. $u = (2,\ 5)$, $v = (-3, -1)$

투사벡타 $y = \dfrac{u \cdot v}{u \cdot v} v = \dfrac{(2,\ 5)\begin{pmatrix} -3 \\ -1 \end{pmatrix}}{(-3, -1)\begin{pmatrix} -3 \\ -1 \end{pmatrix}}(-3, -1)$

$= \dfrac{-6-5}{9+1}(-3, -1) = \dfrac{-11}{10}(-3, -1)$

$= \left(\dfrac{33}{10}, \dfrac{11}{10}\right)$

13. 벡타 a와 동일한 길이를 가지면서 벡타 $(-1, -2)$와 같은 방향의 벡타를 b라고 하면 b는 다음의 과정을 통하여 구해진다.

$$b = \frac{\| a \|}{\| (-1, -2) \|}(-1, -2) = \frac{\sqrt{3^2 + (-1)^2}}{\sqrt{(-1)^2 + (-2)^2}}$$

$$= \sqrt{2}\,(-1, -2) = (-\sqrt{2}, -2\sqrt{2}\,)$$

15. ① $ab = (-1,\ 2,\ 4)\begin{pmatrix} 1 \\ -1 \\ 2 \end{pmatrix} = -1-2+8 = 5$

② $cd = \begin{pmatrix} 2 \\ -1 \\ 3 \end{pmatrix}(1, -1,\ 1) = \begin{pmatrix} 2 & -2 & 2 \\ -1 & 1 & -1 \\ 3 & -3 & 3 \end{pmatrix}$

③ mn은 성립하지 않는다.

④ $uv = \begin{pmatrix} 3 \\ -2 \end{pmatrix}(4,\ 1) = \begin{pmatrix} 12 & 3 \\ -8 & -2 \end{pmatrix}$

제3장 행렬

02. ① $u+v=\begin{bmatrix} 3 \\ -3 \end{bmatrix}$ ② $u'+v'=[3 \quad -3]$

③ $u-v=\begin{bmatrix} -1 \\ 7 \end{bmatrix}$ ④ $v'-u'=[1 \quad -7]$

⑤ $4u+3v=\begin{bmatrix} 10 \\ -7 \end{bmatrix}$ ⑥ $2v'-2u'=[2 \quad -14]$

04. ① 불가능 ② 불가능

③ 가능 $\underset{(3\times5)}{vu'}$ ④ 가능 $\underset{(5\times3)}{vu'}$

⑤ 가능 $\underset{(3\times3)}{vv'}$ ⑥ 가능 $\underset{(1\times1)}{uu'}$

06. ① $\begin{bmatrix} 14 & 2 \\ 32 & 5 \\ 50 & 8 \end{bmatrix}$ ② $\begin{bmatrix} 14 & 3 \\ 32 & 6 \end{bmatrix}$

③ $\begin{bmatrix} x+2y+3z \\ 4x+5y+6z \end{bmatrix}$ ④ $[a+c \quad b]$

08. ① $A+0=A=\begin{bmatrix} 1 & 2 & 3 \\ 4 & 5 & 6 \end{bmatrix}$ ② $0+b=b=\begin{bmatrix} 1 \\ 0 \\ 0 \end{bmatrix}$

③ $x-0=x=\begin{bmatrix} x_1 \\ x_2 \end{bmatrix}$ ④ $0A=\begin{bmatrix} 0 & 0 \\ 0 & 0 \end{bmatrix}\begin{bmatrix} 1 & 2 & 3 \\ 4 & 5 & 6 \end{bmatrix}=\begin{bmatrix} 0 & 0 \\ 0 & 0 \end{bmatrix}$

10. ① $A+B=\begin{bmatrix} 5 & 5 \\ 5 & 5 \end{bmatrix}$, $(A+B)'=\begin{bmatrix} 5 & 5 \\ 5 & 5 \end{bmatrix}$,

$A'+B'=\begin{bmatrix} 1 & 3 \\ 2 & 4 \end{bmatrix}+\begin{bmatrix} 4 & 2 \\ 3 & 1 \end{bmatrix}=\begin{bmatrix} 5 & 5 \\ 5 & 5 \end{bmatrix}$

$\therefore\ (A+B)'=A'+B'$

② $AC=\begin{bmatrix} 3 & 4 & 7 \\ 7 & 8 & 15 \end{bmatrix}$, $(AC)'=\begin{bmatrix} 3 & 7 \\ 4 & 8 \\ 7 & 15 \end{bmatrix}$, $C'A'=\begin{bmatrix} 3 & 7 \\ 4 & 8 \\ 7 & 15 \end{bmatrix}$

$\therefore\ (AC)'=C'A'$

12. ① $\sum_{i=1}^{3} x_i = x^1 + x^2 + x^3$

② $\sum_{i=1}^{3} x_{i-1} = x^0 + x^1 + x^2$

③ $\sum_{i=2}^{5} a_i\, x_i = a_2 x^2 + a_3 x^3 + a_4 x^4 + a_5 x^5$

④ $\sum_{k=0}^{3} (x_k + k) = x_0 + (x_1 + 1) + (x_2 + 2) + (x_3 + 3) = x_0 + x_1 + x_2 + x_3 + 6$

14. ① 0　　② 0　　③ -12

④ -2　　⑤ $abc - a^3 + b^3 - c^3$　　⑥ $-2x + 10$

16. ① 33　　② 50

18. $|A| = -34 \neq 0$　∴ 비특이행렬이므로 유일한 해를 가진다.

20. ① $\begin{bmatrix} 2 & -3 \\ -1 & 6 \end{bmatrix} \begin{bmatrix} x_1 \\ x_2 \end{bmatrix} \begin{bmatrix} 10 \\ 5 \end{bmatrix}$에서

$|A| = 15 \neq 0$

$|A_1| = \begin{vmatrix} 10 & -3 \\ 5 & 6 \end{vmatrix} = 75$

$|A_2| = \begin{vmatrix} 2 & 10 \\ -1 & 5 \end{vmatrix} = 20$이다. 따라서

$x_1 = \frac{|A_1|}{|A|} = \frac{75}{15} = 5,\ x_2 = \frac{|A_2|}{|A|} = \frac{20}{15} = \frac{4}{3}$ 이다.

② $\begin{bmatrix} 1 & 2 \\ -4 & 5 \end{bmatrix} \begin{bmatrix} x_1 \\ x_2 \end{bmatrix} = \begin{bmatrix} 3 \\ 6 \end{bmatrix}$에서

$|A| = 13 \neq 0$

$|A_1| = \begin{vmatrix} 3 & 2 \\ 6 & 5 \end{vmatrix} = 3$

$|A_2| = \begin{vmatrix} 1 & 3 \\ -4 & 6 \end{vmatrix} = 18$이다. 따라서

$x_1 = \dfrac{|A_1|}{|A|} = \dfrac{3}{13},\ x_2 = \dfrac{|A_2|}{|A|} = \dfrac{18}{13}$ 이다.

③ $|A| = 0$이므로 해를 구할 수 없다.

④ $\begin{pmatrix} 1 & -1 & 1 \\ 0 & 4 & 3 \\ -2 & 1 & 0 \end{pmatrix}\begin{pmatrix} x_1 \\ x_2 \\ x_3 \end{pmatrix} = \begin{pmatrix} 11 \\ 2 \\ -1 \end{pmatrix}$에서

$|A| = 17 \neq 0$

$|A_1| = \begin{vmatrix} 11 & -1 & 1 \\ 2 & 4 & 3 \\ -1 & 1 & 0 \end{vmatrix} = -24$

$|A_2| = \begin{vmatrix} 1 & 11 & 1 \\ 0 & 2 & 3 \\ -2 & -1 & 0 \end{vmatrix} = -60$

$|A_3| = \begin{vmatrix} 1 & -1 & 11 \\ 0 & 4 & 2 \\ -2 & 1 & -1 \end{vmatrix} = 86$이다. 따라서

$x_1 = \dfrac{|A_1|}{|A|} = -\dfrac{24}{17},\ x_2 = \dfrac{|A_2|}{|A|} = -\dfrac{60}{17},\ x_3 = \dfrac{|A_3|}{|A|} = \dfrac{86}{17}$ 이다.

22. ② $\begin{matrix} x_1 + 2x_2 = 3 \\ -4x_1 + 5x_2 = 6 \end{matrix} \rightarrow \begin{matrix} x_1 + 2x_2 = 3 \\ 13x_2 = 18 \end{matrix} \rightarrow \begin{matrix} x_1 = \dfrac{3}{13} \\ x_2 = \dfrac{18}{13} \end{matrix}$

④ $\begin{pmatrix} x_1 - x_2 + x_3 = 11 \\ 4x_2 + 3x_3 = 2 \\ -2x_1 + x_2 = -1 \end{pmatrix} \rightarrow \begin{pmatrix} x_1 - x_2 + x_3 = 11 \\ 4x_2 + 3x_3 = 2 \\ -x_2 + 2x_3 = 21 \end{pmatrix} \rightarrow$

$\begin{pmatrix} x_1 + \dfrac{7}{4}x_3 = \dfrac{23}{2} \\ x_2 + \dfrac{3}{4}x_3 = \dfrac{1}{2} \\ \dfrac{11}{4}x_3 = \dfrac{43}{2} \end{pmatrix} \rightarrow \begin{pmatrix} x_1 = -\dfrac{24}{11} \\ x_2 = -\dfrac{59}{11} \\ x_3 = \dfrac{86}{11} \end{pmatrix}$

25. $\begin{bmatrix} 1 & -1 \\ -\beta & 1 \end{bmatrix}\begin{bmatrix} Y \\ C \end{bmatrix}=\begin{bmatrix} I \\ \alpha \end{bmatrix}$

26. ① 고유벡타가 v_1일 때

$\begin{pmatrix} 3 & 1 \\ -3 & 7 \end{pmatrix}\begin{pmatrix} 1 \\ 3 \end{pmatrix}=\lambda\begin{pmatrix} 1 \\ 3 \end{pmatrix}$는 $\begin{pmatrix} 3+3 \\ -3+21 \end{pmatrix}=\begin{pmatrix} 6 \\ 18 \end{pmatrix}=\lambda\begin{pmatrix} 1 \\ 3 \end{pmatrix}$이니

고유치 $\lambda=6$이다.

고유벡타가 v_2일 때

$\begin{pmatrix} 3 & 1 \\ -3 & 7 \end{pmatrix}\begin{pmatrix} 1 \\ 1 \end{pmatrix}=\lambda\begin{pmatrix} 1 \\ 1 \end{pmatrix}$는 $\begin{pmatrix} 3+1 \\ -3+7 \end{pmatrix}=\begin{pmatrix} 4 \\ 4 \end{pmatrix}=\lambda\begin{pmatrix} 1 \\ 1 \end{pmatrix}$이므로

고유치 $\lambda=4$이다.

② 고유벡타가 v_1일 때

$\begin{pmatrix} 2 & -3 \\ 2 & 9 \end{pmatrix}\begin{pmatrix} -3 \\ 1 \end{pmatrix}=\lambda\begin{pmatrix} -3 \\ 1 \end{pmatrix}$는 $\begin{pmatrix} -6-3 \\ -6+9 \end{pmatrix}=\begin{pmatrix} -9 \\ 3 \end{pmatrix}=\lambda\begin{pmatrix} -3 \\ 1 \end{pmatrix}$이니

고유치 $\lambda=3$이다.

고유벡타가 v_2일 때

$\begin{pmatrix} 2 & -3 \\ 2 & 9 \end{pmatrix}\begin{pmatrix} 1 \\ -2 \end{pmatrix}=\lambda\begin{pmatrix} 1 \\ -2 \end{pmatrix}$는 $\begin{pmatrix} 2+6 \\ 2-18 \end{pmatrix}=\begin{pmatrix} 8 \\ -16 \end{pmatrix}=\lambda\begin{pmatrix} 1 \\ -2 \end{pmatrix}$이니

고유치 $\lambda=8$이다.

③ 고유벡타가 v_1일 때

$\begin{pmatrix} 4 & 1 \\ -8 & -2 \end{pmatrix}\begin{pmatrix} -1 \\ 2 \end{pmatrix}=\lambda\begin{pmatrix} -1 \\ 2 \end{pmatrix}$는 $\begin{pmatrix} -4+2 \\ 8-4 \end{pmatrix}=\begin{pmatrix} -2 \\ 4 \end{pmatrix}=\lambda\begin{pmatrix} -1 \\ 2 \end{pmatrix}$이니

고유치 $\lambda=2$이다.

고유벡타가 v_2일 때

$\begin{pmatrix} 4 & 1 \\ -8 & -2 \end{pmatrix}\begin{pmatrix} -1 \\ 4 \end{pmatrix}=\lambda\begin{pmatrix} -1 \\ 4 \end{pmatrix}$는 $\begin{pmatrix} -4+4 \\ 8-8 \end{pmatrix}=\begin{pmatrix} 0 \\ 0 \end{pmatrix}=\lambda\begin{pmatrix} -1 \\ 4 \end{pmatrix}$이니

고유치 $\lambda=0$이다.

④ 고유벡타가 v_1일 때

$\begin{pmatrix} 1 & -2 \\ -3 & 6 \end{pmatrix}\begin{pmatrix} 1 \\ -3 \end{pmatrix}=\lambda\begin{pmatrix} 1 \\ -3 \end{pmatrix}$는 $\begin{pmatrix} 1+6 \\ -3-18 \end{pmatrix}=\begin{pmatrix} 7 \\ -21 \end{pmatrix}=\lambda\begin{pmatrix} 1 \\ -3 \end{pmatrix}$이니

고유치 $\lambda=7$이다.

고유벡타가 v_2일 때

$\begin{pmatrix} 1 & -2 \\ -3 & 6 \end{pmatrix}\begin{pmatrix} 2 \\ 1 \end{pmatrix}=\lambda\begin{pmatrix} 2 \\ 1 \end{pmatrix}$는 $\begin{pmatrix} 2-2 \\ -6+6 \end{pmatrix}=\begin{pmatrix} 0 \\ 0 \end{pmatrix}=\lambda\begin{pmatrix} 2 \\ 1 \end{pmatrix}$이니

고유치 $\lambda=0$이다.

제4장 선형계획법

01. ①

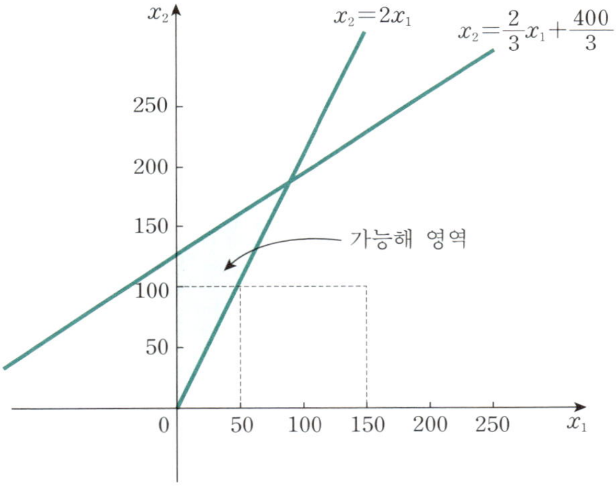

②

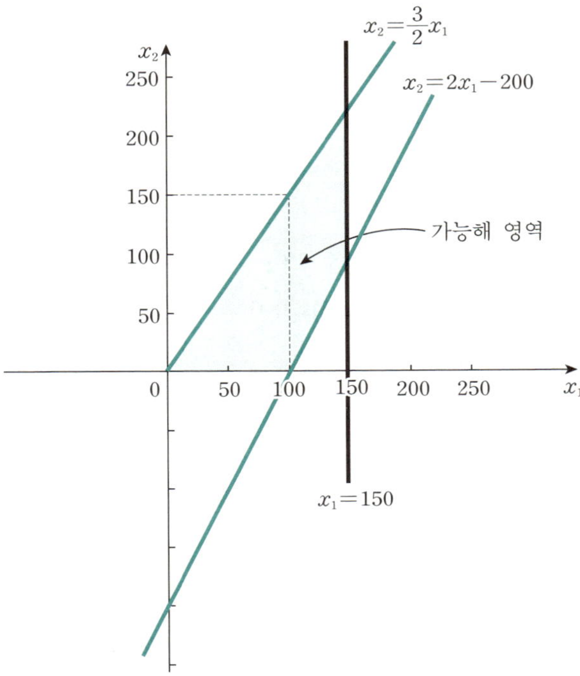

03. 선형계획문제의 standard form으로 전환

① $\max. z=3x_1+2x_2+5x_3+0s_1+0s_2+0s_3$

$$
\begin{aligned}
\text{st. } 3x_1+x_2 \quad\quad + s_1 \quad\quad\quad &=10 \\
x_2+2x_3 \quad + s_2 \quad &=6 \\
2x_1+x_2+x_3 \quad\quad + s_3 &=8 \\
x_1,\ x_2,\ x_3,\ s_1,\ s_2,\ s_3 &\geq 0
\end{aligned}
$$

② $\max. z= x_1+4x_2+0s_1+0s_2+MA_1+MA_2$

$$
\begin{aligned}
\text{st. } x_1+2x_2-s_1 \quad + A_1 \quad &=8 \\
3x_1+2x_2 \quad - s_2 \quad + A_2 &=12 \\
x_1,\ x_2,\ s_1,\ s_2,\ A_1,\ A_2 &\geq 0
\end{aligned}
$$

③ $\max. z=6x_1+2x_2+5x_3+0s_1+0s_2+0s_3$

$$
\begin{aligned}
\text{st. } 2x_1+3x_2+x_3+s_1 \quad &=10 \\
x_1 \quad +2x_3 \quad + s_2 \quad &=8
\end{aligned}
$$

$$x_1+2x_2+5x_3 \qquad + s_3=19$$
$$x_1,\ x_2,\ x_3,\ s_1,\ s_2,\ s_3 \geq 0$$

④ max. $z=4x_1+3x_2+0s_1+0s_2$

$$\begin{aligned} \text{st.}\quad & x_1+x_2+s_1 = 5 \\ & 3x_1+2x_2 + s_2 = 12 \\ & x_1,\ x_2,\ s_1,\ s_2 \geq 0 \end{aligned}$$

⑤ max. $z=12x_1+42x_2+0s_1+0s_2+0s_3-MA_1-MA_2-MA_3$

$$\begin{aligned} \text{st.}\quad & x_1+x_2-s_1-A_1=0 \\ & x_1+4x_2-s_2+A_2=0 \\ & 3x_1+x_2-s_3++A_3=0 \\ & x_1,\ x_2,\ s_1,\ s_2,\ s_3,\ A_1,\ A_2,\ A_3 \geq 0 \end{aligned}$$

06. ① 선형계획모형의 작성

$$\text{max. } z=30x_1+40x_2+25x_3$$
$$\begin{aligned} \text{st.}\quad & 3x_1+2x_2+x_3 \leq 120 \\ & x_1+2x_2+3x_3 \leq 90 \\ & x_1+x_2+2x_3 \leq 120 \\ & x_1,\ x_2,\ x_3 \geq 0 \end{aligned}$$

② 심플렉스법으로 최적해를 구하기 위해 ①항의 선형계획모형을 standard form으로 바꾸면

$$\text{max. } z=30x_1+40x_2+25x_3+0s_1+0s_2+0s_3$$
$$\begin{aligned} \text{st.}\quad & 3x_1+2x_2+x_3+s_1=120 \\ & x_1+2x_2+3x_3+s_2=90 \\ & x_1+x_2+2x_3+s_3=120 \\ & x_1,\ x_2,\ x_3,\ s_1,\ s_2,\ s_3 \geq 0 \end{aligned}$$

이다.

이를 이용하여 심플렉스 테이블을 작성하면 다음과 같다.

C_j			30	40	25	0	0	0
	bv	RHS	x_1	x_2	x_3	s_1	s_2	s_3
0	s_1	120	3	2	1	1	0	0
0	s_2	90	1	2	3	0	1	0
0	s_3	120	1	1	2	0	0	1
	Z_j	0	0	0	0	0	0	0
	C_j-Z_j		30	40	25	0	0	0

첫 번째 테이블의 C_j-Z_j값을 보면 모두 0보다 크거나 같은 값이므로 최적해가 아니다. C_j-Z_j값들 중 가장 큰 값을 갖는 x_2가 진입변수가 되며 ratio test값이 가장 작은 s_2가 퇴거변수가 된다. 피벗 엘리먼트가 2이므로 s_2행을 2로 나누어 정리한 후 두 번째 테이블을 작성하면 다음과 같다.

C_j			30	40	25	0	0	0
	bv	RHS	x_1	x_2	x_3	s_1	s_2	s_3
0	s_1	30	2	0	-2	1	-1	0
40	x_2	45	$\frac{1}{2}$	1	$\frac{3}{2}$	0	$\frac{1}{2}$	0
0	s_3	75	$\frac{1}{2}$	0	$\frac{1}{2}$	0	$-\frac{1}{2}$	1
	Z_j	180	20	40	60	0	20	0
	C_j-Z_j		10	0	-35	0	-20	0

두 번째 테이블의 경우도 최적해가 아니다. 따라서 C_j-Z_j값 중 0보다 큰 값을 갖는 x_1이 진입변수가 되며, s_1이 퇴거변수가 된다. s_1행과 x_1행이 만나는 칸이 피벗 엘리먼트가 2이므로 s_1행을 2로 나누어 정리한 후 세 번째 테이블을 작성하면 다음과 같다.

C_j			30	40	25	0	0	0
	bv	RHS	x_1	x_2	x_3	s_1	s_2	s_3
30	x_1	15	1	0	-1	$\frac{1}{2}$	$-\frac{1}{2}$	0
40	x_2	$\frac{75}{2}$	0	1	2	$-\frac{1}{4}$	$\frac{3}{4}$	0
0	s_3	$\frac{135}{2}$	0	0	1	$-\frac{1}{4}$	$-\frac{1}{4}$	1
	Z_j	1,950	30	40	80	5	15	0
	C_j-Z_j		0	0	-55	-5	-15	0

세 번째 테이블의 해는 C_j-Z_j값들이 모두 0보다 작거나 같아 최적해이다. 즉 $x_1=15$, $x_2=37.5$, $x_3=0$일 때 목적함수의 최적값은 1,950이다. 그리고 제1공정과 제2공정은 여분의 이용량이 없으며 제3공정만 67.5만큼 이용량이 남아 있게 된다.

제5장 의사결정 이론

02. ① maximin 기준 하 최적 의사결정

	① min. 수익	
소형	**400**	← ② max.
중형	100	
대형	-300	

따라서 maximin 기준에서 최적안은 소형으로 콘도미니엄을 건설하는 것이며 예상수익은 400(백만원)이다.

② maximax 기준

	① max. 수익	
소형	400	
중형	600	
대형	**900**	← ② max.

따라서 maximax 기준에서 최적안은 대형으로 콘도를 건설하고 그때 예상수익은 900(백만원)이다.

③ minimax regret 기준

먼저 성과표를 기대기회손실표로 전환한 후 각 대안의 maximum regret를 먼저 찾고 그 다음 이들 중에서 최소의 후회 값을 주는 안을 선택한다.

	기회손실		
	낮음	보통	높음
소형	0	200	500
중형	300	0	300
대형	700	300	0

여기서 각 대안의 maximum regret를 찾는다.

	① maximum 후회	
소형	500	
중형	**300**	← ② minimum regret
대형	700	

따라서 중형으로 콘도를 건설하는 것이 최적이며 그때 기대기회손실은 300(백만원)이다.

④ P(낮음) = 0.3, P(보통) = 0.4, P(높음) = 0.3과 같이 주어진 상황의 발생확률을 알 수 있을 때 기대금전가치(EMV) 기준을 적용하여 최적해를 구한다.

$$EMV(\text{소형}) = 400(0.3) + 400(0.4) + 400(0.3) = 400$$
$$EMV(\text{중형}) = 100(0.3) + 600(0.4) + 600(0.3) = 450$$
$$EMV(\text{대형}) = -300(0.3) + 300(0.4) + 900(0.3) = 300$$

따라서 max. EMV는 중형으로 콘도를 건설하는 안이 최적이며 기대수익은 450(백만원)이다.

⑤ $EVPI$는 min. EOL과 동일하다.

$$EOL = 0(0.3) + 200(0.4) + 500(0.3) = 230$$
$$EOL = 300(0.3) + 0(0.4) + 300(0.3) = 180$$
$$EOL = 700(0.3) + 300(0.4) + 0(0.3) = 330$$

따라서 min. EOL을 주는 안은 중형으로 콘도를 건설하는 것이며 EOL은 180으로 최소이다.

$$\begin{aligned} EVPI &= \sum_{j=1}^{N} P(S_j) \cdot R(d^*, S_j) \\ &= P(S_1) \cdot R(\text{중형}, S_1) + P(S_2) \cdot R(\text{중형}, S_2) \\ &\quad + P(S_3) \cdot R(\text{중형}, S_3) \\ &= 0.3(300) + 0.4(0) + 0.3(300) = 180 \end{aligned}$$

- 또는 특정 주어진 상황이 발생할 것이라고 확실히 알고 있을 때 그 때 최대의 이익을 주는 대안을 선택하고 그 상황이 발생할 확률을 곱하여 모두 더해 준다.

  예를 들어 "낮음"으로 주어진 상황이 확실할 때는 소형이 최적안이고 그때 기대수익은 400이다. 마찬가지로 수요가 보통이라고 하면 그때 최적 전략은 중형으로 콘도건설이며 기대수익은 600이다. 끝으로 수요가 높음으로 발생하면 그때 최적안은 대형으로 콘도를 건설하는 것이며 기대수익은 900이다. 그런데 이러한 상황이 발생할 확률은 각각 0.3, 0.4, 0.3이다. 따라서 완전정보를 가지고 있을 때 새한건설회사는

  $$0.3(400) + 0.4(600) + 0.3(900) = 630(\text{백만원})$$

  수익을 얻을 수 있다. 따라서 이러한 완전정보의 가치는

  $$\begin{aligned} EVPI &= \text{Expected Value with Perfect Information} \\ &\quad - \underset{(\max.\ EMV)}{\underline{\text{Expected Value without Perfect Information}}} \\ &= 630(\text{백만원}) - 450(\text{백만원}) = 180(\text{백만원}) \end{aligned}$$

이렇게 해서 $EVPI$를 구할 수 있다.

⑥ 의사결정 나무

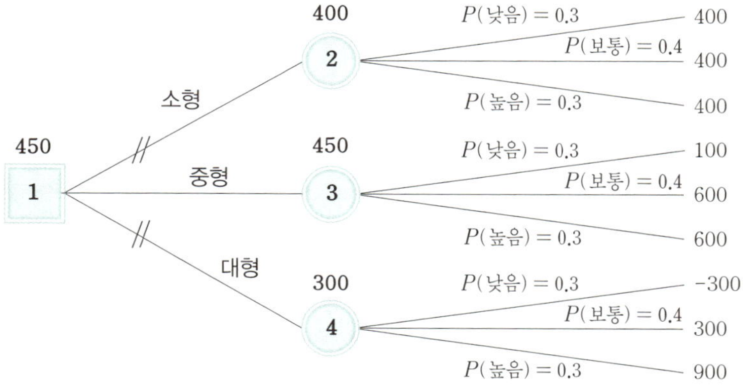

04. ① 성과표

		1일 수요		
		100	**200**	**300**
생산량	**100**	500	200	−100
	200	−400	800	700
	300	−1,000	−200	1,600
발생확률		0.2	0.2	0.6

② maximax 기준

		① maxi. 수익	
생산량	100	500	
	200	800	
	300	**1,600**	← ② max. 값

따라서 1일 300인분을 생산하는 것이 최적안으로 권고되며 그때 예상 수익은 1,600이다.

③ P(수요=100) = 0.2, P(수요=200) = 0.2, P(수요=300) = 0.6이라면

$$EMV(100\ 생산) = 0.2(500) + 0.2(200) + 0.6(-100) = 80$$
$$EMV(200\ 생산) = 0.2(-400) + 0.2(800) + 0.6(700) = 500$$
$$EMV(300\ 생산) = 0.2(-1{,}000) + 0.2(-200) + 0.6(-1{,}600) = 720$$

따라서 1일 300인분을 생산하는 것이 최적안이며 기대수익은 720이다.

06. ① maximin 기준

먼저 각 대안의 minimum 수익을 정리한다. 그다음 maximum값을 최적안으로 선정한다.

	min. 수익	
실내행사	**100**	← max.
야외행사	−100	
2가지 모두 진행	−150	

따라서 실내행사로 축제를 진행하는 것이 최적안으로 권고된다.

② maximax 기준

	max. 수익	
실내행사	150	
야외행사	200	
2가지 모두 진행	**250**	← max.

따라서 실내행사와 야외행사 모두 하는 것이 최적안이다.

③ minimax regret 기준

먼저 기대기회손실표를 작성한다.

	기회손실		
	맑음	흐림	비
실내행사	150	20	0
야외행사	50	50	250
2가지 모두 진행	0	0	300

먼저 각 의사결정 간의 max. 기회손실을 기록한다. 그다음 이를 비교하여 min. 기회손실을 주는 안을 최적안으로 권고한다.

	max. 기회손실	
실내행사	**150**	← max. 기회손실.
야외행사	250	
2가지 모두 진행	300	

따라서 실내행사로 축제를 하는 것이 최적안으로 권고된다.

④ P(맑음) = 0.3, P(흐림) = 0.4, P(비) = 0.3이라면

EMV(실내행사) = 0.3(100) + 0.4(130) + 0.3(150) = 127

EMV(야외행사) = 0.3(200) + 0.4(100) + 0.3(−100) = 70

EMV(2가지) = 0.3(250) + 0.4(150) + 0.3(−150) = 90

max.(EMV)는 "실내행사"안이 최적이며 기대금전가치는 127이다.

⑤ $EVPI$

$EVPI = EV$ with Perfect Information − max. EMV

= {0.3(250) + 0.4(150) + 0.3(−150)} − 127

= 180 − 127 = 53

여기서 min. EOL을 구해 보면

EOL(실내행사) = 0.3(150) + 0.4(20) + 0.3(0) = 53

EOL(야외행사) = 0.3(50) + 0.4(50) + 0.3(250) = 110

EOL(2가지) = 0.3(0) + 0.4(0) + 0.3(300) = 90

min.EOL = 53으로 위에서 구한 값과 일치한다.

⑥ 의사결정 나무

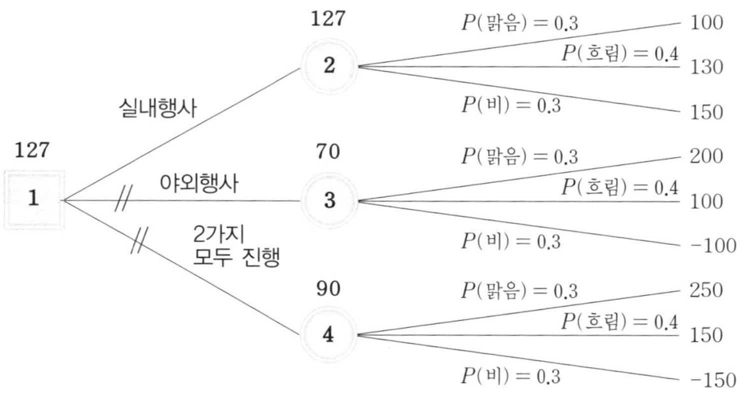

실내행사로 축제를 하고 기대되는 수익은 127이다.

제6장 관계와 함수

02. $M=\{(x,\ y)\mid\ y=-5x+10,\ x=-2,\ 0,\ 2,\ 4,\ 6\}$

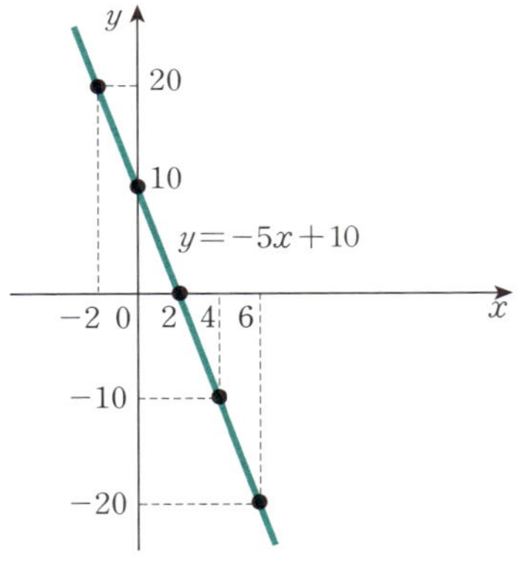

04. 관계 T를 그래프로 작성

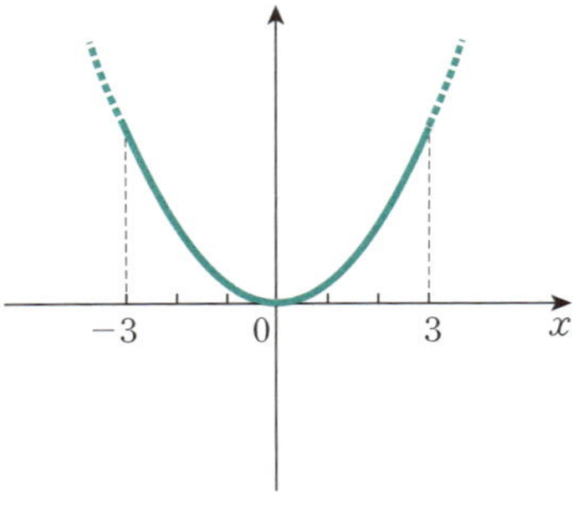

06. x의 구간

② $3<x<8$

④ $2<x\leq 7$

⑥ $5\leq x<\infty$

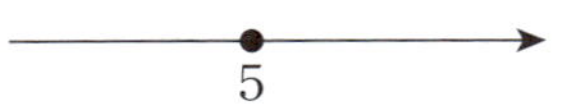

08. 정의역이 $\{x|\ 0 \le x \le 4\}$일 때 함수의 치역

① $y=2x-2$

치역 $R=\{y|\ -2 \le y \le 6\}$

② $y=ax+b$

$a \ge 0$이면, 치역 $R=\{y|\ b \le y \le 4a+b\}$

$a<0$이면, 치역 $R=\{y|\ 4a+b \le y \le b\}$

11. 분모를 0로 만드는 $x=-2$가 수직점근선이 된다.
x가 점점 커져감에 따라 $\dfrac{3x+2}{2x+4}$의 값은 점점 1.5 혹은 $\dfrac{3}{2}$에 더욱 가까워진다. 따라서 $y=\dfrac{3}{2}$이 수평점근선이 된다. x값의 변화에 따라 y의 값을 나타내 보면 아래와 같고 이를 이용하여 그래프를 그리면 다음과 같다.

x	y
3	1.1
2	1
1	$\frac{5}{6}$
0	$\frac{1}{2}$
-1	$-\frac{1}{2}$
$-\frac{3}{2}$	$-\frac{5}{2}$
$-\frac{5}{2}$	$\frac{11}{2}$
-3	$\frac{7}{2}$
-4	$\frac{5}{2}$
-6	2

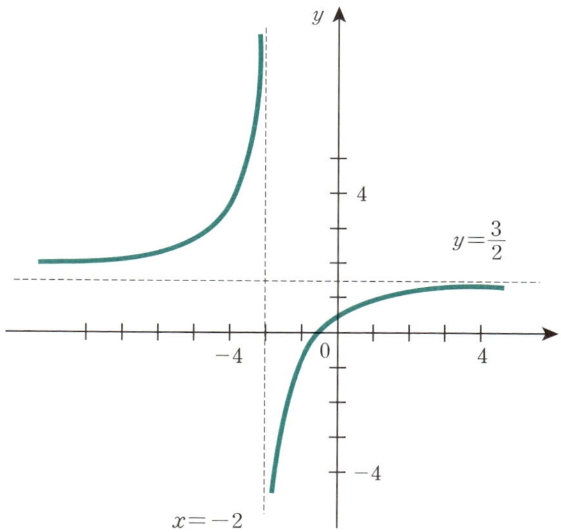

13. $f(x)=8x-9,\ g(x)=\sqrt{2x-50}$

① $(f+g)(x)$의 정의역과 치역

정의역은 함수 $g(x)$에서 $2x-50 \ge 0$이어야 한다.

따라서 $D=\{x|x \ge 25\}$이며 치역 $R=\{y|191 \le y < \infty\}$이다.

③ $(f \cdot g)(x)$의 정의역과 치역

정의역은 함수 $g(x)$에서 $2x-50 \geq 0$이어야 한다.

따라서 $D=\{x \mid x \geq 25\}$이며 치역은 $R=\{y \mid 0 \leq y < \infty\}$이다.

15. 함수의 그래프

①

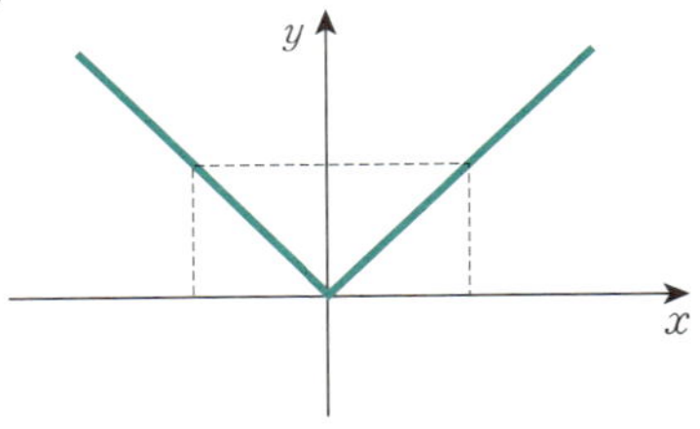

③

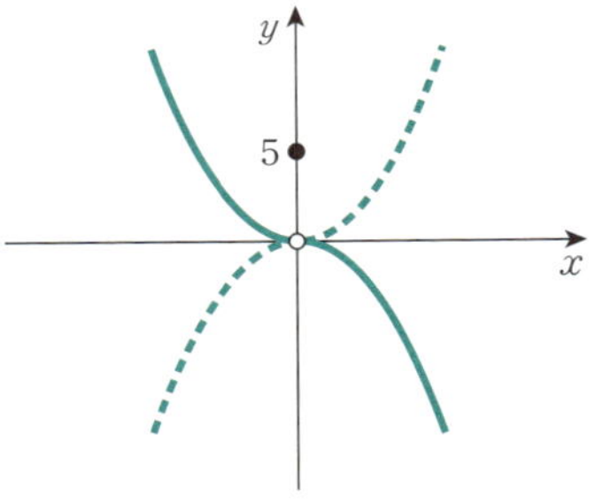

제7장 미분

02. 차분계수

① $y=f(x)=3x^2$의 차분계수 $\dfrac{\Delta y}{\Delta x}$는

$$\frac{\Delta y}{\Delta x}=\frac{f(x_0+\Delta x)-f(x_0)}{\Delta x}=\frac{3(x_0+\Delta x)^2-3x_0^2}{\Delta x}$$

$$=6x_0+3\Delta x$$

③ $y=f(x)=2x^2-4x+1$의 차분계수 $\dfrac{\Delta y}{\Delta x}$는

$$\frac{\Delta y}{\Delta x}=\frac{f(x_0+\Delta x)-f(x_0)}{\Delta x}$$

$$=\frac{2(x_0+\Delta x)^2-4(x_0+\Delta x)+1-2x_0^2+4x_0-1}{\Delta x}$$

$$=\frac{4\Delta x x_0+2(\Delta x)^2-4\Delta x}{\Delta x}=4x_0+2\Delta x-4$$

⑤ $y=f(x)=-x^2+9$의 차분계수 $\dfrac{\Delta y}{\Delta x}$는

$$\frac{\Delta y}{\Delta x}=\frac{f(x_0+\Delta x)-f(x_0)}{\Delta x}=\frac{-(x_0+\Delta x)^2+9+x_0{}^2-9}{\Delta x}$$

$$=\frac{-2\Delta x x_0-(\Delta x)^2}{\Delta x}=-2x_0-\Delta x$$

04. $x=1$에서 미분계수($f'(1)$)와 접선의 기울기가 0이 되는 x값

② $f(x)=4x^2+2x-5$

$f'(x)=8x+2$이니 $x=1$에서 미분계수는 $f'(1)=8+2=10$이다.

$f'(x)=8x+2=0$이면 $x=-\dfrac{1}{4}$ 이다.

④ $f(x)=\dfrac{x^4}{4}-\dfrac{x^2}{2}$ 이니 $f'(x)=x^3-x$이다.

$f'(x)=1-1=0$이고 $f'(x)=x^3-x=x(x-1)(x+1)=0$일 때

$x=0$ 또는 $x=1$ 또는 $x=-1$이다.

⑥ $f(x)=\dfrac{1}{x}$ 이니 $f'(x)=-\dfrac{1}{x^2}$ 이다.

따라서 $f'(x)=-1$이고 $f'(x)=0$인 x값은 $\pm\infty$이다.

06. ① $f'(x)=-16(x+2)^{-2}$, $f''(x)=32(x+2)^{-3}$

$\therefore$ $x\geq 0$인 구간에서는 $f'(x)<0$, $f''(x)>0$ 이다.

y절편이 10이고, 점근선이 2인 곡선을 그리면 다음과 같다.

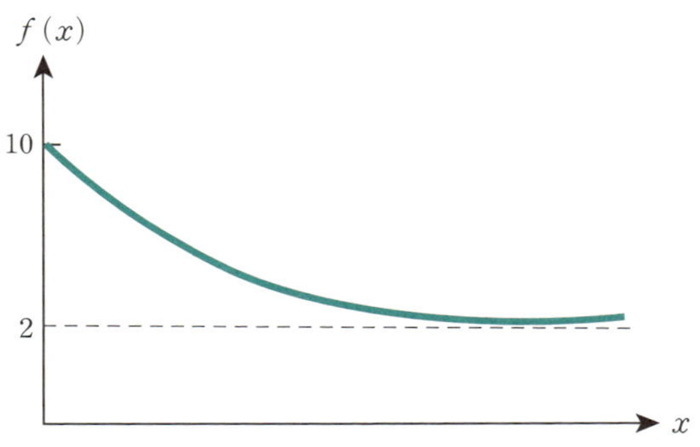

② $f'(x)=9(x+1)^{-2}$, $f''(x)=-18(x+1)^{-3}$

$\therefore$ $x \geq 0$인 구간에서는 $f'(x)>0$, $f''(x)<0$이다.

y절편이 1이고, 점근선이 10인 곡선을 그리면 다음과 같다.

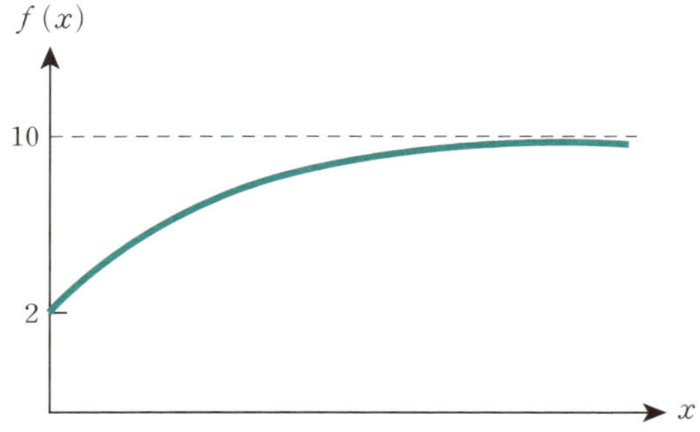

08. ① $\dfrac{dy}{dx}=6x(3x-2)+(3x^2-2)3=27x^2-12x-6$

② $\dfrac{dy}{dx}=(6x^2+5)(2x^7)+(2x^3+5x)(14x^6)=40x^9+80x^7$

③ $\dfrac{dy}{dx}=4x^3(x^{-1}+1)+x^4(-x^{-2})=4x^3+3x^2$

④ $\dfrac{dy}{dx}=a(cx^2)+(ax-b)2cx=3acx^2-2bcx$

⑤ $\dfrac{dy}{dx}=-3(1+x)(x-2)+(2-3x)(x-2)+(2-3x)(x+1)$
$\quad =-9x^2+10x+4$

⑥ $\dfrac{dy}{dx}=-x^{-2}(x^2+1)+x^{-1}(2x)=1-x^{-2}$

10. $\dfrac{dy}{du}=2u$, $\dfrac{du}{dx}=-2x$ 이므로

$$\frac{dy}{dx}=\frac{dy}{du}\,\frac{du}{dx}=2u(-2x)=-4xu=-4x(4-x^2)=-16x+4x^3$$

12. ① $u=(2x^5-x^{\frac{1}{4}})$이라 두면 $y=2u^4$ 이 된다.

$\frac{dy}{du}=8u^3,\ \frac{du}{dx}=10x^4-\frac{1}{4}x^{-\frac{3}{4}}$ 이므로

$\frac{dy}{dx}=\frac{dy}{du}\frac{du}{dx}=8u^3\left(10x^4-\frac{1}{4}x^{-\frac{3}{4}}\right)=8(2x^5-x^{\frac{1}{4}})^3\left(10x^4-\frac{1}{4}x^{-\frac{3}{4}}\right)$

② $u=(2x^2-5x)$라 두면 $y=u^{-3}$ 이 된다.

$\frac{dy}{du}=-3u^{-4},\ \frac{du}{dx}=4x-5$ 이므로

$\frac{dy}{dx}=\frac{dy}{du}\frac{du}{dx}=-3u^{-4}(4x-5)=-3(2x^2-5x)^{-4}(4x-5)$

③ $u=(ax+b)$이라 두면 $y=u^4$ 이 된다.

$\frac{dy}{du}=4u^3,\ \frac{du}{dx}=a$ 이므로

$\frac{dy}{dx}=\frac{dy}{du}\frac{du}{dx}=4u^3a=4a(ax+b)^3$

14. ① $\frac{dy}{dx}=\frac{2x}{x^2-1}$

② $\frac{dy}{dt}=\frac{6}{t}$

③ $\frac{dy}{dx}=\frac{8x^3-9x^2}{2x^4-3x^3}$

④ $\frac{dy}{dx}=\frac{a}{ax+b}$

제8장 적분

01. ① $\int \frac{1}{t^2}\,dt = -t^{-1}+c = -\frac{1}{t}+c$

③ $-3z^{-4}+c = -\frac{3}{z^4}+c$

⑤ $9c^t+c$

⑦ $\int 3e^{\frac{5}{4}u}du$에서 $\frac{5}{4}u=t$라고 하면 $\frac{5}{4}\frac{du}{dx}=\frac{dt}{dx}$이다.

따라서 $du=\frac{4}{5}dt$이다. 이를 원식에 대입하면

$\int 3e\frac{4}{5}dt = \int \frac{12}{5}e^t dt = \frac{12}{5}\int e^t dt = \frac{12}{5}e^t+c$이다.

$\frac{5}{4}u=t$이므로 부정적분은 $\frac{12}{5}e^{\frac{5}{4}u}+c$이다.

⑨ $\int x^2e^{3x^3}dx$

$f(x)=e^{3x^3}$이라고 하면 $f'(x)=9x^2e^{3x^3}$이다. 따라서

$\int x^2e^{3x^3}dx = \frac{1}{9}\int f'(x)dx = \frac{1}{9}f(x)+c$이므로

$\frac{1}{9}e^{3x^3}+c$이다.

⑪ $\int \sqrt{x^5}\,dx = \int x^{\frac{5}{2}}dx = \frac{2}{7}x^{\frac{7}{2}}+c$

03. $\int \frac{f'(x)}{f(x)}dx = \ln f(x)+c$를 이용하여 $f(x)=3x^2-10$일 때 $f'(x)=6x$이다. 따라서 $\int \frac{6x}{3x^2-10}dx$는 $\int \frac{f'(x)}{f(x)}dx$형태이므로 $\int \frac{6x}{3x^2-10}dx=\ln(3x^2-10)+c$ 이다.

05. ① $\int_2^5 (6x^2-3x+5)dx = \left[2x^2-\frac{3}{2}x^2+5x\right]_2^5$

$= \left[2(5^2)-\frac{3}{2}(5^2)+25\right]-\left[2(2^3)-\frac{3}{2}(2^2)+10\right]$

$$=250-\frac{75}{2}+25-16+6-10=292\frac{1}{2}$$

② $\int_1^2 \frac{1}{y}\,dy=\Big[\ln x+c\Big]_1^2=\ln 2-\ln 1=\ln 2$

③ $\int_5^{10}(4x-7)dx=\Big[2x^2-7x\Big]_5^{10}=(200-70)-(50-35)=115$

④ $\int_0^5(2-2x^2)dx=\Big[2x-\frac{2}{3}x^3\Big]_2^5=\Big(10-\frac{250}{3}\Big)-(0)=\frac{-220}{3}$

⑤ $\int_{-1}^2(1-e^{-x})dx=\Big[x+e^{-x}\Big]_{-1}^2=(2+e^{-2})-(-1+e)=3+e^{-2}-e$

⑥ $\int_1^2(e^{5u}-\frac{1}{u^2})du=\int_1^2 e^{5u}du-\int\frac{1}{u^2}\,du=\Big[\frac{1}{5}e^{5u}\Big]_1^2-\Big[-u^{-1}\Big]_1^2$

$$=\Big[\frac{1}{5}e^{10}-\frac{1}{5}e^5\Big]-[-2^{-1}+1]=\frac{1}{5}e^{10}-\frac{1}{5}e^5-\frac{1}{2}$$

⑦ $\int_4^9 3\sqrt{u}\,du=3\int_4^9\sqrt{u}\,du=3\int_4^9 u^{\frac{1}{2}}du=3\Big[\frac{2}{3}u^{\frac{3}{2}}\Big]_4^9=3\Big[\frac{2}{3}(9^{\frac{3}{2}}-4^{\frac{3}{2}})\Big]$

$$=3\Big[\frac{2}{3}(3^3-2^3)\Big]=38$$

⑧ $\int_2^8\sqrt{2}\,rdr=\int_2^8\sqrt{2}\sqrt{r}dr=\sqrt{2}\int_2^8 r^{\frac{1}{2}}dr=\sqrt{2}\Big[\frac{2}{3}r^{\frac{3}{2}}\Big]_2^8$

$$=\sqrt{2}\Big[\frac{2}{3}(8^{\frac{3}{2}}-2^{\frac{3}{2}})\Big]=\frac{2\sqrt{2}}{3}(2^{\frac{9}{2}}-2^{\frac{3}{2}})$$

$$=\frac{2\sqrt{2}}{3}(16\sqrt{2}-\sqrt{2})=\frac{56}{3}$$

07. ① $\int x^3e^{x^2}dx$를 $\int x^2\frac{2}{2}xe^{x^2}dx$라고 조작을 하면

이때 $f(x)=x^2$이라 하고 $g(x)=e^{x^2}$이라고 하면 $g'(x)=2xe^{x^2}$이다.

원식을 새로 정리하면 $\frac{1}{2}\Big\{\int f(x)g'(x)dx\Big\}$가 된다. 부분적분법의 논리에 따라 $\frac{1}{2}\Big\{\int f(x)g'(x)dx\Big\}=\frac{1}{2}\Big\{f(x)g(x)-\int f'(x)g(x)dx\Big\}$이다.

즉 $\frac{1}{2}\Big\{x^2e^{x^2}-\int 2xe^{x^2}dx\Big\}$이다. 여기서 $\int 2xe^{x^2}dx=\int g'(x)dx$이므로

$\frac{1}{2}\Big\{x^2e^{x^2}-\int g'(x)dx\Big\}=\frac{1}{2}\{x^2e^{x^2}-g(x)+c\}$이다.

따라서 $\frac{1}{2}x^2e^{x^2}-\frac{1}{2}e^{x^2}+c$이다.

③ $\int(-x)(2x+3)^{\frac{1}{2}}dx$

$2x+3=u$라고 하면 $x=\frac{1}{2}u-\frac{3}{2}$ 이고 $\frac{d}{dx}(2x+3)=\frac{du}{dx}=2$이다.
이 값을 원식에 대입하면 $\int(-\frac{1}{2}u+\frac{3}{2})u^{\frac{1}{2}}\frac{1}{2}du$가 된다. 이를 정리하면
$\int(-\frac{1}{4}u^{\frac{3}{2}}+\frac{3}{4}u^{\frac{1}{2}})du=-\frac{1}{10}u^{\frac{5}{2}}+\frac{1}{2}u^{\frac{3}{2}}+c$이다. $2x+3=u$를 대입하면
$-\frac{1}{10}(2x+3)^{\frac{5}{2}}+\frac{1}{2}(2x+3)^{\frac{3}{2}}+c$ 또는
$-\frac{1}{10}\sqrt{(2x+3)^5}+\frac{1}{2}\sqrt{(2x+3)^3}+c$이다.

09. $\int_0^{10}(t+e^{0.01t})dt=\left[\frac{t^2}{2}+\frac{e^{0.01t}}{0.01}\right]_0^{10}\approx(50+100\cdot e^{0.01})-(0+100)$

$$\approx -50+100(1.10517)\approx 60.5$$

제9장 편미분과 전미분

02. ① $f_x=-10(x^2y+x^3y^2+x^2y)^{-11}(2xy+3x^2y^2+2xy^2)$
$f_y=-10(x^2y+x^3y^2+x^2y)^{-11}(x^2+2x^3y+2x^2y)$

② $f_x=\frac{1}{xy^2}\times y^2=\frac{1}{x}$, $f_y=\frac{1}{xy^2}\times 2xy=\frac{2}{y}$

③ $f_x=4y-\frac{2x^2-4}{x^2y}$, $f_y=-\frac{2x^2-4}{xy^2}$

④ $f_x=30x^{14}y^{10}$, $f_y=20x^{15}y^9$

04. $MPP_K=\frac{\partial Q}{\partial K}=K^{-0.5}L^{0.5}=\left(\frac{L}{K}\right)^{0.5}$
$MPP_L=\frac{\partial Q}{\partial L}=K^{0.5}L^{-0.5}=\left(\frac{K}{L}\right)^{0.5}$

06. ① $f_x=3x^2+2y$, $f_y=2x-6y$, $f_{xx}=6x$, $f_{yy}=-6$, $f_{xy}=2$, $f_{yx}=2$

② $f_x=\frac{3}{2}x^{-\frac{1}{2}}y-4y$, $f_x=3x^{\frac{1}{2}}-4xy$, $f_{xx}=-\frac{3}{4}x^{-\frac{3}{2}}y$,

$f_{yy}=-4x$, $f_{xy}=\frac{3}{2}x^{-\frac{1}{2}}-4$, $f_{yx}=\frac{3}{2}x^{-\frac{1}{2}}-4y$

08. ① $dy=4xdx-4dx$

② $dy=[(1+4x)(x^3-1)+(x+2x^2)3x^2]dx$

③ $dy=3(x-2)^2dx$

10. $dz=2ydx+(2x+2y)dy$이고 $dx=2dy$로부터 $\frac{dx}{dy}=2$이다.

그러므로 $\frac{dz}{dy}=2y\frac{dx}{dy}+(2x+2y)=2x+6y=10y+8$

12. ① $\frac{dy}{dx}=-\frac{F_x}{F_y}=-\frac{(3x^2-4xy+3y^2)}{(-2x^2+6xy)}$

② $\frac{dy}{dx}=-\frac{F_x}{F_y}=-\frac{(y+2xy-y^3)}{(x+x^2-3xy^2)}$

14. $F(x, y, z)=z^3-xz-y$라 하면

$\frac{\partial z}{\partial x}=-\frac{F_x}{F_z}=\frac{3x^2-z}{x}$, $\frac{\partial z}{\partial y}=-\frac{F_y}{F_z}=-\frac{-1}{-x}=\frac{-1}{x}$

$\therefore \frac{\partial^2 z}{\partial x\partial y}=-\frac{(3x^2-z)}{x^2}$

제10장 최적화

01. ② $y=\frac{1}{2}x-4x^2$의 상대적 극치

- 1차 조건

  $f'(x)=y'=\frac{1}{2}-8x=0$이니 $x=\frac{1}{16}$이다.

- 2차 조건

  $f''(x)=y''=-8<0$이다. 따라서 $x=\frac{1}{16}$에서 극대값을 가지며 그 값은 $f\left(\frac{1}{16}\right)=\frac{1}{2}\frac{1}{16}-4\left(\frac{1}{16}\right)^2=\frac{1}{32}-\frac{4}{256}=\frac{1}{64}$이다.

④ $y=-3x^2+9x$

- 1차 조건

  $y'=f'(x)=-6x+9=0$이니 $x=\frac{3}{2}$이다.

- 2차 조건

  $y''=f''(x)=-6<0$이므로 $x=\frac{3}{2}$에서 극대값을 가지며 그 값은 $f\left(\frac{3}{2}\right)=-3\left(\frac{3}{2}\right)^2+9\frac{3}{2}=-\frac{27}{4}+\frac{27}{2}=\frac{27}{4}$이다.

⑥ $y=2x^3+3x^2+4$

- 1차 조건

  $y'=f'(x)=6x^2+6x=6x(x+1)=0$이니 $x=0$ 또는 $x=-1$이다.

- 2차 조건

  $y''=f''(x)=12x+6$이므로 먼저 $x=0$일 때는 $y''=6>0$이므로 상대적 극소이며 그 값은 $f(0)=4$이다.

  다음으로 $x=-1$일 때 $y''=f''(-1)=-12+6=-6$이므로 상대적 극대이며 그 값은 $f(-1)=5$이다.

03. ① ▪ 1차 조건

$f_x=f_y=0$

$f_x=2x+y-2=0$

$f_y=x+4y-1=0$

$\therefore$ $x=1$, $y=0$에서 극대 또는 극소값을 가진다.

■ 2차 조건

$f_{xx}=2$, $f_{yy}=4$, $f_{xy}=1$이므로

$f_{xx}f_{yy}>f_{xy}^2$

$x=1$, $y=0$일 때 극대값을 가진다. 이때의 극대값은 $f(1,\ 0)=-1$

② ■ 1차 조건

$f_x=f_y=0$

$f_x=1-2x=0$

$f_y=1-2y=0$

$\therefore$ $x=\frac{1}{2}$, $y=\frac{1}{2}$에서 극대 또는 극소값을 가진다.

■ 2차 조건

$f_{xx}=-2$, $f_{yy}=-2$, $f_{xy}=0$ 이므로

$f_{xx}f_{yy}>f_{xy}^2$

$x=\frac{1}{2}$, $y=\frac{1}{2}$일 때 극대값을 가진다.

이때의 극대값은 $f\left(\frac{1}{2},\ \frac{1}{2}\right)=\frac{2}{3}$

05. ① $z=xy+\lambda(2-x-2y)$

$z_\lambda=2-x-2y=0$ ········· ①

$z_x=y-\lambda=0$ ········· ②

$z_y=x-2\lambda=0$ ········· ③

①, ②, ③을 연립하여 계산하면 $\overline{\lambda}=\frac{1}{2}$, $\overline{x}=1$, $\overline{y}=\frac{1}{2}$, $\overline{z}=\frac{1}{2}$이다.

② $z=xy+4x+\lambda(8-x-y)$

$z_\lambda=8-x-y=0$ ········· ①

$z_x=y+4-\lambda=0$ ········· ②

$z_y=x-\lambda=0$ ········· ③

①, ②, ③을 연립하여 계산하면 $\overline{\lambda}=6$, $\overline{x}=6$, $\overline{y}=2$, $\overline{z}=36$이다.

③ $z = x - 3y - xy + \lambda(6 - x - y)$

$z_\lambda = 6 - x - y$ ········· ①

$z_x = 1 - y - \lambda = 0$ ········· ②

$z_y = -3 - x - \lambda = 0$ ········· ③

①, ②, ③에서 연립하여 계산하면 $\overline{\lambda} = 6$, $\overline{x} = 6$, $\overline{y} = 2$, $\overline{z} = 36$이다.

④ $z = 7 - y + x^2 + \lambda(0 - x - y)$

$z_\lambda = -x - y$ ········· ①

$z_x = 2x - \lambda = 0$ ········· ②

$z_y = -1 - \lambda = 0$ ········· ③

①, ②, ③을 연립하여 계산하면 $\overline{\lambda} = 1$, $\overline{x} = -\frac{1}{2}$, $\overline{y} = \frac{1}{2}$, $\overline{z} = \frac{27}{4}$ 이다.

제11장 도함수 및 극대 · 극소화의 경제학적 응용

02. $E_p = -\dfrac{\dfrac{\Delta Q}{Q}\times 100}{\dfrac{\Delta M}{M}\times 100} = -\dfrac{\dfrac{10}{100}}{\dfrac{10{,}000}{100{,}000}} = 1$, $E_M > 0$이므로 정상재이다.

04. ① $TR = PQ = (20-2Q)Q = -2Q^2 + 20Q$

② $MR = \dfrac{dTR}{dQ} = -4Q + 20$

③ $E_p = -\dfrac{dQ}{dP}\dfrac{P}{Q} = -(-2)\dfrac{4}{8} = 1$

06. $MP_L = \dfrac{\partial Q}{\partial L} = -4L + 5$

$\dfrac{\partial MP_L}{\partial L} = -4 < 0$이므로 노동의 한계생산체감의 법칙이 성립한다.

08. $AC = \dfrac{TC}{Q} = Q^2 - 8Q + 20$

$\dfrac{d(AC)}{dQ} = 2Q - 8 = 0$, $\dfrac{d^2(AC)}{dQ^2} = 2 > 0$이므로 $Q=4$에서 AC는 극소치를 가지며 이때의 극소값은 $AC(4)=4$이고 $MC(Q=4)=3Q^2-16Q+20 = 4$이므로 AC가 극소일 때 $MC=AC$이다.

09. 이윤을 극대화하는 산출량을 구하기 위해서는 극대이기 위한 1계 필수조건, 즉 $\dfrac{d\pi}{dQ} = 0$이 만족되어야 한다. 따라서 이윤함수 π를 Q에 관해서 미분하여 그 도함수를 0으로 놓으면 이윤을 극대화하기 위한 1계 조건을 구할 수 있다.

① 1계 조건 : $\dfrac{d\pi}{dQ} = \pi'(Q) = R'(Q) - C'(Q) = 0$

$R'(Q) = C'(Q)$, 즉 $MR = MC$를 만족하는 Q값이 결정된다.

② 2계 조건 : 1계 조건을 만족시키는 Q값, 즉 Q^*는 극대이윤과 극소이윤도 될 수 있다. 따라서 극대값이 되려면 2계 도함수를 구하고, 다음 조건을 만족시켜야 한다.

$$\frac{d^2\pi}{dQ^2}=\pi''(Q)=R''(Q)-C''(Q)<0$$

$$R''(Q)<C''(Q)$$

1계 조건에서 구해진 Q^*값을 적용하여 $R''(Q^*)<C''(Q^*)$가 되면 이윤을 극대화시켜 주는 산출량임을 보증하기에 충분하다.

10. $R(Q)=1{,}200Q-2Q^2$

$C(Q)=Q^3-61.25Q^2+1{,}528.5Q+2{,}000$이므로

이윤함수 $\pi(Q)=-Q^3+59.25Q^2-328.5Q-2{,}000$이 된다.

$$\frac{d\pi}{dQ}=-3Q^2+118.5Q-328.5=0$$

$Q=3$과 $Q=36.5$를 구할 수 있다.

여기서 2계 도함수 $\frac{d^2\pi}{dQ^2}=-6Q+118.5<0$을 만족시켜야 하기에 $Q=3$을 대입하면 $\frac{d^2\pi}{dQ^2}=-18+118.5>0$이기에 부적당하다. $Q=36.5$를 대입하면 $\frac{d^2\pi}{dQ^2}=-6\times 36.5+118.5=-219+118.5<0$을 만족시켜 준다.

이윤을 극대화시켜 주는 산출량은 36.5이다.

찾아보기

Introduction to Mathematics
for Management & Economics
first edition **Index**

가

사

아

자

차

카

타

파

지은이에 대하여

양정식

고려대학교 경영대학 경영학과 졸업(경영학사)

고려대학교 대학원 경영학과 졸업(경영학석사, 경영학박사)

고려대학교 부설 기업경영연구원 연구원

고려대학교 경영학과 및 경영대학원 강사

국민대, 한성대, 동덕여대, 경기대, 호서대, 성심가톨릭대 강사

관동대학교 경상대학 경영학과 부교수

현재 동의대학교 상경대학 경영정보학과 교수

한국경영학회 상임이사, 경영정보학회 이사, 한국정보시스템학회 이사 역임

한국인터넷전자상거래학회 회장 역임

경제인문사회연구회 정부출연 연구기관 평가교수 역임

한국연구재단 평가교수 역임

주요 논문

「대학에서의 e-러닝 실태조사」(2012)

「외환위기 이후의 정보통신 산업의 외국인 직접투자 생존률에 관한 연구」(2010)

「대학과 기업의 연계」(2009)

「정보통신 서비스 기업의 부실예측모형 구축」(2008)

「정보기술과 성과의 연계」(2007)

「온라인 증권거래의 서비스 품질이 고객만족과 고객행동의도에 미치는 영향」(2006)

「신발산업의 e-marketplace 참여의도에 영향을 미치는 요인분석」(2004)

「정보기술 가치와 투자전략」(2003)

「고객만족 전략의 과학적 수립절차에 관한 연구」(2003)

「기업의 경영능력 강화를 위한 경영정보학의 역할과 경영정보학과 교과과정 개선방안」(2002)

「New economy 시대에 있어 IT와 경영정보학의 역할」(2001)

주요 저서

『정보시스템 개론』(2012)

『정보시스템』(2012)

『경영 · 경제수학의 이해』(2003)

『엑셀 XP와 매크로』(2003)

『엑셀 2002』(2002)

『경영 · 경제수학』(1988) 외 다수

경영 · 경제수학 입문

초 판 1쇄 인쇄 2014년 8월 18일
초 판 1쇄 발행 2014년 8월 25일

지은이 양정식
펴낸이 박기남
펴낸곳 율곡출판사
153-797 서울시 금천구 가산디지털1로 84, 803호
전화 (代) 02) 718-9872/3
팩스 02) 718-9874
home-page www.yulgokbooks.co.kr
e-mail yulgokbook@naver.com
등록 1989.11.10. 제2014-000031호
ISBN 978-89-97428-50-2 93320

정가 22,000원

* 파본 및 잘못된 책은 구입한 곳에서 바꾸어 드립니다.
* 이 책의 무단 전재 또는 복제행위에 대해서는 저작권법 제136조에 의거 5년 이하의 징역 또는 5,000만원 이하의 벌금에 처하게 됩니다.